LE
BARREAU FRANÇAIS

MODERNE.

TOME II.

LE
BARREAU FRANÇAIS
MODERNE,

o u

CHOIX DE PLAIDOYERS,

MÉMOIRES ET CONSULTATIONS,

Imprimés et non imprimés, des plus célèbres Avocats de Paris et des Départemens, dans les Causes singulières et intéressantes, depuis le renouvellement des Lois Françaises.

On y a joint les Jugemens et Arrêts rendus sur ces mêmes Causes, avec des Réflexions, des Observations, et des Notes propres à éclaircir, soit des Faits, soit des Points de Doctrine.

Ce Recueil forme un *Cours pratique d'Éloquence et de Droit polémique.*

Publié par M. FALCONNET, ancien Avocat au Parlement de Paris.

In causarum contentionibus magnum est quoddam opus, atque haud sciam an de humanis operibus longè maximum.   Cic., *de Orat.*, l. 11, n°. 72.

TOME SECOND.

A PARIS,

Chez GARNERY, Libraire, rue de Seine, n°. 6.

1808.

LE
BARREAU FRANÇAIS
MODERNE,

OU

CHOIX DE PLAIDOYERS,

MÉMOIRES ET CONSULTATIONS,

Imprimés et non imprimés, des plus célèbres Avocats de Paris et des Départemens, dans les Causes singulières et intéressantes, depuis le renouvellement des Lois Françaises.

On y a joint les Jugemens et Arrêts rendus sur ces mêmes Causes, avec des Réflexions, des Observations, et des Notes propres à éclaircir, soit des Faits, soit des Points de Doctrine.

Ce Recueil forme un *Cours pratique d'Éloquence et de Droit polémique.*

Publié par M. FALCONNET, ancien Avocat au Parlement de Paris.

> In causarum contentionibus magnum est quoddam opus, atque haud sciam an de humanis operibus longè maximum. CIC., *de Orat.*, l. 11, n°. 72.

TOME SECOND.

A PARIS,

Chez GARNERY, Libraire, rue de Seine, n°. 6.

1808.

DIGRESSION SUR CE RECUEIL,

SUR LES JOURNAUX QUI EN ONT PARLÉ;

MES RÉPONSES

A CEUX DE JURISPRUDENCE DU CODE CIVIL, ET DE L'EMPIRE.

Lorsque cédant aux instances vives et multipliées d'un ancien libraire, mon compatriote (M. Cuchet); je m'occupai de l'ouvrage dont le quatrième demi-volume paroît en ce moment; lorsque j'annonçai dans le *Prospectus* qu'il seroit composé de deux Parties, l'ancienne et la moderne; que la Partie ancienne comprendroit les meilleurs Mémoires faits par les orateurs qui ont illustré notre Barreau (1); et la Partie moderne, ce que les productions actuelles de nos Avocats, soit de la capitale, soit des départemens, pourroient offrir d'excellent; lorsque témoignant ma surprise de ce qu'on n'avoit pas songé à une Collection qui pouvoit devenir si intéressante, je sourios à cette idée, et que je m'applaudissois de pouvoir faire dire les MÉMOIRES DU BARREAU FRANÇAIS, comme on dit les MÉMOIRES DES ACADÉMIES *des Sciences, des Belles-Lettres*, etc., comme on dit les MÉMOIRES *de l'Institut*, etc., je croyois qu'un projet semblable, s'il n'étoit pas généralement accueilli, n'encourroit au moins le blâme de personne.

---

(1) Pour commencer à tenir ma parole, j'ai donné le choix des Plaidoyers de Le Maître, avec sa vie et l'analyse des pièces supprimées; précédé d'un fragment intitulé : *De l'Influence, de la volonté sur l'Intelligence*, par M. Bergasse. L'ouvrage paroît et se vend chez Garnery, libraire, rue de Seine, n°. 6. Un vol. *in-4°*. Prix : 9 francs, et 12 francs par la poste, franc de port.

a

Mais j'ai fait l'épreuve de la vérité de ce mot de notre bon La Fontaine, dans son apologue du Meûnier et de l'Ane :

           « Est bien fou du cerveau
      » Qui prétend contenter tout le monde et son père. »

L'auteur ou les auteurs d'un *Journal de Jurisprudence du Code Civil* n'en ont pas jugé comme moi. Si leur censure s'étoit bornée à la désapprobation, je n'aurois rien à répondre. Chacun a son goût.

Ce qui plaît à l'un déplaît à l'autre. Je me serois à mon tour borné à faire des vœux pour que leur goût ne fût pas celui du Public, qu'il est essentiel de satisfaire. Mais comme leur critique est motivée, et que ces motifs sont, à mon sens, infiniment mal fondés, je me trouve forcé à une réplique que j'aurois beaucoup aimé ne pas avoir à faire; car une critique injuste est toujours une preuve, ou que nous avons des torts avec son auteur, ou qu'il en a avec nous. Je serois très-fâché du premier; le second, qui me paroît démontré, est encore désagréable.

Dès le début de l'annonce, qui est divisée en deux Parties, le malin vouloir se manifeste : « *Si l'on en croit le Prospectus* » y lit-on, « ce Recueil sera divisé en deux classes; la première aura pour » titre le Barreau Français Ancien, etc. »

Je prierois volontiers l'auteur de cette phrase de m'expliquer son doute ; de vouloir bien me dire pourquoi il ne faudroit pas en croire le *Prospectus*; et, dans ce cas, à quoi il faudroit que le lecteur s'en rapportât pour fonder sa foi?

C'est sur ce pied que les journalistes continuent, après avoir transcrit les conditions auxquelles on souscrit pour l'ouvrage : « Dans le *Prospectus*, disent-ils, on ne manque pas, *comme* » *d'usage,* de faire précéder ces conditions d'un long travail apo-» logétique pour effacer *tout ce qu'elles ont d'onéreux* et pour » déterminer à tout sacrifier à l'utilité et à l'importance *de la* » *chose.* »

Est-il vrai que le *Prospectus* offre en effet ces mentions d'un travail exagéré, ces invitations à soutenir l'éditeur dans une carrière pénible et difficile à parcourir; à tout sacrifier pour récompenser son zèle?

Ni cela, ni rien de pareil ne se trouve dans ce *Prospectus*. Les Censeurs ne l'ont donc pas lu. Mais ayant regardé *comme d'usage* cette espèce de jonglerie, à laquelle sans doute ils se sont soumis, ils ont imaginé que l'éditeur du *Barreau Français* avoit sacrifié sur le même autel ; et ces Messieurs se sont trompés.

Mais au moins est-il vrai que les conditions proposées aux sous-cripteurs *soient onéreuses?* Pour se fixer sur ce point, il suffira de les comparer avec les leurs pour qu'on en juge. Ils livrent par année, moyennant 20 francs, deux vol. *in-*8°. de 500 pages chacun, et pour 24 francs, le *Barreau Français* fournit deux vol. *in-*4°. de 600 pages chacun, d'une justification plus grande que l'ordinaire (1).

Il résulte donc que leur double inculpation est une double calomnie. Le mot paroîtra peut-être trop fort pour la chose ; mais comme il est trop foible pour l'intention, il peut passer pour un terme moyen.

Dans la seconde Partie de l'annonce, on juge l'ouvrage, on en rend compte. Eh ! quel compte ! En voici l'exposé :

« On trouve en tête un Discours sur l'Importance des Mémoires.
» Pour atteindre son but, M. Falconnet rapporte un cas qui lui est
» personnel, c'est-à-dire, qu'il rend compte du procès qui exista
» en 1775, entre M. le duc de Guines et M. Tort ; remet ensuite
» sous les yeux un Mémoire qu'il imprima dans le temps pour
» M. Tort, et qui fut supprimé comme contenant des faits faux et
» calomnieux. C'est ce Mémoire qui se trouve en tête du volume,
» parce que, dit M. Falconnet, il roule principalement sur la ques-
» tion de l'Importance des Mémoires. »

Que lorsqu'on a faim et soif d'improbation, on s'en donne le plaisir, rien ne me paroît plus simple ; mais il me semble que ce n'est pas trop exiger de ces *dépréciateurs-nés*, on peut naître tel, de lire ce qu'ils veulent déprécier.

J'ai parlé du procès fameux de M. de Guines, non pas *comme d'un cas* qui me fut personnel, jamais je n'eus de procès contre ce seigneur, mais comme d'une affaire où je finis par me trouver impliqué. On avoit supprimé mes Mémoires au Châtelet ; j'interjetai appel en mon nom de la disposition qui me concernoit, et je fis un Mémoire, dans lequel je justifiai les *Mémoires* en général, et les miens en particulier. C'est ce Mémoire, alors arrêté chez l'imprimeur du Parlement, dont je n'obtins quelques exemplaires qu'après le jugement, que j'ai placé à la tête de la collection. Mais ce Mémoire n'est pas, et même ne peut pas être un des Mémoires supprimés,

---

(1) Elle l'est au point, que le Mémoire de M. Leroy, qui termine le premier volume, est réduit à sept pages, tandis que l'original en a dix-huit.

puisqu'ainsi que je l'ai raconté fort au long, on ne m'accorda pas la faculté de le distribuer aux juges. Il est donc évident que les journalistes n'ont pas lu ce Mémoire, puisqu'ils le prennent pour *un de ceux qui furent imprimés pour M. Tort.* Néanmoins, ils ne laissent pas de dire, apparemment *par courtoisie*, « qu'il est écrit avec » chaleur et qu'il leur paroît assez bien remplir son objet. Mais, » ajoutent-ils, « il n'est là *qu'accessoirement*, et nous ne devons nous » en occuper qu'en passant. »

Accessoirement ! qu'entendent-ils par ce mot barbare qui n'est que dans leur dictionnaire? Un Mémoire fait pour établir que les Mémoires sont utiles, et même nécessaires, peut-il être indifférent à une collection de Mémoires? Comme Mémoire dans une affaire singulière, il est une pièce, non pas accessoire, mais principale de la collection; et comme contenant la déduction des preuves de la difficulté et de l'importance de cette sorte d'écrits, il lui devenoit indispensable sous cette forme ou sous une autre. Quoi qu'il en soit, les journalistes croient qu'ils ne doivent *s'en occuper qu'en passant.* En effet, on ne peut pas s'en occuper d'une manière plus passagère, puisque c'est tout ce qu'ils en disent.

« Le volume, de près de trois cents pages » poursuivent-ils « est » destiné à quatre causes seulement; la première est celle de sépara- » tion de biens, elle emporte pour sa part seule quatre-vingt-six » pages; la seconde est celle de la banque Saint-Charles, elle se » trouve traitée avec la même étendue; la troisième, relative à une » accusation d'assassinat commis par le nommé Tilloy, compagnon » cultivateur, occupe UN PEU MOINS D'ESPACE; la quatrième, ou le » procès de la fausse marquise, finit le volume. »

D'abord, la cause en séparation tient quatre-vingt-six pages, cela n'a pas été difficile à découvrir; il a suffi de consulter la pagination; mais celle qui suit en contient davantage, ce qui n'est pas la même étendue. Quant à celle de Tilloy, pour laquelle il étoit essentiel de noter que c'étoit son épouse qu'on l'accusoit d'avoir assassinée, elle consiste en dix-huit pages; assurément *l'un peu moins d'espace* ne pèche pas par excès de justesse dans l'expression, puisque cette cause tient à peine un cinquième de l'espace qu'occupe la précédente. Quant à la cause de la fausse Marquise, on a annoncé dans un préambule quelles seroient les pièces que l'on imprimeroit pour la faire parfaitement connoître.

Maintenant voici où veulent en venir ce Monsieur ou ces Messieurs : « Quelqu'importantes que soient ces affaires « disent-ils » on ne peut

» s'empêcher de voir qu'elles sont trop longuement traitées. » Par exemple, ceci est vraiment original. Vous verrez qu'il faudra que les auteurs des Mémoires que nous recueillerons aillent à l'école des Rédacteurs du *Journal de Jurisprudence du Code Civil;* qu'ils s'astreignent à venir les consulter sur le nombre de feuillets qu'ils doivent remplir; qu'ils cherchent à deviner leur goût; qu'ils se mettent en frais pour les satisfaire, comme le rat campagnard d'Horace pour plaire à son dédaigneux camarade le citadin : *Tangentis malè singula dente superbo.* Nous doutons un peu qu'à quelque haut prix qu'ils mettent leur suffrage, les avocats connus dont les productions entreront dans notre Recueil en veuillent à ce prix.

Ils continuent : « Si le *Juge* lui-même et le *Public* ne lisent sou-
» vent pas les Mémoires lorsque l'affaire est encore pendante dans
» les tribunaux, par cela seul que ces écrits sont trop longs et trop
» volumineux, que *sera-ce des tiers* à qui l'on présentera ces
» Mémoires lorsqu'ils n'auront plus un intérêt actuel et qu'ils
» n'offriront plus qu'un motif de curiosité? Ce qu'il y aura d'im-
» portant pour l'avocat *se trouvera noyé dans le grand nombre*
» *de choses;* et le public y trouvera des détails ennuyeux et inu-
» tiles qui le rebuteront nécessairement par le peu d'intérêt qu'ils
» offrent à ceux qui y sont étrangers. »

Qu'un avocat fasse un Mémoire trop volumineux qui ne soit pas lu, c'est un malheur; que le juge ne le lise pas, c'est un malheur plus grand encore, car lorsque le devoir nous ordonne de nous ennuyer il faut en avoir le courage. Le public est parfaitement libre de passer son temps à lire un Mémoire ou un roman, quoique, par plusieurs bonnes raisons, le premier valût mieux que le second. Pour ce *qu'il en sera de ces tiers*, qui ne sont pas des juges, et qui ne font pas partie du public, ignorant quelle sorte de personnages ce peut être, je n'en parlerai pas, faute de savoir qu'en dire. Mais j'observe qu'un mémoire n'est pas long parce qu'il est volumineux. Un pamphlet peut être diffus, et un traité *in-folio* précis. Les mémoires de MM. de La Bourdonnaye, Dupleix, de Lalli, etc. ont plus d'un volume in-4°; et les défenses de Fouquet que Voltaire met à côté des plaidoyers de Cicéron, n'occupent pas moins de 16 vol. in-12. Tous ont été lus et le sont encore par ceux qui veulent s'instruire et même s'amuser.

L'étendue ne fait donc rien à l'attrait que peut avoir un ouvrage. Nos censeurs confondent la curiosité pour l'évènement, avec la curiosité pour la manière dont il fut ou prévenu ou amené. Eh quoi ! parce qu'on sait que Démosthènes l'emporta sur Eschines, on ne lira plus la divine oraison sur la Couronne ? parce qu'on sait que Milon fut condamné à l'exil, on jetera la Milonnienne ? parce qu'on sait que la marquise de Brinvilliers perdit la tête sur un échafaud, on ne sera pas tenté de connoître par quels moyens Nivelle prétendit la défendre ? L'expérience de tous les jours donne un démenti à cette assertion. Cette autre assertion : « Que ce qu'il y » aura de plus important pour l'avocat se trouvera noyé dans le » grand nombre de choses, » est ou inintelligible ou absurde. En effet, de quoi un bon Mémoire est-il composé ? de faits, de citations, de raisonnemens et de réflexions. Lorsque le style en est supérieur, tout est également *important* pour l'avocat. Comment, d'ailleurs, cet *important* singulier, inconnu, si ce n'est aux censeurs, *seroit-il noyé dans le grand nombre de choses !* Ces censeurs si difficiles prennent les «choses» pour des «mots» au contraire des communes erreurs, où l'on prend les «mots» pour des «choses.» Relativement au Public, qu'on remet encore en scène, c'est au collecteur que cela concerne, de le contenter. A cet égard, il a contracté l'engagement de ne lui rien donner que de bon, et cet engagement sera tenu scrupuleusement. Or, un bon Mémoire ne comporte rien *d'ennuyeux*, rien *d'inutile*, rien de *rebutant*, et c'est pour cela qu'il est un bon mémoire.

« On verroit donc avec plaisir, » dit toujours le journaliste ; » une analyse bien faite de ces plaidoyers ou mémoires ; avec cela, » M. Falconnet offrira plus de choses, plus d'utilité, et occasion- » nera moins de dépense, puisqu'il se fera alors une réduction sur » la quantité presqu'effrayante des volumes annoncés et du prix » nécessaire pour les acquérir. »

Dans le siècle passé, M. Gayot de Pittaval ; après lui, M. Richer, entreprirent le travail qu'on indique ici. Il produisit les causes célèbres. Je savois cela aussi bien que mon docte instituteur, et je pourrois lui dire, comme dans Phèdre : « Faites-moi grâce de » vos leçons ; je savois cela avant que vous fussiez au monde » (1). Je savois aussi qu'elles avoient été abrégées et continuées à diverses reprises. Je savois encore que je pourrois, comme un autre, m'occuper à décomposer, à résumer les mémoires ou consultations qu'on imprime dans des procès *intéressans*, et en conséquence

_____

(1) *Tace, inquit ; ante hoc novi quàm tu natus es.* Phæd. lib. V, fab. 9.

mettre souvent mes idées et toujours ma manière d'écrire à la place de celles des jurisconsultes ou des orateurs dont j'aurois dénaturé les œuvres ; mais en songeant au regret que causeroient à la République des lettres de cruels extrayeurs qui nous auroient, dans un plan froid, donné sèchement les moyens employés par Lysias, Isocrate, Démosthènes, Cicéron, Le Maître, Cochin, De Gennes, Loiseau de Mauléon, etc., en nous privant des figures, des mouvemens, de la vie, qui colorent, animent, échauffent leurs harangues, il m'a semblé que je ressemblerois à un malheureux qui, ayant devant les yeux la délicieuse Vénus du Titien, lui préféreroit l'écorché ou le squelette de cette céleste figure ; et je l'avouerai, cette image m'a glacé (1).

Quel fut donc mon but ? Je l'ai amplement expliqué dans un *Prospectus* répandu avec profusion. Il consiste à former un dépôt au moyen duquel j'espérois conserver une foule de morceaux intéressans perdus la plupart du temps pour nous-mêmes qui n'en connoissons pas l'existence, et bien plus certainement pour la postérité. Je voulois offrir des modèles aux jeunes candidats qui aspirent à la palme de l'éloquence ; et, sur-tout, présenter aux talens un nouveau motif d'émulation. Des Mémoires soignés qui réunissent à la solidité de la discussion le charme de l'élocution, concentrés dans les barreaux particuliers, ou de la capitale, ou de quelques tribunaux isolés, pourront désormais être répandus dans tous les Départemens de ce vaste Empire. L'auteur en sera connu, loué, admiré de son vivant ; il le sera tant que ce Recueil, qu'il ne tiendra pas à moi de rendre le plus piquant possible, conservera sa place dans nos bibliothèques.

Tel fut, tel est mon projet. Pour le critiquer, quant au fond, il falloit en montrer l'illusion, faire voir qu'il portoit sur des bases fausses, sur des idées chimériques, et qu'il ne pourroit pas avoir plus de succès qu'il n'avoit d'utilité ; mais, au lieu de cela, me prescrire un travail directement opposé au plan que j'ai adopté, c'est prouver, ou qu'on n'a pas voulu lire, ou que si on l'a lu, on n'a pas compris l'intention de l'écrivain. Or, dans les deux cas, quel parti prendre ? Se plaindre des critiques ? Les plaindre est préférable.

La tendresse que les rédacteurs témoignent pour l'intérêt pécu-

_____

(1) « Tout abrégé sur un bon livre est un sot abrégé. » *Essais de Montaigne*, liv. III, ch. 8.

niaire du public pourroit paroître étrange; mais ce qu'ils disent
n'est pas ce qu'ils veulent dire. Il est facile de les interpréter; voici
leur mot : « En matière de jurisprudence ou de ce qui en approche,
» il ne faut souscrire que pour leur journal et n'acheter que leurs
» livres. »

Ils ont jeté les yeux sur la deuxième partie de l'ouvrage avec la
même négligence, et l'ont annoncée par un autre journal dans le
même esprit. « Elle nous paroît « disent-ils » mériter les mêmes
» reproches que la première, mêmes longueurs, mêmes inutilités. »

C'est-à-dire que leur prétention est de donner aux talens dont
nous avons réimprimé les productions, des leçons de style ou de
composition, et à nous, des leçons de goût. — Fort bien; mais il
nous semble que dans ce cas on devroit avoir fait les preuves d'une
supériorité autre que celle qui résulte de la façon d'un labeur pé-
riodique semblable au leur. Il ne faut pas, parce qu'on copie force
arrêts, se croire pour cela, ou en droit, ou capable d'en rendre. Des
longueurs! des *inutilités!* Rien n'est plus facile que de généraliser
l'improbation. Il ne faut point d'esprit pour cela; la malignité
suffit. Censurez, à la bonne heure; mais justifiez la censure en la
spécifiant; autrement, tout en prétendant au rôle d'Aristarque,
vous vous trouverez ne faire que celui de Zoïle, et n'être propre
qu'à celui-là.

« L'affaire de la dame Douhault, remplissant déjà près de cent
» pages du premier demi-volume, remplit encore la moitié de ce-
» lui-ci, » continue l'extrait.

Dans cette cause extraordinaire, le Mémoire de M. Bonnet étoit
digne de servir d'introduction. Celui de M. Huart-Duparc, après la
sensation qu'il a faite, et dans l'ordre de la défense, devenoit nécessaire. On ne pouvoit pas supprimer la réfutation de M. Dufresneau.
Mais on n'a point mis d'autres Mémoires, quoiqu'il en ait paru
plusieurs, tant de M. *Piet,* pour la famille de Rogres, que de
M. *Huart-Duparc,* pour la réclamante. Le réquisitoire de M. Baucheton, procureur-général-impérial à Bourges, où l'on trouve non-
seulement le résumé de tout ce qui avoit été dit des deux côtés,
mais le détail de la procédure et plusieurs traits résultans de la dernière instruction, disposés dans un ordre lucide et rendus avec naturel et intérêt, sollicitoient dans ce Recueil une place qu'il étoit
impossible de lui refuser. Les arrêts des Cours de Bourges et d'Appel
de Paris formoient une clôture indispensable. Il peut se trouver des
répétitions; mais comme elles ne sont pas identiques, elles apprendront

dront aux jeunes gens qui s'exercent à écrire, l'art de dire en différentes manières les mêmes choses, de varier l'expression et de paroître neuf lorsqu'il nous est défendu d'être nouveau.

« Non-seulement on ne retranche pas ces *longues phrases*, ces
» *longs préambules* qui se trouvent ordinairement dans des plai-
» doyers ou Mémoires, mais on répète dans chaque acte, dans
» chaque arrêt ce qui n'est que *protocole* (1)», *suite de l'annonce*.

Dans quel Mémoire, Plaidoyer ou Consultation, se trouvent ces
longues phrases qui déplaisent si fort aux détracteurs? Il auroit
fallu les indiquer, pour mériter la reconnoissance des avocats ou des
jurisconsultes que leur critique intéresse. Quant à ces *longs préambules*, qui ne peuvent être que des *exordes*, mon projet étant de
donner des Mémoires ou Plaidoyers en entier, et les préambules
ou exordes étant une partie du corps de l'ouvrage, je ne vois pas
comment je prendrois sur moi de les retrancher. Dans cette per-
plexité, je me résoudrai donc à me livrer à l'amertume des remarques plutôt qu'aux reproches des auteurs ou des lecteurs qui se
plaindroient justement de mes indiscrètes mutilations. Au reste, si
j'avois besoin de me prouver que les journalistes n'ont fait que feuil-
leter le volume et qu'ils ne l'ont pas daigné lire, cette allégation me
suffiroit. Aucun des morceaux qui le composent, si l'on en excepte
la justification de la dame Cochart - Deservolus, n'est précédé
d'exorde remarquable par son étendue, et aucun d'eux ne contient
de ces lieux-communs qui vont à tout, parce qu'ils ne sont vraiment
applicables à rien et qu'on peut à volonté les ôter ou les laisser
comme des pièces de rapport. Le début de M. Billecoq est rempli de
noblesse et d'une belle éloquence. Il est nécessaire, bien à sa place ; et
très-probablement il n'y a que les critiques à qui la nature a refusé
toute sensibilité spirituelle que nous eussions satisfaits en le suppri-
mant.

Autre preuve que ces gens n'ont pas *lu*, mais *feuilleté* à la hâte ;
c'est le reste de leur avis : « Les qualités des parties, leurs conclu-
» sions, s'y *trouvent* jusques à cinq ou six fois. On *trouve* jusqu'à
» cinq ou six Mémoires sur le même objet. Les faits, ou une partie
» des faits, se *trouvent* réimprimés dans chacun, et le tout est

_____

(1) Ces Messieurs ne songent pas que ce Recueil est destiné pour tout l'Empire, et
que ce qu'ils appellent dédaigneusement *protocole*, est nécessaire pour une foule d'endroits où notre protocole n'est pas encore connu. Ajoutez que le protocole conservé
exactement établit l'authenticité, précieuse dans cette matière.

b

» réimprimé littéralement. Voilà le travail du rédacteur et l'objet
» de l'éditeur. *Quanti labores !* »

Qui diroit que tout ce qu'on vient de transcrire n'est d'un bout à
l'autre qu'une pure contre-vérité! Les qualités des parties, loin
d'être répétées cinq ou six fois, ne se lisent que dans le titre du
Mémoire, où elles sont nécessaires, et où leur suppression n'entraîneroit qu'une demi-ligne de moins; les conclusions dont on relève
une quintuple ou sextuple répétition ne sont consignées formellement nulle part; et, relativement aux faits, peuvent-ils ignorer, les
Périodistes, que jamais les avocats ne les rapportent sans les présenter avec des variations; que c'est presque toujours sur ces variations que porte le système d'un défenseur, et que c'est de-là que
dépendent la plupart du temps la perte ou le gain d'un procès?
Quand on le voudroit, en pareil cas, on ne peut retrancher les
faits, et bien moins encore en élaguer la plus légère circonstance.

Les cinq ou six Mémoires sur le même sujet sont encore un produit de l'imaginative du journaliste ou des journalistes. Dans l'affaire Bance, qu'ils ont sans doute en vue, ni celui de cet artiste, en
première instance, ni le plaidoyer en Cour d'appel de M. Lepidor,
ni le Mémoire en cassation de M. Quéquet, n'étoient de nature à
être omis. Rien de moins semblable que ces trois morceaux, qui,
certainement, ont chacun leur mérite. Or, ce sont les seuls employés. Comme j'ai conservé des dépositions de témoins et une
consultation de M. Gayral, ces habiles *jugeurs* ont pris ces deux
pièces pour des Mémoires. Puis, ils ont conclu de leur bévue: et
qu'on en trouvoit cinq ou six pour une même cause, et qu'il n'y
avoit ni grande peine, ni grand mérite à les réimprimer.

Mais voici ma profession de foi que je place ici, autant pour les
auteurs du journal auquel j'ai cru devoir répondre, que pour mes
lecteurs, de quelque classe qu'ils puissent être:

Quand un homme qui a passé pour avoir quelques succès dans
un art, veut bien, par amour pour ses progrès, rechercher les productions de ceux qui s'y distinguent; quand il se dévoue au dégoût
d'une foule de lectures dont rien ne le dédommage, que l'espoir de
rencontrer enfin quelques morceaux qu'il croit dignes d'être présentés aux contemporains et de passer à la postérité; quand, dans
ses choix, il ne cède qu'à la voix de son goût; quand, surmontant
l'ennui des révisions, des corrections, il fait tous ses efforts pour
que l'ouvrage adopté paroisse avec tous ses avantages; cet homme
a droit sans doute à la reconnoissance de ceux qui, touchés de l'élo-

quence judiciaire, s'occupant, soit pour s'instruire, soit pour s'amuser, de ce qu'elle crée de meilleur, tiendront de ses soins des jouissances utiles, douces et toujours pures.

Il n'est peut-être point d'avocats, point de jurisconsultes, point de ceux enfin qui suivent la carrière du barreau ou qui s'y destinent, qui ne fassent des collections de Mémoires, dans lesquels ils veulent, outre le mérite du style, des discussions lumineuses, des moyens tranchans, une érudition qui supplée à celle qu'ils n'ont pas, des passages qui montent leur imagination, qui les mettent en verve. Ce qu'ils cherchent avec empressement, j'espère qu'ils le trouveront dans le *Barreau Français*. On leur épargne les frais de la perquisition, l'embarras du choix. Pour un recueil à faire, ils auront un recueil tout fait.

On pensera peut-être que je me suis occupé trop longuement à réfuter les journalistes du *Code Civil*; mais d'abord je voulois dire une partie de ce que je leur dis, et je ne suis pas fâché de l'occasion qu'ils m'en fournissent. Ensuite, de quoi s'agit-il ici? d'une sorte de procès qu'ils m'intentent devant le public; je produis mes défenses et je me soumets volontiers au jugement que prononceront mes lecteurs, sous les yeux desquels je mets mon Mémoire.

Les journalistes du *Code Civil* ne furent pas seuls à fronder l'œuvre. Un M. D...., collaborateur du *Journal de l'Empire*, marcha sur leurs traces. Je l'ignorois. Un ami m'envoya le feuilleton, avec quelques notes de sa main écrites en marge.

D'autres personnes m'en parlèrent. Je revis cet ami, et ce qu'il me dit occasionna la lettre suivante, que je lui adressai:

Lettre *à M. G...., sur l'annonce du* Barreau Français.

Vous me demandez, Monsieur, si j'ai lu l'annonce du *Barreau Français*, insérée dans le feuilleton du *Journal de l'Empire*, du 3 juillet 1806, et si j'y répondrai?

Oui, Monsieur, je l'ai lue; y répondre c'étoit autre chose.

Les besoins du courroux sont des besoins pressans,

dit Lanoue, dans sa *Coquette corrigée*. Ceux de la pitié ne le sont point du tout. Et comme la mauvaise volonté de M. *D.* (c'est ainsi que l'article est signé) ne m'avoit inspiré qu'un peu de dédain, et pas la moindre colère, il ne m'étoit pas même venu une velléité de réplique.

En effet, que voulez-vous qu'on dise à un *meneur de plume*, qui prélude à l'article qui me concerne, par une dissertation amphigourique sur la *société*, où, confondant sans cesse les effets avec les causes, ne sachant ni définir ni concevoir, il ne vous instruit que d'un point, qui est : qu'il ne connoît pas seulement de vue une matière avec laquelle il se prétend familier?

Cependant, quelques amis beaucoup plus chaleureux que moi sur la réputation de la collection dont je m'occupe; vous, sur-tout, Monsieur, aux avis de qui je me plais à déférer, paroissant desirer quelques lignes sur cet article, je vous les envoie, quoique toujours bien convaincu que si l'entreprise de recueillir ce qu'a produit et ce que produira de meilleur notre barreau, est intéressante, utile, comme je l'ai cru et le crois encore, quelques misérables phrases d'un M. *D.* (qui ne se nomme pas, parce qu'à coup sûr il sent que ses phrases ne lui font pas assez d'honneur, ou, peut-être encore, parce que son nom ne donneroit pas un grand crédit à ses phrases) ne diminueront nullement l'intérêt ou l'utilité reconnus d'un projet auquel je ne me suis prêté qu'après y avoir mûrement réfléchi.

Ce M. *D.*, partant de la société pour arriver à l'annonce d'un Recueil de Mémoires judiciaires (il s'y prend de loin), adopte une trivialité dont on trouve le germe dans Longin, c'est « qu'il n'y a de » véritable éloquence que dans les états républicains; » et il ajoute « que c'est la forme de notre Constitution qui s'est opposée parmi » nous à ce que nous eussions des historiens et des orateurs. »

Quelque fausse que soit l'opinion du philosophe alléguée par Longin, comme je le démontrerai ailleurs, elle est fort naturelle. Tout écrivain doit être, en général, un partisan de la démocratie, par cette unique raison, qu'il écrit. Car, on n'écrit que pour être lu, et on ne veut être lu que parce qu'on croit être admiré. Le fond de cette disposition est donc un sentiment de sa propre excellence, de sa supériorité sur ses semblables. Eh! comment, alors, ne voudroit-on pas vivre dans un gouvernement où cette excellence fût sentie et cette supériorité employée! Mais que cette forme de constitution soit la seule propre à donner des orateurs ou des historiens, c'est une erreur que je me charge de mettre dans tout son jour relativement aux orateurs; quant aux historiens, le fait donne à l'assertion du *feuilletoniste* un assez bon démenti pour qu'il me suffise de le citer. Tite-Live, Denis d'Halicarnasse, Trogue-Pompée, dont Justin fut l'abréviateur, Paterculus, Tacite, Dion-Cassius, ont vécu, les trois premiers sous Auguste, le quatrième sous Tibère, Tacite sous Vespasien, Dion-Cassius sous Alexandre-Sévère; et ce Plutarque de Chéronée, que notre Montaigne exaltoit si légitimement, passe pour avoir été le favori de Trajan. Ainsi la constitution *monarchique*, loin de comprimer le génie de l'histoire, semble, au contraire, favoriser son élan; ce qui me paroît prouvé sans réplique chez nous, par Bossuet, Vertot, Bougeant, Rollin, Voltaire, etc.

Selon M. *D.*, « il est très-douteux que nous eussions eu les belles » harangues de Démosthènes et d'Eschines, s'ils eussent vécu sous » un gouvernement où ils n'eussent pas pu prendre part aux affaires » publiques. »

Mais pourquoi l'Attique seule a-t-elle produit ces orateurs? Pourquoi n'en a-t-elle produit qu'en si petit nombre? peut-être qu'un?

« A Rome « dit-il » où la constitution étoit moitié démocratique » et moitié aristocratique, l'art de la parole ne fut point porté si » haut que chez les Grecs, parce qu'il ne suffisoit pas d'être élo- » quent pour parvenir aux premières charges, il falloit encore être » d'une famille noble. On sait que ce ne fut qu'avec de grandes dif- » ficultés que Cicéron parvint au consulat; les praticiens reconnois- » soient bien que c'étoit le plus éloquent des orateurs, mais c'étoit » un homme nouveau. »

En vérité, ce M. *D.* est imbu d'une science rare! Quoi! depuis l'établissement des lois Liciniennes, en l'an 377 de la République, on ne pouvoit parvenir au consulat sans être d'une famille noble! Quoi! Tibérius Coruncanius ne fut pas nommé consul, souverain pontife, censeur, dictateur, quoique plébéïen! Quoi! Q. Pompeïus, né d'un père inconnu, sans prôneurs, sans patron, n'étoit pas arrivé aux honneurs par la voie de l'éloquence! (Cicer. *de Clar. Orat.*, n°. 96.) Quoi! Caton l'ancien, bourgeois de Tusculum, ne lui avoit pas dû le consulat et la censure, près d'un siècle avant la naissance de Cicéron! Et le compatriote de celui-ci, Caïus-Marius, d'une famille obscure, n'étoit pas devenu Consul sept fois! Malgré ces exemples, il auroit pu arriver que Cicéron eût éprouvé des difficultés; mais, par malheur pour l'érudition de M. *D.*, Cicéron s'étant présenté comme candidat à l'âge prescrit par les lois, les Romains allèrent, pour ainsi dire, au-devant de ses vœux. Le jour de l'élection arrivé, on n'attendit pas le scrutin; cette formalité contrarioit l'impatience des Romains pour son élévation; il fut proclamé tout d'une voix premier consul, par les acclamations unanimes du peuple entier.

(*V. De Lege Agr.*) Je renvoie pour le chapitre de sa *Nouveauté*, et ce que pensoit Cicéron à cet égard, à la septième lettre de ses Familières à Appius Pulcher. On verra comment il traitoit les *Appiétés* et les *Lentulités*, qu'il appeloit tout cruement des sottises, *ineptias.*

« Si les affaires publiques » continue le profond Aristarque,
« présentoient moins de ressources aux Romains qu'aux Athéniens
» pour se livrer à l'Éloquence, le Barreau ouvroit à leurs talens
» une vaste et illustre carrière ; ce n'étoit pas de petites causes
» plaidées devant quelques juges dans un tribunal étroit ; c'étoit
» le prince des Orateurs plaidant, au milieu du *forum*, devant
» César et Pompée, la cause des rois et des premiers citoyens
» de la République. »

Où M. *D.* prend-il tout ce qu'il débite là ? Ne sembleroit-il pas qu'il n'y avoit à Rome que Cicéron et ses égaux en éloquence qui parussent au Barreau ; que les rois seuls ou les grands personnages eussent le privilége d'occuper les juges de leurs intérêts ; et que ce fût toujours des Césars ou des Pompées qui présidassent les tribunaux ? S'il veut se convaincre que le Barreau romain étoit inondé d'une foule d'orateurs médiocres ou mauvais ; s'il veut savoir leurs noms, qu'il lise le dialogue de Cicéron intitulé Brutus : il aura la satisfaction de les passer en revue par troupe. On plaidoit à Rome de grands comme de petits procès. Dans l'oraison de Cicéron pour *Quintius*, tout consiste à savoir : « si *Nævius* a été mis
» en possession des biens de sa partie adverse en vertu de l'édit du
» préteur ; » dans celle pour le comédien *Roscius :* « si ce dernier
» doit quelque chose à *Fannius* d'après un acte de société ; » dans celle pour *Cæcinna :* « s'il y a lieu à la réintégrande d'un fonds
» dans lequel *Ebutius* avoit, à main armée, empêché *Cæcinna*
» d'entrer. » Qu'ont de merveilleux toutes ces questions ? Il ignore, (et pourquoi parmi tant d'autres ignorances, M. *D.* n'auroit-il pas celle-là ?) il ignore ; dis-je, que ce n'est pas la cause qui fait l'avocat, mais que c'est l'avocat qui fait la cause. Je n'oublierai jamais avec quel juste enthousiasme mon camarade Gerbier se vantoit à nous d'avoir arraché des larmes à tout son auditoire, sans en excepter les juges, en faveur des lapins du prince de Conti. Mais, pour revenir aux imaginations de M. *D.*, si j'étois chargé de son éducation, je lui expliquerois : qu'on ne plaidoit pas toujours dans le *forum*; qu'il y en avoit trois différens à Rome ; qu'on plaidoit devant le *Préteur*, les *Récupérateurs*, etc., non pas devant *César* ni devant *Pompée*,

à moins que les charges qu'ils occupoient ne le voulussent ainsi; que souvent ils plaidoient eux-mêmes; que lorsque Cicéron défendit Balbus, il eut pour collègue Pompée. Il plaida devant celui-ci pour Anne Milon, Pompée ayant été nommé unique Consul, à l'époque du meurtre de Clodius. Il plaida devant César pour Marcellus, pour Ligarius, pour le roi Déjotarus, mais devant César dictateur. Les Catilinaires, les Antoniennes (que nous appelons *Philippiques*), furent prononcées quelques-unes dans le sénat, et les autres devant le Peuple.

« Le talent de l'éloquence ne s'acquiert qu'en le cultivant », prononce M. *D*. Eh! mais, en effet, un homme ne deviendroit pas un bon danseur en restant toute sa vie assis dans un fauteuil. C'est, il faut en convenir, un penseur puissant, un génie à grandes découvertes, que ce M. *D*.!

Il nous conte : «Que la révolution, qui permettoit à chaque ci-
» toyen de monter à la tribune et de parler au peuple, eût sans
» doute produit des hommes éloquens, si la cause eût été meil-
» leure, et s'ils avoient eu de la morale; que, sans la morale, il n'y
» a point de véritable éloquence; Quintilien vouloit que l'orateur
» fût honnête homme, et c'étoit pourquoi Cicéron le définissoit si
» bien, *vir bonus dicendi peritus* » (un homme de bien qui sait parler).

Sur toute la surface de la France sans exception, la révolution n'a manifesté que des *péroreurs* mal embouchés, tantôt déclamateurs fougueux, tantôt bavards aussi effrontés qu'ennuyeux, prêchant le crime dans les clubs et les sections, à des gens assez disposés à le commettre, et qui cependant ont heureusement, en plus d'une circonstance, résisté à leurs lâches excitateurs. Afin que cet événement eût enfanté quelques sujets à l'éloquence, il auroit fallu qu'un homme vraiment éloquent eût appris au peuple ce que c'est que l'éloquence; et le peuple, instruit à la reconnoître, l'auroit aidé à se produire, en l'accueillant. C'est ainsi que, parmi nous, au théâtre, Baron avoit formé le parterre, qui depuis forma les Barons.

Pour la nécessité de l'alliance de la morale au talent afin que le talent soit réel, le fond de cette idée est très-vrai; mais il mérite un développement qu'avec sa permission je crois M. *D*. fort peu en état de pouvoir nous donner. Quand l'homme le plus éloquent connu, Démosthènes, vendoit à Phormion un plaidoyer contre Apollodore, et qu'il vendoit ensuite à cet Apollodore un plaidoyer contre Phormion, il n'agissoit pas sur les principes d'une morale bien épurée, ce qui n'empêche pas que ces plaidoyers ne soient des chefs-d'œuvre. La définition triviale de l'orateur, *vir bonus*, etc., n'appartient point à Cicéron, elle est de Caton. **M. D.** peut s'en convaincre, en lisant dans le quatrième livre des Lettres de Pline le jeune, la septième, adressée à Lépidus. Il est fâcheux pour **M. D.** qu'il ne puisse rien écrire qui ne soit une ineptie ou une bévue.

M. D. demande « quelles sont les causes que l'on plaide aujour-
» d'hui au Barreau? Il réduit à des questions d'enclos et de murs
» mitoyens les interêts que l'on discute dans nos tribunaux; et il doute
» que « *quand bien même il se présenteroit de grandes causes,*
» *nous eussions des avocats capables de les traiter.* » Le Barreau
en corps doit assurément un remercîment à ce **M. D.** pour l'excellente opinion qu'il a de ceux qui le composent. Quelque poids
qu'il mette à ses sentimens, je lui conseille de s'habituer à les considérer comme un patrimoine que peu d'individus voudront partager avec lui, et qu'aucun ne lui enviera. S'il se présentoit une cause,
pour extraordinaire qu'elle fût, je ne crains pas de dire qu'elle trouveroit un défenseur qui sauroit se la soumettre. Je ne nomme personne, mais le public nommera pour moi. Aussi étranger au Barreau
actuel qu'au Barreau passé, **M. D.** ne sait pas que chaque jour il
paroît au Palais des causes du plus piquant comme du plus grave
intérêt. Et sans sortir de ce volume du Barreau Moderne qu'il
dédaigne, que lui faut-il, s'il ne trouve pas singulière la cause de
cette femme « qui prétend que ses parens ont feint de la faire en-
» terrer, et qu'elle n'est pas morte? » S'il n'est pas touché de la
position de ce malheureux cultivateur « qu'on accuse d'avoir assas-
» siné sa jeune femme, auprès de laquelle il s'est rendu peu de
» temps avant qu'elle expire de plusieurs coups de couteau qu'elle
» a reçus à la tête et dans la gorge? » S'il ne se laisse pas attendrir
» à la vue de deux filles obligées de justifier leur mère du soupçon
» d'avoir empoisonné son mari, mort et trois fois exhumé, pour
» détruire des préventions que les divers procès-verbaux semblent,
» à la faveur d'une foule de petites passions mises en jeu, n'avoir
» fait que fortifier? ».

« Il décide qu'un jeune homme ne pourra pas puiser les premiers
» principes de l'éloquence dans ce Recueil. » Mais est-ce avec cette
intention que nous le publions? On apprend les règles d'un art d'un
maître ou des livres qui en traitent; mais on se rend illustre dans
cet art en étudiant les productions de ceux qui s'y sont distingués,
qui s'y distinguent; en se pénétrant des beautés qu'elles renferment,

en

en marquant même leurs défauts. Quelquefois un mauvais ouvrage instruit autant qu'un bon. « Je vais entendre le père Bourdaloue « disoit un prédicateur » pour savoir ce qu'il faut dire, et le père N... » pour savoir ce qu'il faut éviter de dire. » Quoi qu'il en soit, refusera-t-il, ce censeur si dégoûté, à M. *Desèze* d'avoir jeté l'intérêt de l'ordre, de la clarté et de la précision, dans la cause aride, mais importante, de la banque de Saint-Charles? Otera-t-il à M. *Chignard* le mérite de la logique et de la chaleur dans sa réponse? à M. *Parent-Réal*, celui d'une conviction qu'il communique à son lecteur, comme il la fit passer dans le cœur des jurés? à M. *Bonnet*, le talent de raconter, qui demande d'autant plus d'art, que l'art ne doit pas se montrer dans une narration? à M. *Huart-Duparc*, celui de faire valoir les plus légères circonstances, de relever les moindres avantages, et de créer des moyens en tirant parti de tout? Contestera-t-il à M. *Baucheton* le secret de l'analyse et des rapprochemens, dont il a fait un si heureux usage dans son réquisitoire? Qu'il assure dédaigneusement « qu'un jeune homme ne sera » pas plus grand orateur quand il aura lu une consultation pour » savoir si M. Simon a droit de vendre des dessus de portes, » il n'en sera pas moins vrai que le *Journal de l'Empire*, alors celui *des Débats*, s'occupa sérieusement de cette contestation; que le Mémoire publié dans cette cause pour l'artiste est original; que le plaidoyer de M. *Lépidor* fit la plus grande fortune au Palais; qu'il est en effet d'un style pur et nombreux; qu'il est plein de traits saillans, de tours ingénieux, et qu'il faudroit être de bien mauvaise humeur pour ne pas convenir du goût et de l'esprit qu'on trouve par-tout dans cette pièce. Le Mémoire en cassation de M. *Quéquet*, qui répond à M. *Lépidor*, est remarquable par une finesse de dialectique, une souplesse d'argumentation qui vous ramène à douter si celui à qui vous avez donné raison ne pourroit pas avoir tort. Une consultation en matière de divorce, rédigée par M. *Poirier*, fait voir que cet avocat, si souvent et si justement consulté, sait mêler les mœurs au droit; que, servi par un tact heureux, par une judicieuse logique, il éclaircit le texte des lois; qu'il appuie leurs décisions par les sentimens de la nature et par la raison des devoirs et des relations sociales. Le ton noble, véhément et rempli de sensibilité, les observations frappantes sur le cœur humain, et les ressorts qui le meuvent, qui caractérisent les ÉCLAIRCISSEMENS SUR LA MORT DE M. DE SERVOLUS, que nous devons à M. *Billecoq*, non moins connu dans le barreau que dans la littérature, méritoient certes

la mention d'un coup-d'œil. Eh! comment n'a-t-il pas au moins
extrait quelques phrases du Mémoire des Notaires, dont le trait est
si pur et le coloris si suave? S'il dédaigne les phrases, il auroit dû
observer dans le charmant Précis pour M. *de Vouges*, que le système attribué au docteur Gall et dont on parle tant, ne lui appartient pas comme inventeur. Il eût pu citer ce passage, *page* 588 du
premier volume, qui assure la propriété de cette idée à un M. Dufay, accoucheur, parmi nous. « *Il se propose* (M. Dufay) *de donner un ouvrage où il prouvera que l'irrégularité des reliefs du
cerveau* (*cause de vices de l'esprit et même de tous les crimes*)
est en raison de l'irrégularité du facies; *ce qui l'amène à des
réflexions morales et politiques dont les législateurs peuvent
profiter pour le bonheur des nations.* L'excellente plaisanterie qui
fait le fond de l'écrit, quelques tableaux, dont un contraste heureux assure l'effet, auroient trouvé grace aux yeux d'un lecteur;
mais M. *D.*, qui dénigre, ne lit pas. Il est si commode de ne pas
lire! si agréable pour certaines gens de dénigrer! D'ailleurs, n'est-il
pas payé pour cela à tant le paragraphe, à moins qu'il ne soit question d'un livre de parti, de ceux de MM. *A. B. C. D. Z.*, ou de
ceux qui sont imprimés chez Lenormant?

« Non-seulement » dit-il « ces plaidoyers ne sont pas des chefs-
» d'œuvre, mais même les règles de la grammaire y sont très-sou-
» vent violées. » A juger de l'extrayeur par l'extrait, cette partie de la
critique pourroit être celle dont il se tireroit le mieux. Écolier frais
émoulu, si je ne me trompe, son rudiment lui doit être encore présent. Cependant, dans ces sortes de cas, une décision vague ne contente personne; il faut une citation formelle qui prouve qu'on est
grammairien, et que ceux que l'on critique ne le sont pas. Il rapporte une de mes périodes qui lui a, prétend-il, « fait perdre ha-
» leine. » Cette gentillesse seule me donne le signalement de M. *D.*
Une phrase faite de tête, de cœur ou d'esprit, n'est pas de sa compétence; il n'a d'habitude qu'avec celles qui se font de mémoire. Il
est, comme beaucoup d'autres, un pauvre plagiaire de mots et de
pensées. S'il n'avoit jamais lu, il n'auroit jamais écrit. Placez une
ou deux chaises à la portée de ce bambin littéraire, pour qu'il fasse
quelques pas incertains, dans l'absence de sa nourrice, qui vient de
l'abandonner à sa puérile inquiétude.

J'ai avancé et prouvé que relativement à l'utilité qu'on pourroit
retirer des Mémoires judiciaires, leur lecture les plaçoit au-dessus
de l'histoire, des romans et des théâtres. M. *D.* supprime mes

preuves, puis il me dit « que je suis avocat comme M. Josse étoit
» orfèvre, et que mes raisonnemens, qu'il a mis en *etc. etc.*, ne
» sont que des *fagots*, des contes *peau-d'anesques*; qu'il est assez
» ordinaire que ceux qui forment des entreprises y attachent une
» haute importance; que le public en juge presque toujours diffé-
» remment; que rien cependant n'est plus essentiel que d'avoir le
» public dans ses intérêts quand il s'agit de souscription. » Quant
à M. *D.*, « son avis est : que cet ouvrage n'est autre chose qu'un
» Recueil de Mémoires *plus ou moins ennuyeux*, ce qui ressemble
» assez à celui connu sous le nom de *Causes célèbres*, que Voltaire
» appeloit l'ouvrage d'un avocat sans cause. »

Je suis avocat, c'est un fait avoué depuis long-temps. M. Josse
étoit orfèvre : Sganarelle le dit; et M. *D.* n'est pas à beaucoup près
le premier qui l'ait répété; mais qu'est-ce que M. *D.?* Je voudrois
bien que ces messieurs, qui, s'embusquant derrière des lettres de
l'alphabet, insultent de là le tiers et le quart des auteurs, se sou-
vinssent un peu de ce vers maxime :

> Un écrit clandestin n'est pas d'un honnête homme,

et que signant franchement leurs diatribes, ils n'eussent pas l'air
d'en rougir comme d'une mauvaise action; car, n'y eût-il autre
chose, cela seul les condamne. Je persiste à soutenir la supériorité
des Mémoires sur les romans et sur les autres futilités de ce genre,
malgré le jugement de M. *D.* S'il fréquentoit le Barreau, il sauroit
qu'aujourd'hui on n'en rend plus qu'avec des motifs, et il ne lui eût
pas été facile de motiver le sien. « Un roman est plus intéressant
» qu'un Mémoire » me dira-t-il : cela peut-être; mais tandis que la
plupart des romans sont dangereux, tous les mémoires sont plus ou
moins utiles; et il vaut mieux s'ennuyer en s'instruisant, que se
corrompre en s'amusant. Qu'il existe de bonnes ou mauvaises pièces
de théâtre, de bons ou de mauvais acteurs pour les représenter,
qu'importe à la prospérité de l'Empire? En diroit-il autant des
jugemens, des magistrats qui les prononcent, et des avocats qui les
préparent? On se passe de spectacles; heureux le peuple qui sait
s'en passer! mais on ne se passe point de justice; c'est pour la société le *pain de chaque jour.*

Si nous avons mal vu notre entreprise, c'est en effet au public à
le décider; mais c'est par cette raison qu'il est indécent et très-peu
délicat à M. *D.* de prévenir le juge et de chercher à nuire aux entre-
preneurs.

Nous avons mis dans notre Collection ce que nos recherches nous ont fourni de bon, et nous osons dire que rien de meilleur n'a paru au Barreau depuis l'existence de notre Recueil. Nos choix n'ont pas le suffrage de **M. D.** Nous nous en consolerons. Quand un maître de maison donne à dîner, c'est aux convives qu'il veut plaire, et il s'embarrasse peu que les mêts soient ou ne soient pas du goût des garçons de cuisine :

Nàm cœnæ fercula nostræ
Malim convivis, quàm placuisse cocis.

MART. Epigr. 83, lib. IX.

Cet ouvrage ne ressemble nullement aux *Causes célèbres*, qui ont eu, malgré les petits sarcasmes de **M. D.**, les honneurs de la réimpression, de l'abrégé, et même de la refonte. Quant à l'avocat sans cause, auquel **M. D.** paroît vouloir me comparer, je lui observerai qu'on voit bien qu'il voudroit se monter au *méchant*, mais que malgré ses efforts il n'est pas sorti du *mauvais*.

Voyez, Monsieur, si j'ai répondu à **M. D.**, et je verrai ensuite comment je produirai ma réponse.

FALCONNET.

Cette lettre contre l'agression d'un journal appartenoit de plein droit aux journaux. Mais on la trouva trop longue. D'un autre côté, quelques-uns de ces Messieurs, sans s'aimer, se ménagent. Il fallut donc me réduire à l'impression particulière de mon opuscule, que je fis distribuer dans le Barreau de la Capitale. Elle obtint un succès assez grand pour que je croie la devoir aux Souscripteurs et à ceux qui se procureront ce Recueil.

SUITE.

J'IGNORE si l'on fit part à M D. de ma réponse. Je la lui aurois envoyée, si j'avois su son nom. En tous cas, on la fit parvenir à un des propriétaires du journal qui le tient à sa solde; et véritablement après le long période qui s'est écoulé depuis, je ne songeois guères qu'il s'occupât dorénavant de mon ouvrage. J'étois dans l'erreur. Un avocat de la Cour de cassation ayant entrepris la continuation des *Causes célèbres*, il a profité de l'annonce des deux premiers numéros pour y revenir.

« Il y a quelque temps » dit-il (1) « qu'un jurisconsulte connu
» publia un (Recueil) sous le titre de *Barreau Français*. Il se
» proposoit, non-seulement d'y insérer les causes nouvelles, mais
» aussi celles qui avoient été plaidées autrefois par les avocats les
» plus fameux, tels que Cochin, Patru, Le Maistre, etc. etc. Son
» ouvrage, malgré l'intérêt qu'il sembloit devoir présenter, n'eut
» aucun succès et fut frappé de mort dès sa naissance. »

Dans une précédente feuille de ce même journal, M. *D.* avoit
consacré un article à l'énumération des auteurs qui, trop sensibles
à la satire, s'étoient bonnement laissé mourir de chagrin à la suite
de quelques diatribes où les fruits de leur génie étoient misérable-
ment bafoués. Il avoit l'air de triompher de ce qu'aucun de ceux
sur lesquels sa critique s'est exercée n'a pris un parti aussi sévère.
Je lui conseille de se maintenir dans cette tranquillisante opinion,
et je l'assure que sa plume innocente n'abrégera jamais les jours
d'aucun livre ni d'aucun écrivain.

Dans le moment où M. *D.* se permettoit de dresser le prétendu
billet d'enterrement du *Barreau Français*, le troisième demi-
volume de cette collection paroissoit, il y avoit un mois ou six semaines. Ainsi l'on voit que tout ce qui est *frappé de mort* par
M. *D.* se porte fort bien.

Et franchement il faudroit être d'une susceptibilité plus que
puérile, pour être affecté de l'insipidité, de la gaucherie, de la fausseté, de la nullité de ses remarques.

On voit bien, car je lui rends cette justice, qu'il a la meilleure
envie du monde de piquer, mais des poils de lapin ne sont pas des
épingles.

Un journaliste qui veut, après avoir analysé un ouvrage, dog-
matiser sur la matière, doit la savoir à fond. S'il veut encore faire sa
leçon à l'auteur, il lui faut, outre ces connoissances, la rectitude
des idées et l'art de les rendre.

Pour juger M. *D.*, consultons son extrait :

« Dans des affaires de la nature de celle-ci, il faut aller droit au
» fait » dit-il « *et ne point s'égarer en vains détours*. Il ne faut point
» imiter cet avocat qui plaidant pour un père à qui son fils refusoit
» les alimens, débutoit ainsi : Messieurs, je parois devant vous
» pour venger les droits de la nature outragée. Celui pour qui j'ai à

_____

(1) *Journal de l'Empire*, du 11 janvier 1808.

» vous parler est un malheureux vieillard réduit à la dernière mi-
» sère. Il n'a qu'un fils dans lequel il avoit placé toutes ses espé-
» rances ; eh'bien ! ce fils dénaturé refuse aujourd'hui à son père ce
» que les Grecs appeloient αρτος, les Latins *panis*, et ce que
» nous appelons *du pain.* »

Cette histoire, qui est une des mille histoires ridicules que 'on
prête à notre Barreau, défigurée par M. *D.*, n'a dans l'usage qu'il
en fait ni le mérite du conte, ni celui de l'à-propos.

C'est dans la bouche d'un père qui plaidoit pour sa propre fille
qu'il vouloit faire séparer de biens d'avec son mari, que l'on met ce
fragment burlesque, et on le date du temps où les avocats ne savoient pas dire quatre mots français sans les entremêler de latin et
de grec. Le voici tel qu'on le suppose :

« *Verum est dicere ;* oui, Messieurs, il est bien vrai, et il faut
» le dire, que ma fille est tout-à-la-fois heureuse et malheureuse :
» heureuse, *quidem*, d'avoir trouvé dans le sieur ..... un époux
» distingué par sa naissance; malheureuse, *autem*, de ce que ce
» gentilhomme a renversé sa fortune par sa mauvaise conduite : en
» sorte, Messieurs, que ma fille court risque de se voir réduite à
» mendier son pain ; son pain, qu'on diroit en latin *panem*, et que
» les Grecs appellent τον αρτον. »

Vrai ou faux, sans doute cela est plaisant. Pourquoi ? parce qu'on
ne peut s'empêcher de rire de cette bisarre *macédoine* de mots de
diverses langues, et sur-tout de l'emphase ridicule avec laquelle on
sent que l'avocat dut prononcer le mot grec qui termine sa période,
comme s'il avoit ajouté quelque chose à l'énergie de son discours.
Mais de la manière dont le cite M. *D.*, il a perdu tout son sel, et le
trait n'est plus qu'une fadaise.

Et d'ailleurs, cette fadaise, quel rapport a-t-elle avec son précepte : « Qu'il faut aller droit au fait et ne *pas s'égarer en vains*
» *détours ?* » Où sont *les vains détours dans lesquels s'égaroit*
son avocat, en employant un mot grec et un mot latin qu'il tradui-
soit en français ? Il plaidoit de mauvais goût pour nous, mais de
son temps il fut peut-être applaudi.

« J'ai déjà eu occasion de remarquer que de tous les genres
» d'éloquence, l'éloquence du Barreau étoit celle qui avoit fait le
» moins de progrès parmi nous. »

Cette remarque, répétée par M. *D.*, il ne l'a faite que par ignorance. S'il connoissoit certains Mémoires de MM. de Gènes, Loiseau de Mauléon, etc.; s'il s'étoit familiarisé avec les Plaidoyers de

M. Servan ; avec quelques autres qu'a produits le milieu et la fin du siècle passé ; il auroit vu que nous ne sommes pas en ce genre aussi inférieurs aux anciens qu'il lui plaît de l'imaginer. De ce que nos richesses sont enfouies dans des coins obscurs de bibliothèques, il ne s'ensuit pas qu'elles n'existent point.

M. *D.* se jette ensuite « sur les gouvernemens purement démo-
» cratiques où l'art de la parole est un moyen sûr de parvenir aux
» dignités les plus éminentes.... On ne naît point avec le talent de la
» parole, il ne s'acquiert que par un exercice continuel. »

Toutes ces trivialités, qu'il ne fait que ressasser d'après lui et cent autres, se réfuteroient aisément par quelques phrases. Il ne s'agiroit que de définir l'éloquence. Et il ne seroit pas si difficile en-suite de montrer que dans un gouvernement monarchique il faut infiniment plus d'art, plus de talent pour se distinguer, qu'il n'en falloit aux orateurs républicains. Qu'on y regarde bien, et l'on trou-vera que parmi les harangues de Cicéron, celles pour Ligarius et pour Marcellus, débitées devant César, dictateur perpétuel, l'em-portent sur toutes les autres par je ne sais quelle chaleur concentrée qui produit un effet moins vif peut-être, mais plus profond à coup sûr.

Le peuple est toujours peuple, dans quelque pays qu'on le place ; et il sera toujours beaucoup plus facile de l'émouvoir, de l'enflam-mer, que de toucher ou de convaincre, soit un homme seul, soit des magistrats qui vous écoutent froidement et qui sont en garde contre tout ce que vous pouvez mettre en avant de subtil ou de passionné.

Quant aux récompenses qui peuvent animer au travail, exciter l'émulation, manquent-elles chez nous ? Les places, les honneurs, l'argent, la gloire sur-tout, bien plus puissante sur un noble cœur que tout le reste, ne sont-ils pas exposés aux efforts de celui qui se lance dans cette carrière, et presque toujours le prix de ses succès ? Insisteroit-on sur le petit nombre d'hommes éloquens que nous pouvons compter ? Eh ! combien en ont produit les Grecs et les Romains ? deux seulement, Démosthènes et Cicéron.

Je ne discuterai pas s'il est vrai que l'on ne naisse point orateur, parce que je crois que rien de parfait ne sort des mains de la na-ture. Je m'en tiendrai à dire avec Quintilien : « Que toutes les
» leçons, tous les préceptes ne sont rien, si le naturel ne vient à
» l'appui, et que les meilleurs enseignemens ne servent pas davan-
» tage à celui qui n'a point de disposition, que la culture à des
» sols stériles. » *Nihil præcepta atque artes valent, nisi adju-*

vante naturâ. Quapropter ei cui deerit ingenium, non magis hæc scripta sunt, quàm de agrorum cultu sterilibus terris. IN PROEM. FIN.

Pour l'exercice, il peut être fort utile, mais il faut bien prendre garde aux effets que Pline le jeune en redoute, d'après le mot attribué à Pollion. « L'exercice m'a donné la facilité de plaider bien et » souvent; et en plaidant souvent, j'en suis venu à plaider moins » bien. » *Commodè agendo factum est ut sæpè agerem ; sæpè agendo ut minùs commodè.* LIB. 6, *Epist.* 29.

Continuons de faire encore quelques pas avec M. *D.*

« Parmi nous, un avocat, avant de s'engager dans la carrière du » Barreau, n'examine pas si les qualités qu'il a reçues de la nature » sont d'accord avec la profession qu'il embrasse........ Il ne va pas, » comme Démosthènes, s'emplissant la bouche de petits cailloux, » *lutter contre les vents et haranguer les tempêtes* (1); il s'oc- » cupe d'étudier le Digeste, il charge sa mémoire d'une multitude » de lois, et le voilà avocat. »

Quoiqu'il s'en faille de beaucoup qu'on se croie ou qu'on se fasse avocat à aussi grand marché que le prétend M. *D.*, il faut convenir que ceux qui se destinent à cette superbe profession n'y mettent pas toute l'importance qu'y mettoient les anciens, et c'est à cela, « non » pas à l'exiguité des causes dont notre Barreau retentit, non pas à » ce que nous n'avons plus la tribune aux harangues, ni César, ni » Pompée siégeant parmi les juges », comme le *rabâche* M. *D.*, que je ne veux pas imiter, en répétant ce que je lui ai déjà dit, qu'on doit attribuer le peu de progrès de l'éloquence dans notre siècle.

Il n'est pas fécond ce pauvre M. *D.*, ce qui vient très-probablement de ce qu'il sait peu. Les mêmes idées qu'il avoit présentées en parlant du *Barreau Français*, il les reproduit à l'occasion des *Causes célèbres*, et à-peu-près dans les mêmes termes. Il apostrophoit ainsi l'avocat dans le Feuilleton du 5 juillet 1806. « Ira-t-il » *verser tous les trésors* de l'éloquence sur une cause sèche et » aride..... lorsqu'il n'est question que d'un enclos ou d'un mur » mitoyen ? » Dans le Journal du 11 janvier 1808, après avoir exposé qu'il ne s'agit dans nos tribunaux : « Que d'une tracasserie » entre deux voisins, ou d'une querelle entre deux rivaux pour sa-

---

(1) Haranguer les tempêtes ! Quel homme que ce Démosthènes ! C'est bien dommage que sa harangue aux tempêtes ne soit pas venue jusqu'à nous. Il devoit leur dire de belles choses !

» voir

» voir à qui restera l'invention des faux toupets, » il revient à son apostrophe : « Un orateur *ira-t-il* ouvrir une bouche immense et » *verser toutes les fleurs de la rhétorique* pour plaider de pareilles » causes? » Dans le premier passage, M. *D. verse tous les trésors* sur une cause, ce que personne n'a dit que lui, et dans le second, il *verse toutes les fleurs pour plaider des causes*, ce qui ne lui appartient pas moins exclusivement. Or, se piller soi-même, n'annonce pas une grande fécondité. C'est imiter les comédiens de province, qui voulant représenter une émeute, un combat, un rassemblement quelconque, font passer et repasser du derrière de la décoration, sur le théâtre, cinq ou six valets, qui, paroissant avec les mêmes habits, dont ils n'ont pas eu le temps de changer, détruisent l'illusion qu'ils avoient commencé par faire naître.

M. *D.* n'est pas plus en fond de plaisanteries que de pensées. On vient de voir qu'il avoit dit : « que mon Recueil ressembloit assez à » celui connu sous le nom de *Causes célèbres*, que *Voltaire ap-* » *peloit l'ouvrage d'un avocat sans causes.* » Il répète le même compliment au rédacteur de l'ouvrage dont il s'occupe. « Il lui » conseille de redoubler d'activité, parce que sans cela il échoue- » roit, et que l'on diroit de son Recueil ce que Voltaire disoit » de celui autrefois si connu sous le même titre de *Causes* » *célèbres*, que c'étoit l'ouvrage d'un avocat sans causes. »

Le parfait *incognito* auquel M. *D.* est si bien recommandé par l'art et par la nature, nous empêche de lui rendre sur son état, peut-être n'en a-t-il point, l'épigramme qu'il veut nous faire sur le nôtre; mais nous lui dirons, non pas hypothétiquement, mais d'une manière très-positive, très-franche : « qu'il est un critique sans » instruction, un observateur sans vues, un *jugeur* sans discerne- » ment, et enfin un écrivain sans moyens. »

Tous les journaux ne m'ont pas traité avec aussi peu d'indulgence.

Le *Journal du Palais*, l'un des meilleurs dans son genre que nous ayons, où d'un coup d'œil on voit la décision de la question, et où les moyens de la cause sont présentés avec toute la méthode, la clarté et la précision possibles; ce journal, dont je puis énoncer ma pensée avec d'autant plus de liberté que je n'en connois pas l'auteur, après avoir dit de moi des choses trop flatteuses pour qu'il me soit permis de les rapporter, parle en ces termes de l'entreprise :

« Elle sera utile aux officiers des cours et des tribunaux, aux » avocats plaidans ou consultans, au moraliste, à l'historien et à » tous ceux enfin qui ont besoin de matériaux précieux pour » appuyer, pour éclairer leur défense, leur prétention, ou com- » battre celle des autres.

» Ainsi, cette Collection sera tout-à-la-fois un cours d'éloquence » et de droit polémique pour les uns, un cours d'histoire et de mo- » rale pour les autres ; enfin, pour tous, un trésor inépuisable et » sans cesse renaissant de lumières, de science, de principes, » d'érudition et d'éloquence, d'autant plus nécessaire, qu'une pa- » reille Collection manque à la jurisprudence, dont toutes les » classes aisées de la société font aujourd'hui, par besoin et par » goût, une étude particulière.

» L'auteur annonce qu'il commencera par livrer la partie mo- » derne. Il satisfera en cela les souscripteurs, qui seront empressés » de lire les ouvrages de ceux de leurs contemporains qui aspire- » ront à quelque célébrité. Mais quel encouragement pour les jeunes » avocats qui voudront s'en rendre dignes, lorsqu'ils sauront que » leurs Mémoires seront recueillis avec leur nom, dans une Collec- » tion choisie, toute brillante de leur éloquence, et qui passera à la » postérité (1) ! » Je dois supprimer la fin de l'annonce par le même motif qui m'a empêché d'en transcrire le commencement.

La *Gazette de France* ne me fut pas moins favorable. Le mérite de chacun des Mémoires du Recueil fut discuté et apprécié, et la part d'éloges qu'on daigna faire aux miens auroit satisfait la vanité la plus ambitieuse.

Mais ce qui me toucha vivement fut la manière dont s'exprima le *Courrier Français*, aujourd'hui le *Courrier de l'Europe*, dans sa feuille du 9 septembre 1806.

« C'est une idée très-heureuse » dit-il « que d'avoir imaginé de » faire une Collection de Consultations, de Mémoires et des Réqui- » sitoires du ministère public....

» C'est un monument élevé à la gloire du Barreau français. Une » Consultation, un Mémoire s'impriment rarement au-delà de cent » exemplaires, et six mois après qu'un procès est jugé, on ne

_____

(1) Voyez *Journal du Palais*, premier semestre de 1806, n°. 350.

» trouve nulle part les *factums* auxquels il a donné lieu, quel que
» soit leur mérite.

» Le Recueil dont il s'agit remédie à cet inconvénient grave, puis-
» qu'il arrache à l'oubli et ce qui reste de bon du Barreau ancien, et
» tout ce que le Barreau moderne produira de digne d'être conservé....
» On regrette qu'il n'ait pas été conçu et exécuté plutôt. Combien
» d'excellens ouvrages dont on a perdu jusqu'au souvenir y auroient
» d'ailleurs trouvé place!......

» Ce sera un guide permanent destiné à éclairer la religion des
» tribunaux et à diriger les avocats dans la défense des causes qui
» leur seront confiées; les juges y puiseront les motifs de leurs
» arrêts; les jeunes jurisconsultes y apprendront l'art, et les vieux
» y trouveront de quoi éclairer leur expérience; car il n'est point
» d'âge où l'homme le plus instruit de sa profession ne puisse encore
» acquérir de nouvelles lumières.

» Enfin, chacun sera sûr de trouver dans cette collection tout ce
» qui aura été dit et écrit sur les questions de fait et de droit les
» plus intéressantes, et pourra ainsi devenir au besoin juge dans sa
» propre cause. Or, quand cette collection ne feroit d'autre bien
» que d'étouffer des procès prêts à naître parce que chacun pourra
» y apprécier soi-même ses droits en y trouvant des consultations
» ou des mémoires qui auront déjà discuté des droits semblables, il
» faudroit voter des remercîmens à M. F.... pour lui avoir donné
» le jour. »

Suit une analyse très-bien faite du premier volume, à la suite de
laquelle l'auteur dit : « qu'il prouve que les beaux jours du Barreau
» français ne sont pas écoulés pour jamais, et qu'il y a encore de
» grands talens dans cette partie, quoi qu'en disent des esprits cha-
» grins qui vont toujours calomniant le présent, qu'ils ne con-
» noissent point, et louant le passé, qu'ils ne connoissent pas
» davantage. »

Cet article, qui est de M. Gobet, avocat d'un vrai talent, me fait
sentir combien il est doux d'être loué par quelqu'un qui est digne
de l'être. Est-il même quelqu'éloge dont on puisse être flatté quand
celui qui le donne n'en mérite point? Pour moi, c'est à la balance de
l'estime que je pèse le blâme ou la louange; et j'avoue que je ne me
sens pas moins éloigné du talent de Racine que de sa singulière sensibilité. Comment un homme tel que lui pouvoit-il être désolé par
les misérables critiques d'un Subligny, d'un abbé de Villars, etc., ou
par quelques *lazzis* de la comédie italienne, quand il avoit le suffrage

de Boileau , du Grand-Condé, et celui de tout ce que Paris avoit de
gens de goût ? Comment pouvoit-il dire à son fils : « La moindre
» critique , quelque mauvaise qu'elle ait été , m'a toujours causé
» plus de chagrin que les louanges ne m'ont fait de plaisir (1) ? » Si
la critique est juste il faut en profiter ; si la louange est sincère il faut
en jouir. Eh ! que me fait que M. D...., par exemple, parle dédaigneusement du Barreau moderne, lorsque des littérateurs, des critiques
du premier mérite préconisent le Recueil; lorsqu'un homme du
métier m'encourage à le continuer ; lorsque l'estimable M. Boulard ,
notaire, à qui nous devons la traduction d'une foule de bons livres
anglais, allemands, grecs et latins (2) , en citant celui-ci dans son
excellent Précis historique et chronologique du Droit romain, l'appelle un *ouvrage précieux !*

Antimaque lisoit dans une nombreuse assemblée où se trouvoit
Platon; il vit l'assemblée s'écouler, mais Platon restoit. « Je n'en
» continuerai pas moins ma lecture » dit-il « Platon me tient lieu
» de plusieurs mille hommes. » Et il avoit raison ; » dit Cicéron qui
raconte ce trait. *Legam, inquit, nihilominùs,* Plato, *mihi unus
instar est enim multorum millium. Et rectè.* Cicer., de Claris
Orat. n. 191.

---

(1) *Voyez* Mémoires sur la vie et les ouvrages de Jean Racine.

(2) Nous avons de M. Boulard : *des morceaux choisis du Rambler*, traduits de
Samuel Johnson ; l'*Histoire d'Angleterre*, du docteur Henry ; l'*Angleterre ancienne*, de
Strutt ; la *Vie d'Howard*, d'Aïkin; les *Vies de Milton et d'Adisson*, de Johnson ; la
Vie de Tiraboschi; celle *de Pickler* ; les *Idylles de Gessner*, avec la traduction inter-
linéaire de l'allemand; les *Distiques de Caton* en vers latins, grecs et français, suivis
des quatrains de Pibrac, traduits en prose grecque par Dumoulin, avec des traductions
interlinéaires du grec ; l'*Histoire littéraire du Moyen Age*, de Harris ; et enfin *Les
Bienfaits de la Religion chrétienne*, en 2 vol. in-8°, traduit de Ryan, avec l'éloge de
Marie-Gaëtane Agnesi. Ce dernier ouvrage, dont le but est de pénétrer les chrétiens
du sentiment d'une juste reconnoissance pour une religion qui a comblé le genre humain
de ses bienfaits, a mérité à l'auteur du livre, dans sa patrie, l'explosion de ce même
sentiment de la part de ses compatriotes ; et c'est un tribut duquel on ne pourroit dans la
nôtre priver sans injustice le traducteur qui nous a si bien fait connoître cet important
original.

LE BARREAU

LE BARREAU

FRANÇAIS,

PARTIE MODERNE.

ÉLOGE

D'ANTOINE-LOUIS SÉGUIER,

Avocat-Général au Parlement de Paris; l'un des Quarante de
la ci-devant Académie française,

*Prononcé à une Séance publique de la deuxième classe de l'Institut,
le 2 janvier 1806;*

Par Jean-Étienne-Marie PORTALIS,

Ministre des Cultes, Grand-Officier décoré du Grand-Cordon de la Légion
d'Honneur, Membre de la classe de la Langue et de la Littérature
française de l'Institut Impérial.

L'éloge d'un magistrat célèbre appartient à l'histoire même de la législation.
Si les actions, les discours, les écrits de ce magistrat se trouvent liés à de
grands événemens politiques, l'intérêt que le sujet inspire, s'accroît de toute
l'importance qui s'attache à ces événemens. L'homme sur qui j'appelle votre
attention, occupoit une des premières places dans la première cour souveraine de France. Il a vécu dans les derniers temps de notre ancienne monar-

chie, et au milieu des orages qui en ont précipité la chûte. En vous rappelant les titres qui lui obtinrent l'honneur d'être admis dans cette compagnie, je ne puis taire ceux qui le firent justement remarquer dans les pénibles et glorieuses fonctions auxquelles il s'étoit dévoué; les travaux du magistrat développèrent en lui les talens de l'orateur, et les talens de l'orateur accréditèrent les travaux du magistrat.

Antoine-Louis Séguier naquit à Paris le 1er décembre 1726. Il appartenoit à une famille ancienne et illustre dans la robe; ses aïeux lui avoient transmis un riche héritage de science et de vertus. Si, dans nos principes qui refusent tout à la vanité, et qui n'encouragent que le mérite, on peut parler encore de la naissance comme d'un avantage réel, c'est quand elle perpétue, en faveur de ceux qui peuvent s'en prévaloir, des souvenirs honorables qui élèvent l'ame et la préparent aux grandes choses.

Les jésuites furent les instituteurs du jeune Séguier; il étoit doué d'une mémoire prodigieuse, et il annonçoit les plus heureuses dispositions pour l'art oratoire.

Au sortir du collége, il se consacra à l'étude des lois. Bientôt la carrière que ses ancêtres avoient parcourue avec tant de distinction, s'ouvrit devant lui; et en 1748, époque à laquelle il n'étoit âgé que de vingt-deux ans, il fut pourvu de l'office d'avocat du roi au Châtelet. On sait que le parquet de ce premier tribunal étoit comme le séminaire de la haute magistrature.

Les premiers succès de M. Séguier hâtèrent son avancement; et dès l'année 1751 il obtint la charge d'avocat-général au grand-conseil. Mais il ne fut à sa véritable place que lorsque le choix éclairé du Monarque l'eut désigné pour remplir l'office d'avocat-général au parlement. Attaché à cette première cour de justice, dont la jurisdiction s'étendoit à tout, et qui étoit dépositaire de la tradition entière de l'état, il devint éminemment, par sa nouvelle dignité, l'homme de la loi et l'orateur de la patrie.

Quelle admirable institution que celle d'une partie publique préposée dans chaque tribunal à la conservation des bonnes maximes et au maintien de l'ordre commun! Cette institution n'étoit pas connue des anciens; chez les Romains, leurs formes populaires en excluoient l'idée; on n'étoit point averti de la nécessité d'établir un magistrat pour exercer les droits du public, lorsque les droits du public pouvoient être indifféremment exercés par chaque citoyen. En France, tant que la barbarie et l'ignorance ne permirent pas à nos pères de renoncer à l'usage des combats judiciaires, qui se fût jamais résigné à remplir la périlleuse mission de se rendre le *champion de tous contre tous*? Le croiroit-on? l'établissement d'une partie publique doit son origine à des principes de fiscalité. Nos anciens souverains vivoient de leurs domaines; ils éprouvèrent le besoin de donner un défenseur au fisc menacé, dans les temps d'anarchie féodale, par des invasions et des entreprises journalières. Avec les progrès de la civilisation, on vit nos formes judiciaires s'améliorer; insensiblement les circonstances inspirèrent des idées plus libérales et plus généreuses; après avoir donné un défenseur au fisc, on créa un officier pour défendre les églises et les mineurs, pour protéger l'innocence, pour rechercher et poursuivre le crime. Ainsi naquit cette grande et belle institution connue sous le nom de ministère public, qui a préservé nos gouvernemens modernes de cette foule de délateurs devenus le fléau des familles et de l'État sous les empereurs de l'ancienne Rome ; cette institution, qui, sur tous les divers points d'un vaste empire, donne un organe à la loi, un régulateur à la jurisprudence, un appui consolant à la foiblesse opprimée, un accusateur redoutable au méchant, une sauve-garde à l'intérêt général contre les prétentions toujours renaissantes de l'intérêt particulier, enfin, une sorte de représentant au corps entier de la société.

Appelé à ce sublime ministère qui demande des hommes puissans en paroles autant qu'en actions, M. Séguier s'éleva à la hauteur des fonctions qui lui étoient confiées ; il parut avec éclat. Ses premiers pas avoient été dirigés par les exemples et encouragés par la réputation de d'Aguesseau qui venoit à peine d'être enlevé à la justice et aux lois ; il rencontra dans le barreau, dont il devenoit le chef, des orateurs distingués, des jurisconsultes profonds ; il fut le contemporain de Gerbier (A) : l'un et l'autre signalèrent par leurs talens, l'époque la plus brillante de l'éloquence judiciaire.

Le siècle de Louis XIV, si fertile en prodiges dans les beaux-arts, n'avoit eu d'abord aucune influence sensible sur les harangues et les plaidoyers que l'on prononçoit dans les tribunaux, et dont le ridicule fut mis en scène avec tant de sel et de gaîté par un de nos meilleurs poëtes tragiques. L'éloquence de la chaire triompha dans ce siècle religieux ; celle du barreau demeura long-temps barbare. A côté des chefs-d'œuvre de Bossuet qui déployoit toute la pompe, toute la magnificence, toutes les richesses de l'art oratoire, les plaidoyers de Lemaître étoient pleins de tournures irrégulières, d'expressions vieillies ou inexactes, de figures exagérées ; et hérissés de citations étrangères au sujet. Patru, avec une élocution plus correcte et une dialectique plus soutenue, méritoit le reproche, si souvent répété, de faire intervenir les Carthaginois et les Romains à propos des sœurs d'un hôpital ou des marguilliers d'une paroisse (B).

Plusieurs causes s'opposoient à une révolution salutaire.

Les principaux ouvrages dans lesquels on était condamné à étudier la jurisprudence étoient écrits en langue morte ; ils n'offroient au lecteur que les aspérités et la sécheresse de l'école ; ils rendoient inutiles pour lui les progrès journaliers de notre langue nationale.

D'autre part, la législation n'avoit point d'ensemble : elle ne consistoit que dans un amas informe de textes incohérens, recueillis sans choix et distribués sans ordre ; dans une multitude de coutumes diverses et de décisions contradictoires, rédigées en idiômes populaires ou surannés. On ne pénétroit dans ce chaos qu'à l'aide d'une foule de commentateurs dont les définitions obscures et les interminables discussions fatiguoient l'esprit sans le fixer et sembloient ne l'exercer qu'en l'égarant.

La littérature avoit naturellement peu d'accès auprès de ceux qui ne craignoient pas de se vouer à un tel genre de recherches et d'instruction ; et tous les jours des hommes que ce genre d'instruction et de recherches décourageoit, désertoient le barreau pour la littérature.

En entrant dans la carrière des lois, on n'eût osé se livrer à l'idée d'un changement utile lors même qu'on en eût senti la nécessité. On avoit sous les yeux des maîtres qu'on étoit forcé de prendre pour modèles; on les trouvoit en possession de l'estime, de la confiance attachées à leur état; il falloit marcher sur leurs traces, si l'on vouloit partager leurs succès. On étoit destiné d'ailleurs à parler à des magistrats qui avoient blanchi dans l'exercice de leurs fonctions, dont on ne pouvoit sans danger choquer les idées ou contrarier les habitudes; à des magistrats qui, pendant toute leur vie, avoient courbé leur tête sous le joug d'une accablante érudition, et ne permettoient à personne de le secouer. Autour du sanctuaire de la justice, il existoit une classe nombreuse de praticiens chargés de diriger les citoyens dans l'observation des formes multipliées et souvent incertaines qui constituoient le mécanisme de l'attaque et de la défense judiciaires, et dont la plus légère omission pouvoit compromettre les plus grands intérêts. Ces fonctions si propres à éteindre l'imagination et à dessécher le cœur, ne leur permettoient pas d'être sensibles aux mouvemens et moins encore aux beautés délicates de la véritable éloquence. Le public éclairé qui juge et qui fait les orateurs, n'intervenoit point alors dans les controverses dont retentissent les tribunaux; elles étoient uniquement abandonnées aux personnes que l'on regardoit comme initiées dans les mystères de la législation.

L'antiquité offroit aux jeunes orateurs les harangues énergiques de Démosthènes et les belles oraisons de Cicéron. Qui le diroit? Ces admirables monumens contribuoient eux-mêmes à égarer des hommes qui n'avoient aucun égard à la différence des lieux, des personnes et des temps. Les connoissances et les talens ne manquoient point aux orateurs du barreau; mais les orateurs du barreau manquoient de ce juste discernement qui met en place ce que le talent met en œuvre, qui règle l'usage des connoissances, et qui réussit souvent à les suppléer.

Cependant le mouvement étoit donné. Quand une fois la route est ouverte, on ne s'arrête plus. Les chefs-d'œuvre en tant de genres divers, qui excitoient l'enthousiasme et forçoient l'admiration, avoient produit une heureuse secousse dans les ames. La fermentation devint bientôt universelle; les hommes de toutes les classes, de toutes les professions, étoient frappés de ce qui se passoit autour d'eux; et on ne tarda pas, dans les différens départemens de la vie civile, à sentir le prix de la bonne culture et du véritable savoir.

Les avenues de la justice cessèrent d'être inaccessibles à l'influence du bon goût. Jusques-là, les familles de robe avoient affecté une sorte de mépris pour la littérature, par le motif qu'elle pouvoit être une rivale trop dangereuse pour la jurisprudence. Ces préjugés disparurent : on vit le grave et savant Lamoignon se délasser dans ses entretiens avec Boileau. La jeunesse destinée au barreau ou à la magistrature reçut une éducation plus variée et plus brillante; les enfans du président Lepelletier furent élevés avec Rollin (C), qui devoit devenir un jour, par ses ouvrages, le restaurateur des bonnes études, et j'ai presque dit, l'instituteur de la France. Un nouveau genre d'instruction donna une direction nouvelle aux talens et aux idées; et d'Aguesseau, aussi bon littérateur que grand magistrat, opéra dans le langage des lois la même révolution que Fontenelle a opérée dans celui des sciences.

Les lettres et les beaux-arts marchent plus rapidement que la philosophie mais la philosophie est toujours plus ou moins contemporaine des lettres et des beaux-arts. Comment la saine raison et le bon goût pourroient-ils être séparés? Un esprit juste et observateur est nécessaire à tout : d'une grande justesse dans la manière d'observer et de discuter les objets, dépendent nos plus solides succès dans la manière de les représenter ou de les peindre.

Si d'Aguesseau ne fut, d'abord, principalement remarqué que par la pureté, l'élégance et l'harmonie de son élocution, c'est que la formation de la langue des tribunaux, jusqu'alors si barbare, étoit encore la grande affaire de son temps. Mais il y auroit de l'ingratitude à ne pas reconnoître que, dans les discussions judiciaires, on est redevable à ce magistrat de cette sagesse amie des convenances et de l'ordre, qui donna une forme régulière au discours, qui le dégagea de toutes les citations inutilement ingénieuses ou savantes, et qui fut un des premiers bienfaits de la philosophie naissante.

Terrasson et Cochin s'avancèrent sur les pas de d'Aguesseau. Terrasson étoit plus disert qu'éloquent. Cochin, plus orateur que Terrasson, avoit de la noblesse et de la force, il connoissoit sur-tout l'art, si précieux en toutes choses, et si rare dans les affaires, de ne jamais rien dire de trop. Le barreau moderne dut à ces deux hommes ses premiers triomphes et son premier éclat.

A mesure que les talens prenoient un si grand essor, la masse de nos connoissances augmentoit, et la philosophie, ou, pour parler avec plus d'exactitude, l'esprit philosophique, en se développant dans la même proportion que nos connoissances, étendit par-tout son influence salutaire. On entreprit d'agir sur le fonds même de la législation et de la jurisprudence, après en avoir épuré et perfectionné le langage.

L'esprit philosophique est le coup d'œil d'une raison exercée. Il devient pour l'entendement ce que la conscience est pour le cœur. Je définis l'esprit philosophique, un esprit de liberté, de recherche et de lumière, qui veut tout voir et ne rien supposer; qui se produit avec méthode, qui opère avec discernement; qui apprécie chaque chose par les principes propres à chaque chose; qui ne s'arrête point aux effets, qui remonte aux causes; qui, dans chaque matière, approfondit les rapports pour découvrir les résultats, combine et lie les différentes parties pour former un tout; enfin, qui marque le but, l'étendue et les limites des connoissances humaines, et qui seul peut les porter au plus haut degré d'utilité, de dignité et de perfection.

Déjà Domat, plus philosophe qu'on ne pense, avoit conçu et exécuté le projet de réunir en un seul corps les nombreux matériaux épars dans les volumineuses collections de Justinien, et de présenter les lois civiles rangées dans leur ordre naturel. Mais il étoit réservé à Montesquieu de faire luire un nouveau jour sur la grande science de la législation et des gouvernemens. La connoissance raisonnée de l'histoire et de la morale avoit conduit ce grand homme à l'examen du droit public des nations, et des coutumes diverses qui les régissent. Dans ses vastes conceptions, il embrassa toutes les espèces de lois, politiques, civiles et religieuses; il nous fit apercevoir entr'elles des relations qu'on ne soupçonnoit même pas avant lui; il les confronta avec les mœurs et le caractère de chaque peuple, avec le sol et le climat de chaque contrée. Au milieu des événemens qui ont si fréquemment agité le monde, il nous révéla l'origine des divers gouvernemens, leurs constitutions et leurs forces relatives; il indiqua les causes successives de leur grandeur, de leur décadence et de leur chûte; on eût dit qu'il avoit reçu du ciel les balances d'or pour peser les destinées des empires. Il sonda tous les mystères de la jurisprudence; à travers les débris et les ruines qui nous restent des anciennes institutions, il sut distinguer l'ouvrage de la nature d'avec celui des hommes, et reconnoître les principes éternels de la souveraine équité. Il dissipa, pour ainsi dire, par un souffle de son génie, l'amas de poussière et de sable qui s'étoit amoncelé autour de l'édifice, et qui nous en déroboit les antiques et majestueux fondemens. Le chaos des lois fut débrouillé, et nous eûmes le plan, le secret des législateurs de tous les pays et de tous les siècles.

L'ouvrage de Montesquieu électrisa toutes les têtes. Les instructions qu'il renfermoit furent également utiles au souverain qui est appelé à faire des lois, au jurisconsulte et au magistrat qui sont chargés de les appliquer. On vit mieux, et plus loin, dans l'immense territoire des matières législatives.

On a dit que sans Cujas (D), Montesquieu n'eût pas fait son *Esprit des Lois :* cela peut être; mais si j'ose en croire ma propre expérience, n'est-ce pas, au contraire, Montesquieu qui nous a fait trouver des ressources secourables dans les longs et laborieux commentaires de Cujas? En nous éclairant, il nous a rendu plus sensibles les vérités qui étoient comme ensevelies dans les fastidieuses discussions de nos anciens auteurs, et que l'on peut comparer à des étincelles qui s'échappent au milieu d'une fumée capable de troubler la vue.

L'étude du droit privé avoit entièrement fait oublier celle du droit public; En isolant ainsi dans les contestations particulières, l'intérêt du citoyen des grands principes qui veillent sur l'intérêt de la société générale, on dépouilloit les jugemens et les discussions destinées à les préparer, de toute leur importance et de toute dignité; les choses se rapetissoient avec les hommes; l'on avoit même douté parmi nous s'il pouvoit exister une éloquence judiciaire.

Ce doute injurieux cessa dès qu'on fut parvenu à considérer les objets avec une certaine étendue, et à méditer en philosophe les questions dont on se disposoit à parler en orateur.

Du temps de d'Aguesseau, la magistrature et le barreau ne comptoient des écrivains et des orateurs distingués que dans la capitale; et ces orateurs, ces écrivains étoient en petit nombre. Avec les progrès des lumières, le bon goût pénétra jusques dans les provinces. Cette raison supérieure qui élève et agrandit les idées, inspira la meilleure manière de les exprimer. Les éloquens discours des Lachalotais, des Monclar, des Dudon, des Castillon, des Servan, devinrent des modèles pour la capitale même. L'art de penser, l'art de bien voir naturalisa par-tout l'art de bien dire.

C'est pendant le cours de cette nouvelle révolution que M. Séguier avoit commencé sa carrière.

Suivons ce magistrat dans l'exercice des augustes fonctions qu'il eut à remplir, et qui exigeant à-la-fois et son intervention dans les principales affaires des particuliers, et sa surveillance dans les affaires générales, lui commandoient le sacrifice de sa vie entière à la chose publique.

La justice est la première dette de la souveraineté; et les tribunaux ne sont établis que pour acquitter cette grande dette au nom du souverain. M. Séguier, dans l'administration de la justice, étoit placé entre le tribunal suprême dont il devoit préparer les oracles, et les citoyens dont il devoit protéger les droits ou repousser les prétentions.

Dans une telle situation, il importe que les talens soient en équilibre avec les devoirs.

Connoître les différentes lois, et sur-tout en pénétrer le véritable esprit, ce qui est une connoissance bien supérieure à celle des lois mêmes; apporter dans ses recherches et dans ses discussions le discernement nécessaire pour ne pas gouverner par les mêmes principes des choses qui sont d'un ordre différent; recourir à l'équité naturelle, dans le silence, l'opposition et l'obscurité des lois positives, mais ne mettre jamais sa raison particulière à la place de la loi, raison publique.

En étudiant les lois, ne pas négliger l'étude des hommes; observer toutes les passions qui s'agitent autour de nous, sans en partager aucune; conserver le calme de la sagesse au milieu du tumulte des intérêts divers qui assiégent le sanctuaire; enfin, chercher la vérité à travers les artifices employés pour l'obscurcir; et après l'avoir trouvée soi-même, user de tous les moyens qui peuvent la rendre sensible aux autres : telle étoit l'honorable et difficile tâche d'un avocat-général; telle est celle de tout homme appelé, sous quelque dénomination que ce soit, à exercer le ministère public près les tribunaux. Quel vaste champ pour un orateur philosophe!

Qu'il me soit permis de parcourir rapidement quelques-unes des causes dans lesquelles M. Séguier fit entendre son éloquente voix.

Plus d'une fois il discuta l'étendue et les limites du droit précieux qu'a l'homme civil, de se survivre à lui-même par ses actes de dernière volonté. Nous remarquerons à ce sujet deux causes que les annales de la jurisprudence nous ont transmises, et qui furent des époques brillantes pour l'orateur.

La première nous offre une disposition que la piété paroissoit avoir dictée au profit des pauvres, et qui étoit attaquée comme n'étant que l'ouvrage de la haine. M. Séguier remonte à l'origine du droit de tester. Il prouve que ce droit finit où l'abus commence, et qu'un citoyen qui dispose de son patrimoine perd le caractère de législateur, s'il n'en conserve pas la sagesse. De-là, passant à l'examen des faits, il découvre qu'une passion injuste avoit exécuté un acte réel de vengeance sous des dehors perfides d'un acte de miséricorde. Balançant alors la faveur de l'humanité souffrante que le testateur sembloit avoir voulu secourir, avec les droits de la famille que ce testateur dépouilloit, il fait sentir que la bienfaisance cesse d'être une vertu, lorsqu'elle dégénère en injustice, et que la cause des pauvres, si fortement recommandée par la nature, ne seroit plus qu'odieuse, si des passions criminelles pouvoient s'en prévaloir pour accréditer des dispositions qui blessent la loi et qui outragent la nature elle-même.

Dans la seconde cause, on dénonçoit le scandale d'une institution d'héritier, surprise par une femme accusée d'avoir vécu dans un commerce illicite avec son bienfaiteur. M. Séguier présenta les lois de toutes les nations policées sur un point qui intéresse si essentiellement l'honnêteté publique; il arracha le masque qui cachoit la honte de la femme instituée; il vengea les familles et les mœurs.

La diversité des objets qui s'offroient successivement à l'orateur, lui fournissoit chaque jour des occasions de développer ses talens et ses ressources.

On n'a point oublié l'empressement avec lequel le public accouroit dans le temple de la justice, lorsqu'il portoit la parole dans quelques-unes de ces questions intéressantes de filiation et de légitimité, qui ne laissent au juge que la cruelle alternative d'introduire un étranger dans une famille, ou d'en bannir à jamais l'enfant dont la fraude ou le crime a dissimulé la naissance; qui établissent dans l'ame du magistrat une lutte pénible entre le sentiment austère du devoir et les douces inspirations de la pitié, et dans lesquelles il faut avec tant de sagacité et de ménagement, approfondir tant de mystères.

Avec quelle supériorité ne se montra-t-il pas dans la célèbre affaire du juif Élie Levi, nouveau converti, qui s'étoit marié selon les lois de Moïse, et qui, abandonné depuis sa conversion par sa femme, demandoit d'être autorisé à en épouser un autre! Cet homme soutenoit qu'un mariage célébré avec les formes juives ne pouvoit être reconnu indissoluble par des chrétiens. Deux tribunaux ecclésiastiques avoient prononcé des sentences contradictoires. On vit M. Séguier, dans cette cause, s'élever jusqu'aux premiers principes. Cherchant à se faire jour à travers les systèmes et les doctrines des théologiens et les jurisconsultes, il sonda en quelque sorte les secrets de la création; il étudia l'homme dans l'homme même. Le mariage, ce grand acte de la nature, est commun aux hommes de tous les pays et de tous les cultes. Ce ne sont pas des formes mobiles et par-tout si différentes; c'est la foi qui constitue le mariage, pourvu qu'elle soit donnée et reçue selon les lois qui régissent les époux. L'orateur rendit hommage à ces vérités; il s'en appuya pour écarter la prétention du néophyte. En reconnoissant que les législateurs humains qui sont tenus d'adapter la bonté relative de leurs lois aux besoins variables de la société, peuvent prohiber ou ne pas prohiber le divorce, il proclama, d'après les dogmes de la religion, et d'après les lois civiles d'alors, la maxime de l'indissolubilité, comme inhérente à la première institution du mariage, comme liée à tous les devoirs que la morale recommande aux époux, et dont la rigoureuse observance seroit la plus sûre garantie de leur bonheur, de celui de leurs enfans, et du maintien des mœurs particulières et publiques.

Autrefois un grand nom étoit une grande propriété. L'antique famille de Fesenzac eut à défendre le sien. Dans cette cause, moins intéressante par le fond des questions que par la qualité des parties, M. Séguier sut jeter quelques fleurs sur des discussions arides; sa tâche étoit de dérouler une multitude innombrable de titres, et de montrer la continuité d'une chaîne dont le premier anneau tenoit au berceau même de notre ancienne monarchie. Il porta la lumière dans la nuit des temps; il présenta les faits, non avec la sécheresse d'un froid généalogiste, mais avec le style élégant et animé d'un historien éloquent. Cependant l'esprit de parti qui dénature tout, égaroit l'opinion sur cette affaire que les préjugés de société et les petites
jalousies

jalousies cherchoient à décrier; après avoir divisé les salons, il se manifeste jusques dans le temple des lois. Au milieu de la plaidoirie, des murmures éclatent : l'orateur n'en est ni offensé ni abattu : il s'interrompt, pour représenter avec autorité que des préventions ne sauroient l'emporter sur des titres, et que des propos inconsidérés doivent céder à des recherches approfondies. Il force le silence par sa fermeté. La famille Fesenzac triompha. Le prince auquel cette famille étoit attachée, fit offrir à M. Séguier la décoration de l'ordre de *Saint-Lazare*. Mais le magistrat qui ne doit connoître que la justice, dédaigna une récompense que la reconnoissance sembloit n'offrir qu'à la vanité.

Les succès de M. Séguier ne furent pas moins brillans dans d'autres causes également célèbres.

Un ancien seigneur s'étoit plaint aux tribunaux d'une prétendue machination ourdie pour lui faire perdre la faveur de son souverain; il venoit, pour ainsi dire, demander à la loi de le réconcilier avec la cour. Cette cause singulière donnoit l'éveil à la curiosité : l'orateur fixa l'attention, en traçant d'une manière piquante le tableau des intrigues sans cesse renaissantes qui obstruent toutes les routes de l'ambition, et qui deviennent souvent si funestes aux hommes qui habitent la région des orages. Avec beaucoup de finesse et de vérité il observa combien il est peu sage aux victimes de ces intrigues de déposer indiscrètement le secret de leur dépit et de leurs disgraces dans le sein de la justice, et d'opposer à des manœuvres préparées dans les ténèbres une procédure d'éclat, qui, dans sa marche lente et réglée, ne peut les atteindre, et ne constate que la triste impuissance où l'on a été de les déjouer (E).

Le sort des armes est, dans les querelles des princes, ce que nos pères appeloient le *jugement de Dieu*. Nous lisons pourtant dans l'histoire, qu'il n'étoit pas rare de voir les peuples et les princes soumettre leurs différends à l'équité du sénat français. On eût dit que l'éternelle justice avoit établi et fixé son siége au milieu de nous, puisque c'est au milieu de nous que les nations les plus jalouses de leur indépendance, les monarques les plus fiers de leur autorité, venoient lui rendre hommage, comme à la souveraine du monde. De nos jours, les Rois et les Princes qui voyageoient dans nos climats pour y admirer les merveilles des arts, accouroient dans nos tribunaux pour y entendre les oracles de la sagesse, et pour y être témoins du spectacle imposant que le culte rendu aux lois n'offre nulle part qu'en France. M. Séguier a plusieurs fois porté la parole dans ces audiences solennelles que la présence des souverains étrangers rendoit plus solennelles encore; et c'est alors que devenant en quelque sorte supérieur à lui-même, il savoit parler aux puissans de la terre un langage peu connu dans les cours, et leur laissoit entrevoir dans des discours mêlés de justes éloges et de grandes instructions, combien la majesté dont on environne l'administration de la justice contribue à l'affermissement des empires et à la majesté même des Rois.

Mais après avoir suivi M. Séguier dans des causes importantes, j'aime à me le représenter dans celle de la *Rosière de Salency* : il fut beau de voir la première cour souveraine de France suspendre un instant l'examen des sérieuses et quelquefois terribles discussions nées du conflit de tant de passions et d'intérêts qui fermentent au milieu d'une immense capitale, pour s'occuper avec tout l'appareil du pouvoir judiciaire des débats innocens et si peu compliqués que les habitans d'une petite commune venoient soumettre à sa décision, et qui n'avoient pour objet qu'une fête champêtre dont l'institution et la fin étoient choses bien étrangères au luxe et aux mœurs de nos grandes cités. Cette fête étoit appelée la *fête de la Rose.* Elle étoit particulière à la commune de Salency, dont les habitans décernoient, toutes les années, à une époque marquée, une couronne de fleurs à la fille jugée la plus vertueuse. La jeune personne étoit conduite en triomphe aux pieds des autels. La couronne qui lui étoit destinée étoit bénite par le ministre de la religion, et placée sur sa tête par le seigneur du lieu. L'origine de la fête de la Rose remontoit au sixième siècle. On prétendoit que Saint-Médard en étoit le fondateur. Cette fête fut ignorée tant que l'ordre n'en fut pas troublé. Une contestation qui s'éleva entre le seigneur, le curé et les habitans, la fit connoître. Avec quelle grâce M. Séguier, dans cette cause, ne présenta-t-il pas au tribunal et au public les détails aimables que la tradition de la contrée nous avoit transmis sur une institution qui n'avoit point de modèle, et qui malheureusement ne peut guère en servir. Cet orateur ne crut pas indigne de la gravité de son ministère de proposer et de faire adopter un petit code pour la fête de la Rose; de fixer ainsi, par des réglemens sages, la marche de cette fête, d'en protéger le but, d'en conserver les effets, et de perpétuer dans une petite ville, qui s'honoroit d'avoir été jusqu'alors l'asile de l'innocence, le culte religieux qu'on y rendoit à la vertu.

M. Séguier ne parloit jamais sans avoir écrit (F); en se livrant à lui-même, il n'eût pas été sans crainte, parce que, dans les austères fonctions de sa charge, la plus légère omission ne l'eût pas laissé sans reproche. Mais sa mémoire lui épargnoit l'attitude forcée d'un orateur qui lit, et lui assuroit tous les avantages d'un orateur qui s'abandonne.

Ils sont rares les hommes qui n'éprouvent pas le besoin de fixer d'avance leurs idées par une rédaction soignée; qui disposent quand ils le veulent, et avec une sorte de souveraineté, des mots, des images, des figures, de toutes les richesses oratoires; et qui, soutenus par la conscience de leurs propres forces, produisent au-dehors, comme par inspiration, leurs sentimens et leurs pensées, avec l'ordre et l'éclat que la préparation la plus réfléchie ne garantit pas toujours.

L'éloquence innée de ces hommes n'est pas l'ouvrage de l'art, mais un don de la nature. Nos orateurs les plus distingués ont rédigé leurs oraisons, leurs discours, leurs harangues, avant que de les prononcer. Mais comme l'on a compris, dans tous les temps, que l'action froide d'une simple lecture ne permet aucun mouvement à celui qui parle, et ne peut exciter l'enthousiasme de ceux qui écoutent, on a cherché constamment à imiter les productions soudaines du génie, en travaillant à faire oublier, par la manière de réciter ou de dire, le soin que l'on avoit pris de rédiger.

Les plaidoyers de M. Séguier portoient l'empreinte de son siècle : la raison n'y étoit point étouffée par une fausse science, et l'esprit ne s'y montroit pas aux dépens de la raison. L'orateur posoit les questions de la cause avec justesse, il en exposoit les faits avec clarté, et il en discutoit les moyens avec méthode. En balançant les raisons respectives des parties, il annonçoit une connoissance profonde de la théorie des débats judiciaires. Il ne se permettoit que les mouvemens qui ne lui étoient point interdits par la sévérité de son ministère ; il joignoit l'agrément à la solidité ; il avoit de l'élévation dans les grandes affaires, et il savoit intéresser dans les moindres. On remarque surtout en lui ce caractère de facilité qui plaît toujours, parce qu'il nous fait jouir des talens de l'orateur, sans nous faire partager ses travaux et ses peines.

Je ne dissimulerai pas que dans certaines circonstances on a reproché à M. Séguier de donner trop d'étendue à ses discussions ; on connoissoit mal le terrein sur lequel il étoit obligé de marcher. Que l'on daigne se représenter la situation délicate d'un homme qui est appelé à discuter une cause ou à la défendre. Deux espèces d'auditoire s'offrent à lui : les juges et le public. Ces deux espèces d'auditoire ne peuvent avoir ni les mêmes pensées, ni la même direction, ni le même but. Les juges, en assistant à une audience, exercent une fonction, et le public n'y cherche guères qu'un spectacle ou un délassement. Les juges, dont l'objet principal est de connoître la cause qui leur est soumise, sont désireux de découvrir de quel côté est la raison ; le public n'écoute que pour savoir de quel côté est le talent. Les juges ont plus besoin d'être éclairés que d'être émus ; le public a plus besoin d'être ému que d'être éclairé. Souvent les juges hésitent, lorsque déjà le public est entraîné : cependant c'est la vérité qui doit triompher, et non pas uniquement l'orateur ; elle échappe si elle n'est représentée et reproduite sous toutes ses faces. Ce qu'on a dit une fois, il faut le dire encore. Un tribunal est composé de plusieurs magistrats ; mais dans combien d'occasions le suffrage d'un seul magistrat n'est-il pas nécessaire pour former la décision du tribunal ? Il importe, pour ainsi dire, de parler à chaque individu, après avoir parlé à tous. Quand M. Séguier reproduisoit sous des formes différentes la même preuve, la même raison de décider, c'étoit par la crainte de ne pas la graver assez fortement dans les esprits ; il savoit, pour le plus grand intérêt de la justice, faire taire celui de sa propre gloire ; il avoit alors le courage de sacrifier à l'avantage d'être plus utile, celui de paroître plus éloquent.

La chaire nous a donné nos premiers orateurs. Depuis que la magistrature, depuis que le barreau a les siens, on n'a cessé d'agiter d'inutiles et interminables questions de préférence entre l'éloquence chrétienne et l'éloquence judiciaire. Apprécions mieux notre position, et sachons jouir de nos richesses.

Nos orateurs chrétiens ont excellé dans un genre qui leur appartient, et pour lequel ils n'ont trouvé aucun modèle dans l'antiquité. Les orateurs de notre barreau n'ont été surpassés ni même égalés chez aucune nation moderne. Entre toutes ces nations, la France peut s'honorer d'avoir été le berceau et d'être encore le siége de la véritable éloquence. Félicitons-nous de vivre sous un ciel qui favorise le génie. Gardons-nous d'établir des parallèles humilians entre l'orateur qui parle dans nos temples et celui dont la voix fait retentir les tribunaux. L'éloquence est une. Soit que l'on annonce les grandes vérités de la religion et de la morale, soit que l'on protège et que l'on défende les droits sacrés de l'innocence ou de la propriété, c'est être éloquent que de tout disposer avec art pour produire avec certitude l'effet que l'on se propose.

L'éloquence est la toute-puissance de l'homme : avec une parole il débrouille ce qui est, il crée ce qui n'est pas encore. Il dit : toutes les passions obéissent, toutes les opinions se confondent dans une seule opinion; et la vérité qu'il proclame perce avec la rapidité de la lumière jusque dans le fond des ames.

L'exercice de cette toute-puissance peut être diversement modifié par les objets auxquels elle s'applique. L'orateur chrétien aura plus souvent occasion de parler au cœur qu'à la raison; l'orateur magistrat s'adressera plus souvent à la raison qu'au cœur; mais l'un et l'autre forceront les applaudissemens et les suffrages, s'ils savent ménager l'usage de leurs facultés et de leurs forces avec cette sagesse et cette action qui garantissent le succès.

On a observé que l'éloquence ne peut prospérer qu'avec la liberté : mais dans quelle profession un orateur peut-il laisser respirer son ame plus librement que dans la profession honorable qui, en le consacrant au service de la justice, le rend entièrement indépendant du caprice des hommes? Un orateur populaire n'est souvent que l'esclave des factions; l'orateur magistrat, l'orateur du barreau sera toujours libre, avec les lois qui seules peuvent garantir toute liberté légitime.

Que les orateurs du barreau se rassurent : leur carrière n'est pas moins brillante que celle de la chaire, que celle même de la tribune. Je sais que les causes qu'ils ont à discuter ou à défendre viennent expirer dans l'étroite enceinte des tribunaux, mais elles naissent sur le vaste théâtre de la société; elles se lient à l'histoire de l'homme; elles forment le tableau le plus fidèle des mœurs de chaque pays et de chaque siècle. Un recueil bien fait des causes célèbres seroit, à chaque époque, le recueil le plus instructif pour l'observateur philosophe. Il avertiroit le législateur de la bonté ou de l'insuffisance de ses lois; le magistrat, de la tendance qu'il doit donner à ses décisions; le citoyen, des vices qu'il doit redouter, et des pièges contre lesquels il doit se prémunir de la part des hommes avec lesquels il est obligé de vivre.

Les controverses judiciaires ne sont obscures que lorsqu'on ne rencontre pas des hommes qui sachent les anoblir. Les orateurs pourront manquer aux circonstances, mais les circonstances ne manqueront jamais aux orateurs. La voix éloquente qui développe une grande cause et qui obtient un grand succès, retentit chez toutes les nations éclairées. Quand M. Séguier, portant la parole dans une audience honorée de la présence de Gustave III, roi de Suède, fut présenté à ce prince, Gustave dit : *Il faudrait n'être pas d'Europe pour ignorer le nom d'un magistrat aussi éloquent.*

Dans un siècle sur-tout où l'on sait apprécier tout ce qui apprend à connoître les hommes, et tout ce qui peut servir l'humanité; dans le siècle où un grand prince rassasié de la gloire qui environne les héros, a obtenu une gloire plus réelle, en devenant, par son génie, le législateur du plus grand empire de l'univers, quelle impulsion les orateurs du barreau ne reçoivent-ils pas de l'étonnante et rapide confection de tant de codes divers qui assurent le bonheur du peuple français, et préparent celui des autres peuples ? Est-ce dans un tel moment, si capable de donner un nouvel essor à l'éloquence judiciaire, que l'on oseroit désespérer de voir se former de nouveaux orateurs dans le barreau, qui sera toujours la première arène ouverte aux talens jaloux de se faire connoître ?

M. Séguier vivoit dans des temps moins heureux. Un amas confus de lois incohérentes ne lui présentoit que des obstacles à surmonter ; il avoit besoin, en quelque sorte, de triompher des lois elles-mêmes. Aujourd'hui une législation simple et uniforme donne un cours plus facile aux idées et aux méditations de l'orateur ; elle met la portion éclairée de la nation plus à portée de prendre part à des discussions qui deviennent, par-là, d'un intérêt plus national, et doivent nécessairement augmenter l'influence de l'orateur et étendre sa renommée.

Dès les premières années de l'exercice de son ministère, M. Séguier avoit fixé l'attention du public par ses talens, et il avoit même conquis l'estime des littérateurs les plus distingués. Il portoit un nom qui étoit cher aux lettres. Un de ses ancêtres, revêtu de l'éminent office de chancellier, avoit été le protecteur de l'Académie française, immédiatement après la mort du cardinal de Richelieu, et dans un temps où les rois, ignorant encore que la protection accordée au génie est le plus bel apanage de l'autorité suprême, laissoient à leurs ministres un titre qu'ils revendiquèrent bientôt pour eux-mêmes, et qui devint un des plus beaux ornemens de leur couronne.

Tenant ainsi de sa naissance des avantages qu'il justifioit par sa réputation, M. Séguier fut reçu dans l'Académie le 21 mars 1757 ; il avoit à peine atteint sa trente-unième année (G). A un âge où l'on ne donne ordinairement que des espérances, il devint membre d'une société dans laquelle on n'est admis qu'après de longs travaux et de grand succès.

Il remplaça M. de Fontenelle, cet homme célèbre qui a porté dans les lettres le flambeau de la philosophie, et dans la philosophie les agrémens et les grâces qui ne marchent qu'à la suite des lettres. Son discours de réception mérite d'être remarqué parmi tant d'autres discours de ce genre dans lesquels les orateurs, condamnés à suivre des formules usées, et à donner, s'ils le pouvoient, une nouvelle forme à des éloges de commande mille fois répétés, étoient souvent réduits à courir après l'esprit qu'ils n'avoient pas, et à ne pouvoir montrer celui qu'ils avoient. M. Séguier mit heureusement à profit sa situation particulière; l'éloge de Fontenelle étoit un riche sujet pour son éloquence. Il sut peindre en littérateur et en philosophe, ce savant aimable qui s'étoit distingué par la vaste étendue de ses connaissances, par la prodigieuse variété de ses talens, et qui avoit si bien mérité de la littérature et des sciences. Il observa que Fontenelle avoit imposé silence à l'envie; qu'*on n'avoit osé le critiquer que dans ceux qui l'avoient imité*, et que ses contemporains avoient été forcés de parler à son égard le langage de la postérité.

On vit M. Séguier, dans le même discours, établir une sorte de parallèle piquant entre une société chargée de défendre les lettres contre tout ce qui peut altérer le bon goût, et un corps de magistrature chargé d'écarter tout ce qui peut blesser les lois. On eût dit que M. Séguier vouloit nous venger de la résistance que le parlement de Paris avoit autrefois apportée à notre établissement. Cette cour avoit méconnu le service signalé que Richelieu rendoit à la patrie, en jetant les heureux fondemens de la réforme des esprits. Entièrement étrangère aux lettres, elle ne fut d'abord préoccupée que de la crainte de perdre l'inspection qu'elle avoit sur les livres. Pendant dix-huit mois, elle retarda l'existence d'une institution destinée à dissiper les ténèbres de la barbarie, à épurer la langue nationale et à la rendre la langue universelle de toutes les nations policées. Les temps étoient bien changés, lorsque M. Séguier, un des premiers magistrats de la même cour, ne se glorifioit pas moins de la place qui venoit de lui être décernée dans le sanctuaire des lettres, que de celle qu'il occupoit déjà dans le sanctuaire des lois.

Le 19 juillet 1781, il répondit, comme directeur, à M. de Champfort, successeur de M. de Sainte-Palaye.

M. Séguier, si souvent affligé dans l'exercice de ses fonctions par le triste spectacle des divisions qui désolent les familles, si souvent obligé de prononcer entre des frères ennemis, parut se reposer avec délices sur le tableau touchant que lui offroit la vie commune de M. de Sainte-Palaye et de M. de la Curne, vrais modèles l'un et l'autre de l'amour fraternel (1).

Il jeta ensuite un coup d'œil sur les ouvrages de M. de Sainte-Palaye. Il observa que le choix même des sujets traités par ce littérateur étoit une nouvelle preuve de la pureté de ses mœurs et de la noblesse de ses sentimens. C'est à M. de Sainte-Palaye que nous devons l'histoire de la chevalerie ; c'est-à-dire, de ce systême à-la-fois merveilleux et bizarre, qui naquit dans le temps de nos combats singuliers ; qui se perpétua par l'usage des tournois ; qui faisoit consister le point d'honneur à punir l'injustice et à protéger la foiblesse ; qui plaçoit, en quelque sorte, les *grands personnages dans une région enchantée, et sembloit abandonner aux hommes vulgaires le cours ordinaire de la nature ;* enfin, qui par l'union du courage et de la galanterie, de l'amour et de la vertu, donnoit une si grande et si heureuse influence à ce sexe aimable, dont les grâces sont la parure de la société, et dont le jugement fin et délicat est à-la-fois l'encouragement le plus sûr et la plus douce récompense du mérite.

---

(1) Ces deux frères, formés ensemble dans le même sein, avoient ouvert les yeux à la lumière le même jour. On eût dit que la nature, en les faisant naître au même instant, avoit voulu doubler entr'eux la fraternité. Ils s'aimoient par cette mystérieuse sympathie que l'on aperçoit ordinairement entre deux êtres qui entrent et marchent d'un pas égal dans le chemin de la vie ; qui comptent le même nombre d'années dans la durée de leur existence, et qui ne changent point à leurs propres yeux, parce qu'ils changent ensemble. Les deux frères avoient une ressemblance si parfaite dans les traits du visage, qu'on n'apercevoit entr'eux aucune différence lorsqu'ils étoient réunis, et qu'on ne pouvoit les distinguer quand ils étoient séparés.

Cette conformité physique ne suppose pas toujours une conformité morale. M. de Sainte-Palaye et son frère différoient absolument de caractère et de goûts ; et néanmoins cette différence ne contribua qu'à faire ressortir davantage la tendre amitié qui les unissoit, et qui fut signalée par des sacrifices mutuels poussés jusqu'à l'héroïsme. Après la mort de M. de la Curne, la vie de M. de Sainte-Palaye ne fut plus qu'une longue et laborieuse agonie. *Discours de M. Séguier,*

Absorbé par les travaux de son ministère, M. Séguier n'avoit que rarement la liberté de suivre ceux de l'Académie. Mais telle étoit, et telle est encore la constitution de cette société vouée au perfectionnement de la langue et de la littérature, qu'il n'est pas toujours nécessaire de partager directement ses travaux particuliers, pour contribuer à ses succès et à sa gloire. Il n'en est pas des lettres comme des sciences. Les sciences ont chacune leur territoire déterminé. Le domaine des lettres ne connoît point de limites. Elles sont utiles à toutes les sciences, et on ne peut les réputer étrangères à aucune profession. Elles sont assises sur le trône avec le monarque; elles président à la majestueuse rédaction de ses lois; elles jettent sur les écrits du savant, sur les discussions du magistrat et du jurisconsulte, cet heureux souffle de vie qui seul peut perpétuer la durée des productions de l'esprit, et leur assurer, en quelque sorte, l'immortalité. Pascal, dans ses *Provinciales*, Mallebranche, dans sa *Recherche de la vérité,* Buffon, dans son *Histoire Naturelle*, d'Aguesseau et Cochin, dans leurs *Plaidoyers*, ont plus avancé les progrès de la langue, et ont rendu plus de services aux lettres, que tant d'autres écrivains qui ont paru se consacrer plus exclusivement à l'étude de la grammaire et à la culture de certaines parties qui semblent tenir plus directement aux lettres elles-mêmes. Si ces derniers ont donné des règles, les autres ont fourni des modèles. Dans chaque pays, la première création d'une langue est l'ouvrage du peuple; ce sont ensuite les savans qui l'enrichissent, et les bons écrivains, en quelque genre que ce soit, qui parviennent à la fixer. Il importe donc qu'une société comme la nôtre soit ouverte à tous ceux qui réussissent à se faire un nom dans l'art de parler ou d'écrire. Les hommes qui appuient les lettres par leur crédit, et qui savent encore les servir par leurs talens, ne sauroient être des coopérateurs inutiles. Ces hommes, qui vivent à la cour ou qui sont répandus dans l'Empire, propagent par-tout les lumières et le bon goût. On tient à honneur d'appartenir à l'Académie; on veut au moins montrer qu'on mérite d'en être. Ce fut une sage politique de n'interdire à aucune classe de citoyens l'entrée de ce tribunal littéraire, qui, établi au milieu d'une grande capitale, lui donne le ton, le reçoit d'elle à son tour, et se trouve chargé par son institution de conserver la bonne doctrine et d'entretenir le feu sacré.

M. Séguier acquitta sa dette par les plaidoyers et les harangues qui l'ont rendu si justement célèbre. En 1770, à l'ouverture des audiences, il prononça au parlement un discours sur *l'amour des Lettres*. Sans doute, l'esprit de littérature peut exister sans l'esprit des affaires. Mais l'orateur prouva, en cette occasion solemnelle, que l'esprit des affaires a tout à gagner en s'associant à l'esprit de littérature. Le sujet de ce discours étoit piquant par sa nouveauté. Dans d'autres temps on eût pensé qu'il n'étoit pas digne de la sainteté du lieu où il fut prononcé; dans un siècle de lumière, il honora le magistrat qui l'avoit choisi. On comprit que recommander l'amour des lettres dans le temple des lois, c'étoit travailler pour l'intérêt des lois elles-mêmes.

En effet, ne seroit-ce pas une grande erreur de ne voir dans la culture des lettres qu'une occupation ou un délassement frivole? Ne faut-il pas plaire aux hommes, si nous avons besoin de leur opinion, de leur suffrage, de leur concours? Ne faut-il pas même leur plaire, si on aspire au droit de les servir et de les instruire? Si nous cessions de leur être agréables, nous pardonneroient-ils l'importune générosité de vouloir leur être utiles?

Pourquoi donc, dans la science des lois, négligeroit-on plus qu'ailleurs les moyens d'agir efficacement sur les esprits et sur les cœurs? Ne faut-il pas qu'un magistrat, un jurisconsulte puisse défendre avec avantage les droits de la justice et de la vérité? Les ressources que lui offrent l'art de bien parler et de bien dire, ne lui sont-elles pas nécessaires pour déterminer les autres à bien juger ou à bien agir? En général, il ne suffit pas de convaincre, il faut entraîner. Pour le triomphe de la raison, on a toujours besoin de quelque chose de plus que de la raison même.

M. Séguier ne se bornoit pas à recommander dans des discours publics l'amour des lettres au magistrat et au jurisconsulte; il savoit appuyer de toute la force de son ministère ceux qui les cultivent. On le vit s'élever contre des abus graves qui s'étoient glissés dans le régime de la librairie, et qui menaçoient les propriétés littéraires (H).

L'ouvrage d'un auteur est incontestablement sa propriété. Il ne peut même en exister de plus sacrée; car ma fortune ne sauroit être plus à moi que ma pensée. Mais cette espèce de propriété que l'on ne peut rendre profitable sans la communiquer et sans la répandre, est plus difficile à conserver que toute autre. L'imprimerie, qui en a augmenté le prix ou la valeur, en a aussi multiplié les dangers. Aujourd'hui les brillantes productions d'un auteur ne sont que trop souvent à la merci des avides spéculations du libraire, et elles n'ont pas toujours obtenu des lois le degré de protection que l'on doit au talent et au génie.

En 1779, époque à laquelle on étoit régi par la législation des privilèges, on avoit osé révoquer en doute si le droit de propriété d'un auteur sur son propre ouvrage est indéfini dans sa durée, tant que cet auteur ne le cède pas. On prétendit qu'il pouvoit être limité par le privilége qui autorisoit l'impression, et qu'à cet égard il n'y avoit aucune différence à établir entre le droit d'un libraire qui trafique des ouvrages d'autrui, et celui d'un écrivain qui fait, à son profit, imprimer et débiter son propre ouvrage. M. Séguier dévoila l'injustice de ce système dans un compte solennel qu'il rendit aux chambres assemblées, de toutes les réclamations qui lui avoient été communiquées, et de tous les réglemens qui étoient intervenus sur cette matière.

En parcourant ce compte rendu qui présente une longue suite d'ordonnances et de lois, j'ai été frappé de l'espèce de révolution que la grande découverte de l'imprimerie a opérée sur la situation personnelle des philosophes, des savans, des hommes de lettres.

Autrefois les talens et la science demeuroient constamment la propriété de celui qui les possédoit. Un philosophe, un savant portoit tout avec lui-même; il ne pouvoit être séparé de son trésor; il falloit arriver jusqu'à la personne, si l'on vouloit connoître la doctrine. Des cités entières s'ébranloient pour courir aux leçons publiques d'un sage. Dans nos temps modernes, on entreprend des voyages de long cours pour voir des statues, des monumens, des ruines; on voyageoit alors pour voir des hommes.

Et ces hommes, dont on alloit à de grandes distances recueillir les paroles,

commandoient

commandoient le respect et fixoient autour d'eux la considération et la gloire. A une époque où les moyens d'acquérir la science étoient si difficiles, on étoit plus jaloux de s'instruire que de paroître instruit ; il y avoit beaucoup de disciples et peu de maîtres. Ceux que leur génie rendoit capables d'enseigner les autres, trouvoient dans un auditoire nombreux des admirateurs plutôt que des juges ; ils devenoient personnellement la décoration de leur patrie et la lumière du monde.

Aujourd'hui tout est changé ; un écrivain n'est rien, ses écrits sont tout. L'effet de l'imprimerie est de mettre toutes les idées et toutes les connoissances en communauté. Chacun peut s'instruire chez soi ; on lit, on n'a plus besoin d'écouter. Comme on imagine que les écrits d'un homme nous offrent la partie la plus satisfaisante et la plus distinguée de lui-même, on est peu curieux, quand on a le livre, de s'enquérir de l'auteur. Celui-ci vit souvent ignoré dans un triste réduit ; et si on le rencontre, on le juge avec sévérité, et on finit presque toujours par le trouver inférieur à lui-même (J).

D'autre part, la principale attention des gouvernemens et du public se porte sur les grands avantages dont la société en masse est redevable à l'imprimerie, sur la nécessité de favoriser les progrès d'un art qui donne des ailes à la pensée, qui la préserve des ravages du temps, qui la garantit des entreprises funestes de l'anarchie ou de la violence, et qui, en ouvrant partout une nouvelle branche de commerce, offre à la politique de chaque état de nouvelles ressources pour accroître ses richesses nationales. L'intérêt privé des auteurs se trouve étouffé par les grandes considérations qui naissent de l'intérêt général. De-là l'espèce de servitude sous laquelle les écrivains ont gémi si long-temps. L'art de l'imprimerie a été protégé à leur préjudice, et contre l'intérêt bien entendu de cet art lui-même, que le génie et le talent peuvent seuls alimenter.

M. Séguier crut devoir réveiller la sollicitude des lois sur le sort des auteurs et sur leurs droits. D'après ce magistrat, « le droit qu'a un auteur de » faire imprimer et réimprimer est aussi sacré dans son principe qu'illimité » dans sa durée; et ses héritiers, jusqu'à la dernière génération, doivent » jouir du fruit de ses veilles et des productions de son génie. »

En parlant de ce que M. Séguier a fait pour les lettres et pour ceux qui les cultivent, je ne dois pas taire que l'on ose pourtant imputer à ce magistrat de s'être rendu le *dénonciateur des philosophes et des hommes de lettres au parlement* (1) : c'est le plus grave des reproches et la plus foible des objections (L).

M. Séguier exerçoit le ministère public. Il étoit par sa place *le surveillant des mœurs et des opinions.* De-là ces éloquens réquisitoires contre cette foule d'écrits qui attaquoient journellement la religion, les mœurs et l'État.

Seroit-ce en dénonçant de tels écrits qu'il auroit pu mériter d'être présenté comme l'ennemi de la philosophie et des lettres ?

Des philosophes et des littérateurs distingués, dont les noms sont en honneur dans cette compagnie, ont pensé qu'il *auroit été intéressant d'exa-*

---

(1) *Mémoires de Marmontel.*

miner dans quels cas il eût mieux valu abandonner à l'oubli des productions plus méprisables que dangereuses, que de leur donner, par l'éclat de la flétrissure, une célébrité bien supérieure à leur mérite (1). Mais ces littérateurs et ces philosophes étoient bien éloignés de croire que la cause de quelques écrivains licencieux auxquels ils ne réservoient que l'alternative de la flétrissure ou du mépris, pût jamais être confondue avec l'intérêt même des lettres et de la philosophie.

Je sais que pour la prospérité des sciences, pour la propagation des lumières, il faut que la raison humaine soit libre dans le choix de ses recherches et dans les diverses manières de se produire. En général, la liberté est le principe créateur de toutes les pensées utiles et de toutes les grandes conceptions. Mais il n'est point de liberté sans limites. L'homme qui renferme dans le secret de son ame ses sentimens et ses opinions, n'en est comptable qu'à lui-même ; s'il les publie, il en devient comptable à la société. L'indépendance naturelle de chaque individu finit où l'intérêt de tous commence.

Loin de moi la pensée de ramener ces temps d'ignorance et de servitude où les gouvernemens se mêloient des questions les plus indifférentes et les plus contentieuses de la métaphysique, où un simple système d'astronomie devenoit l'objet d'une ordonnance, et où chaque controverse étoit traitée comme une affaire d'état. Une surveillance excessive seroit encore plus ridicule, peut-être, que tyrannique : les droits de la raison doivent être sagement combinés avec ceux de la puissance.

Gardons-nous de comprimer les efforts du génie, quand il s'élance avec une noble et sainte hardiesse vers tout ce qui est beau, vers tout ce qui est grand, vers tout ce qui est utile. Laissons-le, soutenu par son activité, et fier de son indépendance, s'agiter en tout sens dans le vaste territoire des sciences qui nous ont, pour ainsi dire, mis en possession de la terre que nous habitons, et l'ont rendue plus propre à être notre demeure ; des sciences dans lesquelles les découvertes naissent des découvertes, et qui constituent l'homme le véritable roi de la nature, en asservissant les productions et les lois même de la nature à tous les usages et à tous les besoins de l'homme.

Mais, en morale et en politique, le magistrat est forcé d'intervenir, pour la société, dans des discussions qui ont tant d'influence sur les mœurs, sur les actions et sur la conduite des citoyens. L'autorité ne peut demeurer indifférente à des choses dans lesquelles les fausses doctrines ne sont pas simplement des erreurs, mais des dangers.

D'ailleurs, en morale et en politique, nous ne pouvons guères nous promettre d'aller plus loin que les anciens, et d'obtenir des découvertes qui puissent nous obliger de refaire et de reconstruire ces sciences. Tout roule, à cet égard, sur des idées générales d'ordre qui sont de tous les lieux et de tous les temps, et sur la connoissance des affections communes qui régissent le cœur humain. Dans ces matières importantes, nous avons moins à espérer du génie qui crée, que nous n'avons à craindre de l'esprit novateur qui change et bouleverse ; nous avons plus besoin de conserver que d'acquérir :

_____

(1) D'Alembert.

en livrant imprudemment la morale et les gouvernemens aux systêmes, on les livreroit aux passions.

La censure de M. Séguier sur les écrits publics ne dégénéra jamais en intolérance, et moins encore en oppression. J'en appelle au témoignage de l'estimable auteur de *la Philosophie de la nature.* On avoit dénoncé cet ouvrage au Châtelet; une condamnation rigoureuse avoit été prononcée par ce tribunal. M. Séguier tendit une main secourable à l'écrivain philosophe, et l'injustice fut réparée.

Mais ce magistrat eût-il pu, sans trahir l'autel et le trône, fermer les yeux sur les désolantes doctrines du matérialiste et de l'athée? En proscrivant ces doctrines, il n'outrageoit pas la philosophie, il la vengeoit; il revendiquoit pour la société, pour l'homme en général, ces sciences morales qui ont été cultivées avec tant de succès et de gloire par la sage antiquité; qui élèvent l'ame aux plus hautes pensées; qui motivent et encouragent toutes les bonnes actions; qui donnent un objet et un appui à toutes les vertus généreuses.

Quels avantages la raison, la philosophie, et les lettres pourroient-elles retirer de ces faux systèmes dans lesquels on suppose qu'une fatalité aveugle auroit produit des êtres intelligens; que la justice réside uniquement dans les coutumes et les conventions sociales qui ne pourroient elles-mêmes exister sans la justice; que l'homme, dont l'attribut principal est la pensée, n'est qu'une portion organisée de la matière qui ne pense pas; et qu'il faut reléguer dans la classe des simples machines un être qui a créé la mécanique et qui a su découvrir l'admirable mécanisme de l'univers?

De pareils systêmes uniquement propres à dessécher le cœur et à rétrécir l'esprit, sont plus près de la barbarie que l'on ne pense. S'ils pouvoient prévaloir, ils feroient rétrograder les nations vers ces opinions grossières qui n'ont été dominantes que chez les peuples sauvages; qui ont précédé nos véritables connoissances; qui ont été insensiblement minées par les progrès de la civilisation, et qui ne furent plus que le partage d'une multitude ignorante, à mesure qu'on s'éleva à des notions intellectuelles.

En effet, à quoi se réduiroit l'idiôme d'un peuple de matérialistes et d'athées, qui aspireroit à mettre son langage en harmonie avec ses systèmes? Quelle pourroit être la littérature de ce peuple rendu étranger à toutes les idées qui impriment le sentiment du sublime et du beau, à toutes celles qui agissent fortement sur l'imagination ou qui donnent un doux ébranlement à l'ame?

Quel prix attacheroit-on à l'étude de la nature, chez des hommes qui ne verroient par-tout que les tristes jeux du hasard? La terre que nous habitons se transformeroit pour eux en une région de ténèbres et de mort; l'ordre imposant qui règne autour de nous frapperoit leurs yeux sans parler à leur raison; au milieu même de l'ordre, ils ne découvriroient que des effets sans causes et des abîmes sans fond; ils erreroient avec une triste incertitude comme des ombres isolées et flottantes dans l'espace; la nature muette et sans physionomie n'offriroit à leur imagination confondue que le vaste silence et la nuit éternelle du chaos.

Les Descartes, les Pascal étoient soutenus et éclairés dans leurs recherches par les plus sublimes conceptions; ils s'élevoient avec la conscience de leur propre dignité et de leur noble destinée, jusqu'à l'auteur de tout ce qui existe. Le célèbre Newton étoit plein de la présence et de la grandeur de ce Premier Être, lorsque son génie, planant dans les cieux, contemploit la marche brillante de ces milliers de globes qui roulent majestueusement sur nos têtes, et nous révéloit le merveilleux système du monde.

Enfin, dans l'hypothèse du matérialisme et de l'athée, que deviendroient les sociétés et les gouvernemens? Comment se promettroit-on de former le citoyen avec dés opinions qui dégradent l'homme? L'homme est seul quand il pense, il est seul quand il souffre, il est seul quand il meurt. Sans la grande idée d'un Dieu vengeur et rémunérateur, comment sortiroit-il de cette solitude profonde qui pourroit être si dangereuse pour les autres, et qui seroit toujours si accablante pour lui-même? Qui fixeroit des limites à l'indépendance de ce *moi* intérieur, mystérieux, qui pénètre tout, et sait, quand il le veut, se rendre impénétrable? Les législateurs n'ont de pouvoir que sur les actions, ils n'en ont aucun sur les affections et sur les pensées; et dans l'hypothèse dont nous parlons, quelle pourroit être la véritable force des législateurs sur les actions mêmes? On sentiroit le besoin d'avoir des mœurs, et on ne croiroit point à la morale; les crimes seroient punis par les lois, et les coupables seroient absous par la doctrine; on recommanderoit la vertu à des êtres à qui l'on refuseroit la liberté de choisir entre une passion et un devoir; les institutions seroient sans cesse démenties par la croyance; on seroit forcé de se montrer inconséquent, pour travailler à se rendre moins malheureux. Quel amas monstrueux de contradictions! Quelle source permanente de désordres! Quel spectacle plus affligeant l'homme pourroit-il jamais offrir à l'homme!

M. Séguier, en usant de toute l'influence de son ministère pour opposer une barrière puissante à la licence des systèmes, a donc bien mérité de la philosophie et des lettres; il a bien mérité de la religion, de la patrie et du genre humain.

Dira-t-on que ce magistrat ne s'est pas borné à défendre les vérités naturelles et sociales qu'une saine philosophie a su proclamer dans tous les temps, et qu'il a dénoncé des écrivains auxquels on est redevable d'avoir propagé l'esprit de tolérance, et d'avoir combattu avec avantage le fanatisme et la superstition?

Mais, si ces écrivains, dans l'objet de prévenir l'abus que l'on peut faire de la religion, s'étoient permis d'attaquer la religion même, ce mal, le plus grand de tous, ne pouvoit, aux yeux du ministère public, être compensé par aucun bien.

Il faut une religion positive pour fixer les opinions, comme il faut des lois positives pour régler les intérêts. J'en atteste ce qui s'est passé dans les premiers âges du christianisme: la tolérance a été un dogme religieux, avant que d'être un principe philosophique. C'est le christianisme qui a notifié la vraie morale à l'univers, qui l'a sanctionnée par ses dogmes, qui l'a rendue populaire par son culte. Cette religion a été le terme des fables du paganisme, elle a dissipé les doctrines superstitieuses, comme la lumière dissipe les ténèbres. Elle n'a pas remplacé des vérités connues par des mystères incompréhensibles; mais elle a prêché des mystères qui nous éclairent et nous consolent, pour remplacer des doutes et même des absurdités qui avilissent l'ame, l'accablent et ne l'éclairent pas. Il lui appartient de faire des croyans, c'est le Pyrrhonisme qui fait des crédules. Les siècles de scepticisme ont été les plus féconds en systèmes bizarres et absurdes. Quand la raison nous abandonne et se tait, la religion nous soutient et nous élève. Elle commence où le génie de l'homme finit. Malheur aux peuples chez qui le christianisme viendroit à s'éteindre! En approchant des nations qui ne sont pas chrétiennes, on diroit que l'on s'éloigne de la morale, des sciences, des arts, des lettres, de la philosophie, de la civilisation même.

Au reste, s'il étoit possible que M. Séguier eût besoin d'être justifié, pour avoir pensé qu'il défendoit l'État en défendant la religion, je dirois, d'après l'expérience de tous les siècles, et d'après la nôtre : A-t-on jamais attaqué la religion dans un État, sans le projet et la volonté d'ébranler l'État même? Je dirois encore : L'auguste libérateur qui a reçu dans ses bras la France déchirée par l'impiété et par l'anarchie, ne s'est-il pas empressé de relever les autels pour asseoir et affermir le premier des empires? Cet incomparable monarque croiroit-il avoir assez fait pour notre bonheur et pour sa propre gloire, si, après avoir rempli la terre du bruit de ses prodiges et de l'éclat de ses triomphes, il n'avoit travaillé à la pacifier par les œuvres de sa puissance et à la réconcilier avec le ciel par la sagesse de ses lois?

Le temps dans lequel M. Séguier vivoit a été fécond en événemens publics. Mais ces événemens, effacés par la plus absolue et la plus terrible des révolutions, sont devenus, pour ainsi dire, une sorte d'histoire ancienne pour les contemporains eux-mêmes : il est pourtant vrai qu'on ne peut les rappeler sans intérêt, quand on considère qu'ils tiennent plus ou moins directement à toutes les grandes catastrophes qui ont donné un nouveau cours aux affaires de l'Univers.

Les querelles théologiques qui éclatèrent sous le règne de Louis XIV, et qui, par le gouvernement d'alors, furent imprudemment traitées comme des affaires d'état, avoient excité dans les divers ordres de la nation des haines implacables contre la société des Jésuites accusée d'avoir fait naître ces querelles, et sur-tout d'en avoir abusé pour perdre ses ennemis ou ses rivaux. Les parlemens étoient intervenus pour appuyer de l'autorité des lois ceux qu'ils croyoient opprimés par l'intrigue ; et leur intervention les avoit exposés à des disgrâces, à des exils. Les particuliers savent pardonner; ils oublient du moins : les corps croient leur autorité intéressée à tenir, en quelque sorte, registre de leurs ressentimens comme de leurs maximes.

D'autre part, les ordres religieux commençoient à ne plus jouir de la même faveur dans l'opinion; ils avoient, autrefois, écrasé le clergé séculier par leurs priviléges; celui-ci, en recouvrant ses droits et sa première dignité, les comprimoit à son tour. De plus, les ordres religieux étoient sourdement minés par les progrès des lumières et des connoissances qui s'étendoient dans toutes les classes de citoyens, par la tendance de l'esprit général vers les objets de commerce et les professions industrieuses, et par les changemens rapides qui s'opéroient chaque jour dans les idées et dans les mœurs.

Dans cette situation, une affaire particulière, qui eût été facilement étouffée dans un autre temps, devint le signal de la destruction de l'ordre entier des Jésuites. Le père Lavalette, chef des missions de cet ordre dans nos colonies, donna à l'Europe étonnée le scandale d'une faillite. Les intéressés cherchèrent une garantie dans le corps auquel ce religieux appartenoit. En discutant cette affaire trop célèbre, on s'aperçut qu'un supérieur italien, résidant à Rome, pouvoit arbitrairement disposer des biens et des personnes d'une société de Français. Un tel régime monastique fut dénoncé comme incompatible avec nos lois et avec les principes de tout gouvernement bien ordonné.

Un roi foible qui ménageoit les Jésuites sans les aimer, et qui étoit intimidé par leurs ennemis qu'il n'aimoit pas davantage, s'entremit comme médiateur. Au lieu de se montrer en souverain, il crut pouvoir négocier avec les Jésuites eux-mêmes quelque réforme dans leur institut. Ces religieux ne s'aperçurent pas que le même sentiment de foiblesse qui avoit déterminé la démarche du prince à leur égard, supposoit d'avance que ce prince n'auroit ni la force ni la volonté de les protéger; ils se refusèrent à tout; ils subirent la peine de s'être rendus irréformables, ils furent dissous par des arrêts de toutes les cours du royaume.

Après avoir prononcé la destruction des Jésuites, les parlemens ne furent pas sans crainte sur la possibilité de leur retour. Le colosse abattu effrayoit encore par sa masse. De-là, cette surveillance inquiète que l'on portoit sur les différens ouvrages apologétiques qui parurent après coup pour la défense des religieux proscrits. C'est en dénonçant un de ces ouvrages rédigé par un écrivain de parti, et pour cela même intitulé : *Histoire impartiale des Jésuites,* qu'en l'année 1765 M. l'avocat-général Séguier, revenant sur une matière que l'on eût pu croire épuisée par les magistrats qui avoient parlé avant lui, développa de nouvelles vues sur la nature et les dangers du régime d'une société dont la passion jalouse étoit de dominer l'église et l'état; et qui, malgré son dévouement à la cour de Rome, étoit parvenue jusqu'à se rendre redoutable à cette cour même. M. Séguier, en reconnoissant que cette société avoit d'ailleurs bien mérité des sciences et des lettres, témoigna combien il regrettoit qu'elle n'eût pas été assez sage pour se contenter de cette gloire.

L'abolition des Jésuites en France, prononcée par les tribunaux avec l'appareil des formes judiciaires, et d'après des vues supérieures de gouvernement, de législation et d'ordre public, donna l'éveil aux souverains, et leur apprit le secret de leurs droits et de leur pouvoir dans les matières ecclésiastiques. Plusieurs princes promulguèrent des lois importantes sur ces matières. Le duc de Parme publia des édits pour régler la manière dont on devoit disposer en faveur de la main-morte, pour mettre un terme aux abus des immunités des clercs, pour réformer l'administration de quelques monastères, pour fixer quelques points de juridiction, et pour améliorer certaines parties de la police extérieure du culte. La publication de ces édits, faite par un prince que la cour de Rome ne redoutoit pas, réveilla les prétentions de cette cour; et dans le dix-huitième siècle, on vit Clément XIII fulminer un bref (1) portant cassation des édits du duc de Parme, avec défense à toutes personnes de les exécuter, sous peine d'encourir l'excommunication.

Le duc de Parme trouva des vengeurs dans tous les monarques catholiques. Le bref de Clément XIII fut proscrit en Espagne et à Naples.

En France, M. l'avocat-général Séguier, dont le zèle n'avoit pas besoin d'être averti, s'éleva avec force contre une entreprise qui attentoit aux droits de la souveraineté, droits dont la défense est solidaire entre tous les souverains.

L'indépendance des couronnes et de la législation de chaque État est le droit commun des empires. La voie de la cassation ou de l'abrogation, employée au nom du Pape contre les lois d'un prince, supposeroit dans le souverain Pontife une autorité universelle et supérieure qui détruiroit cette indépendance, qui dégraderoit les nations et leurs augustes chefs.

La menace des censures ecclésiastiques pour appuyer une entreprise révoltante, rend cette entreprise plus révoltante encore ; car vouloir soutenir par le glaive spirituel des usurpations sur la temporalité des états, c'est blesser la sûreté et méconnoître l'essence des gouvernemens humains, c'est offenser la religion, c'est renverser l'ordre établi par le créateur qui a laissé le gouvernement temporel des états aux enfans des hommes. Dans les choses même spirituelles, qui sont du domaine inné de l'église, les Papes les plus vertueux et les plus éclairés, lorsqu'ils ont cru avoir à se plaindre d'un monarque pour quelques lois contraires aux intérêts religieux, n'ont procédé que par la voie de la représentation et de la prière.

La majesté inviolable des rois, le titre de protecteurs de l'église imprimé sur leur front par le roi du ciel qui a daigné annoncer lui-même dans les livres saints qu'il avoit pris pour alliés les princes de la terre ; la crainte de compromettre les églises nationales et la paix des empires, l'horreur du schisme, tout affranchit les rois de l'excommunication. La défense si connue d'excommunier la multitude s'applique avec plus de force au chef de la société dont le souverain de l'univers s'est réservé à lui seul de juger les justices.

Ce qu'on ne peut contre le souverain, on ne sauroit le pouvoir contre ses officiers, et même, pour des intérêts civils ou politiques, contre le moindre de ses sujets : l'injure ou l'attentat retomberoit sur le souverain lui-même.

M. Séguier, en développant avec énergie ces grands principes, se montra digne de ses ancêtres (2), et de tous les hommes illustres qui l'avoient précédé dans l'exercice de l'important ministère qu'il remplissoit. Si la France n'a jamais subi le joug ultramontain, si elle a su échapper aux dangers et aux fureurs de l'inquisition, si dans les temps les plus difficiles elle est parvenue à faire reconnoître son indépendance par les Papes eux-mêmes, elle en est

_____

(1) Ce bref est à la date du 30 janvier 1768.

(2) Pierre Séguier, président à mortier au parlement de Paris, porta à Henri II, le 16 octobre 1555, les remontrances de sa cour contre l'établissement de l'inquisition en France ; et sa harangue au roi, pleine d'une respectueuse liberté, détermina le succès de cette démarche. (*Histoire de France, par Garnier, continuateur de Velly ; in-12, tome 27, page 54.*)

redevable à ces grands corps de magistrature qui ont défendu en tout temps, avec autant de fidélité et de courage que de lumières, le dépôt sacré de nos franchises et de nos libertés.

Nos anciens souverains faisoient d'autant plus de cas de l'appui et des services des magistrats, que n'osant se livrer, par respect pour la religion, à des actes de violence et de schisme, ils trouvoient utile que la magistrature écartât, par l'instruction, bien plus que par la puissance, les systèmes d'une fausse théologie. Il faut même avouer que cette manière d'opposer aux ultramontains les jurisconsultes et les magistrats, a été la plus efficace pour le maintien de nos maximes nationales : car des ruptures ouvertes, des hostilités ne détrompoient personne. Les agitations et les troubles renaissoient toujours ; les violences ne faisoient qu'aigrir les préjugés. Mais quand on sut employer l'art d'opposer des distinctions à d'autres distinctions, des principes à des sophismes, des raisonnemens solides à des textes mal appliqués ; quand on sut avec les règles d'une saine critique, distinguer les faux documens d'avec les véritables, et ramener la religion à la sainte et majestueuse simplicité des premiers âges, on n'eut plus à redouter des censures et des entreprises que la religion mieux entendue désavouoit elle-même. Les attentats et les abus devinrent moins fréquens ; la science désarma l'ambition ; les gouvernemens furent plus fermes, et les peuples plus instruits et plus tranquilles.

Nous touchons à des événemens au milieu desquels l'éloge de M. Séguier va se confondre avec l'histoire générale de la magistrature, et avec l'histoire même de l'état.

Les parlemens étoient placés entre le souverain et le peuple (M) ; ils avoient la vérification et le dépôt des lois ; ils étoient devenus puissans, parce qu'ils avoient su se rendre utiles. Dans la longue durée de ces corps antiques, les brillantes époques de leurs services et de leurs travaux sont celles où ils ont organisé le gouvernement civil de la France, et opposé une salutaire barrière aux abus du gouvernement militaire ; celles où ils ont abattu les justices tyranniques des seigneurs, en relevant le pouvoir, et en améliorant les formes des justices royales ; celles où par une jurisprudence éclairée, ils ont miné les maximes barbares de la féodalité, pour leur substituer des maximes plus appropriées à la véritable monarchie ; celles enfin, où ils sont parvenus à nous défendre, avec tant d'avantages, contre les terribles fléaux du fanatisme et de la superstition.

Les temps de minorité avoient toujours été favorables aux parlemens ; aussi, de nos jours, leurs prétentions s'étoient accrues depuis la régence. Ils venoient récemment de faire un essai de leurs forces dans l'importante affaire des Jésuites. Ils étoient séduits par les idées et les théories nouvelles qui circuloient autour d'eux, et que la dernière révolution d'Angleterre avoit jetées dans le monde, sur la division des pouvoirs publics, sur leur contrepoids, leur balance et leur équilibre, sur la constitution des monarchies limitées, et sur celle des gouvernemens mixtes ou représentatifs. Les magistrats les plus austères et les mieux intentionnés se livroient avec complaisance à l'ambition et à l'espoir d'étendre le cercle de leurs attributions, et même d'en changer la nature.

On

On avoit dit depuis long-temps que la justice souveraine de nos anciens monarques étoit une en divers ressorts. Cette pensée morale fut transformée en principe politique. Les parlemens prétendirent qu'ils ne formoient tous qu'un parlement unique divisé en plusieurs classes, et que la vérification qu'ils faisoient de la loi, la complettoit en préjugeant l'acceptation du peuple: L'idée étoit grande ; mais on peut dire qu'elle l'étoit trop. Car une telle idée étoit mal assortie à l'origine des parlemens, qui étoit toute royale, et à leur organisation, qui ne comportoit ni délibération, ni volonté commune. En effet, ils étoient constitués en différens corps distincts par les époques successives de leur établissement, séparés par le territoire, et plus encore par l'opposition des coutumes, des priviléges et des intérêts des provinces dans lesquelles ils se trouvoient établis pour administrer la justice.

La nouvelle doctrine ne fut qu'un rêve ingénieux aux yeux des jurisconsultes et des savans. La cour y aperçut un système combiné de résistance et de révolte. Malheureusement l'expérience parut justifier les inquiétudes de la cour.

Il faut connoître le temps auquel nous étions arrivés. Tout avoit insensiblement changé de face en Europe, depuis que la masse des richesses mobilières, augmentée chaque jour par les rapides développemens du commerce, avoit déplacé la force des empires et donné une nouvelle direction à leur politique. Le besoin de ces richesses disponibles obligeoit les souverains et les grands à se rapprocher des citoyens ordinaires qui exerçoient les professions lucratives : ceux qui avoient la puissance sentoient la nécessité de se concilier ceux qui possédoient la fortune.

Le commerce, source des principales richesses mobilières, avoit pris un nouvel essor. Les négocians n'étoient plus, comme autrefois, des êtres obscurs et isolés ; ils étoient répandus par-tout. Les opérations de cette classe d'hommes se trouvant désormais liées à des questions de gouvernement et d'administration, ils avoient sans cesse les yeux ouverts sur les procédés de l'administration et du gouvernement. Le commerce est la profession de gens libres et égaux. Il est ennemi de toute gêne. Son influence étant fondée sur une espèce de richesse que l'on peut facilement faire circuler par-tout, et rendre, pour ainsi dire, invisible, les commerçans ont une grande idée de leur indépendance et de leur force. L'autorité étoit sans cesse occupée à les ménager, et rarement elle réussissoit à les satisfaire.

D'autre part, on avoit vu naître le système de la dette publique, et de ce système étoit sortie cette multitude de citoyens méfians et inquiets qui, ayant leur fortune particulière liée à la fortune de l'État, devenoient par cela même, les censeurs-nés de toutes les opérations faites par ceux qui régissoient l'État. Ils passoient leur temps à proposer des plans de contributions ou des projets de réforme : ils étoient toujours prêts à recevoir l'alarme ou à la donner.

Il arriva que le bon ton fut de s'occuper des matières d'administration et d'économie politique ; l'esprit de discussion et de censure venant se joindre à l'esprit de société qui distingue notre nation entre toutes les autres, produisit des effets incroyables. Les écrivains se divisèrent en différentes sectes. La plupart frondèrent tout pour complaire à l'esprit frondeur ; il devenoit toujours plus difficile de régir les affaires publiques. Ce qui augmentoit les difficultés et les embarras, c'est que, sous un prince foible et au milieu d'une cour corrompue, on étoit plus impatient de dissiper et de jouir, que jaloux de bien administrer.

Dans un tel ordre de chose, les parlemens eurent des occasions plus fréquentes de résistance. Ils étoient souvent provoqués par ce qu'on appeloit l'opinion, et ils la provoquoient à leur tour. Ils multiplioient leurs remontrances. Pour se rendre populaires, ils donnoient à ces remontrances, par la voie de l'impression, un caractère de publicité qui déconsidéroit le monarque et ne l'éclairoit pas. Vouloit-on mettre un terme à ces réclamations éternelles? Les magistrats offroient la démission de leurs offices ou ils cessoient d'en remplir les fonctions. Le prince cédoit par foiblesse ou frappoit sans discernement; la résistance étoit encouragée par le succès, ou se croyoit honorée par la disgrâce.

A Dieu ne plaise que je veuille méconnoître les grands services que les compagnies souveraines ont rendus à l'ancienne monarchie par leurs représentations et leurs lenteurs! Elles ont été une barrière utile contre les vices des courtisans, et souvent même contre la générosité et les vertus des princes: mais le magistrat paroissoit avoir trop oublié qu'il n'avoit été établi auprès du monarque que pour y remplir l'office religieux de la conscience, et non pour exercer sur sa tête l'autorité d'un maître.

Sur ces entrefaites, de grands troubles éclatent en Bretagne; tous les parlemens prennent une part active à ces troubles. Des haines ou des vengeances particulières deviennent des affaires publiques. Après la plus longue et la plus terrible lutte entre l'autorité royale et les compagnies souveraines, le prince tient un lit de justice le 7 décembre 1770, pour rappeler ces compagnies aux principes de leur première institution. Il fait publier des édits qui proscrivent les doctrines contraires à ces principes.

M. l'avocat-général Séguier prononce dans cette séance solennelle un discours dans lequel, cherchant à défendre l'honneur de sa compagnie sans blesser les droits du souverain, il proteste que jamais les parlemens ne chercheront à s'écarter du respect et de la soumission due à l'autorité royale; que s'ils avoient multiplié les remontrances et les représentations, c'est que cette autorité elle-même, quelle qu'en soit l'étendue, se plaît à se laisser tempérer par la bonté. L'orateur ajoute que les rois sont les images vivantes de la divinité sur la terre, et que la divinité ne craint pas d'être importunée par la prière; il demande que l'on retire des lois qui seroient un monument de honte pour toutes les cours souveraines du royaume.

De plus fortes épreuves attendoient ce magistrat. Les lois ne furent pas retirées. Le parlement de Paris, que le préambule de ces lois offensoit et n'intimidoit pas, cessa de rendre la justice.

Pour avoir été trop long-temps incertaine dans sa marche, l'autorité royale fut forcée dans ses derniers retranchemens. La corruption et les intrigues qui infectent les cours sont mauvaises ménagères de la puissance. On n'avoit jamais su, dans l'occasion, prendre un parti décisif; on fut entraîné à un parti extrême. On se crut obligé de détruire la magistrature, parce qu'on n'avoit su ni la diriger ni la contenir.

Tout-à-coup les magistrats de la première cour souveraine de France sont dispersés par l'exil et relégués dans des maisons de force ou à une grande distance de la capitale. Le 13 avril 1771, le monarque tient un nouveau lit de justice pour organiser et consommer leur remplacement.

M. Séguier, connu par la modération de ses principes, n'avoit pas été compris dans la disgrâce commune. Il reçut ordre de se trouver au lit de justice et d'y remplir les importantes fonctions de sa charge. Quel moment pour ce magistrat! Seul au milieu des ennemis de la magistrature, isolé de tous les collègues estimables dont il avoit pendant sa longue carrière partagé si glorieusement les travaux et les vertus, entouré d'hommes étrangers qui étoient étonnés de leur propre élévation, placé au pied du trône et sous les yeux d'un monarque trompé par tant de prestiges, et aigri par tant de machinations, quelles paroles pourra-t-il faire entendre, et pour qui élevera-t-il sa voix dans ce nouveau sanctuaire?

Parlera-t-il pour des magistrats qui ne sont plus? Se réunira-t-il à des magistrats qui ne sont point encore? La foudre qui avoit frappé sa compagnie, menaçoit toutes les autres. Dans une situation aussi orageuse, il falloit que le sentiment du devoir l'emportât sur tout autre sentiment, et que l'honneur parlât plus haut que la crainte dans l'ame d'un magistrat subitement jeté au milieu d'une assemblée qui n'offroit à ses regards que le courroux du maître et l'appareil imposant de sa puissance.

M. Séguier s'éleva au-dessus des considérations ordinaires; il se constitua l'organe de la nation entière. Sans avoir partagé les torts et l'exagération de ses collègues, il ne redouta pas le risque de partager leur malheur. Dépouillé de ses anciennes fonctions, dédaignant les fonctions nouvelles qui lui étoient offertes, il se créa, pour ainsi dire, à lui-même une magistrature extraordinaire et passagère, dont il ne pouvoit trouver le titre que dans la fidélité et dans son courage. Il s'adressa au cœur du monarque sans braver son autorité. Il chercha à intéresser sa piété pour désarmer sa sévérité. Il dénonça les hommes perfides qui feignent, dans les cours, de travailler pour le prince, lorsqu'ils ne travaillent que pour ses courtisans contre lui. Il exposa les suites affreuses que pouvoit entraîner dans une monarchie usée, un événement qui menaçoit la stabilité de toutes les institutions nationales et la sûreté du monarque garantie par ces institutions. Car on ébranloit le trône, en détruisant des établissemens que la conduite des rois et le respect des peuples nous avoient présentés jusqu'alors comme aussi inébranlables que le trône même.

Ainsi se termina dans cette mémorable occurrence la mission d'un magistrat qui ne mit jamais les périls en balance avec les devoirs; qui consacra par sa démission et sa retraite les grandes vérités qu'il venoit de proclamer; et qui sut constamment demeurer fidèle à sa patrie, à son prince et à son honneur.

Les nouvelles cours de justice, formées à la hâte et sans choix, ne furent jamais bien affermies dans l'opinion. Louis XV meurt. Un nouveau règne ranime toujours les espérances des persécutés et des mécontens; celles des anciens magistrats ne furent pas trompées. Il avoit été désastreux de les détruire, il fut peut-être impolitique de les rétablir. Par cette opération, on sacrifioit des hommes qui avoient écouté la voix de leur prince; et aux yeux de tous les citoyens, on rendoit le dévouement à l'autorité plus périlleux que la résistance. La monarchie étoit attaquée dans son principe, et ce qui est pire, elle l'étoit par le monarque lui-même.

Le rappel des anciens magistrats du parlement de Paris à leurs premières fonctions fut consommé dans un lit de justice tenu le 12 novembre 1774. C'est en sortant de la retraite honorable à laquelle il s'étoit volontairement condamné pendant les jours mauvais, que M. l'avocat-général Séguier porta au pied du trône les acclamations du peuple et les bénédictions de la magistrature. Il compara les temps de consternation et de terreur où chaque nouvelle loi étoit une tempête, avec les jours plus sereins qui commençoient à luire, et où chaque nouvelle loi s'annonçoit comme un bienfait. Il sut réveiller et fixer l'attention du monarque sans blesser la délicatesse de ses collègues qui eussent dédaigné tout ce qui auroit eu les apparences affligeantes d'un pardon; il eut le grand art de présenter la réintégration des parlemens comme étant à-la-fois, de la part du prince, l'exercice le plus solennel de sa justice, et l'acte le plus éclatant de sa bonté.

A la première ouverture des audiences qui suivit le rétablissement de sa compagnie, M. Séguier prononça un discours sur *l'amour de la gloire*, si différent de l'amour de la célébrité : car on peut obtenir la célébrité par des crimes, et la gloire ne couronne que la vertu. L'orateur, dans ce discours, peignit avec les plus vives couleurs le passage rapide de quelques hommes si puissans la veille, que l'intrigue avoit fait asseoir sur les marches du trône; qui, pour s'y maintenir, avoient foulé aux pieds les lois de leur patrie, en avoient renversé les principales institutions, et osoient donner le nom de paix à cette dévastation universelle. M. Séguier établit ensuite qu'il y a une véritable gloire pour l'auguste profession des lois, comme il en est une pour la brillante profession des armes. Dans un moment où la magistrature sembloit renaître, le sujet avoit été sagement choisi pour consoler les magistrats de leurs malheurs passés, et pour encourager leurs pénibles efforts dans la nouvelle carrière qui s'offroit à leur zèle et à leurs importans travaux.

Les discussions qui avoient eu lieu, dans les dernières années du règne de Louis XV, sur les principales matières d'économie et d'administration, avoient mûri un petit nombre de vérités, et elles avoient produit un plus grand nombre de systêmes. Le nouveau roi, tourmenté par les plaintes et les murmures qui ne cessoient d'éclater contre les abus du précédent règne, étoit disposé aux changemens et aux réformes. Il avoit placé à la tête de ses finances un ministre qui vouloit le bien, et qui l'eût infailliblement opéré, s'il avoit été moins absolu dans ses principes et moins précipité dans ses opérations. Ce ministre avoit des idées libérales et des vues profondes. Mais, ce qui est un inconvénient grave en administration, il jugeoit peut-être trop des hommes par les choses, et pas assez des choses par les hommes.

Il se hâta de manifester, du moins en partie, ses maximes et ses plans d'administration et d'économie politique. Il fit proclamer la liberté du commerce des grains, l'affranchissement de tous les priviléges exclusifs qui entravoient le commerce des vins dans nos principales villes et dans une multitude de terres seigneuriales. Il fit proclamer encore l'abolition des corvées et celle des jurandes. Diverses lois relatives à ces objets majeurs furent adressées au parlement de Paris, qui en refusa l'enregistrement. Ces lois avoient été favorablement accueillies par le public. Encouragé par l'opinion, le souverain crut pouvoir sans danger déployer toute sa puissance : il tint un lit de justice le 12 mars 1776.

Dans ce lit de justice, M. l'avocat-général Séguier, que les nouvelles théories ne rassuroient pas contre l'expérience, développa avec le courage du magistrat et avec la sagesse d'un administrateur les considérations qui motivoient la résistance de sa compagnie.

En discutant la loi relative à la liberté du commerce des grains, il représenta combien cette liberté pourroit devenir funeste, si on ne continuoit à la modifier par les réglemens qui avoient garanti jusqu'alors la subsistance de la capitale et celle de la nation entière.

Gardons-nous, en effet, de confondre la liberté du commerçant avec la liberté du commerce; gardons-nous sur-tout de séparer l'intérêt du commerce d'avec l'intérêt de l'État : alors nous nous résignerons à souffrir les réglemens et les gênes salutaires qui défendent le bien général contre les fausses spéculations de l'avidité, contre toutes les fraudes particulières, et nous apprendrons à porter docilement le joug de la félicité publique.

Sans doute on gouverne mal quand on gouverne trop ; mais le pire des gouvernemens est celui qui manque de prescience et qui se repose uniquement sur les intérêts privés, du soin de pourvoir à des objets essentiellement liés au salut et à la tranquillité des empires.

M. Séguier, passant ensuite à l'examen de la loi portant suppression des corvées, applaudit à une mesure commandée par la justice, et sollicitée depuis si long-temps par l'humanité.

La censure de l'orateur se borna à la disposition de cette loi qui remplaçoit le service personnel des corvées par la levée d'une imposition en argent sur les propriétés foncières. Il regardoit comme contraire à l'équité naturelle un système d'imposition qui ne pesoit que sur une classe particulière de citoyens, et dont l'établissement étoit relatif à des objets qui les intéressoient toutes.

M. Séguier n'eut garde d'employer son ministère à défendre les priviléges exclusifs qui désoloient les principales branches de notre commerce national : ces priviléges tuent l'industrie, ils blessent la justice, ils sont contraires aux vues de la nature qui destine ses dons à l'universalité. Mais l'orateur crut devoir réclamer la conservation des jurandes.

Les jurandes naquirent à mesure que les différens arts se multiplièrent et que l'on commença à jouir des avantages qu'ils procurent. Elles furent dans leur origine des établissemens de police, et non des expédiens de finance, ni des concessions arbitraires de priviléges. Les lois sont un levier qui cesseroit d'être proportionné à la masse qu'il doit mouvoir, s'il n'étoit aidé par des forces secondaires et sagement distribuées. En conséquence, on imagina de diviser en petites sociétés les hommes qui exerçoient les différens arts; on créa dans chacune de ces sociétés une discipline particulière et une sorte de magistrature privée dont la surveillance immédiate et continue devenoit une garantie pour la société générale. Les jurandes furent un grand principe d'ordre et un grand moyen de gouvernement.

Un État n'est point organisé s'il n'offre qu'un assemblage vague et informe d'individus épars sur un immense territoire. On a besoin de classer les hommes si on veut plus facilement les diriger et les conduire.

Chaque jurande devenoit, pour ceux qui la composoient, une petite patrie qui les attachoit et les subordonnoit à la grande. Chaque membre de la jurande avoit, pour ainsi dire, un public à sa portée, dont il ambitionnoit la confiance et dont il redoutoit le jugement : il étoit surveillé par ses pairs. Il en recevoit des secours dans le malheur, et il en subissoit la censure, s'il s'y exposoit par sa conduite ou par ses vices. Les jurandes avoient été des institutions admirables, tant que le fisc n'en défigura pas les réglemens ; tant qu'on eut pour objet, non d'y trouver de nouveaux contribuables, mais d'y former de bons citoyens. Alors les talens n'étoient point comprimés par les exactions, et ils trouvoient les plus forts encouragemens dans les heureux liens d'une association commune : il eût donc été sage de respecter les jurandes et de n'en réformer que les abus.

Telles furent les représentations du ministère public : selon l'usage l'enregistrement forcé des lois proposées fut le résultat du lit de justice. Mais bientôt après on retira ou on modifia les mêmes lois, et le ministre fut sacrifié. La marche de l'autorité, dans cette occasion, découragea tous ceux qui aimoient leur patrie ; car on parut ne céder qu'à l'intrigue, après avoir résisté à la raison.

Dès ce moment l'idée d'un avenir consolant et réparateur sembla s'éloigner. Dans le long cours du précédent règne, on avoit été au mal par une pente rapide : on ne pouvoit remonter au bien que par un effort. Mais cet effort, comment pouvoit-on l'espérer d'un gouvernement qui n'annonçoit aucuns principes fixes et qui étoit si variable dans ses résolutions ?

Bientôt il y eut autant de mobilité dans les systèmes que dans le choix et le déplacement des ministres. L'autorité, livrée à tout vent de doctrine, flottoit comme au milieu d'une mer orageuse. Il n'y avoit de constant que le changement perpétuel de toutes choses.

Cependant comme l'esprit d'amélioration et de réforme étoit dans les intentions et le caractère personnel du souverain, et comme il devenoit toujours plus dominant dans la nation, chaque nouveau ministre se montroit avide de présenter quelque nouveau plan. Les administrations provinciales, dont M. Turgot avoit jeté les premiers fondemens, furent établies ; mais on ne les organisa point dans l'esprit de la monarchie, et moins encore dans l'intérêt du monarque : leur régime fut tel, qu'un favori ou un seigneur mécontent pouvoit venir dans sa province solliciter et obtenir la faveur du peuple pour se consoler d'avoir perdu celle du souverain. Si l'on opéra des retranchemens économiques sur les dépenses de l'État, ces retranchemens ne frappèrent que sur les dépenses établies pour maintenir la dignité de la couronne et la sûreté même du prince ; on n'eut pas le courage de diminuer celles qui fournissoient obscurément aux vices, aux demandes importunes et aux desirs immodérés des courtisans. Qu'en arriva-t-il ? Les réformes ne firent pas cesser les abus, et elles devinrent elles-mêmes des dangers. Les finances continuèrent d'aller en se dégradant, et la dégradation des finances précipitoit celle des mœurs.

Tout ce qui environnoit le gouvernement ne contribuoit qu'à l'égarer et à multiplier sous ses pas les embarras, les difficultés, les incertitudes. Les premiers ordres de l'État restoient attachés à leurs priviléges, mais ils ne conservoient plus leurs principes. L'esprit militaire s'éteignoit de jour en jour dans les douceurs d'une longue paix, et on ne faisoit rien d'utile pour le soutenir ou pour le faire revivre. On croyoit même sérieusement que nous allions devenir assez raisonnables pour réaliser le rêve de l'abbé de Saint-Pierre sur l'établissement d'une paix constante et universelle. Les parlemens n'étoient plus réputés indestructibles; ils avoient recouvré leurs anciennes fonctions sans pouvoir recouvrer leur ancienne influence. Toutes les institutions dépérissoient à-la-fois; leurs formes demeuroient entières, mais l'ame n'y étoit plus.

Dans le corps de la nation l'industrie étoit grande, mais l'inquiétude étoit plus grande encore. Les diverses classes de citoyens agissoient et réagissoient perpétuellement les unes sur les autres. L'éducation, les lumières et la richesse rapprochoient des hommes que des distinctions affligeantes continuoient de séparer. L'esprit général tendoit à l'égalité et souffroit impatiemment les préférences. On venoit de refaire les sciences; il ne s'agissoit de rien moins que de reconstruire la société.

Dans cette situation, les grands seigneurs, les personnes en place, avoient un langage pour les cercles et un autre langage pour les affaires; ils prêchoient les réformes, et ils travailloient à se maintenir dans les abus; ils affichoient dans les salons des opinions populaires, et ils manifestoient dans les conseils des prétentions qui ne l'étoient pas: ils sembloient ne vivre que de contradictions et d'inconséquences.

Cet ensemble de choses ne pouvoit échapper à un magistrat observateur. Aussi M. l'avocat-général Séguier, dans un discours sur l'*esprit du siècle*, prononcé le 23 octobre 1785, à l'ouverture des audiences, développa ses craintes et ses alarmes sur l'avenir; il fixa les causes qui préparent la chûte des Empires; et portant des regards inquiets sur tout ce qui se passoit autour de lui, il eut le courage d'interroger les ministres des lois, et de leur demander avec une fermeté mêlée d'un salutaire effroi, s'il étoit possible de se méprendre sur les tristes présages et les funestes avant-coureurs d'une révolution prochaine?

Plus les temps étoient difficiles, plus M. Séguier, comme une sentinelle vigilante, redoubloit de sollicitude et de zèle.

Ainsi à l'occasion des faillites scandaleuses que le déplorable état de nos mœurs commençoit à multiplier dans les dernières années de notre ancienne monarchie, on vit ce magistrat provoquer des réglemens publics pour faire rentrer le commerce dans le sein de la probité. La profession de commerçant est semée de hasards et de périls: tout est perdu, si aux dangers de la chose viennent se joindre les fraudes de l'homme. Dans une profession qui ne peut prospérer que par la confiance, il importe que la foi particulière ait toute la force de la foi publique.

On sait encore avec quelle indignation il s'éleva contre la terrible passion du jeu qui faisoit chaque jour de nouveaux progrès et produisoit de nouveaux désastres. Il indiqua des mesures efficaces pour arrêter au moins les excès d'un mal que l'on ne peut entièrement empêcher. S'il est des vices que l'on est obligé de tolérer, il faut les flétrir, et non les honorer en les tolérant. Malheureusement les précautions du magistrat ne pouvoient lutter avec avantage contre le torrent des mœurs. La corruption descend des grands aux citoyens ordinaires. Les mœurs de la cour deviennent bientôt celles de la ville. Comment réprimer alors par des réglemens, des vices encouragés par le poids et l'éclat des exemples ?

Le moment arrive où pour la seconde fois, dans le cours de sa brillante carrière, M. l'avocat-général Séguier va être violemment arraché à ses fonctions.

Le désordre toujours croissant des finances, aggravé par une sorte d'absence de tout gouvernement, avoit amené de nouveaux chocs entre l'autorité royale et la magistrature. Les parlemens, désespérant de trouver un appui dans un ordre de choses qui s'écrouloit, firent un appel à la nation; en invoquant ses droits, ils se promettoient d'intéresser sa reconnoissance. Ils abdiquèrent hautement la trop dangereuse mission de vérifier les lois bursales; ils déclarèrent qu'il étoit au-dessus de leur pouvoir de sanctionner les impôts, et qu'il n'appartenoit qu'au peuple de les consentir.

Cette déclaration solennelle fut comme le signal d'alarme dans le péril imminent d'un naufrage.

La cour vit le danger qui la menaçoit et ne sut pas le prévenir. Un ministère remuant et inepte frappa subitement d'interdiction toutes les cours souveraines, et voulut élever sur les ruines et les débris de ces grands corps une sorte de *Cour plénière* qui ne pouvoit, dans aucun cas, représenter le peuple, et dont l'existence pouvoit devenir aussi dangereuse pour le souverain que pour le peuple lui-même.

Des changemens aussi précipités et aussi peu réfléchis, loin d'affermir le trône et l'État, ne contribuoient qu'à justifier l'idée généralement répandue qu'un grand changement étoit nécessaire dans la constitution de l'État. On réveilloit les novateurs sans les satisfaire.

Tous les ordres réclamèrent contre les nouvelles lois, et ils demandèrent d'une voix unanime la convocation des états-généraux, comme n'y ayant plus que la nation qui pût veiller sur ses propres intérêts et sur ceux du trône.

Le prince cède à l'orage. Les parlemens sont rappelés, et la convocation des états-généraux est solennellement annoncée.

Les espérances publiques parurent renaître. M. l'avocat-général Séguier se félicita, dans cette occasion, d'en être le premier dépositaire et d'en devenir le premier organe auprès du souverain. Il vint aux pieds du trône porter l'expression consolante de la reconnoissance nationale. Il fit le parallèle intéressant des lois désastreuses qui avoient soulevé tous les ordres, et de la dernière loi par laquelle le monarque s'abandonnant généreusement à la nation, se reposoit sur elle de l'honneur et de la sûreté de sa couronne, comme du bonheur de la nation elle-même.

A la même époque, M. Séguier prononça à l'ouverture des audiences un discours sur *la stabilité de la magistrature*, discours dans lequel il proclama

en

en quelque sorte l'éternité de ces grands corps qui avoient traversé tant de siècles, résisté à tant de secousses et triomphé de tant d'ennemis.

Mais ce magistrat, séduit par l'enthousiasme qui éclatoit de toutes parts, ne s'apercevoit pas que le sort des parlemens se trouvoit lié à celui d'une monarchie qui tomboit en ruines. Déjà leur existence étoit dénoncée au public comme un obstacle à l'établissement de la liberté publique et à toute réforme salutaire. Ce qu'ils appeloient maxime, on l'appeloit erreur ou préjugé; ce qu'ils appeloient règle, on l'appeloit abus. Sur-tout on redoutoit en eux cet esprit conservateur qui repousse les nouveautés dangereuses, qui retarde quelquefois les corrections utiles, qui est peut-être moins recommandable par les biens qu'il fait que par les maux qu'il empêche, et qui n'avoit jamais entièrement abandonné les magistrats dans leurs égaremens mêmes.

Parmi les attaques qui furent dirigées contre les parlemens, on distingua un écrit connu sous le titre de *Mémoire pour les trois roués;* l'auteur de ce mémoire s'étoit fortement élevé contre la jurisprudence des tribunaux en matière criminelle. M. l'avocat-général Séguier crut devoir défendre l'honneur de la magistrature et faire respecter la sagesse des lois (N). Il développa dans une discussion approfondie tout le système de nôtre ancienne législation sur la nature des peines et l'instruction des crimes. Ce magistrat ne pouvoit être soupçonné de méconnoître les droits de l'humanité. On sait que dans la fameuse affaire du général Lally, il avoit opiné avec courage pour l'absolution de cet intéressant accusé, devenu trop célèbre par ses malheurs, après l'avoir été par tant de bravoure, de services et de générosité; et qu'il développa dans les délibérations du parquet toutes les raisons présentées depuis avec tant d'énergie, de sentiment et d'éloquence par la piété filiale (1).

C'est au milieu d'une fermentation universelle que les états-généraux furent convoqués dans la capitale, c'est-à-dire, dans le centre de toutes les passions, de tous les intérêts et de toutes les intrigues. Ce grand événement eût pu devenir moins fatal à l'ancienne monarchie, s'il avoit été conduit avec plus de sagesse, ou s'il se fût rencontré un de ces hommes rares qui forcent le respect, qui commandent pour ainsi dire au vent et à la tempête, et qui sont si nécessaires dans ces temps d'agitation et de crise, où les esprits jetés loin des routes ordinaires ont plus besoin que jamais d'un modérateur et d'un guide. Mais la foiblesse du gouvernement se laissoit entraîner par les circonstances, sans les diriger ni les prévoir. On eût dit que le hasard seul étoit chargé de remplir l'office de la politique.

Jusqu'ici notre histoire nous avoit présenté le tableau d'une foule de guerres civiles sans révolution. Tout-à-coup la révolution la plus absolue éclate sans guerre civile : c'est que les lois et les établissemens que cette ré-

---

(1) La mémoire de M. de Lally fut défendue devant le conseil du roi et devant plusieurs cours souveraines de France par un fils que la nation compte parmi ses premiers orateurs, digne sur-tout de la définition de Cicéron, *Vir probus, dicendique peritus.* NOTA. Non pas de Cicéron, mais de Caton. *Voy. ci-devant* pag. XVI.

volution renversoit n'avoient plus de racines dans l'opinion ni dans les mœurs. La destinée des gouvernemens comme celle des hommes est de naître, se fortifier, dépérir et s'éteindre.

La magistrature tombe au moment où le trône chancelle. Des agitateurs habiles à remuer la lie et le fond des états soulèvent une multitude obscure contre tous les hommes qui avoient un caractère public, et que l'on soupçonnoit de conserver quelque influence. M. Séguier, pour se soustraire aux dangers auxquels sa célébrité l'exposoit, se retira dans la ville de Tournai, qui a été le berceau de la monarchie française, et où il est mort le 26 janvier 1792 (O).

L'honorable et important office d'avocat-général avoit été créé sur la tête d'un de ses ancêtres; il venoit de périr sur la sienne.

Les derniers regards de M. Séguier dirigés vers sa patrie furent frappés des maux qui la déchiroient alors, et dont l'affreuse image le suivit jusques dans la nuit du tombeau. La mémoire de ce magistrat sera toujours chère à ceux qui aiment les lettres, la justice et les lois. Que n'a-t-il assez vécu pour être témoin des succès d'un fils, héritier de ses talens et de ses qualités, qui préside avec tant de distinction une des principales cours de justice de cette capitale! Que n'a-t-il pu voir la nation française renaître pour ainsi dire de ses cendres, s'élever avec toute la maturité d'un ancien peuple et toute la vigueur d'un peuple nouveau, marcher à la prospérité et au bonheur par les routes brillantes de la gloire, compter autant de héros que de soldats dans ses armées, parvenir à un degré de considération et de puissance qu'aucune expression ne peut atteindre, et enfin obtenir entre tous les peuples le titre de la Grande Nation, si bien mérité par les prodiges dont nous sommes redevables au génie du plus grand des hommes!

OBSERVATION ET NOTES

SUR

L'ÉLOGE DE M. SÉGUIER.

L'éloge de M. Séguier est généralement très-bien écrit; c'est là son principal, son véritable mérite; mais il me semble manquer d'ordre, d'accord; il est dépourvu de détails sur le caractère, la vie privée, la personne et les ouvrages de son héros. Je prendrai la liberté d'y faire quelques remarques avec le respect dû au talent de l'auteur, et la franchise qui n'auroit pas manqué de convenir à son excellent esprit.

(A). Gerbier fut non-seulement le contemporain, mais encore l'ami de M. Séguier. Jamais peut-être la nature ne doua personne d'autant de talens pour l'éloquence judiciaire que Gerbier. Un œil d'aigle, une physionomie d'une excessive mobilité et toute d'expression; une tête de génie, un maintien libre, un geste noble, aisé, parfaitement uni, *fondu*, si l'on peut ainsi parler, avec sa déclamation; une voix pleine, sonore, qu'il moduloit à son gré; un accent d'une exquise pureté; un débit rapide, sans précipitation, imposant, sans lenteur; un art admirable pour présenter et disposer sa cause, pour toucher le cœur et convaincre l'esprit. Il brilloit dans la réplique; accoutumé à l'ordre, il saisissoit les objections avec une singulière facilité et en découvroit le foible avec une prestesse étonnante. Ce qui reste de ceux qui l'ont vu, qui l'ont entendu, trouvera que ce n'est pas un éloge que je fais de lui, et que c'est tout simplement une justice que je lui rends.

Mais quand cette justice lui fut rendue de son vivant par un magistrat qui lui-même étoit recommandable par un mérite supérieur dans le même genre; quand on ajoute que cette justice devint liaison, amitié, on fait aussi l'éloge de ce magistrat, non pas de ses talens seulement, mais de l'élévation de son ame, incapable d'aucun sentiment peu généreux, et cet éloge est autant au-dessus de l'autre, qu'une bonne action est au-dessus d'une belle phrase.

M. Portalis, fixé en province, n'a pas su, ou du moins n'a pu savoir que

564 LE BARREAU FRANÇAIS

par ouï-dire, ce que je rapporte ici comme témoin oculaire. C'est une lacune que je remplis.

(B). On ne parle jamais de ce Barreau du siècle de Louis XIV, que Le Maître, Patru et la comédie *des Plaideurs* ne soient mis en jeu. Mais Le Maître, Patru, toujours de même et toujours assez mal appréciés, avoient des émules; mais les défauts que Racine tourne en ridicule sont exagérés et montés pour la scène.

Parmi ces émules, pourquoi ne pas dire un mot de Pousset de Montauban, qui fut à cette époque un des coryphées des avocats plaidans, homme simple, désintéressé, qui acquit plus de gloire que de fortune? On recueillit dans le temps ses plaidoyers, où il y a beaucoup trop d'emphase, trop de rhétorique; mais où déjà on aperçoit un peu plus de sobriété dans les citations et moins d'aberrations dans la déduction des moyens. Il travailla pour le théâtre et donna des tragédies qui eurent quelques succès. Elles sont oubliées avec tant d'autres. Elles n'en prouvent pas moins qu'il n'étoit point étranger aux belles-lettres.

Il n'est pas question de Fourcroy, qui avoit déjà fait faire un grand pas à l'éloquence. Plein de Cicéron et de Quintilien, « n'ayant jamais passé un » jour » comme il le confia à Bretonnier (1), «sans apprendre par cœur, » même dans ses plus grandes occupations, quelqu'endroit des anciens » orateurs ou des poètes,» il étoit encore soutenu par un génie dont plusieurs traits annoncent la hauteur et l'indépendance.

Il parloit dans une cause où les juges prévenus qu'elle étoit mauvaise, se levèrent au milieu de son plaidoyer pour aller aux opinions. M. le Président, crioit Fourcroy à différentes reprises, M. le Président. A la fin le magistrat se tournant, lui dit d'un ton fort sec : « Que voulez-vous, Avocat? » — Je veux que la Cour me donne acte du refus qu'elle fait de m'entendre, » pour que j'en puisse justifier à ma Partie, qui est à cent lieues d'ici. » Frappés de cette observation, les juges reprennent leurs places. Fourcroy ramasse tout ce qu'il peut avoir d'énergie, et présente l'affaire sous un jour si favorable, il la développe, la discute avec tant d'art, qu'il gagne son procès.

On cite ce qui lui arriva en plaidant pour un fils qui s'étoit marié sans le consentement de son père, lequel demandoit la cassation du mariage dont il étoit issu deux enfans. Ces deux enfans étoient à l'audience, où leur partie adverse assistoit aussi. Au milieu de son plaidoyer, et dans un moment qu'il sut amener, il présenta au grand-père ses deux petits-fils. Il mit dans son action tant de pathétique qu'il le fit fondre en larmes. La nature vainquit; il embrassa son fils, ses deux enfans, approuva le mariage, et le procès fut terminé sans l'intervention des juges. On dit, et je crois sans fondement, que Lamothe-Houdart dut à cette anecdote la touchante scène des enfans qu'il a mise dans son *Inès de Castro*.

Fourcroy donna un volume où l'on trouve ce charmant dialogue du *Pas-*

___

(1) *Voyez* la Préface du *Recueil des Questions de Droit*. «Fourcroy savoit par » cœur» y est-il dit encore « et déclamoit souvent les plaidoyers d'Ovide pour Ajax et » pour Ulysse, qui selon lui renfermoient toutes les finesses de l'art. »

sant et de la Tourterelle, attribué mal-à-propos à Pélisson, et dont l'original est dans le vieux Ronsard :

LE PASSANT.

» Que fais-tu dans ces bois, plaintive Tourterelle?

LA TOURTERELLE.

» Je gémis, j'ai perdu ma compagne fidelle.

LE PASSANT.

» Ne crains-tu pas que l'oiseleur
» Ne te fasse mourir comme elle?

LA TOURTERELLE.

» Si ce n'est lui, ce sera ma douleur. »

...On passe sous silence Gillet, dont les œuvres ont eu les honneurs de la seconde édition, en deux volumes *in-4°*. Il y a, outre ses Mémoires, qui se rapprochent déjà beaucoup du goût moderne, des traductions de Cicéron, et un Discours sur le Génie de la langue française, qui mérite d'être lu.

On ne dit rien d'Érard. Cependant on ne peut faire à celui-ci aucun des reproches qu'on fait à ses devanciers. Sa phrase est correcte, naturelle, plus d'allégations, tout juste autant d'érudition qu'il en faut ; citant beaucoup plus d'arrêts que d'auteurs et même que de jurisconsultes, on peut dire qu'il a frayé la route dans laquelle on a marché depuis lui. Mais ce que les anciens avoient en trop d'embonpoint, se tourne en maigreur ; il manque de chaleur. Il est raisonnable, et il n'est pas éloquent ; car quelques épigrammes semées çà et là ne sont pas de l'éloquence.

(C). Le président de Lamoignon et le président Lepelletier ne vont pas plus ensemble que Boileau et Rollin. Quand ceux-là étoient sur leur déclin, les autres n'étoient pas dans leur force. D'Aguesseau appartient pour ses plus beaux momens au siècle de Louis XIV.

(D). J'ignore qui peut avoir dit que Cujas avoit produit Montesquieu ; mais à moins que Montesquieu lui-même n'eût révélé un pareil secret, je ne le croirois pas. Je ne sais pas même si, quand Montesquieu l'auroit dit, je n'en douterois pas encore. D'abord, dans tout l'ouvrage de Montesquieu, Cujas n'est pas cité une seule fois. Il seroit bien étonnant qu'ayant lu, ou, si l'on veut, parcouru les OEuvres de Cujas, qui ne font pas moins de dix volumes *in-fol.*, et en ayant tiré le sujet de son *Esprit des Lois*, il n'eût pas trouvé quelqu'occasion de lui rendre hommage en s'appuyant de son autorité? Ensuite, quel rapport peuvent avoir avec le plan du président de Bordeaux, les laborieuses et savantes élucubrations du professeur de Bourges? Est-ce à Cujas que Montesquieu dut son idée des prétendus principes des trois gouvernemens? lui dut-il ses maximes sur l'éducation dans la république, la monarchie, le despotisme; ses réflexions sur les mineurs, sur les femmes; ses observations sur les républiques de la Grèce, de Carthage, de Rome; sur les lois de Lacédémone; sur les peuples d'Orient qui tiennent une si grande place dans son livre; sur l'influence du climat quant aux mœurs ; ses vues sur la constitution anglaise, sur le commerce, la monnaie, les colonies? Tira-t-il de Cujas ses hypothèses sur la population, la religion chrétienne et les autres religions ; ses considérations sur les successions, les établissemens des codes divers, la juridiction ecclésiastique, le combat judiciaire, les coutumes, les lois féodales? Est-ce dans Cujas qu'il alla prendre des armes pour combattre le système de l'abbé Dubos? Cela n'est pas probable. Au reste, j'ai été comme M. Portalis l'admirateur exclusif de Montesquieu. Aujourd'hui, je l'admire toujours comme un des hommes qui a le mieux écrit en prose française ; mais j'admire moins ce qu'il a écrit que sa manière de l'écrire. Son livre fourmille d'aperçus pleins de finesse, d'idées profondes ; mais il applique au général ce qui n'appartient qu'au particulier ; mais il ploie souvent l'observation à l'hypothèse ; mais ses auteurs ne sont fort souvent ni assez graves, ni assez fidèlement cités.

(E). Les causes dont fait mention l'Éloge ne sont point rangées dans l'ordre chronologique. On auroit pu y ajouter et même en retrancher.

Malgré la dépense énorme que firent en érudition les avocats, et M. l'avocat-général lui-même, dans la cause du juif Elie Lévi, nouveau chrétien, que sa femme juive avoit abandonné ; malgré l'arrêt même, les écoles de théologie et la plupart des traités qu'on y enseigne n'ont point embrassé l'avis adopté par le Parlement, de l'indissolubilité d'un pareil mariage. En effet, Saint-Paul, après avoir parlé du consentement mutuel des deux époux qui veulent vivre ensemble l'un d'eux s'étant converti, dit positivement : « Que si l'infidèle se retire, le fidèle doit aussi se retirer de son côté. Dans » cette circonstance, le frère ou la sœur (c'est-à-dire le chrétien ou la » chrétienne) ne sont point assujétis à un tel esclavage. » *Quod si infidelis discedit, discedat ; non enim servituti subjectus est frater aut soror, in hujusmodi.* I. ad Corinth., VII, 15.

Qu'étoit-ce que la cause de cette famille qui avoit de si hautes prétentions et de si frêles titres?Question puérile de généalogie; risible dispute de parentage : comme si nous ne venions pas tous d'un même père! Vérité incontestable. Il n'y a pas en Europe un seul individu qui pût, avec des titres réguliers à la main, remonter à un de ses ancêtres éloigné de lui de trois siècles entiers. L'apôtre a bien raison toutes les fois qu'il défend de s'appliquer aux généalogies, de les appeler des fables et des sottises (1).

L'affaire du comte de Broglio avec l'abbé Georgel n'étoit qu'un pur *caquetage,* qui pouvoit bien, par l'intérêt qu'y mettoit le Comte, occuper les femmes de sa société ; mais qui n'étoit certes pas digne d'occuper le public, et moins encore les tribunaux.

(F). *M. Séguier ne parloit jamais sans avoir écrit ; et il avoit grande raison.* Ni Lysias, ni Hypéride, ni Æschines, ni Démosthènes, chez les Grecs ; ni Caton, ni Hortensius, ni César, ni Cicéron, chez les Romains, non plus ne parloient pas, heureusement pour la postérité, sans avoir écrit. Il est facile de

---

(1) *Neque intenderent fabulis et genealogiis interminatis.* I. Timoth. 1, 4. *Stultas autem quæstiones et genealogias..... devita.* Tit. 3, .

faire un tableau brillant de l'orateur improvisant, qui commande à son gré à l'expression, aux mouvemens, aux figures du discours, lesquelles viennent se placer avec précision dans l'ordre et aux lieux convenables; mais cette peinture si séduisante perd presque toujours dans la pratique ce qu'elle offre de merveilles dans la théorie. Je ne nierai pas que l'orateur qui s'abandonne à l'inspiration ne rencontre quelquefois de beaux momens, qu'il ne lui arrive de ces traits saillans faits pour être recueillis, et qu'on peut appeler de bonnes fortunes; je ne nierai pas non plus qu'ils ne soient le partage de tel individu plutôt que de tel autre; mais, en général, combien, pour une oreille attentive et un peu délicate, ne sont-ils pas achetés? Combien ne se trouve-t-il pas chez l'improvisateur, de tours forcés, de périodes sans commencement ou sans fin; d'expressions incorrectes, flasques, communes; de termes vagues, équivoques, barbares; de phrases où le déclamateur a besoin de toute la pompe de l'action pour couvrir la misère de l'élocution? Gerbier lui-même, qui, dans ce genre, approchoit de la perfection, plaidoit toujours avec des notes très-amples; et néanmoins, quand on s'appliquoit à le suivre, on avoit à regretter que telle tournure manquât de grace ou de sel; que tel morceau n'eût pas été travaillé avec plus de soin. Une tirade élégante étoit déparée par un mot que le goût rejetoit; là-peu-près venoit s'offrir à la place du propre, et il étoit admis; l'art des transitions, si difficile, si recherché par les anciens, étoit nul pour lui; elles étoient toutes jetées dans le même moule. *Je vous ai prouvé ce point-là, je vais vous démontrer celui-ci;* c'est ainsi qu'il passoit d'une matière à une autre.

Et il savoit bien que son style ne supporteroit pas l'épreuve d'une lecture froide et réfléchie. Aussi, quand les libraires de Hollande le prièrent et le firent prier de leur donner, moyennant un prix considérable, l'exorde de son plaidoyer contre les Jésuites, qui avoit produit une très-grande sensation, se refusa-t-il inflexiblement aux sollicitations aussi bien qu'aux offres. Écrire, n'est pour l'avocat ni le plus commode ni le plus expéditif sans doute, mais c'est le plus sûr. Par ce moyen, il se renferme dans sa cause, se trace un plan qu'il suit, évite les hors-d'œuvre et les *rabâchages*, ce qui aura toujours son mérite pour les juges, aussi bien que pour les auditeurs. On dit qu'il existe une différence entre le discours parlé et le discours écrit. Cela peut-être; cela est, si l'on veut; mais je pense comme Pline le jeune, et « je ne croirai jamais qu'une pièce bonne à la lecture, cesse de » l'être quand on la débite. » *Sed ego persuasum habeo posse fieri ut sit actio non bona, quæ sit bona oratio.* A d Cornel. Tacit. *Lib.* 1, *Epist.* 20. Au reste, l'exemple de M. Séguier me feroit adopter cette opinion, si ce n'étoit pas la mienne.

(G). Ce fut parce que Louis XV, qui l'estimoit, qui l'aimoit, le voulut, que M. Séguier fut reçu de l'Académie française. Personne n'a songé à relever cette anecdote. Pourquoi? c'est que les talens du candidat décidèrent les suffrages, plus encore que l'autorité.

(H). Les propriétés littéraires sont une création du droit civil. Elles sont étrangères au droit des gens et en pleine contradiction avec le droit de la nature. Tant qu'un auteur conserve sa pensée dans sa tête ou dans son manuscrit, certainement cette pensée lui appartient; mais du moment que par la parole, par l'écriture et ensuite par l'impression, il l'a sortie de sa tête et de son cabinet, cette propriété n'est plus qu'idéale. En effet, qu'est-ce que la propriété? c'est le droit d'user seul, à son gré, et même jusqu'au point d'abuser, de la chose qui est à nous. Mais comment un auteur dont l'ouvrage est imprimé, pourroit-il jouir encore de son œuvre, qu'on appelle sa chose? Empêchera-t-il qu'après avoir été lu on n'apprenne par cœur sa prose ou ses vers, s'ils en valent la peine; qu'on n'en fasse des extraits, des analyses, des abrégés; qu'on ne les commente, qu'on ne les traduise, qu'on ne les imite, qu'on ne les parodie? Si les *Révolutions de Suède* étoient la propriété de Vertot, Pirron n'avoit donc pas le droit d'aller y puiser, sans sa permission, le sujet de la *Tragédie de Gustave?* Si le conte d'*Annette et Lubin*, après sa publication, resta dans les appartenances de Marmontel, l'abbé de Voisenon et madame Favart devinrent coupables de vol, en calquant sur ce conte l'*Opéra Comique* du même nom. Mais loin d'empêcher toutes ces jouissances, le triomphe d'un auteur, c'est qu'elles aient lieu. Qu'est-ce donc que cette espèce de propriété, qui, non seulement n'interdit pas l'usage de la chose à l'étranger, mais qui, au contraire, le lui procure, le lui garantit? Je ne crois pas avoir besoin d'en dire davantage pour démontrer la chimère des propriétés littéraires.

Que cette propriété ne soit pas reconnue par le droit des gens, cela résulte, de ce que dans tous les pays où il y a des imprimeries, on se hâte, soit de traduire, soit de réimprimer les productions d'un autre pays qui peuvent être de quelqu'utilité ou de quelqu'agrément pour les nationaux, sans croire avoir besoin de l'autorisation de celui dont elles émanent.

Et quelques auteurs ont eux-mêmes pensé que cette espèce de bien ne pouvoit pas honnêtement devenir un objet de trafic.

On lit ce qui suit dans les *Mémoires de Jean Racine*:

« Boileau ayant consenti à remettre son manuscrit à un libraire, ne vou-
» lut en recevoir aucun profit. Il donna en 1674, avec la même générosité,
» ses *Épîtres*, son *Art Poétique*, le *Lutrin* et le *Traité du Sublime*.... Il
» m'a assuré que jamais libraire ne lui avoit payé un seul de ses ouvrages;
» ce qui l'avoit rendu hardi à railler dans son *Art Poétique*, chant IV,

> *Ces auteurs renommés,*
> *Qui, dégoûtés de gloire et d'argent affamés,*
> *Faisant d'un art divin un métier mercenaire,*
> *Mettent leur Apollon aux gages d'un libraire;*

» Et qu'il n'avoit fait les deux vers qui précèdent:

> *Je sais qu'un noble esprit peut, sans honte et sans crime,*
> *Tirer de son travail un tribut légitime,*

» que pour consoler mon père, qui avoit retiré quelque profit de l'impres-
» sion de ses tragédies. Le profit qu'il en retira fut très-modique, et il donna
« dans

» dans la suite *Esther et Athalie* au libraire, de la même manière dont
» Boileau avoit donné tous ses ouvrages (1). »

Pothier, de nos jours, a donné de même tous ses ouvrages au libraire.

Un bon livre, » dit le Spectateur, « *est un legs fait au genre humain*
» *par un homme de génie.* » Mais un legs à titre onéreux est-il un legs ?
Un Testateur n'est ni ne peut-être un marchand. Il y auroit bien encore quelques raisons importantes à déduire sur ces propriétés contre nature, mais
leur développement demanderoit et une autre, et une plus grande place.

(J) Le tableau que trace M. Portalis du prétendu dédain qu'on a pour l'homme
de lettres dont les ouvrages ont été publiés et lus; de son obscurité, de son abandon *dans un triste réduit,* ne ressemble en rien à ce qui se passoit et à ce qui se
passe parmi nous. Du moment que des écrivains d'un ordre supérieur ont obtenu des succès, on se presse au contraire de leur témoigner de la considération,
de les tirer de l'humble classe où la naissance et souvent la fortune les auroient
confinés, pour les produire sur le théâtre du monde ; ou les riches, les gens en
place, les grands, les souverains même affectent de les rapprocher d'eux,
de les combler d'égards et semblent s'honorer de leur familiarité. A quoi
Jean-Baptiste Rousseau, fils d'un cordonnier; Rollin, Diderot, fils d'un
coutellier; Jean-Jacques Rousseau, fils d'un horloger; Marmontel, fils d'un
tailleur; La Harpe, fils d'un vitrier; le Rond d'Alembert, sans père ni
mère connus, enfant trouvé enfin, ont-ils dû les honneurs dont ils ont joui,
si ce n'est à leur célébrité littéraire ?

(L) « On ose imputer à M. Séguier *de s'être rendu le dénonciateur des*
philosophes et des hommes de lettres au parlement. » M. P. cite les *Mé-*
moires de Marmontel, et il ajoute : « C'est le plus grave des reproches et
» la plus foible des objections. »

Je n'entends pas trop comment *le plus grave des reproches peut n'être*
que la plus foible des objections; mais on est fâché de voir une justification
où il ne faudroit que des éloges. Celui de qui part l'imputation, Marmontel,
fut, comme tout le monde le sait, le protégé de Voltaire et l'un des limiers
du parti *philosophiste.* Cet auteur, dont Thomas disoit : « ne me parlez ja-
» mais de cet homme-là, je l'ai vu pleurer pour un peu d'or » travailla
comme tant d'autres à la propagation de toutes les maximes anti-religieuses
et anti-monarchiques qui depuis ont désolé notre malheureuse patrie et l'ont
conduite à deux doigts de sa ruine. Ce fut seulement quand il vit sa fortune
éclipsée, sa liberté compromise, qu'il s'aperçut, un peu tard, de l'erreur de
ses dogmes et du danger qu'il y avoit à les répandre. Il vint à résipis-
cence; mais comme dit le peuple, « *la caque sent toujours le hareng,* »
il n'est pas difficile de s'apercevoir, à la manière dont il dit son *confiteor,* de
son peu de contrition. Son respect pour ses chefs, son attachement pour
leurs folles opinions, percent malgré lui. Il n'aimoit pas M. Séguier, qui lui

---

(1) Je profite de cette citation, pour avertir que dans une note du premier volume de
cet Ouvrage, *page* 495, l'auteur du mémoire a consigné une erreur, en disant : que Luneau
de Boisgermain, auteur d'un *Commentaire sur Racine,* avoit eu un procès avec les
héritiers de ce poète. Cela n'est pas vrai. Il eut un procès, à la vérité, mais avec ses collaborateurs, et nullement avec les héritiers de Racine.

avoit préféré Lemierre, académicien aussi, homme d'un commerce sûr, dont la vanité naïve ne blessoit celle de personne, parce qu'il étoit content de lui sans paroître mécontent des autres. C'est à sa rancune et à ce reste de vieux levain d'un système long-temps caressé, qu'il faut attribuer l'atteinte qu'il cherche à donner dans ses Mémoires à M. l'Avocat-général, qui ne fit que son devoir en dénonçant au Parlement des livres atroces, dont quelques-uns étoient d'autant plus criminels qu'ils avoient pour pères des ministres de cette religion sainte qu'on vouloit anéantir. Qui ne verroit avec horreur un lévite cherchant à brûler l'arche en mettant le feu au sanctuaire !

Ce ne fut pas cependant ce sentiment qui détermina M. Séguier à faire entendre sa voix. Louis XV commanda son réquisitoire. Un dimanche qu'il étoit allé, selon l'usage, faire sa cour à Versailles, l'affreux et tout-à-la-fois pitoyable ouvrage du *Système de la Nature*, que son cynique auteur eut la lâcheté de mettre sous le nom de M. Mirabeau, membre et secrétaire de l'académie française, mort depuis dix ans, paroissoit. Le roi, aussitôt qu'il aperçut M. Séguier, vint à lui, tenant à la main le premier volume de ce livre. « Jusques à quand, M. l'avocat-général, » lui dit-il, « abuseront-ils de ma » patience ?... Je vois où ils tendent ; ce n'est pas l'autel seul qu'ils cherchent à » renverser, c'est le trône aussi. Mais je saurai le défendre. Il faut que vous vous » occupiez d'un réquisitoire, et je veux que tous les huit jours vous me commu- » niquiez votre travail. » D'après cet ordre, M. Séguier mit la main à l'œuvre, et il affecta de commencer par la phrase du monarque, jadis adressée par l'ora-teur romain à un chef de conjurés dont l'horrible projet n'embrassoit pas moins que l'incendie, le pillage de Rome et le massacre de ses principaux citoyens.

Comparant les temps et les desseins, M. Séguier, de ce ton qui va si bien à l'homme supérieur qui, remplissant son ministère, parle de la hau-teur de sa place avec l'accent du génie pour le bonheur et la gloire des peuples, disoit : « Il s'est élevé au milieu de nous une secte impie, auda- » cieuse ; elle a décoré sa fausse sagesse du nom de philosophie. Sous ce » titre imposant, elle a prétendu posséder toutes les connoissances. Ses » partisans se sont érigés en précepteurs du genre humain. LIBERTÉ DE » PENSER, voilà leur cri, et ce cri s'est fait entendre d'une extrémité du » monde à l'autre. D'une main, ils ont tenté d'ébranler le trône ; de l'autre, » ils ont voulu renverser les autels. Leur objet étoit d'éteindre la croyance, » de faire prendre un autre cours aux esprits sur les institutions religieuses » et civiles, et la révolution s'est pour ainsi dire opérée. Les prosélytes se » sont multipliés, leurs maximes se sont répandues. Les Royaumes ont senti » chanceler leurs antiques fondemens, et les nations étonnées de trouver » leurs principes anéantis se sont demandé par quelle fatalité elles étoient » devenues si différentes d'elles-mêmes ? » Il trace en peu de mots le ca-ractère des ouvrages ; s'indigne de la licence des écrivains qui ont infecté de leurs détestables maximes tous les genres de la littérature. Prévoyant les coups de boutoirs des Marmontel et autres, « Nous n'ignorons pas, poursuit-il, » à quelles haines nous nous exposons, en osant déférer aux Magistrats une » cabale aussi entreprenante qu'elle est nombreuse. Mais quelque risque » qu'il puisse y avoir à se déclarer contre ces apôtres de la tolérance, les » plus intolérans des hommes dès qu'on se refuse à leurs opinions, nous

» remplirons le ministère qui nous est confié avec l'intrépidité que donnent
» la défense de la vérité et l'amour du bien public. » Puis il s'écrie : « Non,
» il ne nous est plus permis de garder le silence sur ce déluge d'écrits
» que l'irréligion et le mépris des lois ont répandus depuis quelques années. »
Du caractère des productions, il passe au signalement de leurs auteurs.
« Il n'y a que des hommes corrompus qui puissent écrire et s'élever
» contre les principes réprimans. Il n'y a qu'une main sacrilége qui ose
» arracher les barrières que la législation a voulu mettre entre le cœur et la
» dépravation. Il n'y a qu'un ennemi de l'homme qui puisse vouloir ôter à nos
» actions leur moralité, à la vertu l'appui qu'elle trouve dans l'espérance
» d'une vie à venir, et affranchir le méchant de la crainte que cette idée
» terrible doit nécessairement lui imprimer. Eh! combien de crimes que
» la vigilance et la sévérité des tribunaux ne peuvent poursuivre, que la force
» et l'autorité ne peuvent ni réprimer, ni prévenir, et qui n'ont de lois
» pénales que dans cette vie à venir, qui est pour ainsi dire de foi naturelle,
» et qu'une révélation secrette et continue nous découvre au fond du
» cœur ? Quelle force n'acquièrent pas les principes généraux, lors-
» qu'on en fait l'application à la religion sainte que nous avons le bonheur de
» professer ? » Portrait de la religion et de ses admirables résultats.
Contraste des effets du système de l'impiété dont les progrès sont effrayans.
« Il est peu d'asiles qui soient exempts de la contagion. Elle a pénétré
» dans les ateliers et jusques sous les chaumières. Bientôt plus de foi, plus
» de religion, plus de mœurs. L'innocence primitive s'est altérée ; le soufle
» brûlant de l'impiété a desséché les ames et a consumé la vertu. Le
» peuple étoit pauvre, mais consolé. Il est maintenant accablé de ses tra-
» vaux et de ses doutes. Il anticipoit par l'espérance sur une vie meilleure ;
» il est surchargé des peines de son état, et ne voit plus de terme à sa
» misère, que la mort et l'anéantissement. »
Dans le nombre de ces écrits scandaleux, M. Séguier en choisit sept sur
lesquels il appelle l'animadversion des magistrats ; mais il s'attache particulièrement au *Systéme de la Nature* qu'il suit pied à pied, et dont il relève
avec force les absurdités, les inconséquences, les paralogismes et les contradictions. Après les avoir pour ainsi dire groupées dans un dernier
tableau, M. l'avocat-général écrit ce passage prophétique :
« L'anarchie et l'indépendance sont le gouffre affreux où l'impiété
» cherche à précipiter les nations, et c'est sans doute pour remplir ce fu-
» neste projet qu'elle s'occupe depuis long-temps à dénouer nœud à nœud
» tous les liens qui attachent l'homme à ses devoirs.
» Osera-t-elle encore se parer à nos yeux des fausses apparences de la
» sagesse, de l'amour du bien public ? Osera-t-elle parler de son respect
» pour les lois, de son zèle pour l'humanité ? Elle est convaincue d'être
» autant l'ennemie des peuples et des Rois que de Dieu même.
» Ce n'est pas au seul auteur du *Systéme de la Nature* que nous sommes
» en droit de faire ces reproches. Que l'on parcourre les autres ouvrages,
» on découvre facilement que chacun de ces écrits est une branche d'un
» système général qu'on n'a donné au public que par partie. On a voulu
» pour ainsi dire l'apprivoiser insensiblement avec les idées funestes qu'on

» cherchoit à lui faire adopter. En réunissant aujourd'hui toutes ces pro-
» ductions, on en peut former un corps de doctrine corrompue dont l'as-
» semblage prouve invinciblement que l'objet qu'on s'est proposé n'est pas
» seulement de détruire la religion chrétienne, mais même d'abolir toute
» créance pieuse, toute crainte de Dieu, toute communication du ciel avec
» la terre, et d'effacer jusqu'aux moindres traces de la religion, soit natu-
» relle, soit révélée. L'impiété ne borne pas ses projets d'innovation à do-
» miner sur les esprits et à arracher de nos cœurs tout sentiment de la
» Divinité, *son génie inquiet, entreprenant et ennemi de toute dépen-*
» *dance, aspire à bouleverser toutes les constitutions politiques, et ses*
» *vœux ne seront remplis que lorsqu'elle aura mis la puissance exécu-*
» *trice et législative entre les mains de la multitude, lorsqu'elle aura dé-*
» *truit cette inégalité nécessaire des rangs et des conditions ; lorsqu'elle*
» *aura avili la majesté des Rois, rendu leur autorité précaire et subor-*
» *donnée aux caprices d'une foule aveugle ; et lorsqu'enfin, à la faveur de*
» *ces étranges changemens, elle aura précipité le monde entier dans l'anar-*
» *chie et dans tous les maux qui en sont inséparables. Peut-être même*
» *dans le trouble et la confusion où ils auroient jeté les nations, les pré-*
» *tendus philosophes, les esprits indépendans se proposent-ils de s'élever*
» *au-dessus du vulgaire, et de dire aux peuples que ceux qui ont su les*
» *éclairer sont seuls en état de les gouverner?* »
   Il appelle et rallie à lui la magistrature, dont il oppose la sagesse et la
justice aux excès qu'il prévoit; il va au-devant de l'objection que : « la
» recherche et la condamnation authentiques de pareils livres seroient
» contraires au progrès de l'esprit humain. » Et ce que dit à ce sujet l'auteur
de l'Éloge, n'est que le commentaire de son texte. M. Séguier avoit ajouté,
par une espèce de pressentiment, cette réflexion qui prouve la justesse de
son coup-d'œil: « La liberté indéfinie trouveroit en France, dans le ca-
» ractère de la nation, dans son activité, dans son amour pour la nou-
» veauté, un moyen de plus pour y préparer les plus affreuses révolu-
» tions; et déjà même, semblable aux fléaux publics, elle a laissé parmi
» nous des traces de son passage. N'a-t-elle pas altéré la douceur et la
» bonté nationale; et ne doit-on pas s'apercevoir qu'elle a infecté tous les
» états de mœurs perverses, de maximes pernicieuses, et qu'elle a introduit
» un langage suspect, inconnu à nos aïeux ? »
   Grâces singulières, et sur-tout honneur et gloire, à celui qui dans le temps
présent aperçut le futur; qui devina nos destinées; à qui il ne tint pas
que nous les évitassions, puisqu'il en avertit le peuple et le Souverain!
   Ce fut le 18 août 1770, que M. Séguier donna son réquisitoire. L'arrêt
du même jour condamna ce misérable *Système de la Nature*, ainsi que
les six autres brochures qui lui servoient de cortége, à être brûlés; espèce
de peine dérisoire qui ne tomboit que sur d'insensibles imprimés, dont
les auteurs se moquoient ou même se félicitoient, parce qu'elle faisoit la
fortune de leurs livres.
   Une particularité remarquable, c'est que l'arrêt ne fut point imprimé
avec le réquisitoire; que celui-ci parut séparément, sans nom d'imprimeur
et sous la forme d'un libelle, soit que la jalousie de la faveur du Roi blessât

quelques cœurs jaloux, soit qu'il y eût parmi les conseillers quelques fau-
teurs de ces doctrines meurtrières; soit par quelqu'autre cause qu'il n'est
pas facile de savoir, parce que fort souvent les corps délibérans ne savent
pas eux-mêmes quels motifs les ont déterminés en certaines conjonctures.

(M) *Les parlemens étoient placés entre la souveraineté et le peuple.*
Les parlemens se regardoient comme un corps intermédiaire entre le Roi
et ses sujets, indépendant de tous les deux. Cette fatale erreur que Montesquieu avoit contribué à accréditer, étoit un vice interne, qui, comme
un poison lent, minoit sourdement la monarchie française, et qui devoit
finir par la détruire d'une manière ou d'une autre. Ce n'est pas qu'il y
eût le moindre fondement à cette fantasque prétention dans la formation
de ces Cours de judicature; mais ce qui part de la nature de l'homme est
bien plus constamment agissant dans le sens que cette nature détermine, plus
essentiellement dangereux par conséquent, si l'action peut devenir nuisible, que ce qui prend sa base dans un établissement légal que mille
causes peuvent modifier. Philippe-le-Bel qui créa le premier parlement
sédentaire en 1302, ne lui attribua d'autres fonctions que celles de rendre
la justice en son nom et de juger les différends qui seroient portés devant
lui. Toutes les années on renouveloit les membres de cette cour. D'abord
les gens de loi n'y furent appelés au nombre de vingt-quatre que comme
rapporteurs, seulement avec voix consultative; ils finirent par avoir la
voix délibérative et par l'avoir seuls, les Seigneurs s'étant ennuyés de l'ari-
dité du métier de juge, et leur en ayant abandonné les augustes, mais
tristes fonctions.
    L'embarras de les remplacer chaque année les fit continuer; quelquefois
ils se continuèrent eux-mêmes.
    Ils furent enfin nommés à vie. Louis XI, le plus absolu de nos mo-
narques, fixa leur sort par cette fameuse ordonnance du 21 octobre 1467,
par laquelle il voulut : « que désormais il ne fût donné aucun office s'il
» n'étoit vacant par mort ou résignation volontaire, ou par forfaiture jugée
» et déclarée judiciairement par juge compétent. »
    Rien n'étoit mieux. Il est nécessaire dans une monarchie, pour le salut
des sujets et l'avantage du souverain, qu'il y ait des juges choisis nommés
à vie, et dont le sort, à l'abri du caprice, soit immuablement assuré. Aussi
fut-ce les beaux jours de notre gouvernement. Il faut voir comment en
parle Machiavel, qui écrivoit sous Charles VIII, fils et successeur de
Louis XI, dans ses *Discours politiques sur Tite-Live :* « Quand le peuple, »
dit son vieux traducteur, « verra que le prince tient sa promesse, sans
» jamais venir au contraire du contenu en la loi, lors il ne tardera point
» à s'assurer et demeurer content. Ainsi va du royaume de France au-
» quel l'on vit en repos et sûreté au moyen des lois qui y sont, lesquelles
» les Rois sont tenus de garder et gardent saintement (1). » Et dans le discours 51, sur cette même décade, après avoir blâmé les princes qui n'ont

---

(1) Discours 16, sur la première décade.

point de règle, il ajoute : « Je ne parle pas de ceux d'Egypte... Je ne
» parle aussi des rois de Sparte qui étoient jadis, *ni des rois de France*
» *qui sont encore.* Ce royaume est trop bien réglé et gouverné, voire mieux
» à mon avis, qu'autre que l'on sache aujourd'hui » Et enfin, dans le chapitre Ier. de son troisième Livre, il observe : que les royaumes ont besoin de
se renouveler et de ramener leurs lois vers leur principe. « Et voit-on le
» grand bien que ceci fait au royaume de France, qui est le royaume
» vivant sous les lois et ordonnances plus que nul autre, desquelles les
» parlemens sont gardiens et entreteneurs, mêmement celui de Paris, les-
» quelles par lui sont renouvelées toutes les fois qu'il fait une exécution
» contre un prince du royaume, et qu'il condamne le Roi en ses arrêts. »
    François Ier. vendit les charges, et par-là non seulement mit l'argent à
la place de la science et de la vertu, mais encore insinua dans le corps
de l'Etat une espèce d'aristocratie selon M. de Montesquieu lui-même,
qui cite Suidas, « lequel dit très-bien qu'Anastase avoit fait de l'empire
» une espèce d'aristocratie en vendant toutes les magistratures. » *Esprit
des Lois*, liv. 5, chap. 19.
    Henri IV alla plus loin; ces charges, par l'édit de la Paulette, devinrent
héréditaires, et passèrent de père en fils comme un bien de famille. Alors
l'esprit aristocratique qui n'étoit qu'en tendance, en germe, fermenta, poussa
des racines et se développa. Dans nos troubles civils, les Cours autrefois n'a-
voient pour ainsi dire pris aucune couleur; elles avoient été de simples
personnages passifs. Mais voyez l'histoire des troubles de la Ligue, comme déjà
elles se mêlent des affaires! Ce fut bien autre chose dans ceux de la Fronde;
si elles n'y furent pas les véritables acteurs, elles en furent les principaux
agens. Ce qui fit depuis écrire à Philippe Häy, marquis du Châtelet, dans
son *Traité de la politique de France*, qui parut en 1669, et qui a été
réimprimé plusieurs fois, ces phrases remarquables : « C'est ce qui ne peut
» pas se dissimuler : les parlemens, qui sont une partie du gouvernement
» aristocratique, sont entièrement opposés au gouvernement monarchique.
» L'aristocratie est ennemie de la royauté. »
    Quand celui qui tient les rênes de l'Etat, les tient d'une main ferme et
puissante, les inconvéniens de cette sorte d'autorité d'opinion sont peu
sensibles. Mais si le Souverain n'a point de caractère, si le ressort vient
à se détendre, elle ne manque jamais de se produire avec d'autant plus
d'énergie et de succès, que ses droits n'étant pas connus ni spécifiés, elle
se les attribue tous. Le premier acte du parlement de Paris, muet, immobile du vivant de Louis XIV, fut, à sa mort, de casser son testament
avec moins de formalités qu'il n'en auroit mis pour celui du dernier des
Français. A dater de la régence jusque vers la fin du règne de Louis XV, il
n'y eut qu'une longue lutte entre les parlemens et la Cour. Au premier mé-
contentement, les magistrats cessoient leurs fonctions. On les exiloit; mais
il falloit ensuite négocier avec eux, et on les faisoit revenir. Ils se crurent
nécessaires, se dirent inamovibles, et partant delà, saisirent toutes les occasions de tracasser. Les remontrances qui, dans l'origine, furent un usage
de la plus haute sagesse, tant qu'elles n'eurent pour but que d'éclairer le
Roi et son conseil sur leurs véritables intérêts, qui sont toujours ceux de

l'État, et qu'elles ne sortirent point de l'espèce de secret respectueux qui fait partie de leur essence, devinrent, dès qu'on les divulgua, une sorte d'appel au peuple. Plus elles furent hardies, téméraires, séditieuses même, plus une foule inquiète, ignorante, fanatique, les trouva courageuses. Ces mêmes hommes, chargés par leurs fonctions de punir la révolte, qui l'auroient punie, ne sentoient pas qu'ils la prêchoient (1). La difficulté de les remplacer, celle infiniment plus grande de les rembourser, les défendoient puissamment. Le chancelier Maupeou et l'abbé Terray, tous les deux tirés de leur sein, dont le premier les avoit présidés, et qui l'un et l'autre les connoissoient bien, proposèrent au Roi de s'en défaire. La proposition acceptée avec empressement, ils y parvinrent sans grande peine. A l'époque du cardinal Mazarin, l'enlèvement d'un simple conseiller (Broussel) avoit suffi pour soulever Paris; le parlement entier fut exilé, et Paris resta tranquille. Rappelé par Louis XVI, il revint avec toutes ses ambitions exaspérées par la disgrâce. Elles se trouvèrent n'avoir pour digue que l'incapacité et l'inexpérience d'un adolescent, jointes à l'incurie et à l'impuissance d'un vieillard. Le comte de Maurepas, chargé dans sa première jeunesse d'administrer la fortune de l'État, à l'âge où il avoit besoin d'un tuteur pour administrer la sienne propre, avoit vieilli avec un esprit qui n'étoit pas sorti de la minorité. La conduite du Roi lui fut confiée quand il lui auroit fallu un curateur pour se conduire lui-même. Une foule de choix non soutenus, insoutenables, décrédita ce fantôme de premier ministre, dans lequel on ne vit que la première caillette du royaume (2). L'installation de M. Necker, étranger, républicain, protestant, au ministère des finances, fit à l'État une blessure profonde qu'il laissa envenimer par l'insouciance avec laquelle il lui vit organiser une foule d'opérations désastreuses, et lui permit ensuite de publier son compte rendu, dont il ne soupçonna pas le but secret, qui, de la part de son auteur, fut tout simplement, en rendant compte au peuple, de se faire un appui du peuple contre le souverain, et de devenir un ministre populaire.

Et personne qui ne s'en aperçut, excepté ceux qui avoient le plus d'intérêt à le voir. Il avoit expulsé une foule de gens attachés à la maison du monarque en titre d'office par un acte public, où il livroit au ridicule ceux qu'il paroissoit sacrifier à l'économie. Mais en dernière analyse, sur

(1) Si l'on vouloit s'en donner la peine, il n'est pas une de ces propositions révolutionnaires qui nous ont fait tant de maux et qu'on ne lit qu'avec horreur aujourd'hui, qu'on ne retrouvât dans le *Recueil des Remontrances diverses des Parlemens modernes.*

(2) L'abbé Terray avoit dit à Louis XVI : » SIRE, V. M. monte sur le trône avec » plus de puissance et d'argent, qu'aucun de ses prédécesseurs : Si V. M. veut faire re- » venir les anciens Magistrats, il y aura des précautions à prendre : si elle veut conserver » les nouveaux, des réformes à faire. » Il présenta quelques idées qui frappèrent le Monarque. Causant avec le comte de Maurepas, le Roi témoigna de l'estime pour le talent de cet abbé, doué d'une intelligence exquise, d'une mémoire prodigieuse, et qui possédoit à un degré rare l'art de présenter une affaire. Il n'en fallut pas davantage pour décider son renvoi. Le Comte y travailla avec constance, et en vint à bout. C'est une chose remarquable que, soit auprès des Rois, soit auprès des femmes, les plus jaloux des hommes sont les Eunuques.

qui retomboit le ridicule de ces offices supprimés ? certes, bien moins sur les individus qui les occupoient que sur l'autorité dont ils émanoient. Le ridicule est infiniment dangereux parmi nous. Pourquoi ? Parce qu'il est toujours le signal du mépris, et que du mépris à la révolte il n'y a qu'un pas. Jamais on n'obéit de bon gré à ceux que l'on méprise.

Toujours, sous prétexte d'économie, il avoit anéanti la maison militaire du Roi. Ainsi, après avoir attaqué le principe caché de l'obéissance, il en détruisoit la raison visible.

Les épargnes de l'abbé Terray avoient été promptement consumées par MM. Turgot et de Clugny ; et la dépense non seulement ne s'étoit point tenue au niveau de la recette, mais elle l'avoit excédée de beaucoup. La dette s'étoit formée et bientôt considérablement accrue. M. Necker, le regard sans cesse fixé sur son plan, s'occupa de la combler par des emprunts, c'est-à-dire, d'éteindre une dette en en contractant d'autres ; mais il écartoit l'impôt, et il faisoit sonner bien haut une ressource, qui donnoit à ceux qui avoient de l'argent le moyen de le placer avec avantage, et qui n'en demandoit point à ceux, ou qui n'en avoient pas, ou qui vouloient garder celui qu'ils avoient. Charlatan politique, comme si dans un état un emprunt pouvoit être autre chose que le gant jeté à l'impôt ou l'affiche d'une banqueroute ! La guerre se déclara, il fit litière d'emprunts tous plus ou moins onéreux, et créa chez les Français une classe d'hommes qui, ayant prêté sous son ministère, crurent leur fortune attachée à son sort ; car, le supposant intéressé à soutenir son ouvrage, ils s'imaginèrent qu'on les payeroit tant qu'il seroit en place. Il se fit donc des partisans de tous les rentiers, et le nombre en étoit immense.

Mais après s'être rendu l'objet des vœux d'une pospolite aveuglée par son intérêt, et avoir décrié la puissance, il songea à l'affoiblir et à se ménager des prôneurs ou peut-être des protecteurs dans un ordre plus considérable et plus considéré, celui des nobles et des principaux propriétaires. C'est ce qu'il tenta par l'établissement des administrations provinciales, institution anti-monarchique, et dont le régime sappoit par ses bases les fondemens du trône. Quelques intendans lui firent en vain, et par écrit, et de vive voix, des représentations et des observations judicieuses sur le danger d'une aussi pernicieuse innovation : il lut, écouta, ne répondit rien, ne pouvant ou n'osant répondre, et il alla son train (1).

Le Parlement fut le tranquille témoin de toutes les suppressions, de tous les engagemens ruineux, de tous les attentats faits à l'autorité pendant le ministère de M. Necker, qui fut enfin renvoyé. Ses deux successeurs immédiats passèrent comme deux ombres ; et s'ils se crurent capables d'administrer les finances, cette erreur ne fut pas contagieuse, elle ne gagna personne.

M. de Calonne parut sur la scène. Celui-ci avoit tout ce qu'il falloit pour jouer un rôle brillant ; une sagacité singulière, une facilité de tra-

---

(1) J'ai lu un volume *in* 4°. manuscrit, de l'intendant de Moulins (M. Gueau de Réverseau), qui contenoit le Recueil des divers Mémoires présentés à ce sujet au ministre, qui n'en avoit tenu compte.

vail

vail inconcevable ; homme de Cour, homme de cabinet, promettant souvent, tenant quelquefois, mais accordant, refusant avec grâce ; se livrant aux plaisirs sans négliger les affaires ; il ne lui manqua, pour être un très-grand ministre, qu'une autre moralité et plus l'esprit de discernement. Il préféroit presque toujours ce qu'il trouvoit convenable à ce qu'il croyoit juste ; il jugeoit bien les affaires et mal les hommes ; et cependant ses plans auroient pu sauver la France. Il avoit subjugué le comte de Vergennes dont l'extrême médiocrité, après le décès du comte de Maurepas, trouva grâce aux yeux du monarque qui l'investit de sa confiance ; mais le comte de Vergennes mourut, et le parlement qui détestoit M. de Calonne, à cause du vieux procès de M. de la Chalotais, dont il avoit été le rapporteur, s'éleva contre lui.

Ce fut pour éviter de se commettre avec cette Cour qu'il inspira au Roi la pensée d'assembler les Notables. Maître de composer cette assemblée, on peut dire qu'il prit dans ses choix le contre-pied de ce que vouloit la prudence. Il admit en foule ceux qu'il devoit précisément en exclure : aussi le résultat lui en fut-il funeste. Le bon Louis XVI, hélas ! manquoit de cette première qualité qui fait les Rois ; il ne savoit pas vouloir. On l'entoura : les parlementaires, le clergé, la noblesse, coalisés pour leurs intérêts, attaquèrent auprès de lui son ministre, qui fut sacrifié et ses projets avec lui.

Celui que la cabale porta à la première place, fut l'archevêque de Toulouse, qui prouva bien, si la chose avoit besoin d'être prouvée, qu'un géant en intrigue n'est qu'un pygmée à la tête d'un État. Sous son ministère, tout tomba en décadence. Ambitieux à l'excès, et plus inepte encore qu'ambitieux, chacune de ses actions fut marquée au coin de l'impéritie, de la foiblesse, ou d'une imprudente témérité. Il redoutoit l'éclat, la résistance ; il les provoqua par-tout ; et pour me servir de l'expression de l'Écriture, « il sema le vent et moissonna la tempête » (1).

Le parlement profita de la fluctuation, ou si l'on veut de la défaillance du Gouvernement, pour prendre l'attitude de la faction. Quand on présenta à l'enregistrement l'Édit du timbre, il fit des remontrances aussi insolites qu'audacieuses ; et l'histoire n'oubliera pas que l'abbé Sabbathier, de Cabres, conseiller de grand-chambre, fut celui qui, dans une assemblée, proposa d'obliger le Prince à convoquer les États-Généraux. Cette proposition, qui choqua d'abord, finit par être adoptée à-peu-près unanimement par ses collègues. Insensés, non moins aveugles (2), et par malheur

---

(1) *Ventum seminabit et turbinem metet.* Ezech. chap. VIII, v. 7.

(2) Nos plus sages écrivains avoient remarqué : *que rien n'est plus pernicieux à la France que la tenue des États-Généraux.* LETTRES DE PASQUIER, liv. IV. Bayle observe : *que ces Assemblées n'ont servi qu'à fomenter les désordres parmi nous.* DICTIONNAIRE HISTORIQUE, V° Marillac, note (B) : « Dans les derniers de 1614, » dit Naudé, *Coups d'État*, chap. IV, « un accident peu remarquable faillit à ruiner la France, » et à lui faire changer la forme de son Gouvernement si on n'y eût promptement » remédié. » Les *Mémoires de Sully*, liv. VIII, après avoir peint les inconvéniens de ces grandes Assemblées, continuent : « Si le Prince sous lequel se tiennent les » États est un Prince foible, qui ignore les droits de son rang, la licence y prendra » bientôt le plus court chemin pour plonger le royaume dans tous les malheurs qui

non moins forts dans l'occurrence que ce Samson de l'Histoire Sainte, ils ébranlèrent comme lui les colonnes d'un édifice dans lequel ils avoient leur asile, et comme lui ils furent ensevelis sous ses ruines.

Cependant il faut rendre justice à qui elle appartient, le corps entier de la magistrature ne partagea pas le délire du plus grand nombre de ses membres.

Le président d'Ormesson, entr'autres, prévit tous les dangers de cette mesure, et prophétisa les calamités qu'elle entraîneroit. J'ai su que M. Séguier partageoit cette opinion, et qu'il s'en expliqua très-positivement.

Divers incidens s'interposèrent entre la demande des États-Généraux par le parlement, et le consentement du monarque : l'établissement des grands bailliages, d'une Cour plénière, la translation du parlement à Troyes, son retour à Paris, la déclaration du Roi qui ordonne que les États-Généraux seront convoqués pour le courant de janvier 1789. Ce fut à cette occasion que M. Séguier prononça un discours dans lequel il vanta les talens, flatta la vanité, et tenta d'exciter par les plus nobles motifs l'enthousiasme et la reconnoissance, en faveur du Roi, de ce pernicieux Génevois, M. Necker, qui étoit enfin, à force de brigues, de manœuvres et de ruses, arrivé à ses fins, en se faisant réclamer par la cohue de ses sectateurs, et en forçant le Monarque irrésolu à le rappeler auprès de lui et à lui confier de nouveau le timon du Gouvernement. Il y fit aussi l'apologie des parlemens, en peignant les magistrats tels qu'ils doivent être : « On les a présentés, dit-il, comme
» des corps républicains qui affectent l'indépendance, comme des ambitieux
» qui cherchent à introduire l'aristocratie dans le sein de la monarchie fran-
» çaise. Combien de fois cependant n'ont-ils pas prouvé leur inviolable at-
» tachement pour la race auguste qui depuis tant de siècles porte le sceptre
» de Clovis ? Combien de fois n'ont-ils pas maintenu, au péril même de
» leur vie, les droits sacrés de la succession au trône, et de l'indépendance
» absolue de la couronne de France ? Et que sont-ils donc ces magistrats
» pour résister à leur souverain ? C'est l'autorité du Roi qu'ils exercent ; c'est
» en son nom qu'ils prononcent ; c'est la dette de la souveraineté qu'ils ac-
» quittent ; *c'est au nom de la nation qu'ils réclament.* Dépositaires des
» ordonnances, défenseurs des droits de la couronne, gardiens des lois et
» *organes des peuples* (1), n'ont-ils pas donné dans tous les temps l'exemple
» d'une obéissance passive et du respect le plus profond ? Le Roi parle

---

» suivent l'avilissement de l'autorité monarchique. » L'auteur de *l'Histoire des Ré-*
volutions de France avoit rapporté, vers la fin de son ouvrage : « que dans les
» négociations qui précédèrent la paix d'Utrecht quelqu'un disoit : que l'unique moyen
» d'empêcher la France d'être à l'avenir si formidable, seroit d'exiger, pour premier
» préliminaire, que son ancien Gouvernement fût rétabli, » (c'est-à-dire que l'on forçât
le Gouvernement à la tenue des États-Généraux), ajoutoit « que par-là les Rois français
» seroient plus affoiblis que par la perte de plusieurs provinces. » Ces vœux, ces
desseins sinistres, formés par des cœurs ennemis de notre bonheur et de la gloire
nationale, c'est le parlement de Paris qui les a réalisés.

(1) Deux de ces expressions sont évidemment de celles que le moment a commandées ; car si les Cours *exercent l'autorité du Roi*, comment peuvent-elles *réclamer au nom de la Nation*, et devenir *les organes du Peuple ?*

» et ils sont dispersés. Le Roi commande et ils sont suspendus. On ne les
» entend pas même se plaindre du coup qui les accable. L'excès du mal
» pourra seul un jour en faire connoître l'étendue.» *Discours de M. Seguier
au Parlement du 24 septembre 1788.* Il le termina par le tableau d'un
temps de félicité aux élémens duquel il est très-vraisemblable qu'il n'avoit
nulle confiance.

(N) *Parmi les attaques qui furent dirigées contre les parlemens, on distingua un écrit connu sous le titre de* MÉMOIRE POUR LES TROIS ROUÉS. — Il
faut en convenir, le parlement de Paris donna dans cette occasion une grande
prise sur lui, par une légèreté d'autant plus inconcevable qu'en général on
ne pouvoit guères accuser cette compagnie de cruauté. Voici au reste l'histoire de ce procès : Deux laboureurs, mari et femme, habitans de Vinet,
village près de Troyes, le mari âgé de soixante ans, et sa femme âgée de quarante-cinq, se plaiguirent d'avoir été, dans la nuit du 29 au 30 janvier 1783,
excédés à coups de bâtons et de couteau par trois inconnus qui s'étoient
introduits dans leur maison, et qui leur avoient volé, après avoir forcé deux
coffres et deux armoires, une somme de 120 liv. renfermée (1) dans un sac
de toile; 9 fr. qu'ils prirent dans les poches de la femme ; tout le linge à
l'usage de celle-ci ; du lard, des morceaux de salé, du pain, du fromage ;
deux croix, l'une d'or et l'autre d'argent, et d'autres effets.

Le brigadier de la maréchaussée, averti par le fils de ces deux particuliers, vient recevoir leur déclaration. Il fait en conséquence des recherches
dans les environs ; il les fait avec autant de négligence que d'irrégularité.
Il arrête un nommé Lardoise, mendiant sans certificat, sans passeport, qu'il
soupçonne d'être un des trois inconnus auteurs du délit, parce qu'il portoit
une veste rouge, et que les Thomassin, c'est le nom des dénonciateurs,
avoient signalé un des brigands par une veste rouge.

Des particuliers de Vinet voyant passer un homme habillé de gris, les
Thomassin avoient dit qu'un des inconnus étoit ainsi vêtu, l'arrêtent et le
livrent à la maréchaussée qui le conduit en prison à Troyes avec Lardoise.
Cet homme, nommé Guyot, étoit un pauvre rémouleur attaqué d'épilepsie, et
qui mendioit, depuis que, son mal augmenté, il ne pouvoit rouler sa brouette.
On avoit trouvé dans sa poche un certificat du curé qui attestoit son état.

L'assesseur du prévôt interroge les deux prévenus. Le lendemain, le procureur du Roi rend plainte et demande permission d'informer. L'assesseur
donne acte de l'une et permet l'autre.

Trois témoins sont entendus : le mari et la femme, et un autre témoin insignifiant. Thomassin fait une déposition assez différente de la dénonciation ; il nomme Bradier, dit Malbroug, demeurant à Libaudière, pour un
des voleurs inconnus. La femme se plaint d'un attentat énorme commis sur
sa personne par ce même Bradier. Sur l'information, décret de prise de corps
contre Lardoise, Guyot, Bradier, et le troisième individu signalé.

D'après ce décret, le brigadier de la maréchaussée arrête en suite du si-

(1) Ils ont dit depuis 140 à 150 liv., et c'est ce que porte la sentence.

gnalement, le nommé Simare comme *un homme suspect*. On le fouille et on trouve sur lui une croix d'argent *dont l'anneau est une bague cassée*, qu'il dit appartenir à sa femme. Il va prendre Bradier malade, et le conduit en prison sur une charrette, le 31 mars.

Les délits s'étoient commis la nuit du 29 au 30 janvier : ainsi, de ce moment à celui de la capture du dernier prévenu, deux mois s'écoulèrent.

Le prévôt, d'après la réponse des décrétés, se regarda comme incompétent, et le présidial de Troyes rendit un jugement qui, prononçant sur l'incompétence, renvoya les détenus « pardevant les juges qui devoient en connoître, » attendu que les accusés ne sont de la compétence du prévôt, ni par » leur qualité, ni par la nature du délit. ».

En conséquence de ce jugement, un ordre du prévôt décerné sur les conclusions du procureur du roi, procure le transport des accusés à la justice de Vinet, où les pièces sont déposées par le greffier de la maréchaussée.

Ce juge de Vinet étoit un juge de seigneur ; il se soucie peu de l'instruction d'un procès criminel qui sera pour lui une occasion de travail, et pour celui dont il tient sa place, une occasion de frais. Après avoir pris connoissance du renvoi, il se dessaisit, comme il le pouvoit, d'après l'édit de 1771, de l'instruction du procès, qu'il abandonna au juge royal de Chaumont.

Trois mois après l'abandon, l'assesseur criminel l'accepte ; et ce n'est qu'au bout de plus de deux ans, c'est-à-dire les premiers jours de juin 1785, que le tribunal de Chaumont donna suite à la procédure.

Pendant cet intervalle, Guyot, l'un des incarcérés, meurt en prison.

Le procureur du roi attendoit « que d'autres affaires » ce sont ses expressions « exigeassent sa présence et celle de l'assesseur criminel dans les » environs du lieu du délit, où ils pourroient être dans le cas d'aller faire » un procès-verbal d'effraction. »

La circonstance d'une procédure qui les appeloit à Piney, endroit éloigné de quelques lieues de Vinet, les détermine à la continuation de l'instruction. Ils se rendent à Piney, suivis des trois prisonniers ; de Piney, ils se transportent à Vinet, où ils constatent des effractions qui avoient trente mois de date.

La procédure réglée à l'extraordinaire, le juge prend une déclaration sous la foi du serment des Thomassin ; il entend de nouveaux témoins, procède au récolement et à la confrontation, mais seulement avec trois témoins, les dénonciateurs et le brigadier. Thomassin fils n'a été confronté qu'à Bradier, sur ce qu'il avoit dit : *que celui-ci avoit demandé à son père un certificat pour le justifier des vols et des mauvais traitemens qu'il s'étoit permis, mais qu'il n'a pu obtenir ce certificat.* Le père ne parle pas de ce fait bien essentiel cependant, que Bradier a nié.

On retourne à Chaumont, et le 11 août 1785, après avoir interrogé les accusés sur la sellette, les juges prononcent la sentence par laquelle : «Simare, » Lardoise et Bradier sont déclarés atteints et convaincus d'effractions, » d'excès, de vol d'une croix d'argent, de 9 liv., de plusieurs effets à l'usage » d'hommes et de femmes, de 140 à 150 liv., de lard et d'autres comestibles; » pour réparation de quoi ils sont condamnés aux galères perpétuelles. »

Appel de la sentence au parlement ; et le 20 octobre, dans la chambre des vacations, la sentence est infirmée; et *pour les cas résultans du procès*, les trois hommes sont condamnés à être roués; l'exécution de l'arrêt renvoyée sur les lieux.

Un des conseillers qui assistoient au jugement (M. Freteau), et qui n'avoit pas été de l'avis de ses collégues, trouvant l'arrêt d'une épouvantable rigueur, le dénonça au Garde-des-Sceaux qui, au nom du Roi, donna un sursis que le Procureur-général se hâta d'envoyer par un exprès, avec ordre de réintégrer dans les prisons les trois condamnés.

M. Freteau, dès les premiers momens, s'était emparé de la procédure déposée au greffe, pour la remettre à son beau-frère M. Dupaty, ancien avocat-général, et depuis président au parlement de Bordeaux. Travaillé d'une fièvre de célébrité, non pas simplement d'accès, mais continue et avec des redoublemens, M. Dupaty, comme avocat-général, avoit autrefois frondé l'autorité, et s'étoit attiré des disgrâces; comme président, il étoit actuellement brouillé avec son corps. La circonstance lui offroit une superbe occasion de flatter sa passion de faire du bruit, et son envie de se venger de la magistrature. Il en profita en homme qui en avoit le besoin pressant. Sous prétexte de justifier trois malheureuses victimes de la prévention et de l'erreur, il fit un mémoire dans lequel il attaque la procédure avec fureur, dénigre l'ordonnance criminelle, traîne les premiers juges, avec leur jugement, dans la boue; et, par des demi-mots perfides ou des silences plus perfides encore, en couvre les juges supérieurs et leur arrêt. Selon lui, la procédure dont il fait l'historique, est un recueil difforme d'irrégularités révoltantes. Il en parcourt minutieusement tous les actes, et il n'en est pas un seul qu'il ne prétende infecté de quelque vice grave; il compte vingt-trois nullités; pour les prouver, il cite les ordonnances, les auteurs, et selon qu'il sert à son projet, les insulte ou les préconise : quelquefois même il insulte ceux-ci en les préconisant (1). Il étend les nullités même à l'arrêt du parlement, qui n'a pas admis les accusés à la preuve de leurs faits justificatifs, et n'a pas fait écrire l'interrogatoire sur la sellette. Il revient sur ses pas, et soutient qu'il n'y a point de preuves que les accusés soient criminels; que les témoins ne peuvent pas être écoutés, ce sont des accusateurs; digression sur les témoins nécessaires; violente sortie contre les criminalistes qui les admettent; arrêts de Langlade, de Cahuzac, cités en garantie de leur danger. Il ne leur accorde que la valeur d'un soupçon; et s'étayant du suffrage de Trajan, d'Antonin, de Charlemagne, de Frédéric, de Lamoignon, de d'Aguesseau, il conclut à leur proscription. Il avance ensuite que le double témoignage des Thomassin mari et femme, ne doit compter que pour un; qu'au reste, en les supposant des témoins idoines, les contradictions, les variations, les

---

(1) Comme le chancelier d'Aguesseau « qui » dit-il, « après avoir fait la censure la » plus amère du dernier titre de l'ordonnance de 1670, déclare : *qu'il ne reste aux* » *magistrats que la gloire de le faire exécuter;* » après un lieu commun sur la loi natu-» relle, il apostrophe ainsi le chancelier : *Ame pure de d'Aguesseau , le magistrat* » *qui fait exécuter une loi que sa conscience reconnoît contraire à la loi naturelle,* » *et qui peut se démettre, est-il honnête homme ?* » p. 115.

impostures de leurs dépositions et des signalemens divers qu'ils avoient fournis, devoient leur enlever toute créance. Son système a été, qu'on n'a pas prouvé que ses cliens fussent coupables ; il va plus loin, et veut qu'il y eut des preuves qu'ils étoient innocens. Il examine la conduite des premiers juges qu'il taxe d'une insigne partialité ; il insiste sur l'indispensable nécessité d'accorder en toutes sortes de crimes un conseil aux prévenus, et finit par une péroraison qu'il adresse au Roi, et dans laquelle il invoque un autre code criminel (1).

Le mémoire offre par fois un vif intérêt ; le début en est frappant :

« Le 11 août 1785, une sentence du bailliage de Chaumont a déclaré
» trois accusés convaincus de vols nocturnes avec violences et effractions,
» et les a condamnés aux galères perpétuelles. Le 20 octobre suivant, un
» arrêt du parlement, en infirmant la sentence, les a condamnés, *pour*
» *les cas résultans du procès*, à expirer sur la roue.
» Ils étoient innocens !
» Que les cœurs sensibles se rassurent, ces trois innocens respirent. »

Il présentoit un ordre apparent dans un désordre véritable. L'aspect décevant des pages remplies de phrases de quelques lignes, de quelques mots, laconisme typographique, en promettoit un autre dont on étoit détrompé autant par la lecture que par la masse du volume. Le style avoit en quelques endroits du mouvement ; de l'énergie, une sorte d'abandon. L'écrivain jette, par exemple, à la suite de la justification des trois accusés, la scène d'une entrevue qu'il eut avec eux dans la prison. Ce morceau heureusement placé, vivant de naturel et de sensibilité, produit le plus grand effet ; mais en général, l'écrit est lâche et verbeux, plein de répétitions. Les deux cent cinquante-une pages dont il se compose, auroient pu, sans effort, se réduire à soixante ; et ce qu'il auroit perdu en étendue, il l'auroit gagné en vigueur. Il est infecté de tirades déclamatoires, à prétention ; d'expressions fausses, inintelligibles, incorrectes, de mauvais goût et d'une inconvenance notable.

Son beau-frère *est un de ces hommes rares..... dans le sein desquels* Dieu *même semble avoir déposé une partie de sa providence pour les infortunes secrètes et les malheureux abandonnés*, p. 2 ; et cet amphigouri lui semble une si belle chose, qu'à la note de la page 233 il le répète : *J'ai rempli de mon mieux la mission que m'a donnée la providence, en choisissant mon cœur pour lui adresser, avant tout autre, l'infortune de ces trois hommes*. Il veut : qu'il soit *question dans la procédure...... de s'assurer de la personne des accusés, de tirer la vérité de leur bouche, avant qu'elle soit plus avant dans leur conscience*, p. 98. *Il faut d'abord*, dit-il ailleurs, p. 104, *que la raison commence par poser quelques principes dans une matière où la loi en a jusqu'à présent posé si peu : car la loi a oublié l'innocence*. Quel rapport cette fin de phrase a-t-elle avec le commencement ? Page 175, au milieu d'une longue sortie contre la loi qui admet les

---

(1) Je ne dis rien d'une consultation de deux pages, signée d'un avocat, qui termine le Mémoire, parce qu'elle n'y fut mise que pour lui servir de passeport et en autoriser l'impression.

témoins nécessaires, il s'écrie : « Qu'elle périsse (cette loi), du moins au-
» jourd'hui, *sur la roue préparée pour mes infortunés cliens.* » Vouloir
faire roüer une loi est d'un énergumène, non pas d'un orateur. Mais ce
qu'on a de la peine à comprendre, c'est que dans un mémoire fait pour
être mis sous les yeux de la majesté royale, on ait osé insérer le trait
suivant : *La jurisprudence criminelle a été jusqu'ici abandonnée aux*
criminalistes par nos Monarques trop occupés la plupart d'accroître leur
puissance , pour s'occuper du bonheur de leurs sujets, trop accoutumés
à prodiguer le sang de leurs peuples sur les champs de bataille, sous
le glaive de la victoire, pour les ménager dans les tribunaux criminels
sous le glaive de la justice, p. 227. Or , comme rien n'est plus faux que
l'assertion, son insolence prouvoit peu l'esprit et ne prouvoit point du tout
le jugement de son auteur.

Quoi qu'il en soit, quelqu'avide qu'il pût être de rumeur, celle qu'il
excita dut le contenter ; grands, petits, à la ville, à la Cour , tout le
monde acheta le Mémoire (car on le vendit au profit des prisonniers).
Beaucoup de gens le lurent ; et bientôt il ne fut plus question que de
l'affaire qu'il discutoit. Dans quelque société que pussent se trouver les
membres du parlement , on les entretenoit de l'écrit, et on leur demandoit compte d'un arrêt dont la plupart d'entr'eux ignoroit l'existence.

Cependant le Mémoire ayant paru vers la fin de février, les deux
chambres du parlement s'étoient assemblées le 7 mars , et il avoit été arrêté : « qu'il seroit remis entre les mains de M. Séguier pour qu'il en
» rendît compte et qu'il y donnât ses conclusions. »

En attendant, il falloit, pour les novateurs, entretenir la fermentation ,
échauffer la controverse, rendre la conduite des magistrats et la cause des
lois de plus en plus odieuses; le philosophâtre Condorcet se chargea de
la commission. Il fit paroître , dans son style obscur, âpre et court, un
pamphlet sous le titre de *Réflexions d'un Citoyen non gradué,* où il
invectivoit contre notre législation criminelle et contre la magistrature
avec le ton gourmé qui lui étoit propre , et cette suffisance qui ne doute
de rien , cachet de la secte.

Toutes les chambres s'étant assemblées le 5 mai, rédigèrent un arrêté
qui ordonna que le ministère public prendroit connoissance du procès-
verbal de ce jour, comme relatif à celui du 7 mars précédent. Les pièces du
procès, extraites du greffe, y avoient été rétablies chargées de notes marginales
et de traits au crayon rouge , dont M. l'avocat-général eut soin de faire
dresser un procès-verbal avant de se mettre à l'ouvrage. Le 11 août 1786,
il lut son réquisitoire au parlement.

Dans un exorde rempli de noblesse et de dignité , il caractérise le
Mémoire qu'il va réfuter ; peint la sensation qu'il a faite, l'effervescence
qui s'en est ensuivie, et ne dissimule pas la difficulté qu'on rencontre *à*
lutter contre la violence du fanatisme et le torrent de l'opinion ; « Mais »
dit-il « c'est à notre ministère qu'il est réservé d'éclairer un public prévenu,
» de ramener les esprits prêts à s'égarer, de poser les vrais principes
» ignorés de la plus grande partie des citoyens de tous les ordres et de
» tous les rangs , de justifier la législation , de fixer le véritable sens

» de la loi, de rétablir l'autorité de la jurisprudence; et en opposant
» le flegme de la réflexion aux fougues de l'imagination, l'intérêt général,
» au vain désir de la célébrité, de faire connoître à la Nation, à toutes
» les Nations de l'Europe, que la manie des réformes a seule conduit la
» plume de cet écrivain; qu'il n'a entrepris de disculper des criminels que
» pour calomnier les magistrats, et que l'excès des précautions qu'il vou-
» droit introduire pour prévenir la condamnation de l'innocence, devien-
» droit un moyen efficace d'assurer l'impunité aux scélérats. »

Il annonce le plan de son discours qu'il divise en trois parties : il exami-
nera l'écrit premièrement dans sa forme, puis au fond; d'abord, quant aux
nullités qu'il impute aux différens actes de la procédure, et ensuite quant
aux reproches graves qu'il fait à notre législation.

Le mémoire dans sa forme est une monstruosité. Que prétend son auteur?
Ce *citoyen obscur*, c'est ainsi qu'il se qualifie, « qui retrace aux magistrats
» leurs devoirs en termes aussi énergiques, qui les cite avec tant de faste
» au tribunal de la nation, qui les accuse avec tant d'audace, et qui les
» condamne avec encore plus de solemnité ; ce délateur zélé de la trans-
» gression et de la barbarie des lois, ce réformateur du code et de la lé-
» gislation, semble ignorer (nous sommes forcés de le dire) les différens
» degrés qu'il faut parcourir pour remonter du premier juge jusqu'aux
» pieds du trône où la justice est dans toute sa plénitude. »

Le recours au gouvernement, quand tous les degrés de jurisdiction sont
épuisés, est de droit. « Tout homme condamné a une voie pour échapper à
» sa condamnation. » En matière criminelle, le remède extraordinaire du
recours au souverain doit être précédé d'une surséance à l'exécution du
jugement.

Ici cette surséance avoit été ordonnée, exécutée. Dès-lors à quoi bon un
mémoire?

L'intention du Roi, dans ces sortes de cas, est toujours de se faire rendre
compte de la procédure sur laquelle est intervenue la condamnation. Mais
pour obtenir cette révision, c'est au Roi seul qu'il faut s'adresser. Toutes
les raisons de convenance, d'intérêt d'état, s'opposent à la publicité de l'é-
crit par lequel on la demande. *C'est dans le sein paternel du souverain
que le suppliant dépose ses craintes et ses espérances ; c'est au Roi seul
qu'il confie les reproches qu'il se croit en état de faire à la procédure,* d'autant qu'il n'y a point de partie civile, et que la partie publique ne s'opposant jamais à l'obtention des grâces, il n'y a aucun lieu à la discussion.
Ajoutez qu'en matière criminelle, et jusques à ce que l'apport des pièces
soit ordonné, les défenseurs ne peuvent régulièrement en connoître le contenu, ce qui rend sous cet aspect le mémoire aussi répréhensible que la
consultation, qui en adoptant ses moyens fondés sur des imputations faites
aux divers actes de la procédure, n'en a pas pu vérifier l'exactitude. Dira-
t-on que ce mémoire contient les faits justificatifs des accusés ? Il falloit
les proposer avant le jugement. Ainsi, de quelque côté que l'on considère
l'écrit, on ne sauroit en excuser la publication.

Avant de passer aux nullités, M. Séguier s'occupe des termes de la condamnation. Il explique comment, dans les temps reculés, les premiers juges
employoient

mule *pour les cas résultans du procès*, tandis que les Cours seules prononçoient *par atteints et convaincus* : parce que les juges inférieurs obligés de venir rendre compte en personne des motifs de leurs jugemens, déduisoient de vive voix les raisons qui les avoient déterminés, et qu'alors les Cours considéroient les termes *atteints et convaincus*, comme le sceau de la pleine puissance qu'elles appliquoient au nom du Souverain. Mais la coutume du voyage des juges auprès des parlemens étant tombée en désuétude, il fut enjoint à ceux-ci de spécifier le crime sur lequel ils prononçoient; et alors les Cours n'ayant plus besoin de signaler des délits dont la nature et les preuves étoient détaillées dans le premier jugement, toujours joint à l'arrêt, adoptèrent l'expression *pour les cas résultans du procès* ; ce qui n'a rien que de fondé en raison, en loi et en usage, ainsi qu'il le démontre par des raisonnemens et des autorités également sans réplique.

Il s'occupe de l'histoire du procès, et fait voir l'exagération, les bévues et le peu de bonne foi du mémoire, sur la longueur de la procédure, les jugemens préparatoires, les citations de l'ordonnance. Il marche après lui pas à pas (1) dans la déduction des prétendues nullités reprochées aux actes divers de la procédure. Il relève l'infidélité des citations d'ordonnance, convainc l'écrivain d'ignorance à cet égard; et quant à la maxime : *qu'il faut avant tout que le délit soit constant,* il montre l'énorme différence qui se trouve entre un délit constant, ou le délit constaté, c'est-à-dire le corps du délit : « Le bruit public, une dénonciation, une simple déclaration, font » connoître les délits. La justice se hâte d'en chercher la preuve ; la preuve » amène la conviction, » pag. 43. Il insiste sur des falsifications de texte, insérées dans le mémoire, et démontre en rigueur qu'aucune des nullités qu'on attribue aux procès-verbaux, n'est une nullité d'ordonnance.

Les nullités qu'on objecte à la déposition des Thomassin, amène l'intéressante discussion sur les dénonciateurs et témoins nécessaires. Ici M. Séguier devient extrêmement intéressant. Un dénonciateur peut-il être entendu comme témoin ? Une grande clameur s'élève sur cette proposition ; mais cette clameur est-elle le cri de la raison et de la vérité ? Etablissons les principes : « Tout crime mérite une punition, le bien public l'exige. » Premier principe. « La punition ne peut être prononcée, que lorsque le crime » est prouvé. » Second principe. Cherchons comment on peut acquérir cette preuve.

» En France, aucun particulier n'a le droit de se porter pour accusateur ; » la poursuite du crime est confiée à un magistrat inconnu aux républiques » Grecque et Romaine ; il est l'organe de la loi, le défenseur né de tous les » citoyens : quand il agit d'après ses connoissances personnelles, il doit » compte à la justice du motif qui a déterminé sa démarche. Si l'accusa- » tion est jugée calomnieuse, l'accusateur légal pourroit être poursuivi » comme criminel d'avoir abusé de son ministère. » *Pag.* 68. Accusateurs chez les Romains, qu'il distingue des délateurs, dont il fait un portrait d'autant plus affreux qu'il est plus fidèle. Charlemagne vouloit qu'on leur cou-

_____

(1) Il n'oublie pas, *pag.* 32, de relever, chemin faisant, les *gasconismes* de l'auteur, qui, au lieu de *procès-verbaux*, dit constamment *les verbaux*.

pât la langue, qu'on leur tranchât la tête. Il n'en est plus question parmi nous; on n'y voit que des dénonciateurs ou des plaignans. Les premiers sont ceux qui, sans intérêt personnel, dénoncent un crime, soit en nommant les coupables, soit en se contentant de certifier le fait. Ils sont ou secrets, ou connus, et la seule chose qui les distingue, c'est que les uns déposent dans un registre leur dénonciation qu'ils attestent par leur signature, et les autres la présentent au magistrat, rédigée en forme juridique, et signée de l'officier public. Les plaignans sont ceux qui sont personnellement intéressés à la poursuite du crime. Ils sont pareillement de deux sortes; les uns se rendant parties civiles, demandent d'être indemnisés des torts que leur a causé le délit; ils sont admis à fournir des témoins, à suivre le jugement conjointement avec le ministère public. Les autres se contentent de déférer le crime à la justice, soit comme l'acte de gens inconnus, soit comme l'acte de personnages qu'il nomme.

On ne reçoit que dans ce dernier cas le témoignage du plaignant; mais celui du dénonciateur sans intérêt est toujours reçu; autrement, comment se procurer la preuve du crime? Un citoyen est assassiné dans la rue en présence de dix personnes : chacune d'elles, indignée, s'empresse d'aller déclarer au juge ce qu'elle a vu. Voilà dix dénonciateurs, et vous voulez qu'il n'y ait pas un témoin! M. Seguier oppose nos lois, les lois romaines, les exemples, la raison, à ces maximes bruyantes d'un nouvel apostolat où l'on est barbare, inhumain au nom de l'humanité. « Il seroit à souhaiter, » dit-il, « qu'à cette espèce d'indifférence que la plupart des hommes, même » en place, ont toujours eue pour dénoncer un vol domestique, on vît » succéder un zèle ardent pour la sûreté et la conservation de leurs sem- » blables; que la vertu surmontât cette répugnance funeste; en un mot, » que chaque citoyen se crût responsable des nouveaux délits que peut » commettre un scélérat qu'il n'a point livré à la justice, et qu'il se dît » à lui-même : ce malheureux n'a commis qu'un crime, mais je serai cou- » pable de tous ceux qu'il commettra à l'avenir (1). » *pag.* 79.

Il aborde la question de l'admissibilité des témoins nécessaires; et prenant le parti de l'affirmative, il marche en maître dans la voie qu'il s'est tracée, resplendissant d'éloquence, de logique, d'érudition. Il commence par disculper les jurisconsultes et les magistrats accusés par le Mémoire, et crayonne la ligne qui sépare le témoin nécessaire du témoin suspect. Définition du domestique. « C'est un homme libre, que le hasard de la » naissance ou le défaut de fortune oblige de louer sa personne pour

---

(1) M. Seguier a placé ici une note que je crois devoir citer. « Louis XIV disoit » à M. de Montausier qu'il venoit enfin d'abandonner à la justice un assassin auquel » il avoit fait grâce après son premier crime, et qui avoit tué vingt hommes. *Non :* » SIRE, répondit M. de Montausier, il n'en a tué qu'un, et V. M. en a tué dix- » neuf. » Au reste, c'est peut-être la faute de la loi si l'on étoit si indulgent pour les vols domestiques. Faire périr sur un échafaud un homme ou une femme pour quelques sous, ou même pour quelques écus, épouvantera toujours les ames sensibles qui reculent devant cette image; et cependant il est si nécessaire d'être assuré de la fidélité de ceux qui vous servent! Oh! qu'il est difficile le métier de législateur criminel!

» subvenir à ses besoins ou à ceux de sa famille. La détresse le rend à
» plaindre, mais ne le rend point infâme. p. 84. » A Rome, une loi de Marc-
Aurèle admettoit les esclaves à déposer contre leurs maîtres en certains cas :
ceux d'adultère, de péculat, de lèze-majesté ; et dans tous, leur témoignage
servôit de complément à une preuve déjà grave par elle-même. Con. *l.* 1,
de Quœst. Usage du serment exigé des témoins, consacré parmi nous. Texte
de nos ordonnances sur la manière de les interroger, et sur l'injonction
aux juges d'avoir *tel égard que de raison* aux témoignages des domestiques et des impubères. Ces lois justifiées et leur apologie se terminant
par le morceau suivant :

   « Seroit-ce donc un problême de savoir s'il est préférable de replacer
» un scélérat dans la société, ou de le condamner sur la foi de *témoins*
» *nécessaires?* Faut-il, par des exemples malheureusement trop communs,
» en donner la solution? Tremblez, ames cruelles, qui faites périr vos
» concitoyens en paroissant les défendre !
   » Un philosophe, l'auteur lui-même est dans son cabinet occupé des
» affaires de son état ; un particulier se présente et lui demande audience.
» Il est introduit. A peine la conversation est-elle entamée, que ce mal-
» heureux, déguisé sous une apparence honnête, tire un poignard, de-
» mande au citoyen l'argent qu'il peut avoir en sa possession, et le me-
» nace de lui ôter la vie s'il appelle du secours. Un ami paroît, un domes-
» tique entré pour l'annoncer ; l'un et l'autre sont témoins de la scène.
» L'assassin se fait jour le poignard à la main, et s'évade sans qu'on
» puisse l'arrêter. Le domicilié lui-même déclare le fait à l'officier chargé
» du soin de la police. Celui-ci soupçonne le coupable, et le fait arrêter.
» Le procureur du roi rend plainte ; on informe. Le maître, son ami,
» ainsi que le domestique, sont entendus en déposition, sont confrontés.
» Ils reconnoissent l'assassin. Il est convaincu ; il est condamné.
   » Législateurs austères, direz-vous que le citoyen et son domestique ne
» doivent pas être entendus ; l'un, parce qu'il est le dénonciateur ; l'autre,
» comme suspect par sa qualité de domestique : qu'il n'y a qu'un seul té-
» moin, *unus testis, nullus testis?*
   » Cependant le crime est certain : et si de ces trois dépositions on en
» rejette deux, le crime demeurera impuni. La même préméditation peut
» se renouveler chez une mère de famille, livrée toute entière aux dé-
» tails de son ménage ; chez un curé, dépositaire des aumônes que la
» charité des fidèles lui a confiées ; chez ce commerçant, dont toute la
» fortune est en argent comptant, ou en effets au porteur.
   » Nous ne cherchons point à intéresser par des peintures touchantes.
» Mais quel est le citoyen qui ne doit pas trembler dans ses propres foyers?
   » Autre exemple aussi concluant que le premier :
   » Un seigneur de paroisse, un gentilhomme, un bourgeois, n'im-
» porte, revient à son domicile suivi de loin d'un seul domestique. Il
» faut traverser une forêt. Le maître a pris les devants, il est attaqué
» par des brigands à main armée. Le domestique paroît : les voleurs
» prennent la fuite, et tirent de loin sur le maître et sur le valet. En
» arrivant, le maître envoie chercher la maréchaussée, et déclare que

» des inconnus l'ont attaqué dans la forêt, ont voulu le voler, et ont
» fait feu sur lui et son domestique. La maréchaussée part, se met à la
» piste, arrête des gens suspects, mal famés, et sans domicile. Ils sont
» reconnus et condamnés pour vol sur le grand chemin. Dira-t-on que
» le maître et son domestique ne devoient pas être entendus, que leur
» déposition est nulle, qu'il n'y a point de preuves contre les accusés? Il
» faudra donc laisser cet attentat impuni, parce qu'il ne peut pas y avoir
» d'autres témoins d'un crime aussi manifeste.

» Que deviendra la sûreté publique? Osera-t-on désormais, dans un
» royaume policé, se mettre en chemin sans se faire escorter? Quel
» inconvénient pour le commerce; quel danger pour les gens de cam-
» pagne, qui s'en retournent avec le prix des marchandises qu'ils ont
» débitées! »

Il accuse, l'écrivain, d'avoir supposé une loi romaine à laquelle il
fait dire : qu'une femme ne peut être témoin pour son mari. Les Thomassin n'étant pas parties civiles, ne sont point exclus du rôle de témoin.
Ordonnance de Philippe-le-Bel sur les dénonciateurs, tronquée et dé-
naturée dans le mémoire. Le décret, non la plainte, ni l'information,
constitue l'accusé. La première de toutes les lois, c'est qu'un crime ne
demeure pas impuni. Il relève l'extravagance des expressions que j'ai
signalées plus haut, et laissant de côté les arrêts de Langlade et de Ca-
lusac, il fait voir avec quelle prudence les fonctions de la maréchaussée
sont réglées, combien elles sont importantes; puis revenant sur les Thomassin auxquels, à la confrontation, les accusés *ont déclaré n'avoir
point de reproches à faire,* il conclut qu'on ne peut rejeter leur témoignage.

Sur les nullités des jugemens, il fait ressortir d'une manière triomphante
les insignes bévues, les absurdités mensongères du mémoire qui confond
les jurisdictions, ignore leurs attributions, et veut que les lois *créent les
événemens, et non que les événemens créent les lois;* comme si les lois
devoient donner l'idée du crime en l'imaginant, au lieu, quand par malheur il existe, de l'épouvanter et de le faire disparoître en le punissant.

Il ne justifie pas moins puissamment la procédure faite par le baillage
de Chaumont et celle faite en la Cour; à laquelle on reprochoit de n'a-
voir pas fait écrire l'interrogatoire sur la sellette et de n'avoir pas statué
sur les faits justificatifs. Il détruit, par un démenti formel, toutes les images
pathétiques, colorées avec tant d'art et de chaleur, dans l'écrit qu'il réfute;
où l'on s'appitoie sur « la triste condition d'un accusé *conduit traînant
» des fers,* paroissant pour la dernière fois devant les magistrats, obligé
» de prêter un serment, le serment de se trahir, pour subir un inter-
» rogatoire fugitif qu'on n'écrit point; qui aperçoit l'ennui sur le front de ses
» juges; qui, accablé coup sur coup d'une multitude de questions, tremble,
» abrège, se tait; qu'on entraîne; qui, à peine sorti, se ressouvient d'une
» chose essentielle, et qui n'a plus la faculté de s'en expliquer. » Les fers,
répond M. l'avocat-général, sont un produit de l'imagination du libelliste :
l'accusé est libre au milieu du tribunal. Le serment qu'on exige de lui
n'est point de se trahir, mais de ne pas trahir la vérité. Rien n'est vrai

dans le tableau qu'on expose au public, « hâtons-nous de le détromper.
» Ecoutez, citoyens : le Ministère public vous l'atteste.

» Nous avons été plus d'une fois témoin de l'interrogatoire d'un accusé,
» dans ces momens où la Cour nous fait avertir pour le service des au-
» diences.

» On introduit l'accusé ; le silence le plus profond règne dans le tri-
» bunal. Celui qui préside fait les premières interrogations ; le rappor-
» teur, par l'organe du président, propose ensuite quelques questions ;
» chacun des juges, à son rang, fait demander, comme le rapporteur,
» l'éclaircissement de ses doutes ; l'accusé a toujours le temps de réfléchir,
» parce que celui qui préside la chambre répète la question sur laquelle
» l'accusé doit s'expliquer ; et l'interrogatoire est terminé, quand les juges,
» éclairés par les réponses de l'accusé, n'ont plus rien à demander pour
» leur instruction. Et avant de faire retirer l'accusé, le président lui de-
» mande toujours s'il n'a rien à dire pour sa défense, en sorte qu'il peut
» encore entreprendre sa justification ; et dans une affaire trop fameuse,
» il y a plusieurs années, le scélérat Desrues fut entendu pendant près
» d'une heure et demie sans être interrompu. Nulle trace d'ennui, nul
» mouvement d'impatience. Et quel est le magistrat assez peu maître de
» lui-même pour ne pas donner toute son attention à une affaire où il
» s'agit de prononcer sur la vie ou sur l'honneur d'un citoyen ?

» Nous irons même plus loin encore. Il est arrivé que des accusés,
» au sortir de l'interrogatoire, se sont rappelé qu'ils avoient oublié un
» fait justificatif. La Cour les a fait rentrer ; la Cour les a entendus ; et
» lorsque le fait a paru de nature à prouver l'innocence, la Cour en a
» ordonné la preuve. La gravité des juges, l'appareil du tribunal n'ont
» rien qui épouvante les innocens : les magistrats eux-mêmes les enhar-
» dissent à se justifier ; ils aident leur mémoire chancelante, par des
» questions qui les mettent à portée de se rappeler les faits ; ils les ras-
» surent ; ils ne cherchent point des coupables. Le criminel seul s'inti-
» mide, se trouble, tremble et pâlit en entrant dans le sanctuaire de la
» justice ; sa conviction intérieure le tourmente ; et pressé par ses re-
» mords, il croit lire sa condamnation sur le visage des magistrats qui
» ont à prononcer sur sa destinée. »

M. Seguier couronne ce beau morceau par la preuve irréfragable qu'au
parlement de Paris, taxé de ne pas faire écrire les interrogatoires sur la
sellette, tous sont écrits sur des registres qui existent, sans lacunes, depuis
1443. Ainsi s'écarte ce moyen de nullité avec tous ses accessoires.

Restent les faits justificatifs rejetés par l'ordonnance à la fin de l'instruction. On ne pose pas des principes, on ne les discute pas d'une manière
plus judicieuse que ne le fait ici M. l'avocat-général. Il pulvérise son adversaire, et lui démontre qu'il a insulté la personne de M. d'Aguesseau
en travestissant avec impudeur un passage de ses Œuvres dont il n'a eu
garde d'indiquer l'endroit, pour qu'on ne pût pas en vérifier l'infidélité.
Après avoir expliqué et justifié la loi, il prouve qu'il faut lui obéir ; qu'un
magistrat ne peut pas citer au tribunal de sa conscience cette loi dont il
a fait vœu d'être le ministre ; il rappelle l'apostrophe faite aux mânes du

chancelier d'Aguesseau, en ces termes : *Ame pure de d'Aguesseau, le magistrat qui fait exécuter une loi que sa conscience reconnoît contraire à
la loi naturelle est-il honnête homme?* Et interpelant à son tour l'auteur
qu'il combat, il lui demande si, sous le voile dont il se couvre, il est
jurisconsulte ou magistrat? Comme jurisconsulte, oseroit-il donner à un
magistrat le conseil de faire prévaloir son propre jugement sur la décision du législateur, ou d'abdiquer ses fonctions parce que la loi lui paroît
contraire à ses lumières personnelles?

« Comme magistrat » (et ici il faut se rappeler que M. Dup... étoit président) « nous lui demanderons » dit le réquisitoire » quel motif peut donc
» l'attacher à des fonctions auxquelles sa conscience répugne ; à un état qu'il
» croit incompatible avec la qualité d'honnête homme ? pourquoi ne donne-
» t-il pas l'exemple du noble sacrifice qu'il exige de la probité de tous ceux
» qui comme lui ont fait serment de se conformer aux ordonnances du
» royaume ? Qu'il choisisse entre l'observation scrupuleuse de la loi et le
» cri impérieux de sa conscience. Il est bien foible, si l'honneur du titre
» l'emporte sur l'austérité de ses principes. » p. 178.

Au reproche fait à la loi de ne se souvenir *que par hasard de l'innocence,*
il répond par cette éloquente récapitulation des divers articles de l'ordonnance en faveur du prévenu.

« Est-ce *par hasard* que la loi se ressouvient de l'innocence, quand
» elle ordonne qu'en cas de partage entre la vie et la mort, entre l'ab-
» solution et la condamnation, l'accusé sera renvoyé absous ?

» Est-ce *par hasard* qu'elle prononce qu'à nombre inégal de juges, s'il
» n'y a d'un côté qu'une voix de plus, comme de six contre sept, le jugement
» doit passer à l'avis le plus doux ?

» Est-ce *par hasard* qu'elle ordonne que la déposition des témoins dé-
» cédés avant le recollement sera rejetée, et ne sera point lue lors de
» la visite du procès, *si ce n'est qu'ils aillent à la décharge de l'accusé,*
» auquel cas leur déposition sera lue ?

» Est-ce *par hasard* qu'après avoir ordonné *que la déposition des té-*
» *moins récolés et non confrontés, ne fera point de preuve* contre l'Accusé,
» elle ordonne que *dans la visite du procès, il sera fait lecture de la dé-*
» *position des témoins qui vont à la décharge,* QUOIQU'ILS N'AIENT ÉTÉ
» RÉCOLÉS NI CONFRONTÉS, *pour y avoir égard par le juge :* la loi four-
» nissant ainsi elle-même d'office des faits justificatifs, qui, loin d'être
» proposés par l'accusé, peuvent lui être inconnus ?

» Est-ce *par hasard* qu'en matière de faits justificatifs, quoiqu'il ne soit
» permis à aucun accusé de produire des témoins, la loi se dépouille de
» toute son autorité, anéantit ses dispositions les plus sévères, et permet
» à l'accusé non-seulement de faire entendre toutes sortes de témoins,
» même ceux, *quorum fides in aliis minùs legitima censetur,* dont le
» témoignage ne seroit pas admis en toute autre circonstance, mais encore
» ceux qui lui ont été confrontés, même ceux qu'il a valablement repro-
» chés, sans se départir des reproches qu'il peut avoir allégués contr'eux ?

» Est-ce enfin *par hasard* qu'oubliant toutes les règles qu'elle a pres-
» crites, elle ne s'oppose point à ce que l'accusé nomme pour témoins de

» son innocence ses parens, ses alliés au degré prohibé, le frère et la
» sœur, le mari pour la femme, la femme pour le mari, quoique l'affec-
» tion du sang les rende suspects, quoique les liens les plus sacrés
» les attachent à la personne de l'accusé, et qu'ils soient intéressés à sa
» justification ?

» Cette loi qu'on s'efforce de représenter comme se ressouvenant à
» peine de l'innocence, se replie néanmoins sur elle-même pour mettre
» tous les accusés à portée de se justifier.

» C'est l'accusé lui-même qui nomme les témoins qu'il croit en état de
» déposer sur la vérité de ses faits justificatifs ; et si elle est rigoureuse sur
» le choix des faits, elle est plus qu'indulgente sur le choix des témoins :
» elle veut, il est vrai, que ces témoins soient assignés à la requête du
» ministère public ; mais elle porte l'attention jusqu'à ordonner qu'ils se-
» ront *assignés et ouis d'office* par le juge, c'est-à-dire que si l'accusé ne
» trouvoit pas dans sa mémoire le nom des témoins qu'il peut faire en-
» tendre, le juge, qui connoît tout le procès, doit suppléer le défaut de
» mémoire de l'accusé, et indiquer d'office les témoins dénommés dans
» les interrogatoires et dans les confrontations ; il doit même rejeter d'of-
» fice ceux qui sont contraires dans leurs dépositions ; en un mot, le juge
» qui est neutre entre l'accusateur et l'accusé, est obligé de faire ce qui
» est en lui pour rechercher l'innocence dont la loi ne désespère qu'après
» que son ministre a mis tout en œuvre pour l'établir.

» Qu'on ne nous dise donc plus que l'ordonnance érige la dureté en
» système, qu'elle ne s'occupe que du crime, qu'elle ne tend qu'à accé-
» lérer la punition, qu'elle est entourée d'échafauds, qu'elle *est un at-*
» *tentat à la loi naturelle, que du droit de se justifier elle fait une*
» *grace, que le titre des faits justificatifs est presqu'effacé depuis un*
» *siècle par le sang et les larmes des innocens qu'elle a fait condamner.*

» Cette multitude d'invectives, aussi injurieuses à la loi qu'aux magis-
» trats qui ne peuvent se dispenser de la faire exécuter, ces accusations
» atroces, vraiment dignes de mépris si elles n'étoient l'ouvrage d'un pro-
» sélyte qui se dévoue pour l'honneur de son opinion, ces reproches sédi-
» tieux n'ont été rassemblés qu'au refus prétendu fait et à l'omission d'ad-
» mettre les accusés à la preuve de leurs faits justificatifs. »

Lorsqu'il a déterminé la nature des faits justificatifs, il examine quels
sont ceux que l'on propose en faveur des accusés, et il n'en trouve aucuns
qui soient de nature à les justifier. Il observe qu'ils n'ont jamais demandé
à en faire la preuve ; et que les juges, vu ce qu'ils ont de vague et d'insignifiant, n'ont pas dû l'ordonner : enfin, il expose dans des tableaux com-
paratifs les divers fragmens des rapports, dépositions, recolemens et
confrontations que l'on prétend renfermer des variations ou des contradictions, et il montre le néant des unes et des autres. De la justification
des actes du procès, il vient à celles des juges, et il dit avec raison : « qu'on
» ne peut les soupçonner du complot infâme d'avoir voulu perdre trois
» malheureux. La maréchaussée se dépouille, le juge de Vinet a délaissé
» le procès aux juges royaux, et comment se persuader que les officiers
» du bailliage de Chaumont, complices des Thomassin, dévoués à l'injustice

» et à la partialité, se soient prêtés à condamner trois accusés qu'ils n'a-
» voient jamais vus? Comment concilier la rigueur du jugement avec les
» retards de l'instruction? Comment croire à leur animosité, quand on con-
» sidère leur lenteur? » On leur reproche de n'avoir pas eu l'activité de
» juges attentifs, et l'on veut qu'ils aient eu toute la méchanceté des pré-
» varicateurs! » Au reste, leur conduite et leur jugement sont à l'abri de
toute inculpation, protégés par l'arrêt de la Cour, dont il déclare n'avoir
point la mission d'examiner les motifs.

Jusqu'ici M. Seguier s'est occupé particulièrement de l'affaire des trois
hommes, et ce n'est qu'en passant qu'il a jeté un coup-d'œil sur quelques
articles de notre législation criminelle; mais dans une troisième partie il
en sonde les fondemens, en décrit l'édifice, en développe l'économie. Il
la compare à celle des Romains, à celle de nos voisins les Anglais, dont il
relève les inconvéniens. Il passe en revue les diverses formes usitées parmi
nous : les capitulaires de Charlemagne, les lois barbares qui ne contenoient
que le tarif des crimes, et celles plus barbares encore du combat judiciaire,
les épreuves par le feu et l'eau, jusqu'aux établissemens de Saint-Louis.
C'est de-là que date notre jurisprudence criminelle parfaitement convenable
au peuple chez qui elle se pratique, et à la nature de son gouvernement.
Attaquer les lois, est une entreprise coupable, parce qu'elle affoiblit le respect qu'on leur doit, et que *le mépris des lois a toujours été le signal de
la décadence des empires.* Il s'élève contre une foule de traits vraiment
incroyables; sur celui-ci, entr'autres : *Quoi donc! les pauvres, les misérables, et comme dit l'orgueil, la lie de la nation, vingt millions d'hommes
seroient-ils réduits à l'avenir à n'apprendre qu'ils ont un Roi que par les
vexations des traitans, des magistrats, qu'à la vue des échafauds, et
un* DIEU *qu'après leur mort!* p. 236. « Que de crimes réunis, s'écrie-t-il,
» dans un si petit nombre de mots : *Un Roi qui n'est connu que par les
» vexations des traitans!* Est-il un blasphême plus horrible, contre la
» majesté royale? *Des magistrats* dont on ne s'aperçoit *qu'à la vue des
» échafauds!* Peut-on faire un outrage plus cruel aux ministres de la loi?
» Mais quelle impiété de présenter les peuples : *vingt millions d'hommes
» réduits à n'apprendre qu'ils ont un* DIEU, *qu'après leur mort!* Voilà le
» fruit de la liberté de tout écrivain; mais il faut convenir que c'est le
» délire de la liberté. » p. 225.

Le secret de l'instruction dans notre procédure criminelle sert de texte
aux violentes déclamations de ces censeurs non moins inconsidérés que
fougueux qui mêlent à la détraction des choses la calomnie des personnes;
et M. Seguier cite le libelle dont j'ai parlé, sorti de la plume de M. Caritat
ou Condorcet; mais il s'attache au mémoire qui prétend que le chancelier
Poyet fut l'auteur de ce système qu'il appelle inquisitorial, et il fait voir
que le secret remonte à l'ordonnance de Philippe VI, de 1534.

Auparavant, les accusés connoissoient par la publicité de l'information,
et le crime qu'on leur imputoit, et les témoins qui pouvoient en déposer;
ils avoient aussi le droit d'en faire entendre. De-là une foule de prévari-
cations : on gagna des témoins, on en suborna, on en supposa. Ce furent
ces abus qui déterminèrent les législateurs à adopter le secret de la plainte

et de l'information. Par-là un coupable n'étoit jamais tranquille, quoiqu'autour de lui tout portât l'empreinte du calme. Mais que peut-on faire de mieux que d'effrayer le crime! Sous prétexte de veiller au salut des bons, on diroit que les novateurs sont payés pour encourager les méchans. N'y a-t-il donc que des innocens livrés à la justice? On peut soutenir au contraire que jamais les innocens n'en ont rien à craindre. On n'est pas criminel sans doute parce qu'on est accusé, mais au moins un accusé est un homme suspect : tort ou raison, la société le croit coupable, c'est à lui à la détromper. Assurément la tâche est terrible; mais quoi qu'on en dise, elle est facile pour l'innocence (1). Celle-ci a son langage que la corruption, la prévention ou l'ineptie peuvent seules méconnoître.

De Philippe VI, le réquisitoire descend à Louis XII le père du peuple, à Charles VII, à François Ier.; et d'après les articles de leurs Ordonnances diverses, il est évident: que la plainte, l'information, et le reste de l'instruction ne se faisoient pas publiquement. Ainsi, sous ce rapport, le malheureux Poyet que le mémoire accuse d'avoir introduit le secret dans la procédure criminelle, est entièrement disculpé ; et, par le passage même de Dumoulin, attesté comme témoin de cette innovation, il fait voir que ce jurisconsulte célèbre n'a rien dit de ce qu'on lui fait dire. « Une observation qui ne doit pas
» nous échapper, « dit ici M. Seguier, « c'est qu'il s'agit des grandes or-
» donnances du royaume; l'ordonnance de Villers-Cotterets, celles d'Or-
» léans, de Moulins, de Blois, les trois dernières rendues *sur les plaintes*,
» *doléances et remontrances des trois états du royaume*. Et dans toutes
» les lois solemnelles où la nation demandoit pour ainsi dire justice à son
» Souverain, on ne trouve aucune réclamation, ni contre la forme de
» procéder, ni contre la barbarie prétendue des ordonnances précédentes.
» Eh quoi! la France entière assemblée pour délibérer sur ses intérêts,
» a été assez aveugle pour ne pas solliciter en cette partie la réformation
» d'une législation bizarre et *contraire à la loi naturelle* : loi innée, gravée
» dans le cœur de tous les humains! La France attendoit qu'il parût un
» génie plus entreprenant qui *vînt réveiller la nation sur de grands intérêts*
» *trop long-temps oubliés*! Non, le Français content de sa législation, ne
» concevoit pas même le désir d'une nouvelle. » p. 241.

Éloge de la sollicitude de nos Monarques attentifs aux plaintes de leurs sujets, et qui se sont prêtés à leurs inquiétudes. Définition de la jurisprudence ; sa division : celle des arrêts, celle des auteurs. Liste des plus fameux qui ont écrit sur cette matière. Confection des ordonnances civiles et criminelles sous Louis XIV. « M. Pussort en propose toutes les dispositions
» en présence du chancelier Seguier et des Commissaires nommés par le

____

(1) Ce ne seroit pas ce qui résulteroit de ce mot attribué, et je crois fort mal-à-propos, au président de Harlay, et qu'on a depuis transformé en apophtegme : « Si l'on
» m'accusoit, » lui fait-on dire, «d'avoir volé la grosse cloche de Notre-Dame et
» de l'avoir mise dans ma poche, je commencerois par fuir, et je me défendrois de
» loin. » Socrate pensa différemment ; il ne craignit pas les juges. Au reste, ce mot
ne seroit pas tant une censure de la loi qu'une satire sanglante des magistrats; et il est
impossible de croire qu'il soit échappé à un magistrat plein d'esprit et de savoir.

» Roi. M. le président de Lamoignon, ce magistrat si intègre, si éclairé,
» si humain, étoit à la tête des commissaires du parlement, avec MM. Ta-
» lon, de Harlay, et Bignon, avocats et procureurs-généraux.

» En lisant le procès-verbal de sa rédaction, on croit assister soi-même
» à ces conférences savantes dans lesquelles chaque article a été convenu
» ou rédigé de nouveau. On y voit la sagesse, la prévoyance et l'étendue
» des lumières d'accord avec l'expérience. Epoque mémorable où le légis-
» lateur a pour ainsi dire consulté ses sujets dans la réunion de tout ce
» que la magistrature avoit de plus instruit.... Monument auguste du zèle
» dont ce grand Roi étoit animé pour la justice, et que d'Aguesseau ca-
» ractérise en ces termes : Cette *loi si sage dans ses motifs, si respectable*
» *par son autorité, si inviolable dans son exécution* ; qui auroit imaginé
» qu'on pût un jour la présenter *comme échappée des tribunaux de Tibère*
» *et des cachots de l'inquisition*, comme digne de *l'ame de Claude et de*
» *Caligula* ; qu'on pût soutenir qu'elle est fondée *sur une maxime inventée*
» *dans une des profondes nuits de l'esprit humain* ! Le siècle de Louis XIV,
» le rival du siècle d'Auguste, un siècle de ténèbres et de barbarie ! Etoit-il
» donc réservé à notre ministère de répondre à des assertions aussi ab-
» surdes, aussi indécentes ? » p. 245.

Il revient sur le secret de la procédure, qui cesse après la confrontation. Il examine la question du conseil qu'on n'accorde point aux prévenus
en matière de grand criminel, parce que, lorsqu'il s'agit de tirer la vérité
de la bouche d'un accusé, c'est sa conscience et non celle d'autrui qu'on
interroge, et que c'est par sa bouche que sa conscience doit répondre et
non par une bouche étrangère. Il réfute l'argument qu'on prétend tirer
des paroles de M. de Lamoignon, dans le procès-verbal de l'ordonnance,
sans faire autre chose que de les citer avec exactitude ; et il fait remarquer
avec justice que les accusés ont tous un conseil né, « le ministère
» public qui est l'homme de la loi, qui n'est pas seulement le vengeur
» du trouble apporté dans la société, mais qui est en même temps le
» conservateur de la vie, le gardien de l'honneur de tous les citoyens. »

Après avoir déploré la condition des magistrats qu'on accuse, et quand
ils s'écartent de la loi, et quand ils l'observent avec exactitude, il se demande si ces déclamations sont vraiment l'opinion publique ? Et voici sa
réponse : « Il existe un certain nombre d'esprits entreprenans qui, dans
» la grande opinion qu'ils ont d'eux-mêmes, se sont persuadés qu'ils com-
» posoient à eux seuls tout le public, ou au moins qu'ils étoient appelés
» pour l'éclairer et pour l'instruire. Ils prétendent maîtriser son opinion,
» la diriger à leur gré, la changer suivant leurs caprices ; ils se font les
» arbitres des réputations, et leur amour-propre a poussé le fanatisme
» jusques à annoncer que leur opinion particulière étoit la règle et l'opinion
» générale. Ils ont trouvé des prosélytes dans tous les états, *et la justice*
» *elle-même est surprise de compter des ennemis secrets au nombre des*
» *ministres chargés du soin de maintenir les lois et de les faire exécuter.*
» Nous entendons de tous côtés crier l'humanité ! l'humanité ! Et depuis
» quand l'humanité n'est-elle plus respectée ? Quel est le mortel assez
» barbare pour ne pas défendre ses droits ? Sans doute l'humanité doit être

» le guide de la loi et déterminer la mesure des peines que la loi pro-
» nonce : mais le législateur ne doit-il porter toute son attention sur l'hu-
» manité que dans la personne d'un scélérat? Il n'oublie point qu'un assassin
» est un homme, mais sa prévoyance peut-elle faire entrer en comparaison
» une mort méritée et utile à la société, avec un assassinat prémédité qui
» prive l'État d'un citoyen vertueux, une femme de son mari, des enfans
» de leur père et de leurs alimens? Comment concevoir de la pitié pour
» un monstre qui de sang-froid égorge son concitoyen sans armes et sans
» défense? C'est donc l'humanité en péril que la loi doit consulter ; c'est
» l'humanité expirante que la loi doit venger ; c'est l'humanité entière que
» la loi doit protéger. La sûreté publique peut-elle s'apprécier? N'est-elle
» pas incommensurable? et la punition d'un malfaiteur prévenu d'un grand
» crime (soit qu'on le séquestre de la société en lui laissant la vie, parce
» qu'il n'est pas assez de preuves pour le convaincre, et qu'il y en a trop
» pour le déclarer innocent; soit qu'on le retranche du nombre des citoyens
» en le condamnant à la mort parce qu'il est convaincu), cette punition,
» quelque rigoureuse qu'on la suppose, n'est-elle pas légitime et nécessaire,
» dès qu'il s'agit de la tranquillité publique et du bonheur commun? Quoi!
» des cœurs insensibles à l'intérêt de leur propre sûreté, autant qu'à l'intérêt
» de la sûreté publique, des cœurs stoïques veulent paroître s'attendrir sur
» le sort d'un malheureux qui n'a pas eu pitié de son semblable! Etrange
» barbarie! compassion vraiment inhumaine! Sous prétexte d'une équité
» aussi fausse que séduisante, on ne craindra point d'exposer l'honneur,
» la fortune et la vie du plus grand nombre, pour replacer dans la société
» un malheureux qui s'en est séparé volontairement par l'atrocité des
» forfaits dont il est coupable aux yeux de l'homme, s'il ne l'est pas aux
» yeux des magistrats! La loi est juste, quelle que soit sa décision, parce
» qu'elle est loi. Elle est la même pour tous, elle est la sauve-garde du
» citoyen qui dort tranquillement dans ses foyers ; il repose sur la loi, et
» la loi veille à sa sûreté. Mais elle est aussi la terreur du coupable prêt
» à commettre le crime qu'il médite, elle l'épouvante par l'horreur du
» supplice, avant même qu'elle le puisse condamner. La véritable humanité
» n'est pas celle qui pleure sur le sort d'un scélérat; c'est celle qui cesse
» d'être sensible, celle qui paroît cruelle pour la paix, le repos et la
» conservation du genre humain. p. 254.

» Ne diroit-on pas que les prétendus sages du siècle ont le privilége
» exclusif de la raison? Ne diroit-on pas que les magistrats ont un grand
» intérêt à maintenir la législation dans l'état de désordre et de confusion
» qu'on ose lui reprocher? En vain nous entreprendrions ici de la justifier :
» quand la sagesse elle-même éleveroit la voix, pourroit-elle se faire en-
» tendre au milieu des acclamations du préjugé? Quel courage ne faut-il
» pas avoir pour s'exposer à la fureur de la contradiction? L'expérience se
» tait quand elle n'est pas consultée; elle se dérobe au tourbillon qui cherche
» à l'entraîner, et forme une enceinte pour se préserver de la contagion.

» Loin de nous ce système d'une réforme générale, dont les suggestions
» sont d'autant plus dangereuses, que c'est toujours au nom de l'humanité
» qu'elle s'annonce. Loin des tribunaux ces plans de législation, proposés

» par l'amour de la nouveauté, accueillis par la crédulités, accrédités par
» une certaine hardiesse de penser qui en impose, et qui, sous prétexte de
» rétablir l'homme dans tous ses droits, ne serviroient au contraire qu'à
» troubler l'ordre et l'harmonie de la société. » p. 257.

Le ton dogmatique qu'a pris l'auteur du mémoire, dépose contre lui. Ce n'est pas ainsi que la vérité s'annonce, c'est avec simplicité, avec timidité même, en proposant des doutes modestes. M. Seguier ne nie pas que l'on ne puisse faire quelques changemens au Code criminel, et que, quant à la juste proportion des peines et à leur application relativement à la nature des délits, il n'y eût une espèce de vide à remplir, le législateur qui n'a pas donné la définition des crimes, en ayant peut-être trop abandonné à l'arbitrage des juges la punition, qui devroit être réglée sur leur énormité ou le penchant à s'y livrer. Mais il voudroit qu'on ne touchât à l'ordonnance, dont l'instruction du procès est le but principal, qu'avec le respect religieux qu'elle mérite par la solidité et l'admirable contexture de son plan, dont l'expérience a prouvé la sagesse et la réflexion; mais il fait voir combien il sera toujours difficile de trouver une juste combinaison dans des matières si délicates. « Comment fixer les nuances du crime? Qui pourra s'assurer
» d'une exacte proportion entre la peine et le délit, entre la facilité de
» commettre un crime, et la punition à infliger pour le prévenir; entre
» l'atrocité d'un forfait et la nature du châtiment établi pour le réprimer?
» Qui osera enfin déterminer le degré d'influence que la terreur d'un sup-
» plice plus ou moins rigoureux doit avoir sur l'esprit des scélérats, rela-
» tivement à la sûreté générale de la société? » p. 259. Rien n'est fait pour inspirer une sorte de vénération pour le caractère et la trempe du génie de M. Seguier, comme cette réserve, cette circonspection avec laquelle il examine, discute, n'ose décider dans un sujet qu'il s'est soumis, qui est de son domaine, où tant d'autres esprits superficiels se seroient crus en droit de trancher et de prononcer magistralement et sans appel. C'est par une conséquence de ce rare et excellent naturel, que, poursuivant sa critique du mémoire frondeur, insolent, qui nécessita son réquisitoire, il cite la loi unique au Code : *Si quis imper. maled.*, dans laquelle Théodose s'exprime de la sorte : « Si quelqu'un, oubliant tout sentiment de modération et de
» pudeur, se permet d'attaquer notre personne par des propos audacieux,
» ou que, dans l'ivresse d'un esprit factieux, il ose inculper les principes
» de notre gouvernement, nous voulons qu'on ne lui inflige aucune peine,
» qu'on n'use à son égard d'aucune voie de rigueur: car si c'est par légèreté,
» on doit le mépriser; par folie, le plaindre; et par méchanceté, lui
» pardonner. Ainsi, toutes choses entières, l'affaire sera renvoyée devant
» nous, pour que, d'après les personnes, nous jugions des discours, et
» déclarions s'ils doivent être passés sous silence ou recherchés. » Ce que l'Empereur prescrivoit au Préfet, il le propose à la Cour « qui, sans chercher
» à venger son injure, ne doit être affectée que de celle faite à la loi et au
» souverain. » p. 263.

Ceci amène une tirade sur les mémoires judiciaires que l'on colporte, que l'on étale, que l'on vend avec le portrait des malheureux pour lesquels ils sont faits; qui ne contiennent souvent que des aventures romanesques, des épisodes licencieux ou des diffamations scandaleuses, et qui sont enfin si différens de ce qu'ils étoient jadis, de ce qu'ils devroient être. Sa juste indignation contre la dépravation de cette sorte d'écrits ne l'empêche pas de traiter avec indulgence l'avocat qui a signé la consultation, auquel il rend ce témoignage, *qu'il est connu de tous ses confrères par son désintéressement, sa probité et ses sentimens*; il ne prend aucunes conclusions contre lui. Forcé de s'arrêter un moment sur la diatribe de Condorcet, il en extrait quelques passages tels que celui-ci : *C'est l'éloquence du défenseur des trois condamnés, qui a produit cet effet prodigieux dont le Parlement est irrité et humilié.* « Pourquoi la Cour, » répond M. l'avocat-général, « seroit-elle irritée ou humiliée d'un tissu de » phrases ampoulées, et d'amplifications laborieuses dignes de son mépris » plus que de son animadversion ? » Sur les reproches que le fabricateur du pamphlet se croit en droit d'adresser au Parlement, M. Seguier lui dit : « Que ce n'est ni de lui, ni de ses partisans qu'on peut être flatté de » mériter l'approbation. De même que l'hypocrisie est un hommage que le » vice rend à la vertu, de même les injures de la calomnie sont un hommage » que la philosophie du siècle rend à la magistrature. » Après avoir caractérisé le véritable sentiment national, il reprend ainsi : « Un corps dont l'essence » est d'être invariable dans ses principes, ne se livre jamais à ces effer- » vescences d'un moment, qui peuvent ressembler quelque temps à l'opi- » nion publique, par la multitude des enthousiastes qu'elles échauffent , » mais dont la lumière de la raison dissipe le faux éclat. L'homme sage, » étonné d'avoir été séduit, rejette des maximes qui tiennent de trop près » à l'esprit de parti, et l'esprit de parti ne peut jamais être l'esprit général » de la nation.

» Elle envisagera (la Cour) le *mémoire* prétendu *justificatif*, comme un » assemblage monstrueux de paradoxes et de faussetés. Elle y trouvera le » fanatisme porté au dernier excès, la liberté de tout écrire poussée jusqu'à » l'aveuglement, la mauvaise foi déguisée sous une interprétation arbitraire » de la loi, et les principes les plus séditieux voilés sous des protestations » de respect et de soumission.

» Ces justes reproches sont les motifs des conclusions par écrit que » nous laissons à la Cour. »

Sur ce réquisitoire et les conclusions : Arrêt du 11 août 1786, *qui condamne le mémoire et la consultation à être lacérés et brûlés par l'exécuteur de la haute justice, comme contenant un exposé faux des faits et un extrait infidèle de la procédure; des textes de lois aussi faussement rapportés que faussement appliqués; calomnieux dans tous les reproches hasardés contre tous les tribunaux; injurieux aux magistrats; tendant à dénaturer les principes les plus sacrés; destructif de toute confiance dans la législation et dans les magistrats qui en sont les gardiens et les dépositaires; tendant à soulever les peuples contre les ordonnances du royaume; et comme attentatoires à l'autorité et à la majesté royale.....; Donne acte au Procureur-général de la plainte qu'il rend contre les auteurs desdits mémoire et consultation; Ordonne qu'à sa requête il sera informé, &c.*

. Si je me suis étendu autant que je l'ai fait sur cette affaire, non moins intéressante en elle-même que par les résultats que lui attribue M. Portalis, c'est, d'un côté, parce qu'il m'a semblé que dans le paragraphe qu'il lui a consacré il en dit trop et trop peu ; et, de l'autre, parce que j'ai pensé qu'elle me fournissoit l'occasion de présenter une légère esquisse de la manière de M. Seguier, par les divers fragmens que j'en ai rapportés (1) ; en attendant que Monsieur son fils, aujourd'hui premier président de la première Cour d'appel de l'Empire, le fasse connoître tout entier, en donnant l'édition de ses Œuvres. Il doit à la mémoire de l'auteur de ses jours, il se doit à lui-même de publier les fruits précieux pour la France et l'humanité des travaux, des recherches et des méditations d'un père célèbre, qui sut, par ses talens, augmenter l'illustration d'un nom déjà illustré par de grandes places et de grands mérites. Il le doit, et ce sentiment exquis de tous ses devoirs qui le distingue, et auquel il s'est imposé la loi d'obéir sans hésitation, nous répond qu'il ne s'affranchira pas de celui-ci, et qu'un jour il nous procurera la jouissance de ce trésor ; de sorte que nous qui sommes avancés dans la carrière de la vie, nous pourrons réfléchir avec satisfaction sur ce que nous avons applaudi avec transport ; tandis que nos neveux, qui n'auront pas eu le bonheur de l'entendre, en seront dédommagés par l'avantage de le lire et de s'en pénétrer.   ,

Pour revenir aux deux Mémoires, il est certain que, malgré la sensation qu'avoit excitée le premier, on reconnut la supériorité du second. En effet, quant à l'exactitude des citations, à la méthode de la discussion, à la vérité, à la profondeur des principes, à la justesse des raisonnemens, à la connoissance des lois et des formes, l'ex-avocat-général du parlement de Bordeaux ne peut pas entrer en comparaison avec l'avocat-général du parlement de Paris. Tandis que M. Seguier a consulté les originaux, puisé dans les sources, M. Du Paty a tiré tout ce qu'il a mis d'érudition dans son Mémoire, de l'article ACCUSATION, inséré dans la nouvelle édition du *Dictionnaire de Brillon*, par M. Prost de Royer, ancien lieutenant-général de police de Lyon (2). M. Seguier défend par d'excellentes raisons nos lois antiques, nos usages nationaux, que M. Du Paty attaque par des sophismes qui ont plus d'éclat que de réalité, par des moyens plus spécieux que solides. De tous les établissemens humains il n'en est aucun qu'on ne puisse critiquer avec quelque justice, parce que l'homme est un être borné, et que tout ce qui sort de la main des hommes doit porter l'empreinte de l'imperfection des auteurs de l'œuvre. L'expérience est le seul régulateur que l'on puisse consulter avec succès dans des matières pareilles à celle-ci. M. Séguier étoit d'avis que l'on conservât notre ordonnance criminelle, peut-être avec quelques changemens.

---

(1) L'Éloge n'en cite pas une seule phrase.
(2) Ce Recueil ; commencement d'un immense dépôt, véritable *barathre*, où l'on trouve jeté, trop souvent sans choix, tout ce que l'écrivain ou ses collaborateurs ont compilé, avec tout ce qu'ils imaginent, est resté à son septième volume *in-4°*. La lettre A n'est pas terminée. On peut juger par-là quelle montagne de volumes auroit produit l'entreprise, si on l'avoit continuée.

M. Du Paty vouloit qu'on l'abrogeât entièrement, et qu'on lui substituât le *jury* anglais. Son sentiment a prévalu. Mais que dit l'expérience ? Que le jury, qui ne vaut rien en Angleterre, est détestable en France. Il ne vaut rien en Angleterre. Une loi ne vaut rien, qui, soit parce qu'elle ne les prévient ni ne les comprime, semble fomenter les délits qu'elle est faite pour détruire. Or, en Angleterre, malgré le jury, et la peine de mort infligée aux vols, le sol est couvert de voleurs. Donc le jury ne vaut rien. En France, avant la révolution, un voyageur, en partant de Calais, auroit pu aller à pied jusqu'à Bayonne, portant à sa main son chapeau plein d'or, sans que, sur le grand chemin, il eût rencontré un seul individu qui eût osé attenter à cette précieuse propriété. Depuis le jury, nos routes sont-elles plus sûres, aussi sûres qu'elles l'étoient auparavant ? La meilleure pierre de touche de la bonté des lois coercitives, c'est une réponse naïve à une question semblable. Mais cette réponse, d'après notre état actuel, est foudroyante pour les effets du jury. La durée d'un siècle, sous le régime des anciennes lois, a vu moins éclore d'événemens réclamés par le brigandage et les plus affreux forfaits, que quelques années écoulées sous celui des innovations.

Les enthousiastes qui, trouvant tout mauvais chez nous, vouloient tout détruire, vantoient sur-tout l'avantage de la publicité de l'instruction. A les entendre : « les audiences devoient être remplies de ce qu'il y auroit » d'hommes instruits, vertueux dans les cités, toutes les fois qu'une cause » criminelle seroit portée dans nos tribunaux. Ce devoit *être là une* » *école de morale, de droit public, d'administration, &c.* » Comme ils connoissoient le génie de leurs compatriotes, ces miraculeux pronostiqueurs! Hé bien, leurs vœux se sont accomplis; l'instruction s'est faite publiquement, la salle des audiences s'est ouverte ; ils s'y sont en effet précipités en foule, qui ? des malfaiteurs, des brigands, des bandits de toute espèce. Ils y sont venus pour soutenir, encourager du geste, de leur présence, de leurs vœux, leurs amis, leurs complices. Ils y sont venus pour apprendre de quelle manière on pouvoit nier une imputation avec effronterie, éluder les questions avec adresse, embarrasser les témoins par des subtilités, échapper à la conviction; et cette école prétendue de bonnes mœurs, de vertus, s'est trouvée être un lycée du crime, où l'on s'instruit non seulement à le commettre, mais à le justifier. La publicité des procédures, si ce n'est dans des cas extraordinaires, n'a fait sortir de son cabinet ni le savant littérateur, ni l'estimable négociant, ni le banquier fameux, ni même l'honnête citoyen retiré des affaires, dont toute l'occupation se borne désormais à vivre *paix et aise* au sein de sa famille, et qui devoit y conduire solemnellement ses enfans, ses petits-enfans avec assiduité. Tous sont restés chez eux, indifférens sur le sort d'une humanité générale qui ne touche qu'autant qu'elle se spécifie ; et les individus qui fréquentent les salles d'audiences criminelles sont justement ceux auxquels l'accès devroit en être interdit.

Avec la publicité, le mode d'instruction devoit être un rempart pour l'innocence contre toutes les erreurs, toutes les surprises, etc. Hélas ! c'est par ce mode d'instruction que l'infortuné Lesurques, malgré son innocence démontrée, a perdu le jour ; et ses mânes plaintifs, sa femme, ses enfans, sans honneur et sans pain depuis le fatal jugement, attendent une réhabilitation jusqu'à présent réclamée en vain. (Voyez page 143 de ce volume).

M. Seguier, il faut en convenir, pouvoit avec plus d'avantage disculper l'ordonnance que la procédure, la loi que ses ministres. Il l'a bien senti : aussi passe-t-il légèrement sur l'apathie des officiers du baillage de Chaumont pendant trente mois, sur le degré d'évidence des preuves acquises contre les accusés. Loin de s'élever contre ceux-ci, tout en indiquant qu'il pourroit ajouter aux charges qui existent, il fait des vœux pour qu'ils trouvent grâce aux yeux du Souverain, et il garde un silence absolu sur ce terrible arrêt d'aggravation ; en quoi on ne peut s'empêcher d'admirer comment, en relevant les écarts du président Du Paty, en excusant ceux des officiers et des juges, il ne s'en charge point ; et comment, censeur ou apologiste de certains torts, semblable au cygne au milieu d'une eau fangeuse, qui conserve sa blancheur native, il reste toujours l'organe fidèle de la raison, et l'oracle impartial de la justice (1).

M. Seguier ne répond rien non plus aux arrêts de Calas, de D'Anglade et de Cahusac, que celui qu'il combat ne cesse d'objecter à notre jurisprudence. Je ne parlerai pas, moi aussi, de celui de Calas, d'abord pour ne pas paroître singulier, et ensuite pour ne blesser personne ; mais ceux de D'Anglade, de Cahusac, est-ce à la loi ou aux ministres de la loi qu'il faut les attribuer ? D'Anglade, accusé d'un vol fait dans l'appartement du comte de Montgommery qui habitoit la même maison, traduit devant le lieutenant-criminel qui se conduisit avec une partialité révoltante dans l'instruction de son affaire, le prend à partie. Le parlement de Paris déclare ce magistrat follement intimé, et il *renvoie le procès devant lui !* Quoi ! en matière civile, un juge avec lequel on aura été en procès, qui aura dit un mot d'humeur à la partie, ne pourra pas juger ; et en matière criminelle, le parlement veut non seulement que l'homme qui vient d'être insulté grièvement, juge ; mais encore qu'il instruise ? Qu'avoient fait les membres de la Cour *de cette lumière qui illumine tout homme venant dans ce monde ?* Ils n'avoient qu'à descendre au fond de leur cœur, et ils y auroient trouvé : qu'il n'y a que des héros, et des héros chrétiens ou dignes de l'être, dont l'ame insensible à l'injure puisse conserver cette stoïque impartialité, nécessaire dans des fonctions aussi délicates que celles dont ils chargoient le magistrat offensé ; et comme ces sortes de héros sont

_____

(1) D'après le Mémoire et les démarches du président de Bordeaux, qui fit encore plusieurs écrits, le Conseil nomma une commission pour l'examen de l'affaire. La procédure fut cassée pour un défaut de forme que n'avoit pas aperçu M. Du Paty, et renvoyée au baillage de Rouen. M. Du Paty se transporta sur les lieux, et le 5 novembre 1787, Simare, Lardoise et Bradier *furent déchargés d'accusation, permis à eux d'assigner leurs accusateurs en dommages intérêts , etc.* Lors des dernières séances du parlement de Paris, un de ces trois hommes fut traduit devant lui de nouveau, pour un crime grave. Il y avoit des preuves contre lui ; mais les juges craignant de se compromettre, et de passer pour avoir plus consulté leur ressentiment que les informations, se contentèrent d'ordonner un plus ample informé.

extraordinairement

extraordinairement rares, ils ne doivent jamais être supposés, parce que ce qui est si rare est comme ce qui n'est pas. On m'objectera que l'ordonnance civile permet : « que le juge follement intimé puisse être juge » (art. 5, tit. XXV de l'ordonnance) ; mais c'étoit par cette raison qu'il ne falloit pas prononcer la folle intimation ; car l'ordonnance qui ne parle ni du juge instructeur, ni du juge en matière criminelle, ne veut point que le juge *intimé* puisse juger du différend, *à peine de nullité, et de tous dépens, dommages et intérêts des parties.* Or, quel fut le résultat de ce renvoi ? Que le lieutenant-criminel, déjà prévenu contre l'infortuné D'Anglade, encore ulcéré par la procédure qui avoit compromis son amour-propre, ne fut plus qu'un ennemi déclaré du déplorable accusé. A ses yeux, tout ce qui n'étoit que vraisemblance parut vrai ; et quand il fut à la fin de l'instruction, irrité de n'avoir pu recueillir que des présomptions vagues, au lieu de preuves démonstratives nécessaires pour une condamnation, il ordonna : qu'il seroit appliqué à la question ordinaire et extraordinaire. Appel de la sentence. La Cour confirma, et aggravant le jugement, arrêta : « Que la question ordinaire et extraordinaire seroit subie, » les preuves subsistant en leur entier. » Ce qui permettoit aux juges supérieurs, non moins subjugués par la prévention que le premier juge, de prononcer : « en cas que l'accusé ne fît aucun aveu, les peines les plus » graves, afflictives et pécuniaires, excepté la mort. » (Ordonnance criminelle, tit. XIX, art. 2.)

L'innocente victime de la passion des magistrats fut abominablement torturée. Mais soutenu contre la violence des tourmens par la pureté de sa conscience, D'Anglade ne se démentit point, et refusa constamment de se calomnier en se reconnoissant coupable. Je ne veux point m'étendre sur ce qu'il souffrit, sur ce que souffrit son épouse, accusée, emprisonnée dans un commencement de grossesse, accouchant dans un cachot, condamnée comme sa complice ; sur la mort édifiante, sainte, du mari aux galères ; sur la découverte des véritables criminels qu'il ne tenoit qu'aux juges de saisir durant le cours de l'instruction ; je m'en tiendrai à dire : que D'Anglade fut sacrifié, non par l'ordonnance, mais par ceux qui la violèrent avec l'air de lui obéir.

L'arrêt de Cahusac doit être placé dans la même cathégorie que celui de D'Anglade. Un marchand de Toulouse, volé et maltraité pendant la nuit par un inconnu, attire par ses cris la patrouille, au commandant de laquelle il dénonce le fait. Le lendemain, un maçon appelé Cahusac est arrêté ; on lui impute le vol et les excès commis la nuit précédente. Il est confronté, reconnu ; mais il proteste de son innocence, articule des faits justificatifs, et entr'autres un *alibi* qui ruinoit de fond en comble l'accusation. Les juges, sans égard à ses allégations, le condamnent à la mort, qu'il reçoit. Quelques mois après, le véritable auteur du crime est pris. Il le confesse, le détaille, et l'expie par le dernier supplice. Mais est-ce l'ordonnance que l'innocent pouvoit inculper ici ? Cette ordonnance ne recommande-t-elle pas aux magistrats « de choisir entre les » faits justificatifs ceux qui peuvent disculper l'accusé, et d'en ordonner la » preuve ? » (Art. 2 du tit. XXXIII de l'ordonnance de 1670.) Si les Conseillers au parlement de Toulouse n'ont tenu compte de cette disposition, n'est-ce pas à eux qu'il faut s'en prendre du meurtre du maçon? et son sang ainsi répandu, n'est-ce pas contr'eux qu'il crie et qu'il demande vengeance? Oui, presque toujours les lois sont sages; mais les hommes ne le sont pas.

J'entends s'élever une foule de voix qui disent : « des lois, des lois, » et moi je dis : « des juges, des juges. » Avec de mauvaises lois et de bons juges (1) vous aurez peu de mauvais jugemens. Avec les meilleurs lois et de mauvais juges, vous en aurez sans nombre. Une anecdote qui vient en preuve de ce que peut un juge prudent, même quand la loi paroît remplie, et qu'elle semble proscrire sans espérance l'homme de bien poursuivi, accablé par une destinée invincible, est celle-ci, que je tirerai de ce Recueil de M. Prost de Royer, que j'ai cité plus haut, et où elle est rapportée en ces termes, tom. II, pag. 253 :

« A la Rochelle, deux frères honnêtes avoient le double malheur de » plaider l'un contre l'autre et d'être brouillés. Un régiment arrive. Dans » ce corps, deux soldats, sans doute exercés au crime, supposent que l'un » des deux frères leur a offert vingt-cinq louis pour assassiner l'autre. Ils » en donnent avis à celui-ci qui leur donne le double. Le secret échappe; » l'affaire devient publique; personne n'y croit; mais il y a deux témoins » qui ne se démentent point à la confrontation, et l'infortuné, condamné » à la roue, arrive à Paris, est conduit à la Tournelle. Placé avec ses fers » sur la sellette, il répétoit bien qu'il étoit innocent, mais l'instruction » étoit lumineuse. On avoit bien écrit à M. Hurson (conseiller au parle- » ment de Paris, l'un des juges), mais la procédure étoit claire. Cependant » ce digne magistrat n'imagine pas comment un homme jusque-là hon- » nête, peut avoir eu l'idée de faire assassiner, et qui? son frère! Mettant » dans la balance la passion et l'intérêt d'un côté, et de l'autre l'honneur » et la nature, il ne voit pas que le crime soit possible. Il fait plus, il en- » visage l'accusé, il lui parle, se pénètre de sa première idée. Tout-à- » coup, par une espèce d'inspiration, et comme transporté hors de lui- » même, il quitte sa place pour remplir celle du ministère public; donne » plainte en calomnie contre ces deux témoins, en disant que s'il se » trompe il payera la réparation. Il obtient aisément le sursis d'un tri- » bunal vertueux comme lui, envoye à la Rochelle, fait amener les deux » soldats, leur fait avouer leur complot, et par ce trait de lumière sauve » le jour à l'innocence. Jamais, » dit le compilateur, « M. Hurson » n'en parloit sans verser des pleurs; et je rappelle ce trait connu pour » honorer sa mémoire. » Ce trait est beau, en effet, parce qu'il est rare; ayez de bons juges, il n'aura plus de mérite, parce qu'il sera commun. Qu'on exagère tant qu'on voudra le trouble, l'embarras où jette une ac-

_____

(1) C'est une observation de Montesquieu en parlant : des preuves par le combat, par le fer chaud et l'eau bouillante, et du temps où elles furent en usage. « Il y eut » dit-il, » un tel accord de ces lois avec les mœurs, qu'elles produisirent moins d'in- » justices qu'elles ne furent injustes; que les effets furent plus innocens que les causes, » et qu'elles choquèrent plus l'humanité qu'elles n'en violèrent les droits. » *Esprit des Lois*, liv. XXVIII, chap. 17.

cusation injuste et par conséquent imprévue, jusqu'à ce que l'ame humaine soit changée, jusqu'à ce que les fibres qui composent nos cœurs soient dénaturés ; la pudeur rougira, balbutiera autrement que le crime, et l'accusé assis à côté de son innocence, répondra d'un ton différent du coupable que son forfait, debout devant lui, accuse, opprime, suffoque, confond bien autrement que la présence, que la voix du magistrat, et avant même que celui-ci ait ouvert la bouche pour l'interroger. C'est à ce discernement, c'est à la connoissance de l'accent de la nature, c'est à celle de ses inclinations, de ses antipathies, que doit s'exercer celui à qui l'autorité a remis le soin de veiller au repos de la société, à son maintien, en faisant exécuter les lois réprimantes qui lui servent de base. Qu'est-ce que le jugement éternellement célèbre de Salomon ; que l'application d'une notion naturelle du sentiment inviolable de l'amour maternel !

Ceci ne me paroît pas un épisode, et je serois fâché qu'il le parût au lecteur. C'étoit à mon sens un appendice nécessaire à l'ouvrage de M. Seguier, à qui sa position interdisoit jusqu'à l'idée d'en tracer même une esquisse ; ce qui, sans doute, m'en fera pardonner la grossière ébauche.

Si le Mémoire de M. Du Paty avoit porté quelqu'atteinte au crédit du Parlement, le réquisitoire que je viens d'analyser auroit suffi pour le raffermir. Il paroît que son auteur le regardoit comme son œuvre favori, comme une de ses meilleures productions ; et ce fut en général le jugement qu'en porta le Public éclairé.

(O) *M. Seguier.... se retira dans la ville de Tournay.... où il est mort le 26 janvier* 1792.

Après la retraite ou plutôt le renvoi de M. de Brienne, premier ministre, devenu, d'archevêque de Toulouse, archevêque de Sens, M. Necker vint remplir sa place. Il lui fallut tenir ce qu'avoit promis son prédécesseur, c'est-à-dire convoquer les Etats-Généraux. Il suivit, pour le mode de cette convocation, son goût pour *l'ochlocratie* (pouvoir de la populace). Il fut décidé que les députés du tiers seroient en nombre double de ceux des nobles et des ecclésiastiques ; et il substitua le terme de *représentation* à celui de *députation*, connu seul autrefois pour désigner les fonctions qu'avoient à remplir ceux qui étoient nommés dans les assemblées pour porter au Souverain les vœux de son Peuple.

Le Parlement avoit rabattu de son enthousiasme pour les Etats. Eclairé par les réflexions de quelques têtes flegmatiques et pensantes qui se trouvoient dans son sein, et commençant à sentir quelques craintes vagues sur les suites de ce parti auquel il avoit forcé le Gouvernement, il voulut indirectement revenir sur ses démarches. Il fit des remontrances dans lesquelles il insista pour l'antique composition. Ce pas rétrograde fut un grand pas vers sa *dépopularisation*; il avoit déjà beaucoup perdu de sa considération dans la classe des bons esprits, par la manière dont il avoit toléré, et peut-être provoqué les excès que s'étoit permis, sur le Pont-Neuf, contre le garde-des-sceaux M. de Lamoignon, une tourbe insolente que l'on habituoit au manque d'égards pour les personnes, de respects pour les dignités, et de soumission pour les lois. L'impulsion donnée une fois, il éprouva la vérité de la devise de Platon : « Qu'il est beaucoup plus aisé

» d'agiter le calme que de calmer l'agitation (1). » Il lui fut impossible désormais d'agir utilement pour lui ou pour la Patrie. Il auroit dû se réunir à l'autorité, se serrer auprès d'elle, et faire ainsi face aux innovateurs en repoussant toute innovation. Devenu suspect au Monarque, à son Conseil, il en perdit l'envie et bientôt le pouvoir. Les députations s'organisent; jamais aucun pays ne fournit un recueil plus complet et plus nombreux de malhonnêtes gens; on y vit tous les vices, peu de talens, quoi qu'on en ait dit, et à peine quelques vertus. Les Représentans arrivent au nombre de douze cents; ils investissent ce colosse d'une souveraineté héréditaire, dont quatorze siècles sembloient avoir consolidé l'existence, et deux mille quatre cents bras s'animent, s'acharnent à sa destruction après l'avoir jurée. Ceux-là même qui en défendent une partie en attaquent une autre : Religion, Propriétés, Clergé, Noblesse, Armées de terre, de mer, Lois, Tribunaux, Magistrats, Ordres religieux, militaires, Mœurs, Coutumes, Corporations, Charges, Places, Décorations, Etablissemens publics, particuliers, Circonscriptions, Noms de provinces, de villes, cèdent à leurs efforts et tombent sous leurs coups. Le funeste Genevois qui les avoit appelés devint une de leurs premières victimes, et ils firent leur jouet du Souverain qui les avoit accueillis. C'est au pinceau de l'histoire à retracer le tableau de notre pays couvert de décombres; il suffit à mon sujet de rapporter que lorsque, le 17 juillet 1789, Louis XVI fut amené de Versailles à l'Hôtel-de-Ville, et que le maire Bailly lui fit le compliment antithétique : *qu'autrefois Henri IV avoit conquis Paris, et qu'aujourd'hui Paris avoit conquis son Roi ;* M. Seguier resté chez lui pendant que toute la ville étoit dans la rumeur, fut trouvé couvert de larmes; et sur ce qu'on lui demanda la cause d'une si vive affliction : « Eh quoi! » dit-il « vous ne » voyez pas que ce sont là les premiers pas que notre malheureux Roi » fait vers l'échafaud ! »

Les Princes ne se croyant plus en sûreté dans le royaume se retirèrent chez l'Etranger; ils appelèrent M. Seguier, qui avoit aussi quitté Paris : il se fit un devoir d'aller les joindre. On parla dans le temps d'un Mémoire apologétique composé par lui, et on assuroit que M. de Calonne qui, de son côté, en avoit fait un sur la même matière, avoit jeté le sien au feu après avoir lu celui de M. Seguier. Je n'ai pas ouï dire que ni l'un ni l'autre ait été publié.

Le mauvais Génie de la France l'emporta sur les plans et les avis d'un homme aussi sage qu'habile, et qui fut beaucoup plus consulté qu'écouté. Il s'étoit réfugié à Tournai où il mourut, non pas le 26, comme le dit son Eloge, mais le 25 janvier 1792, âgé de soixante-cinq ans, un mois et vingt-cinq jours. Il n'avoit vu que le commencement de nos désastres; cependant on ne sauroit douter que les horreurs qu'il prévoyoit, toujours présentes à son imagination, n'aient abrégé une carrière que, selon le cours de la nature, il eût poussé beaucoup plus loin.

M. Seguier s'étoit marié à l'âge de quarante ans; il avoit épousé mademoiselle Vassal, jeune, belle, riche, aussi intéressante par les qualités de son cœur et de son esprit, que par les charmes de sa figure; possédant enfin tout ce qui peut rendre l'hymen désirable et son lien heureux. Il

---

(1) *Facilius est movere quietem quàm quietare motum.*

conserva toujours pour elle une amitié tendre , les égards les plus marqués, et une confiance sans bornes dont jamais il n'eut lieu de se repentir. Deux fils sont issus de cette union : l'aîné a été nommé , comme on l'a vu plus haut, premier Président de la Cour d'Appel de Paris ; le second , d'abord destiné au militaire, est entré dans la carrière diplomatique. Il est Consul à Trieste.

Il auroit pu , dans les beaux jours de sa jeunesse , épouser mademoiselle Molé que lui offroit son père ; tout Paris sut à quelle condition. Il exigeoit sa promesse de lui être constamment fidèle. Le refus de M. Seguier fit moins d'honneur à ses mœurs ; mais il en fait infiniment à sa morale. Combien à sa place n'auroient pas balancé à promettre, sauf à ne pas tenir !

C'est la morale qui fait l'homme , et de ce côté M. Seguier peut supporter l'examen le plus rigoureux. Exact observateur de sa parole , il ne la donna jamais en vain, et dans plus d'une circonstance il aima mieux compromettre sa fortune que d'y manquer. Aussi n'a-t-il laissé d'autre héritage à ses fils que sa gloire ; et c'est un beau patrimoine, lorsque, comme lui , on a le bonheur d'avoir des enfans qui , ayant la conscience de son prix , sauront le transmettre à leur postérité. Doué d'une extrême franchise, il auroit dû naître dans un autre siècle ; car n'ayant jamais trompé personne , il avoit mérité de ne jamais l'être. Attaché à ses devoirs , pénétré de la sainteté de son ministère , il en remplit les fonctions avec la plus sévère impartialité. Inaccessible aux sollicitations, aux influences du crédit, aux présens, et à tous les prestiges dont on environne les grands talens, ses conclusions lui appartinrent toujours, c'est-à-dire qu'elles furent toujours l'essor de sa conviction intime, de ce qu'il crut le vœu de la loi interrogée par le zèle pour les mœurs, l'intérêt de l'État et l'amour du bien public. Franc d'ambition et d'intrigue , il pouvoit applaudir sans trouble et sans rougeur à ce magnifique passage de Bossuet, dans son *Oraison funèbre du Chancelier Le Tellier* : « Lorsque le juge veut s'ag-
» grandir, et qu'il change en une souplesse de Cour le rigide et inexo-
» rable ministère de la justice, il fait naufrage contre les écueils. On ne
» voit dans ses jugemens qu'une justice imparfaite , semblable, je ne crain-
» drai pas de le dire, à celle de Pilate , justice qui fait semblant d'être
» vigoureuse à cause qu'elle résiste aux tentations médiocres et peut-être
» aux clameurs d'un peuple irrité, mais qui tombe et disparoît lorsqu'on
» allègue sans ordre même et mal-à-propos le nom de César. Que dis-je,
» le nom de César ? Ces ames prostituées à l'ambition ne se mettent pas
» à si haut prix ; tout ce qui parle, tout ce qui approche, ou les gagne,
» ou les intimide, et la justice se retire d'avec elles. » Il est certain que M. Seguier ne fut rien moins que courtisan , il alloit rarement à Versailles sans être mandé. Un Maréchal de France ayant un jour gagné un procès où il avoit conclu en sa faveur, crut lui devoir une visite de remercîment. « Monsieur , » lui dit-il, « je me félicite de ce que vous avez porté
» la parole dans mon affaire, dont je vous dois..... — M. le Maréchal, »
interrompit M. Seguier, « félicitez-vous d'avoir eu une excellente cause. » Dans son plaidoyer sur l'affaire du comte de Broglie contre l'abbé Georgel, il disoit avec une noble énergie : « Quelle sera donc la force du minis-
» tère public, s'il n'a pas le courage de prendre en main la défense du

» citoyen ; et que deviendroit l'autorité des tribunaux, s'ils pouvoient ou-
» blier un moment *que tous les hommes sont égaux aux yeux de la*
» *justice ?* (1) »

Mais s'il savoit ce qui étoit dû aux petits, il n'ignoroit pas ce qu'il falloit
rendre aux grands. Un Prince étranger étoit venu en France; pendant son
séjour, un de ces écrivains déhontés, qui ne sont pas rares parmi nous,
l'insulta grièvement dans un libelle. Le Roi, à qui l'écrit avoit été remis,
désira qu'il fût dénoncé au Parlement. Il fit appeler M. Seguier, qui, sortant de chez le Monarque, avec le livre sous son bras, fût rencontré par
le Prince dans la galerie de Versailles. Ce dernier, qui se doutoit de l'a-
venture , l'ayant abordé, lui dit : « Que portez-vous donc là , M. l'avocat-
» général ? — C'est, mon Prince, » lui répondit-il , « de la boue qui ne
» tache pas. »

Il tenoit de son éducation le goût du travail qu'il avoit fécond et facile.
Son style pur, nombreux , a beaucoup de ressemblance avec celui de Cicéron. Ce n'est pas de la verve sans chaleur ; de la corpulence sans nerf,
des mots sans idées , des bagatelles sonores ; il dit ce qu'il faut dire , il le dit
largement , majestueusement , et de manière que , pour qu'il ne s'efface pas
de l'esprit, il le grave dans la mémoire. En l'écoutant , on entendoit le profond jurisconsulte s'exprimant en littérateur du premier ordre ; ce qui plai-
soit d'autant plus, qu'en général rien n'est plus rare que l'alliance de ces
deux mérites si distans , si différens l'un de l'autre. Il avoit l'organe élevé et
d'une grande tenue. Je l'ai entendu plusieurs fois plaider quatre et cinq heures
sans s'interrompre que pendant quelques courts instans. Quand il commençoit à parler , sa voix n'étoit pas agréable ; mais à mesure qu'il avançoit dans
son discours, elle sembloit se dégager de son aspérité, devenir harmonieuse,
et après avoir vaincu tous les obstacles ne rien laisser à désirer; comme le
soleil , quand il dissipe un nuage, finit par se produire avec tout son éclat.

Il étoit d'une taille médiocre, à qui son embonpoint ôtoit encore à la vue
une partie de sa hauteur. Sa physionomie n'avoit rien d'imposant, tout ce
qu'elle offroit de fin et de spirituel étoit dans ses yeux pleins d'expression
et de vivacité.

Loin d'affecter la morgue magistrale , on le voyoit dans les promenades
confondu avec les plus simples particuliers, s'appuyant sur une grosse
canne , et n'ayant besoin , pour s'attirer la considération qu'il méritoit , que
de cette haute réputation dont il étoit sans cesse environné.

Il aimoit la société , il s'y livroit avec abandon ; il y portoit un fond de
gaieté et d'indulgence qui l'y faisoit chérir et rechercher. Il se montoit sans
efforts à tous les tons. On se croyoit plus d'esprit , quand on se trouvoit en
présence du sien. Avec une grande mémoire , une imagination brillante,
il étoit impossible que sa conversation ne fût pas du plus vif intérêt , sur-
tout si l'on ajoute : que bien qu'il contât parfaitement, il ne contoit pas toujours, et que, quoiqu'il fût sûr du plaisir qu'on auroit à l'entendre, il savoit

---

(1) Ce plaidoyer valut à M. Seguier une épigramme que La Harpe a recueillie
dans un ouvrage fort peu digne de voir le jour, sa *Correspondance Littéraire*. Dans
une note qu'il a mise à cette *rimaillerie* , il n'a pu s'empêcher de rendre justice à
l'incorruptibilité de M. Seguier.

en prendre ou du moins paroître en prendre en écoutant même des gens peu faits pour être écoutés.

Un talent auquel il ne mettoit ni importance ni prétention, étoit celui des couplets. Il en a fait beaucoup qui tous ont quelque chose de piquant, soit par la tournure, soit par le fond de l'idée.

Il est remarquable que cet attrait pour cette espèce de poésie qui paroît contraster avec la gravité de certains caractères, lui fut commun avec plusieurs grands hommes de l'antiquité. Le divin Platon, l'orateur Romain, l'ami de Trajan, Pline le jeune, etc., se sont occupés à composer des vers érotiques dont plusieurs sont venus jusques à nous. J'imagine qu'on ne sera pas fâché de trouver ici une de ces chansons tombées de la plume de M. Seguier, et qui eut, quand elle parut, la plus grande vogue.

MES SOUHAITS.

Air : *Quoi ! vous partez*, etc.

Point ne voudrois, pour bien passer ma vie,
Des riches dons du rivage Indien;
Point ne voudrois des parfums d'Arabie,
Ni des trésors du peuple Libien :
Il ne me faut que l'amour de ma Mie;
Pour moi son cœur est le souverain bien.

D'être un Héros point ne me glorifie;
Pour guerroyer je suis trop Citoyen.
Que le Français dispute l'Acadie,
Que le Hongrois batte le Prussien :
Il ne me faut que le cœur de ma Mie;
Voilà mon trône, et le reste n'est rien.

De Bouchardon j'ignore la magie;
Point ne voudrois graver comme un Ancien,
L'art de Rubens ne me fait nulle envie;
Point ne voudrois primer le Titien :
Il ne me faut qu'un portrait de ma Mie,
Quand je le vois, je ne desire rien.

De l'art des vers je n'ai point la manie,
Je connois peu le mont Aonien :
Mais de rimer s'il me prend la folie,
Point ne prierai le Dieu Pégasien :
Il ne me faut que le nom de ma Mie;
Pour ce seul nom je rime et chante bien.

Je ne veux point de la Philosophie :
Elle est trop foible, et ne conduit à rien ;
Je ne veux point savoir l'Astrologie,
Ni disputer du vide aérien :
Il ne me faut qu'un coup-d'œil de ma Mie ;
Voilà mon astre, il me conduira bien.

Qu'ai-je besoin de savoir la Chimie ?
Tous ses secrets sont un foible moyen.
Qu'un autre amant vante la Pharmacie,
Et rende hommage au fameux Galien :
Il ne me faut qu'un baiser de ma Mie ;
Mon cœur renaît, et je me porte bien.

Si, par hasard, quelqu'autre fantaisie
Troubloit mes sens, Amour, sois mon soutien ;
Si par toi seul il faut que je l'oublie,
Cache l'erreur ; car mon crime est le tien.
Il ne me faut qu'un soupir de ma Mie :
Je quitte tout, et reprends mon vrai bien.

Souvent j'ai pris un peu de jalousie :
Quand on est tendre on est Pyrrhonien ;
Dans les transports de cette frénésie,
Tout me fait peur, discours, geste, maintien.
Il ne me faut qu'un souris de ma Mie ;
Mon cœur s'appaise, et je ne crains plus rien.

Si quelque crainte alarme mon génie,
C'est l'abandon d'un cœur comme le sien ;
Tous les desirs de mon ame attendrie
Sont d'inspirer un feu semblable au mien.
Il ne me faut que conserver ma Mie :
Plaire toujours, c'est le nœud gordien.

Dans le temps où la manie d'écrire sur les affaires d'Etat avoit gagné toutes les têtes, il échappa à M. Seguier un opuscule sur nos finances, que je n'ai pas pu me procurer, et dont je ne connois que le titre : *Les Opinions d'une Petite Vieille qui ne radote pas toujours.* Ce fut M. de Calonne lui-même qui lui fournit les bases des calculs qui y sont employés.

Il avoit aussi tracé comme dans une galerie les portraits des derniers ministres du règne de Louis XV et de Louis XVI, portraits que Tacite lui-même n'auroit pas désavoués. Un de ses amis (M. Le Fèvre-d'Amé-court, ancien Conseiller de Grand'Chambre), en rendant justice à la fermeté du trait, à la vigueur du coloris, à la vérité de la ressemblance, lui conseilla de les brûler, et ils furent jetés au feu.

Lorsqu'au milieu de notre naufrage politique on apprit la mort de M. Se-guier, elle fit une vive sensation. Parmi tant de pertes on compta la sienne, et tous les honnêtes gens le pleurèrent.

ÉLOGE

ÉLOGE

DE

G.-J.-B. TARGET,

Ancien Avocat au Parlement de Paris, Magistrat en la Cour de Cassation , Membre de la Légion d'Honneur , et de la Classe de la Langue et de la Littérature française de l'Institut impérial,

PRONONCÉ

En l'Audience publique de la Cour de Cassation, tenue par les Sections réunies , le 31 août 1807, pour la réception de M. Guieu, nommé à la place vacante par le décès de M. Target;

Par M. MURAIRE,

CONSEILLER - D'ÉTAT , PREMIER PRÉSIDENT DE LA COUR DE CASSATION , GRAND-OFFICIER DE LA LÉGION D'HONNEUR.

Messieurs,

M. Target, ancien avocat au parlement de Paris, magistrat à la cour de cassation , membre de la légion d'honneur , et de la classe de la langue et de la littérature française de l'Institut impérial, étant mort dans un moment où ses affaires personnelles venoient de l'éloigner de nous, vous n'avez pu lui rendre ces derniers honneurs qui, inutiles sans doute à celui qui n'est plus , sont cependant et un hommage à sa mémoire, et pour les survivans une instruction utile, en leur apprenant que si l'homme meurt, le bien qu'il a fait, l'estime qu'il s'est acquise, la réputation qu'il laisse, ne meurent pas.

Pour suppléer à ce devoir de justice et de confraternité (A), que vous n'avez pu remplir , vous avez voulu que l'éloge de M. Target fût prononcé dans cette enceinte, et dans la séance consacrée à la réception de son successeur.

Eh! quel choix plus heureux pouviez-vous faire du lieu et de la circonstance!

Ici, tout retrace les souvenirs les plus honorables pour M. Target. Ici, tout rappelle ses travaux, ses talens, ses succès; et, dans l'instant même où son successeur vient d'être admis dans ce temple, prononcer devant lui l'éloge du magistrat qu'il va remplacer, n'est-ce pas lui offrir le plus riche sujet de méditation et d'émulation?

Chargé de l'honorable et triste mission d'offrir aux mânes de ce magistrat le tribut de nos sentimens et de nos regrets, je me défendrai de toute prévention comme de toute partialité; j'écarterai toute prétention, tout faste oratoire; je serai plus historien que panégyriste; l'éloge d'un magistrat doit être grave comme le ministère qu'il remplit, vrai comme les décisions de la loi dont il fut l'organe, simple comme sa vie; et celle de M. Target fut remplie avec trop d'utilité, elle présente un assez grand intérêt, pour que le récit que je viens vous en faire, m'oblige d'appeler aucune ressource empruntée, aucun secours étranger.

Guy-Jean-Baptiste Target naquit à Paris le 17 décembre 1733, de Jean-Baptiste Target, avocat au parlement, et de Madeleine Gohier-d'Armenon.

La sollicitude des parens du jeune Target étant devenue plus inquiète par la perte qu'ils avoient faite de cinq autres enfans, ils ne voulurent pas perdre celui-ci de vue, et ils s'adonnèrent entièrement à son éducation. Il suivit, pendant six ans, les exercices du collège Mazarin; mais chaque jour il rentroit sous le toît domestique, où de bons maîtres, de bons exemples et les leçons plus efficaces de l'amour paternel hâtoient et mûrissoient les fruits de ses études.

Le jeune Target étoit doué d'un tempérament vif; mais préservé par la sagesse qui veilloit sur lui, de toute occasion de dissipation, cette vivacité se tourna en ardeur pour le travail; il en contracta bientôt l'heureuse habitude, et il se pénétra tellement du sentiment de son utilité, que, dans des vers qu'il fit à neuf ans, tels qu'on en fait à cet âge, il disoit, comme s'il eût été agité par le pressentiment de sa destinée :

> Je veux que mon bonheur sur le travail se fonde.

Des progrès rapides, des compositions brillantes, des prix justement obtenus à la fin de chaque année scolaire présagèrent, et ce présage n'a pas été trompeur, les succès qui l'attendoient dans la carrière à laquelle il se destinoit.

Ses études finies en 1748, M. Target, après avoir fait ses cours de droit, fut reçu avocat au parlement de Paris, le 6 juillet 1752.

« Mais quels trésors de science, » disoit l'immortel d'Aguesseau, « quelle » variété d'érudition, quelle sagacité de discernement, quelle délicatesse » de goût ne faudroit-il pas réunir, pour exceller dans le barreau! Quiconque » osera mettre des bornes à la science de l'avocat, n'a jamais conçu une » parfaite idée de la vaste étendue de cette profession (1). »

_____

(1) Discours, des Causes de la Décadence de l'Éloquence.

Cette idée, M. Target l'avoit heureusement conçue et embrassée : éclairé, agité par elle, il sentit fort bien que, pour avoir été reçu avocat à l'âge de dix-neuf ans, il ne l'étoit pas encore ; et redoutant ce danger que brave, et contre lequel vient trop souvent échouer une ardeur présomptueuse, le danger qu'on court de perdre la gloire à laquelle on aspire, par l'aveugle impatience qu'on a de l'acquérir, il sut sacrifier le présent à l'avenir, et il voulut se préparer, par l'étude, des succès assurés et durables.

En conséquence, il traça le plan de ses travaux, il en détermina la matière, l'ordre et l'objet. Le droit, la littérature, l'histoire, les langues, les sciences, même les arts, eurent leurs heures fixes et comptées ; et, sagement économe du temps, du temps qui fuit si vite, comme pour nous avertir par sa rapidité de nous presser d'en jouir, il en fit la distribution, il en régla l'emploi avec cette précision mathématique qui ne laisse perdre ni un point dans l'espace, ni un instant dans la durée.

Au bas du tableau rédigé par écrit de ces devoirs qu'il s'imposoit à lui-même, j'ai lu ces mots que j'aime à retracer, parce qu'ils ont dans leur simplicité, dans leur négligence, une expression, un sens que rien ne leur rendroit : « *Je pense que je serai huit ans à la totalité ; je commencerai » à remplir ce plan au mois de décembre 1753, c'est-à-dire à l'âge de » vingt ans.* »

J'ai arrêté un moment votre attention, Messieurs, sur ces premiers détails, quoiqu'ils puissent paroître minutieux, parce que, pour connoître, pour juger un homme, il ne suffit pas de le suivre sur la scène extérieure de sa vie publique, il faut le voir dans son intérieur, le chercher dans ses pensées secrètes, dans ses actions solitaires, le surprendre avec lui-même. D'ailleurs, en vous montrant M. Target à cet âge où il est si facile d'être entraîné par les illusions de l'amour-propre, en vous le montrant assez fort pour résister à cette séduction, assez sage pour viser à une gloire plus tardive, mais plus réelle, assez courageux pour donner huit années continues à un travail obscur, aride et pénible, j'ai cru citer un exemple utile et offrir une instruction salutaire à ceux qui, se dévouant au Barreau, doivent craindre de se hâter trop, et doivent sur-tout se pénétrer de cette grande pensée, que, sans la culture qui les prépare, la nature nous refuseroit les dons que chaque jour nous obtenons de sa libéralité.

Pendant tout le temps assigné à cette laborieuse et sage préparation, M. Target ne se fit connoître que par des essais qui, de sa part, furent autant de promesses, et pour la patrie autant d'espérances. Mais arrivé au terme qu'il s'étoit prescrit, riche des dons de la nature, enrichi de ceux du travail, il se jeta tout entier dans la lice judiciaire, et bientôt sa place y fut marquée parmi les premiers jurisconsultes et les premiers orateurs.

S'il n'existoit pas sur ce point une tradition constante de faits et d'opinion, je vous rappellerois une des premières causes dont M. Target fut chargé, dans laquelle il montra cet amour courageux de la justice, qui ne cède à aucune considération, à aucune crainte, la cause du sieur Casotte et de la demoiselle Fouque, contre cette société puissante, qui, par des spéculations trop ambitieuses et par les procès qu'elles engendrèrent, ayant indiscrètement trahi le secret de son gouvernement, et donné lieu à l'autorité publique d'en examiner le système, provoqua et prépara ainsi elle-même son étonnante et rapide dissolution.

Je rappellerois la cause des enfans Denisart, dans laquelle il fit valoir, avec autant de chaleur de sentiment que de profondeur de doctrine, les droits si favorables de la minorité et des travaux littéraires.

Je rappellerois cette cause dans laquelle il développa une si vaste connoissance du droit des gens, du droit de nation à nation, la cause de Benjamin Beresford, prêtre de l'église anglicane, qui, marié en Angleterre avec une Anglaise, suivant les lois d'Angleterre, et en France accusé de rapt et décrété de prise-de-corps, demandoit et obtint son renvoi devant les juges de son pays, de son domicile et de son état.

Et citant sur-tout la cause si intéressante des habitans de Salency, auxquels un nouveau seigneur vouloit ravir leurs priviléges, jusqu'alors respectés, dans l'antique et touchante fête de la Rose, je cueillerois, pour les jeter sur sa tombe, quelques-unes des fleurs qu'il sema sur cette discussion, et que son ame vertueuse se plût à ajouter aux couronnes offertes à la vertu. (B)

Mais tout ce que je dirois, les contemporains s'en souviennent, les jeunes gens l'ont appris, ces murs, ces voûtes l'attestent, et c'est bien moins sous le rapport brillant des talens et des succès, que sous le rapport moral des qualités essentielles qui constituent, caractérisent, distinguent le véritable avocat, que je dois vous entretenir de M. Target. Que l'orateur s'empare de cette première partie de son éloge, la seconde appartient principalement au Magistrat.

Parmi ces qualités dont M. Target offrit une si belle réunion, je ne releverai pas cette intégrité sévère qui, pour l'avocat, consiste dans l'examen impartial des causes qui lui sont présentées, et dans la circonspection scrupuleuse dont il doit s'environner, avant de s'en charger.

Avocats, vous le savez, cette première magistrature que vous remplissez dans le secret de vos cabinets est votre plus belle prérogative; elle est la plus douce comme la plus utile de vos fonctions; et lorsque, par le noble exercice de cette juridiction intérieure, indépendante, conciliatrice et souveraine, vous répondez si dignement à la confiance de vos cliens, quels titres et quels droits n'acquérez-vous pas à la confiance de la justice et des magistrats !

Je ne louerai pas non plus M. Target du désintéressement dont il donna tant de preuves et un si constant exemple.

Rousseau a dit que *c'est dégrader la vertu que de montrer qu'elle n'est pas un crime*, je craindrois de dégrader la profession d'avocat, je craindrois d'offenser ceux qui, en l'exerçant, en ont le premier sentiment, en connoissent le premier devoir, si je m'attachois à prouver que c'est le désintéressement qui en constitue la noblesse et en garantit l'indépendance ; que le secours généreusement prêté au pauvre, au foible, à l'opprimé, en est le caractère distinctif, la plus sainte obligation; et qu'autant cette profession, exercée d'après ces principes, est annoblie, autant elle est avilie par les calculs mercenaires, par les spéculations intéressées, par les exactions sordides.

Je passerai aussi sous silence le mérite bien reconnu en M. Target, d'avoir su toujours allier la véhémence et la retenue, l'énergie et la modération, le

courage de la franchise et le devoir des bienséances. N'est-il donc pas écrit dans toutes les ames honnêtes, le précepte que d'Aguesseau retraçoit aux avocats dans ce même temple consacré non moins à la décence et aux mœurs, qu'aux lois et à la justice ? « Refusez à vos parties, » leur disoit-il, « refusez-
» vous à vous-mêmes le plaisir inhumain d'une déclamation injurieuse ; et si
» quelquefois l'intérêt de votre cause vous oblige d'articuler des reproches
» durs et amers, que la retenue avec laquelle vous les proposerez soit une
» preuve de leur vérité, et qu'il paroisse au public que la nécessité de votre
» devoir vous arrache avec peine ce que la modération de votre esprit sou-
» haiteroit de pouvoir dissimuler (1). »

Mais ce qui appartient essentiellement à l'Eloge de M. Target, c'est de vous parler de cette élévation dans l'esprit, de cette grandeur dans les vues, qui, le préservant du trop facile écueil de se rétrécir, et, pour ainsi dire, de s'isoler dans les intérêts privés qu'il étoit chargé de défendre, lui faisoient apercevoir et saisir dans les causes qu'il traitoit, tous leurs rapports avec la législation générale, avec la théorie de l'ordre social ; lui révéloient cette sagesse cachée, cette raison plus parfaite des lois, reculée dans le fond de la méditation et de l'expérience, et l'investissoient ainsi dans le simple ministère de la défense d'une sorte de ministère public.

Ainsi, dans la cause d'Alliot fils, forcé de réclamer des alimens contre son père, il ne se renferme pas dans le principe simple qui établit la réciprocité du devoir des alimens du père aux enfans, des enfans au père, il remonte aux principes immuables du droit naturel, à l'origine de la puissance paternelle, il en définit le véritable caractère : « C'est pour protéger, » dit-il, « qu'elle fut donnée, elle n'est forte que par l'amour, elle disparoît
» quand l'amour cesse. » Et lorsque ce père irrité répond aux larmes de son fils, à ses supplications, par la menace terrible de l'exhérédation, avec quel respect d'abord M. Target oppose à la colère, la nature, au cri fougueux de la passion, le langage calme de la loi. Mais ensuite, traçant le tableau déchirant des rigueurs inouies que déjà ce père a exercées sur son malheureux enfant, avec quelle énergie il s'écrie : « Mais l'exhérédation est un jugement, et vous
» avez déployé votre colère..... quoi ! vous voulez punir encore, et vous
» vous êtes vengé ! »

Ainsi, dans la cause de la dame d'Anglure, dont il défendoit devant le conseil du roi, l'état méconnu par un arrêt du parlement de Bordeaux, avec quelle profondeur et quelle science il expose, explique, rapproche, concilie la législation naturelle et la législation civile sur les mariages ! avec quelle érudition et quelle sensibilité il développe la doctrine rassurante de la possession d'état ! Mais combien il s'agrandit, lorsqu'oubliant et sa cliente et son procès, pour s'élancer dans l'immensité de sa cause, il se constitue le défenseur des protestans, de cette classe nombreuse de Français trop long-temps persécutés, de leur existence, de leurs mariages, de l'état de leurs enfans, de la génération présente et des races futures ! Et combien je le vois s'élever plus encore, lorsqu'après cet élan généreux

---

(1) **Discours**, sur l'Indépendance de l'Avocat.

d'une ame courageuse, il termine par l'expression de ce vœu modeste et touchant de l'avocat, homme de bien : *Heureux si ce travail peut être encore utile à d'autres, et si, en nous occupant d'une seule affaire, nous avons servi la chose publique.* (C)

Honneur au législateur qui, après un siècle de maux irréparables produits par l'intolérance, entendit enfin ce vœu et l'accueillit.... Honneur au magistrat vertueux, à l'homme d'état éclairé, au philosophe sensible ; honneur, éternel honneur à l'illustre Malesherbes qui, par ses lumineux écrits, par ses sages conseils, par son influence morale, ayant fait rendre la loi du mois de novembre 1787, qui assuroit aux non-catholiques et l'état civil et le moyen de le constater légalement, posa, pour ainsi dire, la première pierre de cette législation plus parfaite, qui aujourd'hui laissant en paix les consciences, laissant à chacun sa croyance, ses dogmes et son culte, voit d'un œil égal tous les hommes, et n'exige d'eux que l'obéissance du citoyen. (D)

En vous montrant M. Target constamment livré à de si hautes pensées et à de si nobles travaux, constamment occupé du bien dont l'exercice de sa profession lui offroit l'heureuse possibilité, il est inutile que j'ajoute qu'il dut être, qu'il fut toujours inaccessible à une mesquine jalousie, ordinaire et triste apanage des petites ames, des talens bornés, de la médiocrité et de l'insuffisance.

Cette réflexion qui se place ici d'elle-même, me conduit à vous dire combien, au contraire, il sut apprécier et honorer dans les autres les qualités et les talens qui les distinguoient. Les noms justement estimés de ses concurrens, leur réputation honorablement acquise, ne furent jamais pour lui que les motifs d'une louable émulation. En eux il voyoit des modèles, et dans les jeunes gens qui se livroient à l'étude des lois, voyant la génération nouvelle sur laquelle reposoit l'espérance du Barreau, il leur prodiguoit accueil et conseil. Qu'il étoit honorable ce patronage de bienveillance et d'encouragement qu'il exerçoit envers eux ! Combien étoit touchante la réunion de cette jeunesse intéressante dans sa maison, où son aménité l'appeloit, où ses leçons l'instruisoient, où son appui la fortifioit, et où il préparoit ainsi pour l'avenir des hommes qui, voués au culte de la justice et de l'honneur, n'en devoient jamais laisser éteindre le feu sacré !

J'insiste sur ce point : l'envie, cette sombre et haineuse rivale du mérite, a quelque chose de si bas, qu'autant pour remplir l'objet moral d'un éloge public, que pour honorer la mémoire de M. Target, je ne saurois trop répéter combien il fut toujours au-dessus de ce sentiment misérable.

Il fut le contemporain, l'émule, quelquefois le rival heureux du célèbre Gerbier. On se souvient encore au Palais du succès brillant qu'il obtint dans la fameuse cause de Damade contre les frères Queyssat, dans cette cause, exemple effrayant d'une des plus horribles tragédies que jamais le faux honneur ait produites. Si la tradition de cette affaire nous a conservé le mouvement si éloquent de Gerbier, lorsque, parlant du pistolet tiré par Damade sur un des frères Queyssat, il s'écria d'un ton pénétrant : *l'avez-vous entendu ?* et fit en effet retentir dans l'ame de tous ses auditeurs l'explosion de l'arme meurtrière, elle nous a conservé aussi l'impression que produisit la réplique soudaine et vive de Target, qui, justifiant ce coup de pistolet par le tableau d'une provocation combinée et poussée au dernier excès, s'écria à son tour : *Si mon bras eût porté la foudre, je l'aurois lancée sur cet homme ;* et peut-être en rappelant cette cause dans laquelle les deux orateurs déployèrent tant de richesse dans le talent, tant de fécondité dans les moyens, tant de variété et de véhémence dans ces mouvemens subits et prompts qui étonnent, entraînent, subjuguent, peut-être me seroit-il permis d'essayer un parallèle ; mais non ! je préfère que vous entendiez M. Target lui-même louant M. Gerbier ; je crois que c'est la meilleure manière de les louer plus dignement tous les deux. (E)

Dans un discours solennel prononcé devant une assemblée choisie, imposante et éclairée, M. Target exprimoit le regret, que la gloire de l'avocat ne fût presque confiée qu'à des paroles fugitives et bientôt oubliées, parce que rarement elles se rattachent aux grands intérêts du genre humain ; mais ne croyez pas que ce regret lui soit personnel, ni qu'il soit la plainte d'un orgueil déplacé : c'est sur M. Gerbier que sa pensée se porte et se fixe ; c'est à M. Gerbier que ce regret s'adresse. « *Il est un orateur ,* dit-il tout de suite, » *dont les talens honorent le barreau, dont la mémoire parviendra aussi* » *jusqu'à nos neveux, mais ils seront privés de ces grâces nobles et faciles,* » *de cette variété de mouvement, de cette justesse inimitable d'action dont* » *il offre, depuis plus de trente ans, un modèle au public et à ses rivaux* (1). » Noble et digne hommage rendu au talent par le talent ! L'envie, la pâle envie eût-elle ainsi parlé ?

Un événement d'une plus haute importance, mais que je ne rappelle qu'historiquement, parce que la démarcation des pouvoirs, aujourd'hui mieux tracée, éloigne à jamais la possibilité qu'il se reproduise, un grand événement politique fit ressortir une autre qualité non moins estimable de M. Target ; je veux parler de la conduite qu'il tint, de la fermeté qu'il montra dans la circonstance critique de l'exil du parlement de Paris en 1770 ; je veux parler de sa fidélité aux principes qu'il avoit embrassés, aux sermens par lesquels il se croyoit lié ; de cette fidélité qui, alors que les sacrifices qu'elle entraîne en attestent la bonne foi, rend l'erreur même respectable ; je veux parler de son abdication absolue de toute fonction, de tout exercice, pendant tout le temps où il crut que la nation étoit privée de ses véritables magistrats.

Cette fermeté fixa sur lui les regards de la capitale et de la France entière ; elle lui fit donner alors un surnom, dont par la suite, l'amabilité, pour ne pas dire la frivolité française qui s'attache même aux choses les plus graves, a pu se jouer, mais dont l'occasion et la cause ne nous rappellent pas moins le *justum et tenacem* d'Horace, le *virum constantem* de la loi.(F)

Aussi, quel moment pour M. Target, lorsqu'après le rappel du parlement de Paris, il vint, au nom de l'ordre des avocats, féliciter sur leur retour ces magistrats dont il avoit si généreusement soutenu la cause,

---

(1) Discours de réception de M. Target à l'Académie française.

suivi le sort, et en quelque manière partagé la disgrâce! L'estime publique, la confiance générale vinrent se replacer plus près de lui; une sorte de respect universel l'environna, et ces fonctions qu'il avoit si noblement suspendues furent plus noblement encore reprises et continuées.

Pour achever ce tableau, que l'intérêt moral qui s'y rattache me fera pardonner d'avoir peut-être trop agrandi, j'emprunte le pinceau de M. Target lui-même.

En 1775, une grande question étoit agitée devant le parlement de Paris; un avocat qui avoit été rayé du tableau, contestoit à l'ordre le droit et l'exercice de la censure sur ses membres. M. Target sentit combien cette insurrection pouvoit être dangereuse en atténuant parmi les avocats la puissance de l'opinion, en rendant moins nécessaire entr'eux le besoin d'une estime réciproque, en détruisant cette juridiction intérieure et morale, en brisant ce ressort magique qui avoit formé et perpétué depuis des siècles cette tradition constante et pure d'honneur et de principes qui distinguoit si éminemment le Barreau français. Jaloux de la dignité et de l'indépendance de sa profession, il écrivit pour les soutenir, pour les défendre, et ce fut en cette occasion qu'il publia un ouvrage intitulé *la Censure*, ouvrage plein de raison et d'esprit, de vérité et de sentiment, de force et de délicatesse, que je regrette de ne pouvoir mettre tout entier sous vos yeux, mais dont vous me permettrez d'extraire quelques lignes.

« Dans un corps de citoyens voués à des fonctions utiles et honorables,
» dans lequel il faut des lumières et de la probité, où le travail est
» payé par l'honneur et rapporte peu d'argent, où de laborieuses veilles et
» des études fatigantes ne peuvent être adoucies que par le sentiment
» intérieur d'une considération méritée...., dans un corps dont toutes
» les fonctions et tous les devoirs se composent de confiance, de déli-
» catesse et d'honneur, où les relations les plus intimes, les communi-
» cations les plus importantes, les confidences sans précaution n'ont
» d'autre garantie que la bonne foi et la droiture...., dans un corps dont
» les lois sévères et jalouses interdisent à ses membres tant de choses per-
» mises aux autres citoyens, où tout ce qui blesse la délicatesse est un
» crime, où la loyauté et la franchise doivent être tellement naturalisées
» qu'on puisse dire aux magistrats de chacun de ses membres, croyez
» un fait, quand *Lenormand vous l'atteste,* et jugez sur sa foi comme si
» vous lisiez le titre....; dans un corps ainsi constitué, pourroit-il donc
» suffire de n'être pas criminel, de n'avoir pas encouru le blâme, les châti-
» mens de la loi?

» Ah! comme l'honneur ne se maintient que par l'honneur, la confé-
» dération que nous avons formée pour le triomphe de la vérité et de la
» justice ne peut aussi se maintenir que par la police du corps sur ses
» membres. Si vous détruisez, si vous affoiblissez cette utile censure,
» bientôt le corps dégénéré ne sera pas plus pur que le siècle; on ne
» craindra plus que la loi, et la belle chimère de l'honneur ne paroîtra
» plus que ridicule. »

Ainsi pensoit et écrivoit M. Target de la profession d'avocat, et ce qu'il

en

en pensoit, ce qu'il en disoit, n'étoit pas une pompeuse et vaine théorie ; il l'exerçoit d'après ces nobles principes, d'après l'idée grande et libérale qu'il s'en étoit formée. Il ne faut donc pas s'étonner si, par ses qualités, encore plus que par ses talens, il mérita et obtint parmi les avocats au parlement de Paris un rang si distingué et si honorable (G).

Et cependant, toujours simple et modeste, M. Target ne voyoit rien au-delà de ce plaisir si pur que donnent les succès des principes et de l'équité ; il ne désiroit rien au-delà de ces jouissances si précieuses à l'homme de bien, l'estime publique et la confiance de ses concitoyens. « Au terme » de ma carrière, » c'est ainsi qu'il s'exprimoit lui-même, « j'osois entre-» voir quelque considération, quelques heureux souvenirs, et cette douce » réputation qui n'a ni l'éclat ni les orages de la renommée, ma paisible » ambition avoit borné là tous ses vœux (1). » Mais l'opinion publique lui préparoit une autre récompense ; elle appeloit l'homme éloquent, l'homme qui surtout avoit su faire un si noble et si utile usage de l'éloquence, elle l'appeloit dans le temple consacré aux lettres. M. Target fut nommé membre de l'Académie française, et il y fut reçu le 10 mars 1785.

Cette époque de la vie de M. Target est très-remarquable ; il y avoit plus de cent ans qu'aucun avocat n'avoit été reçu à l'Académie française ; et si l'on ne peut penser qu'avec peine qu'un motif d'étiquette et de céré-monial en eût fermé l'entrée à Normand, à Cochin, à Gerbier, on doit savoir gré à M. Target d'avoir su concilier toutes les prétentions, aplanir toutes les difficultés, et d'avoir ainsi rouvert la carrière académique à des hommes dont la seconde qualité distinctive est d'être *dicendi periti*, et qui, par état, doivent essentiellement étudier la langue, la cultiver, con-courir à la maintenir dans toute sa pureté, et même à en accroître les richesses (H).

Voici ce qu'écrivoit à cette occasion un membre de la même Académie, qui, au mérite d'avoir produit de bons ouvrages, joignoit le mérite plus rare d'être un excellent critique.

« M. Target, avant de faire aucune démarche pour entrer à l'Académie, » a eu soin de prendre l'avis d'un certain nombre des plus anciens avocats. » Cette déférence et la considération personnelle dont il jouit, ont fait » oublier les vieux préjugés de corps, et tout le barreau est venu partager » le triomphe du récipiendaire. Son discours a été fort goûté et méritoit » de l'être ; il est écrit de manière à justifier le choix de l'Académie, en » faisant voir qu'un grand avocat est fait pour être un bon écrivain. Il » est vrai que le sujet qu'il traitoit n'est guère par lui-même qu'un lieu » commun assez usé : c'est un résumé des différentes révolutions que l'élo-» quence a éprouvées chez tous les peuples : ce sujet a été traité cent » fois ; mais du moins le nouvel Académicien l'a rajeuni autant qu'il étoit » possible par la rapidité de ses exposés et la marche lumineuse de son » discours, par l'adresse qu'il a eue de placer l'éloge de son prédécesseur » au milieu de ses réflexions sur l'éloquence, par le ton noble et intéressant

---

(1) Discours de réception de M. Target à l'Académie française.

» dont il a parlé de lui-même et de la profession d'avocat. Tout cela
» prouvoit un homme supérieur à sa matière, et un esprit juste qui sent
» les convenances (1). »

La même époque fut marquée pour M. Target, par un beau témoignage d'estime que lui rendit la cité de Newhaven, en Amérique, en
envoyant au traducteur des observations du docteur Price sur l'importance
de la révolution de l'Amérique et sur les moyens de la rendre utile au
monde, un diplôme honorable de citoyen libre de cette cité.

Telle fut l'existence utile, brillante, honorée, de M. Target jusqu'au
moment où la révolution planant sur la France comme un nuage épais
chargé d'un orage terrible, vint l'arracher à son cabinet, à ses occupations, à ses cliens, pour le lancer dans la carrière qu'ouvroit devant
lui sa députation aux états-généraux.

Je n'entreprendrai pas de le suivre dans cette lice nouvelle ; l'histoire des hommes jetés au milieu des grandes agitations politiques est
moins leur propre histoire que celle des circonstances qui les ont dominés,
des événemens qui les ont entraînés ; d'ailleurs trop de souvenirs amers
pourroient ou se mêler, ou se rattacher à mes récits. Eh ! pourquoi rappeler des jours que le génie, plus rapide dans son vol que le temps ne
l'est dans sa course, a déjà rejetés si loin de nous ! Pourquoi les rappeler,
lorsque les résultats les plus consolans et les plus inespérés, lorsque l'état
actuel si heureux, si florissant, si glorieux, en commandent l'oubli ! Le
navigateur rentré dans le port se souvient-il des horreurs et des dangers
de la tempête ?

Mais si je détourne votre attention de ces souvenirs pénibles, si je
considère dans le silence de l'admiration et de la reconnoissance par quelles
voies incompréhensibles la Providence nous a conduits à ces résultats qui
ont sauvé la France, qui l'ont relevée du milieu de l'abîme dans lequel
elle sembloit s'engloutir, plus forte, plus puissante, plus majestueuse,
ne croyez pas que j'use de réticence pour éluder un fait personnel à M. Target,
sur lequel l'opinion l'accuse, sur lequel, après s'être trop confié d'abord à
la pureté de ses intentions et au témoignage qu'il s'en rendoit, il s'est peut-
être depuis accusé lui-même ; je veux parler du refus de défendre le Roi.

A ce mot, je le vois, l'attention publique se porte vers moi avec surprise,
avec inquiétude, comme pour m'avertir des difficultés qui m'environnent,
comme pour me signaler l'écueil contre lequel je puis me briser.

O vous ! qui m'entourez d'une bienveillance si flatteuse, rassurez-vous
et écoutez-moi : la franchise, la bonne foi me sauveront de cet écueil qu'une
opinion vieillie et affermie a placé devant moi. Non, je ne louerai pas ce qui ne
doit pas être loué ; je n'essaierai pas de justifier ce qui ne pourroit pas être justifié ; et fidèle à l'engagement que j'ai pris de me défendre de toute prévention
comme de toute partialité, je plaindrai sincèrement M. Target d'avoir refusé
le ministère que lui demandoit Louis et que l'humanité réclamoit.

Mais craignons d'aller trop loin : Si M. Target ne put pas ou crut ne

---

(1) Correspondance littéraire de Laharpe, tom. 4.

pas pouvoir se charger de la défense de Louis, qui de nous osera pénétrer dans sa conscience, qui de nous osera la juger !

Si, convaincu dans son ame que sous certains rapports, sur certains faits, la défense de Louis pouvoit être foible, il ne s'étoit abstenu de s'en charger officiellement que dans la crainte de l'affoiblir tout entière, quel blâme auroit-il donc encouru !

Mais, dans le sanctuaire de la justice, j'ai le droit d'invoquer une maxime plus précise que celle du respect dû à la conscience ; j'ai le droit d'invoquer cette maxime d'équité éternelle qui crie d'un bout de l'univers à l'autre : NE CONDAMNEZ PAS SANS ENTENDRE.

Et alors, j'ose le demander : a-t-il donc lâchement déserté la cause de Louis,

Celui qui, dans un écrit imprimé, publié, colporté, répandu, dénonça à la Convention Nationale son incompétence ;

Celui qui réclama hautement ou l'*inviolabilité du Roi,* ou du moins l'*amnistie du citoyen ;*

Celui qui dit à la nation entière : parce que vous ne voulez plus de Roi, faut-il punir celui-ci de l'avoir été ? *Eh! quelle loi raisonnable punira jamais le dernier des crimes possibles ?*

Celui enfin qui fit valoir avec autant de franchise que d'énergie toutes les raisons de droit et d'intérêt public qui pouvoient empêcher la condamnation de Louis (1) ?

Voilà pourtant ce que M. Target a professé et publié ; voilà ce qui existe, ce que l'amitié fidèle et généreuse a pris soin de rappeler, il y a quelques mois, pour l'honneur de sa mémoire, en faisant réimprimer cet écrit oublié, mais non moins constant, non moins authentique, dont je tiens dans mes mains un exemplaire de l'édition primitive et originale, et que mille personnes peuvent se souvenir d'avoir lu dans les temps.

Eh ! lorsque, dans cette circonstance difficile, M. Target renonçant à tout ce qu'il eût obtenu de gloire, se dévouoit à ce qui ne lui offroit que du danger, faut-il, parce que, croyant avoir satisfait à ce qu'il devoit, il a enveloppé sa tête dans son manteau, faut-il laisser peser sur elle, sur sa mémoire, l'impression fâcheuse et injuste, produite par un fait que ses détracteurs même n'ont pas seulement pris la peine d'approfondir ! Ah ! plaignons-le, mais ne le calomnions pas ; et fût-il vrai qu'à son insu un sentiment involontaire et déguisé de foiblesse se fût mêlé aux motifs de son refus et en eût exagéré à ses yeux la consistance et la solidité, je le répéterois encore, plaignons-le, mais ne le calomnions pas (J).

Il me reste à présent à suivre M. Target dans le dernier période de sa vie, en le considérant comme magistrat.

En 1790, tandis qu'il étoit encore membre de l'Assemblée Constituante, il fut nommé, par élection populaire, président du tribunal du sixième arrondissement de Paris. En l'an 3, le comité de législation de la Convention Nationale le nomma président du tribunal du premier arrondissement

_____

(1) Observations de Target sur le procès de Louis XVI, imprimées dans le temps, et récemment réimprimées par les soins de M. G. Hom.

55 *

de cette même ville. En l'an 7, le Directoire exécutif le nomma membre du tribunal de cassation ; il y fut réélu par le Sénat Conservateur, en germinal an 8. Là, ses fonctions et son exercice n'ont cessé que par sa mort.

Ici, Messieurs, la marche sera plus rapide : des vertus simples, des travaux intérieurs, des services sans éclat, des fonctions uniformes et graves comportent peu la pompe d'un éloge ; mais mon objet essentiel, celui dans lequel sont concentrés les vœux de tous nos collègues, qui est de fixer la véritable opinion qu'il faut prendre de M. Target, et qui doit lui survivre, cet objet ne sera pas moins rempli par l'énumération toute naïve des qualités qui le distinguèrent au milieu de nous.

Il y apporta les richesses qu'il avoit acquises par le travail de sa jeunesse, et qu'il avoit sans cesse accrues par son travail de chaque jour ; il y apporta cette longue expérience des affaires, qui les simplifie ; ce jugement exercé qui en fait plus aisément appercevoir la difficulté et en indique plus sûrement la solution. Aussi, quelle clarté dans ses rapports, quelle sagacité dans ses discussions, quelle justesse dans ses opinions, et avec tant d'avantages quelle modestie ! Si un avis contraire au sien étoit ouvert, quels égards en le combattant, s'il ne croyoit pas devoir s'y rendre ! quelle déférence prompte et touchante, si cet avis contraire l'éclairoit et le ramenoit !

C'est que M. Target professoit sincèrement, comme nous, la doctrine que j'aime à proclamer : que *l'autorité du magistrat, surtout la nôtre, n'est que la soumission à l'autorité de la loi;* c'est qu'il étoit pénétré de ce sentiment élevé qui est le germe de toutes les qualités de l'homme public, qui impose silence à l'amour-propre, subjugue l'opiniâtreté, concilie toutes les volontés et les dirige vers le même but ; c'est qu'il étoit pénétré de l'amour de son état, de l'amour de la vérité, de cet amour profond de la justice dans lequel il s'étoit élevé, nourri, fortifié, et qui étoit devenu l'élément, l'habitude, le besoin de sa vie.

De-là une assiduité édifiante à ses devoirs, un emploi du temps toujours utile ; de-là cette simplicité de mœurs qui doit être l'unique faste du magistrat, mais dont je reprocherois presque à M. Target l'excès qui isole, et qui le rapprochoit trop d'une obscurité pour laquelle il n'étoit pas né.

Mais non ! cette espèce d'isolement dans lequel M. Target a passé les derniers temps de sa vie, tenoit à un motif trop respectable pour qu'il puisse être blâmé. Convaincu, ce sont ses propres expressions que j'emploie, convaincu que, *sans les douceurs de la vie domestique le bonheur n'est qu'une fatigante chimère,* il se consacra exclusivement à ses devoirs publics comme magistrat, à ses devoirs intérieurs comme époux et père ; et certes, dans un tel partage, le premier lot étoit celui de la vertu !

Mais il étoit environné d'une réputation trop bien établie, vous le voyiez de trop près, et vous saviez trop bien l'apprécier, pour que la simplicité de ses mœurs et de sa vie ne fût pas un titre de plus à votre confiance et à votre estime. Vous lui en donnâtes un témoignage trop beau pour ne pas le rappeler, lorsque vos suffrages unanimes le nommèrent un des commissaires chargés de présenter au Gouvernement les observations qu'il vous demandoit sur le projet du Code civil, de ce Code dont la pensée et l'exécution sont un si grand bienfait, de ce Code que les nations s'empressent d'adopter et de s'approprier, de ce Code dont l'immortalité est à-la-fois garantie par sa profonde sagesse et par le grand nom qui y est attaché.

Le Gouvernement, constant dans la vaste et sublime pensée de fonder une législation entière, générale, uniforme et mieux adaptée aux temps, aux mœurs, au caractère national et à nos institutions, apperçut et distingua plus honorablement encore M. Target, en mettant son nom à côté des noms justement estimés de MM. Treilhard, Viellart, Oudart et Blondel, en le nommant avec eux pour la préparation et la rédaction d'un projet de Code criminel, et en l'appelant ensuite, avec ses dignes coopérateurs, au Conseil-d'État, pour y suivre sa discussion.

Si cette discussion a été interrompue, si les circonstances n'ont pas encore permis que le caractère et le sceau de la loi fussent imprimés à ce projet de Code, du moins le travail de M. Target, ses conceptions, ses vues, le discours dans lequel il les a si éloquemment développées nous restent; ces utiles matériaux aideront à la confection de la loi, et la reconnoissance d'un bienfait qu'il aura préparé ne sera pas moins fidèle à son nom et payée à sa mémoire (K).

En parcourant la vie de M. Target, en vous en retraçant les principaux traits, j'ai cherché, Messieurs, à vous faire illusion, à me tromper moi-même, en éloignant l'idée de sa mort; inutile soin ! l'homme ne sauroit se soustraire à l'ordre de la nature. M. Target mourut le 9 septembre 1806, et il est trop vrai qu'il ne reste de lui que sa mémoire !

Mais sa mémoire chère à sa famille, chère aux gens de bien, que le barreau français conservera avec respect, que vos regrets honorent, devant laquelle la prévention même fléchira, n'est-elle pas encore, pour lui, une sorte d'existence !

Pour nous, Messieurs, le souvenir de sa vie sera l'adoucissement du souvenir de sa mort: de sa mort...., et il avoit à peine entrevu l'aurore des beaux jours promis à la France...., et il ne verra pas se réaliser les améliorations dont il avoit la théorie dans l'esprit et le vœu dans le cœur...., et il ne verra pas sa patrie tranquille, illustrée, s'élever au plus haut degré de prospérité; sous l'influence d'un gouvernement tutélaire et régénérateur....! Ah ! c'est sous un tel gouvernement, c'est sous l'empire du plus grand des héros, du plus sage des monarques, du plus étonnant des hommes, qu'il est permis d'envier l'avenir de ceux qui naissent, et qu'il faut verser des pleurs plus amers sur ceux que la tombe engloutit.

OBSERVATIONS ET NOTES

SUR

L'ÉLOGE DE M. TARGET.

Cet Eloge, prononcé de mémoire dans la salle d'audience du tribunal de la Cour de Cassation, par le premier Président de cette Cour, y fit une vive sensation, et fut accueilli par des applaudissemens d'autant plus flatteurs que l'auditoire très-nombreux qui s'étoit formé pour l'entendre, se trouvoit composé d'individus presque tous capables de juger des mots et des choses. C'est un avantage qu'ont bien plus rarement qu'on ne pense, ceux qui parlent en public. Combien de fois est-il arrivé à un érudit de lire un mémoire remarquable par des recherches savantes, devant des ignorans! combien de fois un littérateur célèbre a-t-il prononcé un discours plein de sel et de finesse, dont la grâce et le sens échappoient aux auditeurs parmi lesquels il ne se trouvoit pas un Fontenelle (1)! combien de fois un penseur profond a-t-il perdu son temps et sa voix en voulant faire part du fruit de ses méditations à des hommes assemblés pour l'écouter, et qu'une impuissance d'attention ou le manque d'intelligence rendoient incapables de le concevoir! L'auteur de l'Eloge n'éprouva rien de semblable. Il parloit d'un magistrat, de sa science, de ses qualités morales, devant une multitude de gens du Palais qui connoissoient la personne de ce magistrat avocat autrefois, qui l'avoient entendu plaider, qui l'avoient consulté, qui avoient lu ses mémoires; à qui son érudition, sa loyauté, ses talens étoient démontrés, et pour qui sa parfaite intégrité comme juge ne faisoit pas question. En pareille occurrence chaque battement de mains est un assentiment; c'est comme si celui qui applaudit disoit à l'orateur : « Vous m'avez deviné; c'est ma pensée que vous avez » rendue, et je vous remercie de l'avoir exprimée avec autant de justesse » que d'énergie. »

L'impression qu'avoit produite ce discours débité d'un ton tout-à-la-fois noble et aisé, imposant et naturel, et de la manière qui convenoit au premier Président de la première Cour de l'Empire, cette impression ne déchut point à la lecture. Le mérite du style grave, sévère, sans être ni sec ni tendu, fut senti

---

(1) On sait l'histoire de cette amie de Fontenelle (Madame d'Argenton) qui ayant, dans un grand souper chez le Régent, dit un de ces mots qu'on appelle une bonne fortune d'esprit, et s'étant apperçue que personne ne l'avoit saisi, s'écria : « Fontenelle où es-tu? »

et justement apprécié. « Le chef-d'œuvre de l'art, selon un grand maître, est
» de trouver ce qui sied » : *Caput artis, decere quod facias*. Non seulement
chaque sujet a son mode propre, mais ce mode même doit varier suivant
le personnage qui traite le sujet. On seroit fâché de rencontrer dans les lettres
de l'empereur Trajan, que Pline nous a conservées, les tournures ambitieusement spirituelles qui distinguent les siennes. Je n'ai pas besoin de faire
observer que la pièce qui nous occupe, affranchie d'antithèses, d'emphase,
de pointes, n'a d'élégance qu'autant qu'il en faut à la beauté qui veut plaire
par elle-même sans le secours de la parure.

Le caractère de M. Target, membre de l'Institut aussi bien que du Tribunal de Cassation, avoit été crayonné dans deux autres discours, celui du
cardinal Maury, qui lui succédoit, et celui du président (l'abbé Sicard), qui
reçut celui-ci. L'un et l'autre de ces portraits présentoient une esquisse dessinée
avec attention, peut-être avec prétention, coloriée avec art sans doute, mais
très-imparfaite, de l'original. Le tableau de M. Muraire le peint tout entier. Il
fait connoître l'avocat, le juge, le magistrat supérieur, l'époux, le père de
famille, ses principes, ses mœurs, son talent, l'homme enfin. Il le montre
tel qu'il est, et l'on ne peut s'empêcher de s'avouer, après l'avoir lu, ce que
l'on se dit après avoir considéré quelques-uns de ces portraits vivans du Titien,
de Rembrant ou de Van-Dyck : « que la ressemblance doit être parfaite. »
Le trait de la figure est ferme et correct ; les couleurs ont plus de vérité que
d'éclat, mais on sent que les couleurs brillantes étoient sur la palette, et que
le peintre, maître de les employer, dut à la pureté de son goût de s'en abstenir.

J'ai fait quelques notes sur diverses causes que l'écrit rappelle. Contemporain, et quelquefois l'antagoniste de M. Target, je puis, en parlant
de certaines affaires, me citer moi-même comme y ayant joué un rôle, et dire
avec le poète : *Et quorum pars magna fui*.

(A) M. Target étoit décédé dans sa maison de campagne ; ainsi ses collègues à la Cour de Cassation ne purent, en assistant à ses obsèques, honorer
ses funérailles de leur présence, ni accompagner sa dépouille mortelle
jusqu'à sa dernière demeure.

(B) Cette cause, plus intéressante par son objet que par la contestation en
elle-même, eut une grande célébrité. Elle avoit d'abord été portée devant
le Parlement intermédiaire qui n'eut pas le temps de la juger.

Elle fut une des premières qui signala le retour de l'ancien Parlement. Je
crois que mes lecteurs me sauront gré de trouver ici quelques détails sur
une institution religieuse et nationale, qui nous fournit, avec un échantillon
du goût ingénu que nos ancêtres eurent pour la pureté et la simplesse des
mœurs, la preuve que nous sommes bien loin d'avoir fait dans cette science
des mœurs, la seule essentielle à l'homme social, les progrès dont nous nous
vantons dans les autres. Je tirerai ces détails d'un mémoire que fit alors
M. de la Croix, avocat distingué, chargé de la cause par M. Dardenne,
procureur au Parlement, et qui m'a été envoyé par celui-ci.

« Saint-Médard, évêque de Noyon et seigneur de Salancy, qui vivoit du
» temps de Clovis, voulut que tous les ans on donnât un chapeau de rose et

» une somme de vingt-cinq livres à celle des filles de sa terre qui seroit
» reconnue par les habitans pour être la plus vertueuse : il détacha de ses
» domaines plusieurs arpens de terre, qui forment aujourd'hui ce que l'on
» nomme *le fief de la Rose*, et en affecta le revenu au paiement des vingt-
» cinq livres et aux frais du couronnement (1).

» Depuis ce temps la couronne de rose a toujours été la récompense de
» la plus sage Salancienne ; toutes ont aspiré à l'honneur de la recevoir.

» Outre l'avantage qu'elles retirent d'un témoignage si public de leur
» vertu, elles ont encore celui de trouver presque toujours un époux dans
» l'année de leur couronnement. Eh ! quel homme ne s'estimeroit pas heu-
» reux d'unir sa destinée à celle d'une fille qui auroit été reconnue par tous
» les habitans du lieu où elle a reçu le jour, pour être la plus modeste, la
» plus attachée à ses devoirs, la plus respectueuse envers ses parens, et la
» plus douce avec ses compagnes ?

» Mais il ne faut pas seulement qu'elle ait ces excellentes qualités, on
» exige encore que sa famille soit sans reproche ; de sorte que la Rosière, en
» obtenant le prix de sa vertu, reçoit celui de l'honnêteté de tous ses parens.

» Un mois avant le jour de la cérémonie, les habitans de Salancy doivent
» s'assembler pour nommer, en présence des officiers de la justice, trois
» filles dignes de la rose. Ils vont ensuite les présenter au Seigneur, qui
» choisit celle des trois qu'il lui plaît de faire couronner. Le dimanche
» suivant, le curé annonce à tous ses paroissiens quelle est la fille qui a été
» nommée *Rosière*.

» Le jour de Saint-Médard, l'après-midi, la Rosière, dans les habillemens
» de l'innocence, les cheveux flottans en longues boucles, s'avance au son
» des instrumens vers le château ; elle est suivie de douze jeunes filles,
» qui sont vêtues de blanc comme elle et menées par douze Salanciens. Le
» Seigneur la reçoit dans ses appartemens.

» Lorsque les vêpres commencent à sonner, le Seigneur donne la main à
» la Rosière et la conduit à l'église avec son cortége jusqu'à un prie-Dieu
» placé au milieu du chœur pour la recevoir. Les jeunes filles et les garçons
» se rangent à ses côtés et entendent l'office. Après les vêpres, le clergé se
» rend en procession à la chapelle de Saint-Médard ; la Rosière le suit,
» menée par le Seigneur, et marchant toujours dans le même ordre ;
» l'officiant, après quelques prières, fait sur l'autel la bénédiction du cha-
» peau de rose, qui est garni d'un large ruban bleu à bouts flottans et orné
» d'un anneau d'argent, depuis que Louis XIII daigna, à la prière de
» M. de Belloy, seigneur de Salancy, faire donner à la Rosière la couronne
» en son nom. Ce fut M. le marquis de Gordes, son premier capitaine des
» gardes, qui apporta à la sage Salancienne, de la part de Sa Majesté, un
» cordon bleu et une bague d'argent ».

---

(1) Ce saint prélat eut le bonheur d'entendre la voix publique proclamer *Rosière* l'une
de ses sœurs, et de lui donner lui-même le prix glorieux de sa sagesse. On voit encore
un tableau placé au-dessus de l'autel de la chapelle de Saint-Médard, où cet évêque est
représenté en habits pontificaux, posant la couronne de rose sur la tête de sa sœur, qui
est à genoux et coiffée en cheveux.

« Le

» Le curé, ou celui qui officie pour lui, avant de placer la couronne sur
» la tête de la jeune fille, adresse ordinairement un discours à l'assemblée.

» Après l'office la Rosière est conduite sur *une pièce de terre*, où les vas-
» saux lui offrent des présens champêtres.

» En 1766, M. le Pelletier de Morfontaine, intendant de Soissons, s'arrêta,
» en parcourant sa généralité, à Salancy; le Bailli, à la réquisition des habi-
» tans, le pria de vouloir donner le chapeau de rose à la fille choisie par le
» Seigneur.

» Cet Intendant se fit non seulement un plaisir de conduire la vertueuse
» Salancienne à l'autel, il eut encore la générosité de la doter de quarante écus
» de rente, réversible, après sa mort, en faveur *de toutes les Rosières*, qui
» en jouiront chacune pendant une année. »

Cet établissement long-temps protégé par son obscurité n'en fut pas plutôt
sorti, qu'il éprouva ce qui ne manque jamais d'arriver aux choses ou aux
hommes toutes les fois qu'un peu d'éclat les environne, des tracasseries,
des froissemens, des attaques. Un nouveau Seigneur, jaloux du droit qu'a-
voient ses vassaux de nommer la Rosière, voulut se l'attribuer. Il gagna
un syndic, qui, ayant refusé de convoquer l'assemblée des habitans à l'époque ordinaire, lui fournit l'occasion de s'emparer de la nomination. Il fit
à lui tout seul une Rosière dont le couronnement, presque clandestin, fut
protégé par un détachement de cavaliers de la maréchaussée, qui, posté à la
porte de l'église, en défendit l'entrée aux Salanciens et aux curieux accourus
des villages circonvoisins pour voir la cérémonie.

Les gens de Salancy se pourvurent en justice. Le Lieutenant-général de
Chaulny, sur les conclusions du Ministère public, rendit une sentence, contenant un réglement provisoire qui satisfit tellement l'une et l'autre partie, que
les avocats respectifs prirent acte de leur adhésion à ses dispositions.

Mais cet acquiescement ne fut pas capable de contenir l'inquiète activité
du Seigneur, qui interjeta appel de la sentence au Parlement de Paris.
M. Target y défendit les habitans avec autant d'éclat que de succès; et l'arrêt
qui intervint, en faisant triompher ses cliens, ajouta de nouveaux rayons à
sa gloire.

(C) Dans cette cause où je fus l'antagoniste de M. Target, j'avoue que je
ne saurois adopter l'avis de l'auteur de l'éloge; et néanmoins je conviens
qu'il seroit très-possible que je me trompasse. Lorsqu'une fois nous examinons
une opinion dans l'intention obligée de la réfuter, il est tout simple et dès-
lors très-ordinaire que les raisons de l'adversaire, que sa manière de les exposer nous paroissent les unes mauvaises et l'autre vicieuse, sans pourtant
que cela soit ainsi. Cependant, comme la vérité est indivisible, et que, dans
toutes les affaires, il faut qu'elle soit d'un côté, tandis que l'erreur est de
l'autre, je crois qu'il n'est pas indifférent, en traçant l'historique du procès
d'après les pièces, de mettre le lecteur, entre les mains duquel cette production pourroit tomber, à portée de décider s'il doit en approuver la doctrine.

Une demoiselle de Robe, un peu plus que coquette, mariée avec un
bon bourgeois de Paris, eut, pendant son mariage, pour amant, un protestant appelé *Petit de la Burthe*, riche propriétaire en Guyenne, habi-

tant de Bordeaux, mais qui faisoit de fréquens voyages dans la capitale, où il étoit attiré, soit par ses affaires, soit par ses plaisirs. Elle devint veuve avec trois enfans; et pour échapper à ses créanciers, quelques années après son veuvage, sous prétexte d'aller prendre les eaux de Barèges, elle suivit son amant à Bordeaux, s'établit dans sa maison avec ses trois enfans et leur précepteur, moyennant une pension qu'elle lui payoit.

Deux ans après, s'étant trouvée enceinte, elle partit de Bordeaux avec la sœur de son galant pour venir accoucher *incognito* à Paris. L'enfant, qui étoit une fille, fut présenté au curé de Vincennes, par le chirurgien, comme *la fille naturelle* de cette veuve qui ne prit que son nom de fille, et du sieur Petit de la Burthe. Le Curé, en la baptisant, mit en marge, de sa main, sur son registre, à côté de l'acte de baptême, cette note : *nata ex illicitá copulá* « née d'un commerce illicite. »

Son père prétendu, à qui l'on avoit caché qu'elle eût été baptisée sous son nom, lui fit mille écus de rente qui lui furent assurés sous le nom de Marie-Reine, de Thurbé (anagramme de Burthe), comme à une *fille naturelle*.

Sa mère la fit émanciper comme *fille naturelle*.

Un certain Debraux, fils d'un marchand de draps de la petite ville de Neufchâteau qui, ayant servi, ayoit obtenu la croix de Saint-Louis par rang d'ancienneté, étoit venu à Paris, où il lui plut de se faire appeler marquis d'Anglure. Il épousa cette demoiselle, qui se maria comme *fille naturelle*, et se crut ou fit semblant de se croire Marquise d'Anglure, quand après six mois de mariage son mari, par sa mort, la laissa veuve.

Il n'est sorte de démarches que ne fissent, il n'est rien que ne tentassent, pendant tout le temps de la vie du sieur Petit, la mère pour lui faire prendre la qualité d'époux, et la fille celle de père. Il résista à toutes les sollicitations, à tous les efforts. Il fit un testament, où il ne parla pas d'elles, et il laissa, en mourant, une déclaration écrite de sa main, dans laquelle, après avoir attesté *devant Dieu qu'il n'y a jamais eu de mariage entre la mère et lui*, il assure *qu'il verroit un échafaud dressé qu'il ne l'épouseroit pas*.

Jamais la légitimité d'aucun individu ne fut aussi parfaitement établie que l'étoit la bâtardise de la veuve Debraux, se disant marquise d'Anglure ; et jamais par conséquent aucune réclamation plus impudemment inconséquente que la sienne ne fut présentée aux tribunaux. Elle ne demandoit pas moins que d'être reconnue pour fille légitime et unique héritière du sieur de la Burthe. A Bordeaux, où la prétention avoit été examinée et débattue avec le plus grand soin, après une plaidoirie qui tint six audiences, elle fut presqu'unanimement rejetée au parlement, malgré tout ce qu'on put employer de prestiges pour séduire le public et en imposer à la conscience des Magistrats.

La prétendue Marquise s'était créé à Paris une légion de protecteurs ; et les plus hardis intrigans d'un siècle où tout malheureusement étoit réduit au pied de l'intrigue, manœuvroient pour elle avec autant d'audace que d'adresse. Ce qu'il y a au monde de plus funeste à la justice, c'est cette espèce d'hommes qui n'y croit point, quand elle se réunit à cette foule de gens qui, ne la connoissant pas, s'imaginent que la personne à laquelle ils s'intéressent ne peut avoir tort parce qu'ils pèsent le droit à la balance de leurs affections.

La veuve Debraux se pourvut au conseil du roi. Là on eut l'art de confondre sa cause avec celle des réformés; de persuader que l'arrêt de Bordeaux attaquoit l'état de ces derniers et avoit jeté la consternation parmi eux. A entendre les partisans de la dame, la révocation de l'édit de Nantes n'avoit pas causé une plus vive sensation que l'arrêt attaqué. On alla sollicitant dans toutes les provinces des signatures au soutien de cette fausse opinion ; on parvint à l'accréditer ; et ce fut en vain qu'environ cent des meilleures maisons protestantes de la Guyenne signèrent une adresse au comte de Vergennes, dans laquelle on lisoit : « Qu'on avoit répandu dans » le public, qu'on avoit même fait entendre jusqu'aux pieds du trône » que les protestans de France étoient dans les plus vives alarmes sur le » sort de leurs mariages et de leurs enfans, depuis l'arrêt que le parlement » de Bordeaux a rendu dans l'affaire de la dame d'Anglure ; « mais » disoit » l'adresse, *cet arrêt ne pourroit influer sur nos craintes et sur nos espérances,* *qu'autant que le mariage de la dame De Marcois et du sieur de la Burthe* *seroit prouvé avoir été fait par un ministre protestant.* NOUS SENTONS COMBIEN IL SEROIT DANGEREUX POUR NOUS, POUR LE REPOS DE NOS FAMILLES, POUR L'ORDRE SOCIAL ET LES MOEURS PUBLIQUES, QUE DE SIMPLES COHABITA- TIONS FUSSENT CONSACRÉES, PARCE QU'ELLES SEROIENT ARBITRAIREMENT SUPPOSÉES CONFORMES AU CULTE QUE NOUS PROFESSONS. Cette déclaration si franche, si positive, ne produisit aucun effet. Le branle étoit donné. Tous les écrivains de la veuve., elle en avoit trois ou quatre, s'obstinèrent à présenter la question, non pas sous ce point de vue : « s'il y avoit eu un » mariage entre les père et mère de la veuve Debraux ? » question que le parlement de Bordeaux avoit résolue négativement, mais sous celui-ci : « si un mariage fait selon le rit protestant n'étoit pas valide ? »

C'est dans cette occurrence que M. Target, dont j'avoue que la bonne foi m'est infiniment suspecte ici, rédigea la consultation qui a donné lieu à cette note. On a vanté le courage de l'auteur. On a célébré son œuvre comme un prodige d'érudition ; quant à moi, qui n'ai jamais trop su déguiser mon sentiment, je dirai naïvement : que, dans un moment où l'on préparoit au Conseil l'édit des Réformés, ce n'étoit pas donner une grande preuve de courage que d'écrire en leur faveur ; et qu'à moins que l'on ne mette sur le compte *du courage* l'intrépidité avec laquelle il dénatura l'état des personnages, et par conséquent celui de la question dans le début de son traité (car cette consultation qui a 164 pages est un traité), je ne vois rien qui en porte le cachet. J'ajouterai, qu'ayant été forcé de lire, puisqu'il fallut l'analyser et y répondre, l'énorme écrit, il me parut n'être qu'un amas indigeste d'erreurs et d'immoralités, aussi contraire aux textes qu'à l'esprit des lois de la matière, aux dogmes de la religion et aux principes de l'ordre social, tel qu'il étoit établi parmi nous.

On pourra juger de ce que j'avance, par la récapitulation des principaux points qu'il prétend établir.

Selon lui : « le mariage est fondé sur le consentement, et le consentement » se prouve par la cohabitation.

54 *

» Une fois le mariage formé par le consentement, toutes les formalités
» civiles sont inutiles à remplir; et les Romains, ainsi que les autres peuples,
» les ont regardées comme indifférentes.

» On doit penser la même chose des cérémonies religieuses, que les Chré-
» tiens n'ont pas crues nécessaires à la validité du lien.

» Jusqu'à l'époque du Concile de Trente et de l'ordonnance de Blois, le
» mariage de volonté étoit généralement admis.

» Cette ordonnance, non plus qu'aucune de celles qui ont été rendues
» sur le fait du mariage, n'obligeoit les Protestans.

» Il y a des Protestans en France, quoique les déclarations disent qu'il
» n'y en a point.

» Ils peuvent épouser des Catholiques.

» Il faut juger du mariage des Protestans entr'eux, et de celui des Pro-
» testans avec des Catholiques, comme on en auroit jugé avant le Concile
» de Trente et l'ordonnance de Blois.

» Alors le mariage dont il s'agit auroit pu se prouver par témoins ;

» Donc il faut admettre la preuve par témoins de celui-ci, d'autant que
» c'est une question de droit public, et que si on refusoit sa demande à
» la veuve Debraux, on jeteroit trois millions de Protestans dans l'inquié-
» tude sur le sort de leurs femmes, de leurs enfans, et sur le leur propre,
» sous le rapport de leur qualité de père et d'époux. »

Il me paroît difficile de cumuler autant d'hérésies civiles, religieuses et
légales. La contradictoire de toutes, au moins de presque toutes ces propositions, est ce qu'il faut tenir pour vrai, ainsi que je crois l'avoir invinciblement prouvé dans un mémoire au Conseil, en vingt-cinq sections, signé
Du Tillet, et que je fis dans le temps pour les frères Petit, héritiers du défunt.

Mais cette réfutation vint trop tard. La cause avoit été retenue au Conseil
des dépêches, où l'arrêt fut cassé, au rapport d'un monsieur Albert, que
M. Turgot avoit fait nommer autrefois Lieutenant de Police, et qui fournit
dans son temps une millième preuve, que le ramper de la limace conduit
aussi bien et peut-être plus sûrement au sommet d'une colonne que le vol
de l'aigle. Non-seulement l'arrêt du Parlement de Bordeaux fut cassé, mais
on y ajouta « une provision de 60,000 liv., en faveur de la dame Debraux,
» à qui l'on permit de faire preuve de trente-trois faits articulés par elle
» au Parlement de Bordeaux, sauf aux sieurs Petit de faire la preuve con-
» traire, pour statuer ensuite par Sa Majesté ce qu'il appartiendroit, en
» son Conseil des Dépêches. »

Ainsi, pour la première fois depuis sa création, le Conseil des Dépêches se
vit transformer en un Tribunal d'Instruction! Ainsi, avant même qu'on sût si
la fausse Marquise étoit fille de l'homme qu'elle se donnoit pour père, on la
proclamoit son héritière! Jamais peut-être, on doit le dire, le mépris des formes
et l'oubli des principes ne furent poussés plus loin que dans cette occasion.

La double enquête terminée, M. Albert voulut s'en emparer. Les héritiers Petit s'y opposèrent, fondés sur le réglement du Conseil qui ne permettoit pas : « Que celui sur le rapport duquel il auroit été rendu un arrêt de
» soit communiqué pût être rapporteur de l'Instance. » Ils présentèrent
à ce sujet une requête, firent un mémoire. Il s'établit une lutte entr'eux

et ce rapporteur peu délicat. Elle se termina par une délibération des confrères de ce dernier, qui l'excluoient du Conseil. La mort vint presqu'en même temps le tirer d'embarras et le délivrer du travail pénible des réponses et des apologies.

M. Poitevin de Maissemi, nommé à sa place, se démit, et fut remplacé par M. Blondel, à qui succéda M. l'abbé Bertin. Sous celui-ci le char de la révolution, qui avoit commencé sa rotation violente, brisa le Conseil; et il fut décidé par un décret que toutes les affaires qui y étoient pendantes seroient renvoyées aux juges des districts qui devoient en connoître.

Ce décret reportoit dans les greffes de Bordeaux les enquêtes sur lesquelles la cause devoit se juger; et rien de plus régulier et de plus juste. Bordeaux avoit été le théâtre des faits principaux qui servoient de base aux enquêtes; c'étoit d'ailleurs le domicile des frères Petit, défendeurs. Sous tous les rapports possibles, le renvoi à Bordeaux sembloit être commandé. Duport du Tertre, ce Garde-des-sceaux populaire (1), s'y opposa de son autorité privée, et contre la teneur des décrets: il renvoya « devant » le Tribunal du premier arrondissement du département de Paris, pour être » fait droit sur l'instance. » Si je dis en peu de mots comment on se pourvut en cassation contre l'arrêt, comment on succomba, comment un jugement par défaut, parce qu'on n'y forma opposition que le neuvième jour, fournit à la veuve Debraux des moyens de se jeter sur cette succession qu'elle vouloit à toute force envahir; et comment entr'elle, les créanciers, les légataires, et les gens de loi, les lambeaux à cette hoirie saisis avec âpreté, disputés à outrance, se sont à-peu-près évanouis, de sorte qu'à la mort du chevalier Petit, le principal antagoniste de la veuve, il ne s'est presque trouvé que des dettes; si, dis-je, j'effleure tous ces détails, mes motifs sont de faire connoître le dénouement d'une pièce extraordinaire, et de fixer le lecteur sur cette observation frappante : que par le résultat de cette monstrueuse rixe, enfantée par la cupidité, dont le père avoit été le mensonge et l'intrigue la nourrice, ce qu'il y eut de plus réel pour les contendans, ce fut les sollicitudes, les dépenses et les fatigues du conflit.

(D) N'est-ce pas un problème et même un problème assez difficile à résoudre, que de décider si, lorsque, dans un état, il existe une religion dominante; si, quand le Chef de l'état a fait un serment positif de n'en pas admettre d'autre, il est de la politique (je n'ajoute pas de la morale, parce que lorsqu'il y a un serment celle-ci dit *non* sans balancer) de lui donner des rivales (2)? Je ne sais pas si M. de Malesherbes, plein d'ailleurs des meilleures intentions du monde, étoit, par le caractère de son esprit, bien propre à prononcer juste sur cette importante question. Ce qu'il y a de sûr,

---

(1) Duport du Tertre étoit un avocat de la quatrième ou cinquième classe, parmi les sept ou huit cents avocats qui composoient la liste qu'on appeloit *le tableau* des avocats de Paris. Lorsque le respectable Angran, ancien Lieutenant-civil, ce magistrat qui représentoit la vertu dans la capitale, eut appris que Louis XVI, violenté par M. de La Fayette, avoit nommé Duport du Tertre garde-des-sceaux, il dit : *Il faut convenir que le Roi vient de faire un choix bien populaire.*

(2) « Ce sera une très-bonne loi civile, lorsque l'état est satisfait de la religion déjà » établie, de ne point souffrir l'établissement d'une autre. » MONTESQUIEU. *Esp. des Lois*, liv. 25, ch. 10.

c'est que, dans la révolution, les Protestans qui avoient au Roi de si grandes obligations, ne se sont pas montrés fort empressés de lui donner des preuves de gratitude.

(E) Cette cause des de Queyssat ne fut pas une cause d'intrigue, comme celle de la Debraux; ce fut une affaire de parti.

Déjà tout fermentoit en France. Un mouvement intestin tendoit à séparer les corporations diverses qui composoient l'État. Le clergé, la noblesse, les militaires, les négocians, les propriétaires, les rentiers, les manufacturiers, les ouvriers, etc., toutes ces classes différentes, qui alloient et qui étoient si bien faites pour aller ensemble, ne se touchoient plus sans se coudoyer.

Une rencontre sanglante qui eut lieu entre les frères de Queyssat et le sieur Damade, ceux-là officiers, et celui-ci commis-marchand, devint la querelle du commerce et de la milice.

Les sieurs de Queyssat s'étoient pourvus deux fois au Conseil contre deux arrêts, l'un du parlement de Bordeaux, et l'autre du parlement de Toulouse. Ils avoient été renvoyés au parlement de Paris. De cinq frères qui composoient cette famille, quatre vinrent à Paris. Trois furent détenus à la Conciergerie; et le quatrième, qui n'étoit pour rien dans l'affaire, jouissoit de sa liberté. Il me fut amené par M. Bastard de Lafitte, conseiller au parlement de Toulouse, magistrat distingué par des lumières et une intégrité héréditaires. On me demanda : « si je voudrois me charger de » faire un mémoire pour les sieurs de Queyssat? » Je répondis : « qu'avant » de m'engager il falloit que je lusse les pièces. » On me les laissa. Examen fait, la cause me parut excellente; et je le dis à celui des de Queyssat qui vint quelques jours après savoir mon sentiment. Je le questionnai sur la position où l'on se trouvoit. Il m'apprit que Me. Élie de Beaumont écriroit et que Me. Target plaideroit pour le sieur Damade. Je lui conseillai d'opposer Gerbier à Target pour la plaidoirie. Il me répondit : « que M. Gerbier, » qui venoit de se charger d'une cause majeure, l'avoit refusé. » J'insistai; et comme il m'avoit conté que le Maréchal de Broglio avoit dû au chevalier de Queyssat, l'aîné des frères, d'échapper à un détachement ennemi qui, l'ayant surpris dans un parc, l'auroit fait prisonnier avec tout son état-major, sans l'intrépide résistance du Chevalier qui risqua sa vie et sacrifia sa liberté pour sauver son général, je lui conseillai d'engager le Maréchal à prendre la peine de voir lui-même M. Gerbier, qui, à mon sens, ne résisteroit pas à d'aussi flatteuses sollicitations. Il suivit mon avis, et la chose réussit. Les plaidoiries s'engagèrent. Gerbier donna un rôle dans la cause à Me. Hardouin, jeune avocat, qui déjà avoit fait preuve d'un talent éminent qu'il a depuis poussé à un haut degré de perfection. Il commença, il parloit pour les deux frères. Gerbier s'étoit réservé la défense du Chevalier. Il se surpassa dans son plaidoyer. On se portoit au Palais; et dans tout Paris il n'étoit bruit que du procès de Damade et des de Queyssat. Target répondit : il eut des momens brillans, et il fut applaudi avec excès (1).

_____

(1) Les deux orateurs s'étoient piqués d'émulation, et Target, qui parla le dernier, plaida bien autant contre Gerbier que pour Damade.

Cependant mon travail étoit achevé; mais comme j'avois exigé de n'être pas nommé jusqu'au moment de sa publication, quelques faiseurs se présentèrent, et un jeune avocat de province fit adopter son ouvrage à mes cliens. Il y eut bien là-dessous un peu d'intrigue, mais j'ai toujours eu trop d'envie d'en oublier le principe, pour que, loin de les conter, je cherche même à m'en rappeler les circonstances.

J'avois essayé mon mémoire, et je croyois pouvoir en être content; car voici ce qui m'étoit arrivé : M. Bastard (1), ancien premier Président au Parlement de Toulouse, alors Conseiller - d'état, Chancelier du Comte d'Artois, frère aîné de celui que j'ai d'abord cité, lié particulièrement avec l'abbé de Boismont de l'Académie française, qui, sans trop savoir pourquoi, avoit pris couleur dans l'affaire de MM. de Queyssat, contre lesquels il se déchaînoit outrageusement toutes les fois que l'occasion s'en présentoit, M. Bastard, dis-je, qui m'a honoré de son amitié, nous fit trouver ensemble à dîner; et comme j'étois prévenu des sentimens de l'Abbé, je portai avec moi la minute de mon écrit. Après dîner, on m'en demanda la lecture. Je me fis peu prier, et je n'eus pas lieu de me repentir de ma complaisance. Tout le monde me fit force complimens; l'Abbé m'embrassa et m'assura que je l'avois converti. Peut-être pensera-t-on que ce n'étoit là qu'une vaine politesse; cependant il me sembla, dans le temps, qu'il y avoit dans son ton plus de chaleur qu'on n'en met ordinairement, quand la personne nous est parfaitement indifférente, dans un simple compliment où la vérité n'a point d'intérêt.

Au reste, comme j'ai retrouvé une copie de ce mémoire, écrite de la main d'un des cliens, je l'imprimerai dans ce quatrième demi-volume, et le lecteur en jugera. Il servira d'ailleurs de complément à cette note.

(F) Beaucoup de personnes se souviendront de l'histoire de M. de Goezman, conseiller au Parlement intermédiaire, avec le sieur Caron de Beaumarchais, qui, dans son procès contre M. de Lablache, étoit accusé d'avoir voulu acheter le suffrage du premier, nommé rapporteur de l'affaire.

Son procès perdu au nouveau Parlement, Beaumarchais, qui espéroit le porter et le gagner à l'ancien qu'on venoit de rétablir, avoit jeté les yeux sur M. Target pour l'y défendre. Il alla le voir, et ne l'ayant pas rencontré, il lui laissa une carte sur laquelle étoit écrit : *le martyr Beaumarchais à la vierge Target.*

M. Target passoit pour n'avoir rien fait durant l'exercice de la récente magistrature; il est certain qu'il ne plaida pas. L'auteur de l'éloge attribue son inaction à sa fidélité, au serment prêté aux anciens magistrats, par lequel il se croyoit lié, ce qui lui valut l'épithète de *Vierge* à laquelle l'éloge

_____

(1) M. Bastard fut un de ces hommes rares à qui, de son temps, on n'a pas rendu justice. Il avoit une grande rectitude de jugemens avec une mémoire prodigieuse. Si le digeste et le code s'étoient perdus, on en auroit retrouvé la plus grande partie dans sa tête. Il savoit nos ordonnances par cœur.

Pendant le temps de sa première présidence, il prononça sans notes un arrêt dont le dispositif dura plus de trois quarts-d'heure. Ce trait fit époque au barreau de Toulouse, et j'ai entendu, plus de soixante ans après, des avocats de ce Parlement le citer avec enthousiasme.

fait allusion. Si Beaumarchais, qui la lui appliqua le premier, avoit pu pénétrer l'avenir et savoir avec quelle facilité son héros se crut dégagé de l'obligation de tenir celui qu'il avoit prêté en sa qualité de député aux électeurs de Paris, au lieu de lui adresser sa carte simplement *à la Vierge*, il auroit écrit : *Virgini pariturœ*, « à la Vierge qui enfantera. »

Le souvenir de cette anecdote ne contribua pas peu sans doute au ridicule que l'on chercha à donner à M. Target, lors de la production de cette mystification nationale que l'on appela la *Constitution de* 1791, misérable œuvre d'un troupeau de factieux qui se disoient les représentans d'un peuple qui ne les avoit nommés que comme ses mandataires.

Elle fut reçue, cette constitution, autant aux huées qu'aux applaudissemens des Français. Des plaisans supposèrent que M. Target en étoit accouché. On alla même jusqu'à la nommer *la Targetine*, comme on avoit appelé *la Guillotine*, cet instrument de mort dont on se sert maintenant pour le supplice des criminels, du nom du médecin *Guillotin*, un des députés, et son inventeur. Hélas ! dans leur imprévoyance, les Parisiens rioient aux éclats de cette chose qui alloit tout-à-l'heure convertir leur grosse joie en un déluge de pleurs et de sang qui devoit inonder leurs visages et leurs places publiques.

(G) La censure. Lettre A..., avec cette épigraphe : *Quid leges sine moribus ?* est un petit pamphlet de M. Target, de vingt-huit pages en très-gros caractères. Il fut fait à l'occasion du fameux Linguet, que les avocats vouloient rayer du tableau, et qui le fut en effet à la suite de deux arrêts contradictoires, dont l'un du 11 janvier 1775 le maintenoit sur ce tableau, malgré la suppression décidée par ses confrères, d'après les conclusions de M. l'avocat-général Séguier; tandis que, le 29 mars suivant, un autre arrêt confirma sa radiation que ces mêmes confrères avoient prononcée le 26 janvier sur les conclusions de M. de Barentin, alors aussi avocat-général. Il disoit, M. de Barentin : « que les avocats de Paris avoient le droit de dis-
» poser arbitrairement du sort de leurs confrères, sans rendre compte de
» leurs raisons ; qu'aucun tribunal n'avoit celui de s'immiscer dans leur ju-
» ridiction et de leur demander le motif de leurs sentences ; que la radia-
» tion du tableau n'étoit ni une peine, ni un déshonneur, mais seulement
» un avis au public qu'un tel avocat ne pouvoit plus avoir sa confiance ;
» et il concluoit : à ce que le sieur Linguet fût déclaré non-recevable dans
» son opposition. »

L'arrêt adopta ses conclusions.

Je ne sais qui définissoit Linguet « un four toujours chaud, où rien ne
» cuisoit. » Ce mot m'a paru d'une grande justesse ; mais avec ses défauts il faut convenir que, pour le style, il étoit très-supérieur aux écrivains du Palais. Beaucoup de gens ne virent dans sa proscription qu'un effet de la jalousie de ses rivaux, dont ses talens lui avoient fait des ennemis.

M. Target se crut appelé à justifier dans le public le parti qu'avoit pris l'ordre des avocats, ainsi que la sanction qu'il en avoit obtenue du Parlement ; tel fut le sujet de la *Censure*. Il soutient, dans cet écrit, « que les
» lois décident sur des faits, et la censure sur l'opinion. » Il veut « que la
» censure soit libre et maîtresse absolue d'agir comme bon lui semblera.

» Le corps, disoit-il, doit avoir le droit de les admettre (ses membres), de
» les avertir, de les réprimander, de les exclure.... Si le corps présente de
» temps en temps au public la liste des membres qui la composent.... en
» la publiant il semble dire aux citoyens : *Ne craignez rien, portez vos
droits à soutenir, vos intérêts à ménager, vos secrets à garder, vos
titres à faire valoir, votre confiance pleine et sans réserve, dans les
demeures de ces hommes laborieux et purs, qui se sont consacrés au
soin pénible de votre défense. Ils méritent d'être abordés sans inquiétude.
Votre abandon sans réserve sera payé de la même générosité. Vous serez
maîtres de donner des marques de reconnoissance ; et si vous êtes assez
injustes pour oublier les services rendus par le zèle, jamais votre injustice
ne retentira dans les tribunaux ni aux oreilles du public.* (Une foule de
justes arrêts démentent cette assertion.)

« C'est par l'honneur que se maintient l'honneur. La loi retient avec des
» chaînes ; c'est avec des fils que l'honneur gouverne les hommes. Et.....
» s'il faut que la censure s'astreigne à des formes prescrites, et exige
» des preuves rigoureuses, si le corps qui l'exerce n'est pas libre dans sa
» police..... il n'y a plus de censure. Le corps ne sera pas plus pur que le
» siècle. Les membres ne craindront plus que la loi..... Affoiblissez la
» censure, vous la détruisez nécessairement. Rendez la censure tributaire
» d'un examen ultérieur, privez-la de la souveraineté qui fait sa force ;
» l'homme qui la craint a dans sa main la vengeance ; l'homme qui en
» sent le prix ne la provoque plus, de peur de troubler son repos ; la paix
» qui s'établit alors n'est plus que la paix qui régne dans le séjour de la
» corruption, la paix des lâches et des esclaves.....
» Mais si l'équité étoit violée !.... si la cabale fermentoit !.... ce seroit
» un mal particulier, suite d'un bien nécessaire, etc., etc..... La discipline
» est si pure, la fraternité est si délicate..... que juger un homme déplacé
» dans cette police, ce n'est pas avoir dessein de le flétrir..... Les membres
» d'un tel corps doivent croire..... que l'on pourroit ne pas rester leur frère
» et être digne encore de beaucoup de choses honnêtes.....-Et ne devroit-
» on compter pour rien la possession, si elle remontoit aussi loin que l'exis-
» tence du corps lui-même ?.... Il ne faut pas se prévenir sans examen contre
» des mœurs anciennes..... Mais le préjugé naturel porte à croire qu'elles
» sont anciennes, parce qu'elles sont bonnes. »

Telle est l'analyse de la doctrine de M. Target, sur la discipline qu'il
suppose établie parmi les avocats dès leur institution.

Il y a peut-être, dans ce qu'on vient de lire, autant à rougir qu'à se
glorifier pour l'ordre qu'il veut relever. D'un côté, énoncer : « que les
» avocats ont besoin d'un honneur plus pur que tel autre état, à qui le
» public est obligé d'accorder sa confiance ; que, par exemple, un magistrat,
» un notaire, etc., » c'est assurément un trait d'*outrecuidance* qu'on ne passera pas à l'auteur. *L'honneur* est, comme l'a remarqué Montesquieu, le
pivot sur lequel tout roule dans un état monarchique : chacun y est jaloux du
sien ; et parmi nous, le dernier des Français ne voudroit pas être qualifié
d'homme sans *honneur*. Mais cet honneur a cela de particulier, qu'il n'existe
plus dès qu'il n'est pas entier : une tache l'anéantit, toute atteinte est mor-

telle pour lui. Je mettrai donc en fait qu'un avocat, rayé de dessus le tableau comme n'ayant pas assez de cet *honneur*, n'auroit pas été reçu dans la moins considérée des corporations. Mais, d'un autre côté, comment peut-on, quand il s'agit d'une réunion d'hommes exquis, triés sur le volet entre les plus vertueux, soutenir qu'ils ont besoin d'une jurande (car la députation n'étoit pas autre chose) pour se maintenir dans cet état de candeur angélique où on les a constitués? C'est noircir d'une main ce qu'on a blanchi de l'autre (1).

Quoi qu'il en soit, ce qu'on trouve dans ce petit écrit « n'est qu'un franc » verbiage sans nulle valeur ; » *sunt verba et voces prætereàque nihil*. Tout est idéal dans les peintures, erroné dans les principes, faux dans les faits, incongru dans les raisonnemens. Ceci seroit facile, mais long à démontrer. Je renverrai donc au mémoire que je fis autrefois pour Mᵉ. Morizot, avocat au Parlement, où j'ai tâché d'approfondir les questions de fait et de droit que M. Target pose ici avec une assurance qui tendroit à les faire passer pour des axiomes, tandis qu'elles ne sont, comme on le verra (2), rien moins que cela. J'y prouve sans réplique, je crois :

« Que l'institution très-moderne du tableau ne remontoit pas au commen-
» cement du siècle ; que le rôle ou la matricule n'étoit point l'ouvrage des
» avocats; qu'ils n'avoient jamais eu le droit de se choisir ou de se nommer des
» confrères ; que la censure qu'ils prétendoient exercer les uns sur les autres
» n'étoit qu'un abus intolérable, proscrit également par la raison et par
» la loi, dont on ne trouvoit aucun exemple dans les temps anciens, et
» qui, dans les temps modernes, n'avoit dû sa naissance qu'à la haine, à
» la basse jalousie et à cette multitude de petites passions qui se cachent,
» parce qu'elles auroient honte de montrer leur hideuse physionomie. »
Trop souvent on a pu appliquer le vers de Juvénal à cette censure :

> Qui fait grace aux corbeaux et vexe les colombes.
> *Dat véniam corvis, vexat censura columbas.*

J'en ai vu des exemples que je ne rapporterai point. Ils seroient sans objet, et l'on pourroit croire qu'ils ne le sont pas.

(H) L'anecdote de l'éloignement des Avocats du Parlement de Paris de la liste des Académiciens français, oubliée aujourd'hui à ce qu'il paroît, mérite peut-être bien autant qu'une foule d'autres petits faits de ce genre, la peine d'une élucidation.

Je dis qu'elle est oubliée, parceque M. le Cardinal Maury, dans son discours de réception à l'Institut, à la place de M. Target, le 6 mai 1807, en a parlé de manière à me le persuader. D'autres, sans doute, savent ce que je vais écrire ; mais on peut croire que ce que n'a pas su le Cardinal est oublié.

---

(1) Je ne connois rien qui vaille cette maxime si sage de Cicéron : « C'est des vertus
» d'usage, des qualités de tous les jours, qu'il faut nous occuper, non pas de ces chi-
» mères de perfections qui peuvent faire l'objet de nos vœux, et point du tout celui
» de nos habitudes quotidiennes : *Nos autem ea quae sunt in usu vitâque com-
muni, non ea quæ finguntur aut optantur, spectare debemus.* DE AMICITIA, n°. 16.
(2) On le trouvera à la suite de celui des frères Queyssat, précédé de LA CENSURE.

En 1733, une place étoit vacante à l'Académie. Le Normant, qui passoit alors pour l'aigle du barreau, fit dire par l'évêque de Luçon aux Académiciens, dès le commencement de décembre : « que si la place n'étoit » pas encore destinée, il désiroit passionnément qu'on le nommât pour la » remplir. » *J'étois présent*, dit l'abbé d'Olivet, qui raconte cette histoire au Président Bouhier (1).

Nous répondîmes que l'Académie, qui est l'école de l'éloquence, ne pouvoit qu'être flattée de s'attacher un Orateur si célèbre. Il y eut pourtant une petite difficulté. Dans une affaire relative à la Constitution *unigenitus*, quarante avocats avaient signé une consultation où les droits de la souveraineté semblaient avoir été méconnus. Un arrêt du Conseil les condamna *à la désavouer ou à la rétracter, à peine d'être interdits ;* on exigea même que les quarante en particulier, et tout l'ordre par l'organe du Bâtonnier, fissent la déclaration solennelle : *Que le Roi est seul souverain législateur dans ses États.* Le Normant avoit été mêlé dans tout cela, et l'Académie, qui craignit que le Monarque lui refusât son agrément, le prévint de s'en assurer. Elle eut bientôt satisfaction sur ce point, et alors les Académiciens s'empressèrent de s'expliquer et de dire publiquement : que M. Le Normant, élu d'avance, devoit être regardé comme un des leurs.

La rentrée des vacances arriva : Le Normant étant avec quelques-uns de ses confrères au parquet, on y parla de son futur titre d'académicien, et l'un d'eux s'amusa à lui en faire des complimens ironiques. Tombant ensuite sur les visites d'usage en pareil cas, il se complut à lui peindre, en charge, tout l'honneur qu'alloit recueillir l'un des plus célèbres avocats du Parlement de Paris, en allant de porte en porte mendier les suffrages pour être reçu de l'Académie. Il lui demanda s'il n'avoit pas suffisamment de gloire acquise pour être dispensé de cette avilissante corvée?

La tradition nous représente Le Normant comme un homme d'un extérieur très-imposant, fastueux, et passablement prévenu en faveur de son mérite. La caricature piqua sa vanité, il déclara qu'il n'iroit chez personne, et qu'il annonceroit hautement sa résolution. Il tint parole ; et les Académiciens, à leur tour, trouvant fort mauvais qu'une civilité qui leur avoit été rendue par les membres les plus distingués de l'Etat, de l'Eglise et de la Magistrature, leur fût refusée comme humiliante par un individu de l'ordre des avocats, s'assemblèrent, ne parlèrent pas de lui et donnèrent la place à un autre. Ainsi Le Normant perdit l'avantage de voir son nom inscrit dans une liste qui lui auroit fait plus d'honneur qu'il n'en auroit fait à la liste ; tout ce que j'ai lu de lui m'ayant paru d'un assez bon avocat, mais d'un fort maigre écrivain.

Parmi les premiers Académiciens, on remarque Giry, avocat au Conseil, on y voit ensuite figurer Colletet et Balesdens, aussi avocats au Conseil (2) ; Patru et Doujat, avocats au Parlement.

***

(1) Dans une lettre qu'il lui écrivit, le 15 décembre 1733, et qui se trouve dans un Recueil d'Opuscules littéraires, imprimé à Amsterdam en 1767.

(2) Il est fort singulier que M. le cardinal Maury ait confondu les avocats au Conseil

Patru, lors de sa réception, fit un discours de remercîment dont l'Académie fut si flattée et si satisfaite, que dans ses réglemens on mit un article pour obliger à l'imiter ceux qui seroient reçus désormais.

Le dernier avocat au Parlement, reçu à l'Académie, fut Barbier d'Aucourt, célèbre par sa critique d'un ouvrage du père Bouhours jésuite, et par la défense du malheureux le Brun (1). Il avoit été reçu, en 1685, à la place de Mézeray. La prescription étoit plus que centenaire contre l'ordre des avocats, lorsqu'elle fut interrompue, en 1785, par la réception de Target, à la place de l'abbé Arnaud.

L'histoire du refus de M. le premier-président de Lamoignon, d'une place à l'Académie, ni le ressentiment de Toureil contre l'abbé de Chaulieu, n'ont aucun trait à l'espèce d'exclusion du rang d'académicien que les avocats au Parlement avoient, en quelque façon, provoquée eux-mêmes. Il n'y eut à cet égard ni délibération, ni résolution particulière, ni crainte de radiation du tableau, ni rien de ce qu'insinue l'auteur du discours à l'Institut; tout se réduisit à l'impertinence que fit Le Normant au corps académique, et à la vengeance qu'en prit celui-ci en ne le nommant pas.

Il est vrai qu'il arriva ce qui arrive presque toujours dans les sociétés, sur-tout quand elles sont semblables à celle des avocats, qui parloient beaucoup dans leurs assemblées, et n'écrivoient jamais rien. Un exemple, quelque sot qu'il soit, devient une règle pour les autres membres. L'éditeur des OEuvres de Cochin, en cherchant pourquoi ce dernier ne fut pas de l'Académie, dit : « Que, dans l'ordre des avocats et aux yeux de personnes » très-respectables, la nécessité des visites (2) et de la concurrence qu'on y » éprouve, parut une servitude dont les maîtres de l'éloquence ne pou- » voient subir le joug sans dégrader leur profession.» (*Préface des OEuvres de Cochin*, page xxviii). Certes, il est difficile de concevoir comment

___

avec les avocats au Parlement. Les premiers étoient titulaires de charges d'une finance assez considérable; et les autres étoient en possession de la faculté de plaider, d'écrire, de faire des mémoires pour le Tribunal de Commerce, le Châtelet, le Grand-Conseil, le Parlement, et de donner des consultations dans toutes les affaires. Ils n'avoient d'autre titre, à l'exercice de ces fonctions, que leur inscription sur la matricule déposée au greffe de la Cour, et ensuite sur le tableau des avocats. M. de Sacy, le traducteur de Pline, cité comme avocat au Parlement, étoit avocat au Conseil.

(1) Le Brun étoit valet-de-chambre d'une dame Mazel, qui fut trouvée assassinée dans son lit. On l'accusa de ce crime. Appliqué à la question, il mourut de la suite des tortures. Deux ans après sa mort, le véritable auteur du forfait, un ancien laquais de la Dame, et qui déjà l'avoit volée, fut arrêté, livré à la justice et roué après avoir justifié Le Brun. Barbier d'Aucourt avoit défendu celui-ci avec plus de talent que de succès. Ses factums, dans cette cause, ne sont pas *des modèles* comme l'abbé d'Olivet atteste que l'en ont assuré des gens du métier; mais sans monter à l'excellence ils sont au-dessus du médiocre.

(2) Dans la lettre que j'ai citée, l'abbé d'Olivet prétend que les visites faites aux Académiciens ne sont que de simple politesse, et non pas des sollicitations. Il cite même deux arrêtés de l'Académie, l'un du 5 avril 1701 et l'autre de 1727, qui proscrivoient très-formellement les secondes. Un candidat annonce sa prétention; et quand il se croit à-peu-près assuré d'être reçu, il fait ses visites.

des visites dont s'acquittoient des Cardinaux, des Maréchaux de France, des Présidens de Cour souveraine, sans difficulté, pouvoient dégrader des avocats. Quant *à la concurrence*, elle est toujours honorable; car elle indique le prix que l'on met à la chose dont elle est l'objet. Les hommes ne se disputent en général que ce qui en vaut la peine.

Au reste, Gerbier avoit dû, plusieurs années avant Target, voir tomber la barrière qui s'opposoit à l'introduction des individus de l'ordre des avocats dans le sanctuaire académique. Comment Target fut ensuite substitué à son confrère, c'est une aventure que Gerbier m'a racontée, et qui seroit déplacée dans des notes sur l'éloge de l'Académicien.

Je lus dans le temps son discours de remercîment; n'en déplaise à La Harpe qui s'est cru sans doute obligé de louer le travail de son nouveau collègue, il ne vaut ni par le fond ni par la forme. Des lieux-communs sur l'Éloquence, amplification d'écolier, énumération sèche des orateurs connus, style vague, incorrect, boursoufflé, nul trait saillant, aucune tournure neuve; Catulle en eût dit ce qu'il disoit de la rivale de Lesbie: « Pas une grâce, pas un grain de sel dans tout l'ouvrage. »

> *Nulla venustas*
> *Nulla est in toto corpore mica salis.*

(J) Il est impossible de mieux défendre le refus que M. Target fit de se charger de la cause de Louis XVI, que ne l'a fait l'auteur de l'Éloge, à moins de l'en absoudre totalement. Ce qu'on peut ajouter le voici: c'est qu'aucun Parisien ne peut lui en faire un reproche. Ce fut en présence de Paris armé que se commit ce grand attentat, sans la moindre opposition. Il y a plus: ce fut la garde de cette ville qui le protégea. Un grand nombre de ceux qui la composoient pleurèrent à la vérité; mais ils ne surent que pleurer. Le meurtre du conventionnel le Pelletier-Saint-Fargeau, chez un restaurateur, par Pâris, ne fut qu'un effet du hasard, qui n'avoit pas été concerté et qui n'eut point de suite.

Je pense bien que la disposition de foiblesse des habitans de la capitale influa beaucoup sur l'opinion qu'ils prirent et qu'ils conservèrent de M. Target. L'homme qui, dans une circonstance, s'est montré timide, est fort aise de pouvoir dire: « Je n'étois pas obligé d'être brave. » Il est très-probable qu'il ne l'auroit pas été; mais il insiste et se prononce d'autant plus fortement contre celui qu'il peut accuser d'avoir manqué de courage, qu'il sent en avoir eu moins lui-même.

Le pamphlet de M. Target, que son ami M. Hom a fait réimprimer et répandre avec profusion, est mou et peu propre à produire de l'effet. Il n'a pas même présenté le principal argument qu'il emploie, celui de l'incompétence, sous son véritable jour. Il se contente de dire: *Qu'on ne peut pas être en même temps juge d'un individu et administrateur souverain.* D'abord cela n'est pas vrai, et puis ce n'est pas le mot. Il me semble qu'il falloit dire: « Qui est-ce qui accuse le Roi? La Convention. » Qui est-ce qui veut le juger, qui le jugera? La Convention. Mais c'est » une horrible monstruosité que de prétendre réunir le double rôle d'accu- » sateur et de juge: que la Convention renonce donc à l'accusation, et

» il n'y aura plus de procès; ou qu'elle renonce à juger, et il n'y aura
» plus de tribunal (1). »

Ici une chose fait honneur à M. Target, c'est d'avoir eu pendant sa
vie un ami qui a songé après sa mort à le disculper, et qui s'est occupé
de son apologie avec chaleur et constance. On n'acquiert pas un tel ami
sans l'avoir mérité; et quand on l'a mérité, il faut qu'on ait eu de la bonté
dans le cœur et de la dignité dans le caractère.

(K) M. Target s'étoit fait, comme avocat, une très-belle réputation. On
le plaçoit après Gerbier; mais entre lui et Gerbier on ne plaçoit personne.
Son geste avoit de l'aisance et ne manquoit pas de noblesse. Sa voix étendue se développoit avec souplesse et gravité. Sa prononciation étoit pure,
correcte; on l'écoutoit avec plaisir. Il plaidoit d'abondance sur les pièces ou
sur les extraits qu'il en avoit faits. Il y a eu peu de grandes causes au Palais,
où il n'ait été chargé par l'une ou par l'autre des parties. Il se passionnoit
pour sa cause et pour ses cliens; ce qui, à mon sens, est la première
qualité de l'avocat. Il parloit beaucoup mieux qu'il n'écrivoit. On n'a guères
de lui que des mémoires sur des affaires contentieuses; aussi, lors de sa réception à l'Académie, les *Calembourdistes* dirent-ils: « Qu'il avoit été reçu
» *pour mémoire.* »

On lui attribuoit pourtant en partie un roman, intitulé : LETTRES DU
MARQUIS DE ROSÉLLE, qui parut sous le nom de Madame Elie de Beaumont, la femme d'un de ses confrères, avec lequel il étoit intimément lié. Il
y a apparence que la très-injuste persuasion où l'on est, qu'en général les
dames beaux-esprits ont presque toujours des faiseurs secrets, donna
naissance et accrédita ce bruit que je crois mal fondé, le style de ce roman,
qui, sans être une merveille, eut du succès dans le temps, ne me paroissant pas ressembler au sien. Sa manière d'écrire à lui, est presque toujours
ampoulée, obscure. Le tissu de sa phrase est lâche, indéterminé. Son principal défaut m'a paru l'ambition de présenter, sous la forme de conceptions
rares, des choses très-ordinaires; ce qui produit l'effet d'une femme dont
l'air est commun, se montrant avec la parure d'une princesse.

Au reste, il n'étoit pas pressé d'écrire. Dans beaucoup de procès, tandis
qu'il instruisoit les juges à l'audience, son ami Elie de Beaumont se chargeoit du mémoire; et même dans celui du Marquis de Gouy qu'il plaida,
fit-il réimprimer le mémoire que Linguet avoit fait dans la même cause. Il est
vrai qu'il eut probablement en vue de faire une sorte de cour à cet avocat,
devenu journaliste; ce qui lui réussit parfaitement mal.

Linguet, naturellement quinteux, prit en fort mauvaise part la galanterie de
son ancien confrère. Il le railla amèrement *sur la justesse de son coup-
d'œil*, et très-mal-à-propos; car un défaut corporel ne conclut rien pour

_____

(1) A quoi tendoit cette proposition métaphysique : *Qu'on ne punit pas le dernier
des crimes possibles?*
Est-ce un crime que d'avoir été Roi, c'est-à-dire le père d'un peuple? Ensuite,
pourquoi ne puniroit-on pas le dernier des crimes possibles? La peine a deux objets,
dont le premier est la punition du coupable; et le second, l'exemple qui effraye ceux
qui seroient tentés de l'imiter.

les qualités spirituelles. On peut fort bien être louche comme l'étoit M. Target, et néanmoins très-bien voir dans les affaires (1).

M. Target désira passionnément d'être député aux États-Généraux (l'homme ne sait jamais ce qu'il doit souhaiter), après avoir été nommé Président de l'assemblée des Électeurs de la ville de Paris, *intrà muros;* il dut sa nomination de Député aux États, à l'assemblée des Électeurs des communes environnantes, *extrà muros.* Réuni avec ses collègues à Versailles, il ne fit rien qui répondît à ce qu'on attendoit de lui, et rappela ce Versoris, avocat célèbre au Parlement de Paris, qui, envoyé député aux États de Blois, n'y parut qu'un personnage insignifiant ou même ridicule.

On a vu dans son Éloge que, dès 1790, il avoit été nommé Président d'un Tribunal de Paris, et qu'il a toujours depuis rempli les fonctions de la magistrature. C'est ici le côté brillant de M. Target : intègre, attentif, ponctuel, il a rendu la justice comme elle doit être rendue, avec une sévère impartialité et une grande exactitude; ainsi il conquit la réputation d'un excellent juge, qui réunissoit les lumières à la prudence, à la patience et à l'incorruptibilité; ce qui l'emporte sur le vain éclat que jettent les talens oratoires. La différence de l'avocat au juge, c'est que le premier a besoin des passions, qu'il les appelle, et que le second les écarte; et tandis que l'un les fait souvent parler, l'autre leur impose toujours silence.

M. Target n'étoit plus jeune, quand il serra les nœuds du mariage; mais il n'en fut que plus propre à rendre une épouse heureuse, à donner à ses enfans de bons exemples et de sages leçons. Il a passé les dernières années de sa vie au sein de sa famille, concentré dans un cercle d'amis qui partageoient ses goûts et ses opinions, et ne recevant guères que des plaideurs qu'il écoutoit avec une attention dont ils étoient charmés.

D'autres iront à la postérité par leurs travaux, par leurs actions. Je ne crois pas qu'aucune de ces deux routes y conduise M. Target. Il appartient à l'histoire, non par ce qu'il a fait, mais par ce qu'il n'a pas fait; heureux que le témoignage du premier Président d'une Cour dont il fut membre, s'élève en faveur de sa mémoire, pour attester qu'il eut assez de vertus pour lui faire pardonner de ne pas les avoir eues toutes.

_____

(1) Une des affaires les plus célèbres du siècle, non par le fond qui n'étoit pas même une escroquerie, mais par le nombre, par le nom, par l'espèce, par le rang élevé des personnages qui y figuroient ou qui s'y trouvoient compromis, fut celle du fameux collier que le cardinal de Rohan prétendit avoir été chargé d'acheter pour la Reine de France. M. Target entreprit la justification du cardinal. Il n'y fut pas heureux; aussi (j'ai pensé dire un plaisant, et c'est un homme de bon sens qu'il faut le nommer) aussi, dis-je, cet homme après avoir lu son mémoire, le lui renvoya-t-il avec ces mots mis à la suite du nom du client : *ampliùs lava me.*

MÉMOIRE

POUR

Les sieurs CHEVALIER DE QUEYSSAT, Chef-d'Escadron du
Régiment de Chartres; FREYDEFOND et FILLOL DE QUEYSSAT,
Capitaines pensionnés du Roi;

CONTRE

*Le sieur BELLER-DAMADE, Commis de Négociant
à Bordeaux.*

*Insidiator superatus, ut victa vis, vel potius
oppressa, virtute, audacia est.* CICER. pro Mil.

QUE l'esprit de parti est un dangereux adversaire! Qu'il est difficile de le
combattre avec succès! Fantôme inconsistant, on le poursuit sans l'atteindre, on le frappe sans l'entamer. Fils de l'erreur et de la cabale, il
marche à grands pas en s'appuyant sur elles. Conduits par le fol enthousiasme et les jugemens téméraires, des flots de peuple le suivent; la prévention ferme leurs yeux, l'entêtement bouche leurs oreilles; ils grossissent à
chaque instant; et le vertige descendu sur les têtes échauffe, égare l'imagination. Dans les plus épaisses ténèbres, chacun croit voir le jour. L'opinion se déguise en axiome, l'illusion en réalité; et la tourbe entière pousse
de grands cris, et s'agite pour défendre les chimères qui la captivent.
Cependant le judicieux examen fait jaillir l'étincelle de la vérité; l'impartialité la recueille avec soin; elle la remet aux mains du temps. Le
vieillard excite lentement, mais sûrement, ses progrès. Peu-à-peu la lueur
s'étend, la flamme s'élève, elle brille; à son éclat les brouillards du mensonge se dissipent, les vains prestiges s'évanouissent, et le cortége qui les
accompagnoit, enfin désabusé, reste avec la honte d'avoir été trompé, et le
stérile regret d'avoir insulté, outragé, et quelquefois perdu l'innocence.

C'est ainsi que finissent et que doivent toujours finir les scènes que viennent exécuter les préjugés divers, remués par l'intrigue et la méchanceté, sur le grand théâtre du monde; c'est ainsi, du moins nous l'espérons, que se terminera celle où la fortune veut que nous fassions les principaux personnages.

Les effets de la prévention sont terribles; mais son règne n'a qu'un temps, et tout nous annonce que ce temps est passé désormais.

Eh! pourquoi sa durée a-t-elle été si longue? Pourquoi la prévention nous a-t-elle poursuivie avec tant de constance? L'avions-nous mérité? Non. Nous le disons avec confiance, nous ne le méritions pas. Que le public si enclin à nous condamner, juge donc entre nous et notre adversaire, et que ce soit avec connoissance de cause.

La famille de Queyssat semble s'être vouée au militaire. Notre père avoit servi; plusieurs de nos oncles l'imitèrent; nous sommes cinq frères, et tous les cinq nous avons cherché à verser notre sang pour la patrie.

Nous sommes encore trois attachés à différens régimens; et, dans cette occurrence, c'est nous trois seuls qu'il importe de faire connoître.

Le Chevalier de Queyssat, notre aîné, avoit à peine quatorze ans, quand il entra dans Normandie en qualité de Lieutenant. Il se trouva aux siéges de Berg-ob-Zoom et de Maestricht; et, après s'être montré avantageusement, il essuya la réforme de 1749. En 1756, employé de nouveau comme Capitaine au corps des volontaires d'Austrasie, il a fait toutes les campagnes d'Allemagne et de Corse; et lorsqu'en 1776 les volontaires d'Austrasie, devenus légion de Lorraine, furent supprimés, tout prisonnier qu'il étoit, il fut nommé sur-le-champ Chef-d'escadron au régiment de Chartres. Les marques honorables de sept coups de sabre qu'il a reçus en diverses rencontres, attestent sa bravoure; et quant à son caractère (1), il ne craindra pas d'invoquer à l'appui du suffrage flatteur de tous ses camarades, les témoignages respectables de M. le Maréchal Duc de Broglie, de MM. les Ducs du Châtelet et d'Harcourt, des Comtes de Broglie, de Périgord, de Caramans et de Viosménil, du Marquis d'Archambal, du Baron de Viosménil, etc.; malheureux d'être obligé de justifier d'une bonne conduite, heureux de pouvoir le faire d'une façon aussi imposante!

Freydefond de Queyssat, le second, commença à porter les armes au même âge que le Chevalier. Il vola des premiers à Saint-Cast. Étant ensuite passé en Allemagne, il y fit le reste de la guerre en qualité de Lieutenant des Grenadiers de France. A la réforme de ce corps, on lui accorda une pension, en le replaçant néanmoins tout de suite Capitaine dans le régiment de Marmande, commandé par M. le Marquis d'Espagne.

Fillol de Queyssat, le troisième, a suivi les traces et le sort de Freydefond. Lieutenant, comme lui, dans les Grenadiers de France, il y a fait les quatre dernières campagnes. Pensionné de même à sa réforme, il fut aussi placé dans le régiment de Marmande, Capitaine-aide-major.

_____

(1) *Pièces justificatives*, Lettre de M. le Comte de Viosménil.

Ainsi à tous les liens de la tendresse fraternelle le destin semble avoir voulu ajouter ceux de l'habitude de vivre et de braver ensemble les mêmes périls, afin de les unir plus étroitement encore.

Nous pourrions ajouter que nous avons le bonheur d'être nés gentils-hommes; mais nous sommes loin de vouloir tirer avantage d'une naissance qu'on ne doit qu'au hasard. Jamais nous ne l'avons mise en avant, persuadés que l'affabilité des manières, l'honnêteté des mœurs et la noblesse des sen-timens, plutôt encore que celle de l'extraction, distinguent véritablement les hommes. A Castillon, lieu de notre résidence, notre ambition s'est bornée à mériter l'estime et l'affection générales. Nous y avons réussi. Quand notre ennemi osa nous peindre comme de petits tyrans de la con-trée, les nobles élevèrent la voix, et vingt-six d'entr'eux s'écrièrent : « Nous avons toujours reconnu messieurs Chevalier, Freydefond et Fillol » de Queyssat pour gens d'honneur et de bravoure, incapables de la » moindre lâcheté, et irréprochables dans leurs mœurs (1). » Le peuple fut indigné; il voulut brûler au milieu de la place l'infâme écrit; et lorsque les représentations d'un personnage grave eurent un peu calmé sa première effervescence, plusieurs se portèrent d'eux-mêmes à envoyer aux seigneurs voisins des dénégations formelles d'un semblable imposture; cent soixante-quatre signèrent une adresse à M. le baron de Viosménil, où l'on lisoit : *La calomnie qui les opprime a osé avancer dans ses discours et dans ses écrits que ces messieurs étoient haïs, détestés de leurs concitoyens, qu'ils en étoient la terreur. Nous, qu'on semble attester pour accréditer ces noir-ceurs, pouvons-nous garder le silence ? Non, et nous disons que ces messieurs se sont toujours conduits à notre égard et de notre su, en gens vertueux, affables, honnêtes, décens, et ont toujours rempli les devoirs de bons citoyens. Ce sont de braves militaires, nos concitoyens, nos amis, nos voisins, des militaires que nous connoissons comme nous-mêmes, que nous estimons et que nous aimons (2).* Voilà ce que nous proclame la voix publique, voilà ce que nous sommes, voilà ce que nous nous applau-dissons d'être.

Passons à notre adversaire.

---

(1) Voyez *Pièces justificatives.*

(2) Le sieur Damade, sans doute dans l'intention de nous empêcher d'invoquer les expressions de cet écrit, l'a rapporté en entier, pag. 147 de son Mémoire de Paris. Il avance, pag. 75, *ibid*, que ce placet n'a été signé que par la *plébécule* de Castillon, et par des enfans de neuf, dix ou douze ans. Mais si la populace nous a toujours trouvés doux et civils, à combien plus forte raison les gens honnêtes ont-ils dû être satisfaits de nous! La prétendue signature des enfans est une insigne fausseté. Nous n'avions pas besoin d'attestation, pourquoi aurions-nous eu recours à ces moyens, afin de nous en procurer une? Les témoins du sieur Damade ne laissent rien à désirer sur l'article de nos déportemens. Tous, sans exception, ceux qui lui sont le plus spécialement dé-voués, ceux qu'à la confrontation nous avons le plus maltraités, dont nous avons qualifié l'un de *voleur*, l'autre d'ivrogne, celui-ci de *vagabond*, celui-là de *dissipateur*; des femmes que nous accusons, tantôt de *mauvaise foi*, tantôt de *mauvaise conduite*, tantôt d'*animosité*, tantôt de *calomnie*; tous ces témoins, que de pareils reproches étoient si peu propres à nous concilier, avouent uniformément « *qu'ils ont toujours entendu dire beaucoup de bien des sieurs de Queyssat* (confrontation de Jeanne Dusseigner);

Le sieur Beller-Damade est de Saint-Magne, village à un quart de lieue de Castillon. Une alliance, contractée par la sœur de son aïeul, lui a fourni le prétexte de faire un magnifique étalage de Brigadiers, de Lieutenans-Colonels, de Majors, de Capitaines, etc., qu'il compte tous au rang de ses aïeux, comme s'il étoit question entre nous du plus ou moins de splendeur, ou d'ancienneté de nos arbres généalogiques. Nous n'avons ni sujet, ni dessein de détacher du sien les écussons dont il le pare (1); il ne s'agit ici que de nos personnes respectives.

Si l'on consultoit sur la sienne les citadins de Castillon et de Saint-Magne, se flatteroit-il intérieurement que l'enquête lui fût aussi favorable qu'à nous? Si, quand nous l'y représenterions dur, fier, violent, prompt à la main, rempli de vénération pour lui-même, il nous accusoit de le défigurer, plus d'un individu ne viendroit-il pas nous garantir la fidélité du portrait, épreuve faite des traits divers qui le composent? Mais puisque le sieur Beller est à Paris, pourquoi, sur la ressemblance à cette esquisse, renvoyer aux bords de la Dordogne? Pour être en état de prononcer, il suffit de le voir, et il aime à se montrer. Il ne cache point combien il sent ce qu'il vaut, et combien il est disposé à le faire sentir aux autres.

Depuis quelques années il avoit abandonné Saint-Magne pour aller à Bordeaux, où il s'étoit placé garçon-marchand, emploi peu analogue à son humeur hautaine, laissant son frère aîné Isaac Damade gérer leur commun patrimoine et soutenir le petit faste de la maison.

On diroit quelquefois qu'il y a des inclinations inhérentes à certaines familles. Le sieur Damade aîné n'est ni moins pointilleux, ni moins emporté que son cadet. Un jour qu'il cherchoit probablement avec qui faire un essai de sa vaillance, il s'adressa à Freydefond dont il reçut un coup d'épée à la cuisse (2); deux autres fois Isaac se sauva après l'avoir provoqué en

<hr>

qu'ils ont toujours entendu faire beaucoup de louanges desdits sieurs de Queyssat (confrontation de Roulin); que lesdits sieurs de Queyssat se sont toujours comportés en gens d'honneur et de probité (confrontation de tous les autres). Quoi qu'en dise le sieur Damade, aucun n'a voulu déclarer comme de sa savance, terme des barbares habitans de Castillon, que nous fussions contumélieux et offensifs, ainsi que le porte le pur et correct mémoire qu'il a fait faire à Paris, pag. 68. Vainement d'une histoire passée, il y a vingt-cinq ans, entre le Chevalier et un pauvre barbier nommé Roger, a-t-il fait cinq histoires; vainement l'a-t-il défigurée en la racontant, pag. 69 et 70; il ne persuadera jamais que nous soyons insociables ou difficiles à vivre. Il faut même convenir que, lorsque, dans la disette de faits vraiment graves, on va recueillir de pareilles misères, on établit invinciblement la réputation qu'on cherchoit à détruire.

(1) Nous ne pouvons nous empêcher de marquer notre étonnement de la hardiesse avec laquelle il fait sans cesse usage (Mém. de Paris, p. 7, 67 et 146), d'un certificat sans date qu'il prétend signé de feu notre père. Nous avons les plus fortes raisons pour penser que la copie qu'il produit est entièrement falsifiée, parce que le but de ce certificat, qui étoit de lui faire recouvrer ses armes, que la maréchaussée lui avoit enlevées, exige quelques détails, qui certainement sont dans l'original, si cet original même existe.

(2) Nous aurions pu lui reprocher, comme fit Freydefond, en présence de M. le Maréchal de Mouchy, un certain cordonnier qui lui donna des coups de bâton, et auquel, en revanche, il tira bien les cheveux; mais faut-il tout dire?

plein jour et en pleine rue; si bien que pour mettre fin à ses ridicules parades, notre frère prit le parti de demander à M. le Maréchal de Mouchy de le priver du port d'armes, auquel il n'avoit droit par aucun côté.

Il n'est pourtant pas inutile d'expliquer la raison qui détermina le sieur Isaac à s'attaquer à un de Queyssat de préférence; une de nos tantes avoit épousé un de ses oncles; il comptoit sur son héritage; mais en mourant l'oncle laissa sa femme son usufruitière. De ce moment toute la famille lui étoit devenue odieuse (1).

Sur la demande de Freydefond, M. le maréchal fit, en présence du premier, venir le sieur Damade, qui se tira fort mal de l'entrevue; néanmoins, M. le maréchal ayant paru désirer que Freydefond n'insistât pas sur le désarmement, il ne fut point ordonné; seulement on prit de lui la déclaration suivante : *Nous Isaac Damade, promettons, tant pour nous que pour nos frères, de ne jamais rien dire ni faire qui puisse être réputé injure et insulte à M. de Queyssat et à messieurs ses frères, gentilshommes et officiers, reconnoissant que c'est par pure tolérance et sans droit que nous portons les armes, dont nous promettons ne jamais faire mauvais usage.* Fait au gouvernement à Bordeaux, le 11 août 1775. *Signé* DAMADE.

Un désarmement auroit été moins humiliant qu'un pareil écrit, et Freydefond avoit tout lieu d'être satisfait; aussi l'étoit-il : il revint peu de jours après nous rejoindre à Castillon, sans nous conter cette histoire, sans y songer.

Isaac Damade ne fit pas de même; il alla dans le magasin où étoit son frère, lui faire part de la conversation, et du contenu au fatal papier. Piqué au vif qu'un officier du nom de Queyssat eût obtenu sur eux un pareil avantage, l'altier commis jura d'en tirer vengeance. Sa bouillante ardeur ne lui permit pas de remettre l'exécution de son projet à un long terme; malgré l'occupation que donne aux négocians le temps de la foire, malgré la nécessité qu'il impose à tout ce qui tient au commerce de rester en ville, le sieur Beller quitta Bordeaux vers la fin de septembre, pour se rendre à Saint-Magne (2). Là il épie l'instant favorable à sa haine; et voyant qu'il n'arrive point, il se dispose à l'aller chercher.

Le 24 octobre, sur les onze heures du matin, il vient à Castillon. Freydefond étoit depuis un instant chez les demoiselles Paquerée; il y va.

---

(1) Le sieur Damade soutient (p. 8 et 72 du Mém. de Paris) que la remise d'usufruit, faite par notre tante le 4 janvier 1773, excita notre humeur, et que ce fut huit jours après que Freydefond eut une dispute avec Isaac. 1°. L'usufruit en question est d'un objet de 120,000 livres environ; la portion cédée ne vaut pas 5 ou 6,000 livres, assurément une bagatelle semblable ne pouvoit nous affecter, eût-ce été notre patrimoine; 2°. la querelle que l'on place si précisément au bout de la huitaine après l'acte de cession, n'eut lieu que plus de quinze mois ensuite.

(2) Il a depuis prétexté pour motif de son voyage, une santé délabrée; mais quoi qu'en disent, et la déclaration du sieur Grossard, maître en chirurgie, et celle du sieur Dubidat, maître apothicaire; et le Mém. de Paris, pag. 48 et 49, il est de notoriété publique, qu'il partit quatre jours après son retour à Saint-Magne, pour aller à Ville-Neuve-d'Agen chercher la dame Masparot, et qu'il fit, sans presque se reposer, trente-six lieues de Gascogne.

Aussitôt qu'il paroît, on se lève, on le salue, et Freydefond, d'une manière d'autant plus marquée, qu'il étoit le seul homme qui fût dans l'appartement. Beller rend à chacun sa révérence, et quand il en est à Freydefond, il affecte de s'asseoir et de détourner la tête, avec l'air du dédain et du plus grand mépris (1). Cette injure n'interrompit point la conversation. Freydefond avoit donné la veille son sabre à nettoyer à un coutelier, appelé Gaveau (2); son domestique venoit de le lui rapporter, et quand il étoit entré chez les demoiselles Paquerée, il l'avoit posé sur une chaise. Après s'être chauffé quelques minutes, il se lève, et mettant son sabre à son côté, il dit en plaisantant (3) : *J'ai fait aiguiser mon sabre ; il couperoit bien les oreilles à quelqu'un* (4). — *Pourvu que ce ne soit pas les miennes*, répondit l'aînée des demoiselles Paquerée, et le propos tombe.

En voyant Freydefond se lever, le sieur Beller fit bientôt de même. Il part. Freydefond reste. *Je suis bien étonnée que vous ayez tenu un pareil propos*, lui dit celle des demoiselles qui avoit reconduit le sieur Beller, *il pourroit le prendre pour son compte.* — *Il auroit tort* (5), répliqua Freydefond. Tout finit là (6).

Le chevalier de Queyssat est dans l'habitude de monter à cheval avant le dîner. Le chemin de Castillon à Sainte-Foy est le théâtre constant de ses promenades, parce qu'il a un bien de campagne qui y touche. Il faut encore savoir que depuis dix ou douze ans (7) le chevalier ne porte point de sabre, et bien rarement d'épée.

Le sieur Beller étoit sorti seul de chez les demoiselles Paquerée. Il prétend qu'il vouloit aller à une métairie qui lui appartient. Il avoit à choisir

---

(1) Déposition de demoiselle Marie Paquerée ; *elle remarqua que toute la compagnie s'étant levée et ayant salué le plaignant (Beller), le sieur Freydefond fit aussi à ce dernier la même politesse, en se tournant vers lui et le saluant ; mais que le plaignant ne* LE SALUA NI NE LE REGARDA.

(2) Ordinairement Freydefond restoit dans la boutique jusqu'à *ce que l'ouvrage fût fait et parfait* (confrontation avec Gaveau); cette fois seule il lui avoit laissé son arme. Tous les cinq ou six mois il la faisoit nettoyer (*Ibid.*). *Il recommanda à* Gaveau *de ne pas lui donner trop de tranchant* (*Ibid.*).

(3) Déposition et confrontation des deux demoiselles Paquerée.

(4) *Ibid.*

(5) Déposition de la demoiselle Paquerée cadette (confrontation de l'aînée). Si le sieur Beller avoit fait à Freydefond l'observation que lui fit la demoiselle, et que Freydefond eût répondu comme il est constant qu'il l'a fait, de quoi auroit-il à se plaindre?

(6) *Ibid.* Il y a une demoiselle Lassime qui dépose aussi de ces faits, et qui en a beaucoup altéré la suite ; mais cette demoiselle, intime amie du sieur Beller, qui a demeuré chez elle pendant sa maladie et sa convalescence, est plus que suspecte, sans compter que sa déposition est solitaire, et que celles des deux demoiselles Paquerée, qui la détruisent, sont parfaitement identiques.

(7) (Confrontation de Jean Trujasson) *Il n'a pas vu porter de sabre audit sieur Chevalier depuis environ douze à treize ans.* Jean Valade répète la même chose, et Jeanne Granger dit précisément *qu'elle ne lui a jamais vu porter de sabre.* Ce qui est attesté par la confrontation des deuxième, troisième et vingt-huitième témoins, c'est qu'il n'en avoit point ce jour-là. Cependant Beller n'en a pas eu moins l'impudence d'imprimer, pag. 13 de son Mémoire de Paris, qu'il avoit *son sabre à son côté.*

entre deux chemins, un très-court qui le menoit tout droit à sa destination , où il n'auroit rencontré personne , et un plus long , sur lequel il étoit bien certain de trouver le chevalier de Queyssat. Lequel adopte-t-il ? Le dernier.

Le voilà donc à cheval sans bottes (1) , armé d'un long et large couteau de chasse, d'un damas. Il va au-devant du chevalier , qui s'approche de son côté sans soupçon, sans défense apparente. Les deux cavaliers se croisent ; le chef d'escadron lève son chapeau (2) au commis : celui-ci , que le seul désir de nous insulter et d'aller plus loin s'il en pouvoit saisir l'occasion, amenoit en ce lieu, n'eut garde de répondre à cette politesse. Il demeure couvert ; et pour que le chevalier ne s'y trompe pas , il appuie d'un coup d'œil furibond l'immobilité de son feutre. Le flegme de notre aîné ne se déconcerte point ; il s'approche du sieur Beller , il lui demande pourquoi il ne lui rend pas le salut, et ce que signifie son regard. Pour toute réponse , l'autre se répand en grossièretés (3) et en sots propos , avec la plus excessive arrogance. Qu'il la poussât loin , c'est ce qui ne peut être douteux pour quelqu'un qui connoît le sang-froid du chevalier , lorsqu'on voit que n'y tenant plus , il tire les deux pistolets de ses arçons , les présente au sieur Beller pour qu'il en choisisse un , qu'il recule quelques pas , qu'il l'invite à tirer sur lui ; que , ne pouvant l'y déterminer , il revient , reprend son pistolet, et reçoit en quelque sorte les excuses du personnage avec lequel *il y eut convention réciproque de se rendre le salut* (4).

Mais, comme on vient de l'observer , ce n'étoit ni pour faire , ni sur-tout pour tenir une semblable convention, que le sieur Beller s'étoit transporté , dans un temps précieux, de Bordeaux à Saint-Magne , de Saint-Magne à Castillon , et de Castillon sur le grand chemin. Deux jours après, invité par un sieur Lassime à un dîner de *gala*, il retourne à Castillon. Sa première visite est chez la dame La Barthe, notre cousine germaine (5) , dans la maison de laquelle il ne mettoit jamais le pied , et où l'on étoit presque sûr de voir quelqu'un de nous à toutes les heures de la journée. Par un hasard singulier , nous n'y étions ni les uns ni les autres. Freydefond, qui venoit de chez les demoiselles Paquerée, d'où son dessein étoit d'aller faire un tour à cheval, jugeant qu'il n'en auroit pas le temps avant dîner (6) , causoit dans

---

(1) Déposition du quarante-unième témoin. Il étoit bien pressé d'arriver sans doute , puisqu'il ne se donne pas même le temps de se botter ; et cependant il prend le chemin le plus long.

(2) Voyez la confrontation et le récollement des deuxième et vingt-huitième témoins du sieur Beller.

(3) Confrontation du deuxième témoin : *Celui qui étoit monté sur le petit cheval* (Beller), *a proféré plusieurs fois le mot de f... à haute voix.* Confrontation du vingt-huitième témoin : *Croit avoir entendu que le plaignant* (Beller) *disoit qu'il se battoit avec le diable.*

(4) Plainte du sieur Damade. C'est de notre adversaire que cet aveu est émané, il ne peut être suspect. Qu'exigeoit le Chevalier ? que le sieur Beller le prévînt de politesse, qu'il le saluât le premier? Nullement ; mais qu'il ne lui fît plus de grossièreté ; qu'il lui rendît le salut. Preuve qu'il ne l'avoit pas fait , preuve que pour l'avenir le Chevalier ne lui demandoit rien que de simple et de juste.

(5) Plainte du sieur Beller.

(6) Confrontation de la demoiselle Paquerée l'aînée.

une chambre haute avec un jeune avocat (1) ; le Chevalier et Fillol, en accoutrement du matin , sans chapeaux , sans armes , étoient devant la porte à regarder panser leurs chevaux , quand le sieur Beller s'avance à pas comptés : il fixe de loin les deux frères ; au moment qu'il est vis-à-vis , continuant d'attacher sur eux des yeux où brilloient l'insolence autant que la menace , il enfonce fièrement son chapeau, et ralentit encore la gravité de sa marche (2). Le chevalier surpris d'un pareil procédé , le joint, une main dans sa veste , et l'autre dans sa ceinture. Il lui reproche d'avoir bien promptement oublié sa parole. Le sieur Beller se défend de l'avoir aperçu , quoique son action prouvât bien le contraire , et toujours son chapeau sur la tête (3) , il nia cette promesse , dont il a lui-même constaté l'existence. Ce démenti semble vif à Fillol , qui s'étoit approché , et rappeloit conjointement avec son frère la convention de l'avant-veille. Nous supprimerons de leurs colloques ce qu'on ne fut pas à portée d'entendre distinctement. Un témoin (4) a rapporté qu'il avoit ouï *le sieur Fillol de Queyssat disant au plaignant un instant avant le combat : Vous êtes un j... f.... de me donner...* , à quoi le sieur Beller qui s'est représenté dans sa plainte comme un héros que rien n'effrayoit , dit dans son interrogatoire qu'il répliqua : JE N'EN CONNOIS PAS QUI LE SOIT PLUS QUE VOUS.

Il est difficile d'outrager plus énergiquement , on ne dira pas un militaire , mais le moindre des citoyens d'une classe honnête. Aussi Fillol le quitte , court à son demi-sabre (5) , reparoît l'instant d'après , et trouve le sieur Beller son damas à la main , qui lui détache un grand coup sur la joue , tandis qu'il lui fait une légère égratignure au-dessous du nez. Ils se ripostent ; la lame du damas trop finement trempée , opposée faussement au demi-sabre , se casse en quatre morceaux ; et Fillol , qui s'arrête , laisse son antagoniste maître du champ de bataille , et rentre au logis le visage ensanglanté.

Le sieur Beller ne suivit point cet exemple ; il pouvoit aller chez le sieur Lassime (6) , il pouvoit se retirer chez un sieur Chevalier (7) ; il resta sur la place , et brandissant le tronçon de son damas , non sans intention , il défie au combat de nouveaux ennemis. Vainement le chevalier de Queyssat , après l'avoir averti que *le nez lui saignoit* (8) , l'invite à s'en aller (9) , et à ne pas s'exhaler davantage *en propos qui ne convenoient point* (10) ; il s'obstine à

(1) Déposition du sieur Lavaich.
(2) Plainte du sieur Freydefond. *On vit venir le sieur Beller - Damade ayant à son côté un de ces grands couteaux de chasse , de longueur en forme d'épée , et qui , à mesure qu'il les approchoit , semblant vouloir les provoquer, affecta d'enfoncer son chapeau et de les regarder d'un air menaçant.*
(3) Confrontation des quatorzième et vingt-cinquième témoins.
(4) Le vingtième témoin , dans son récollement.
(5) Sabre des Grenadiers de France , vulgairement appelé *Briquet.*
(6) Confrontation du dix-neuvième témoin.
(7) Confrontation du dix-huitième témoin.
(8) Déposition du trente-cinquième témoin.
(9) Récollement du vingtième et du vingt-cinquième témoin , et confrontation du trente-unième et du cinquante-cinquième.
(10) Déposition du sieur Lafarge. Peu d'hommes jouissent d'une plus haute estime dans le pays; c'est de lui que M. le Premier-Président au Parlement de Bordeaux ,

poursuivre ses rodomontades, à répéter à *voix haute : Je me f... d'un homme quel qu'il soit* (1).

Cependant le tumulte qui avoit attiré Freydefond à la fenêtre ne lui permet pas d'y rester. Qu'a-t-il vu? Son frère, son ami, son compagnon d'armes aux mains avec un étranger qui le blesse, le force à se retirer le visage couvert de sang, tandis qu'il triomphe et le brave audacieusement. Sollicité par d'aussi puissans objets, que fera-t-il? Ce qu'eût fait tout autre; il descend l'escalier, prend deux demi-sabres, franchit la cour, et d'une voix altérée par la colère et la douleur, criant Fillol! Fillol! il paroît dans la rue, où; malgré le sieur Lafarge, malgré le Chevalier qui veulent l'arrêter, il jette un de ces demi-sabres au sieur Beller, se met en garde, le presse de ramasser celui qui est à ses pieds, le lui pousse avec la pointe du sien. C'est alors que cet homme feignant de se baisser, sort de la poche de sa culotte un pistolet armé, mire son adversaire, et le lui lâche dans la poitrine...... — Et d'après ce trait il a des partisans! Ce coup imprévu ébranle (2) Freydefond, il demeure *immobile* (3), il se croit (4) mortellement atteint; mais la fureur succédant au saisissement, il se débarrasse des mains officieuses qui le retiennent (5); aussi prompt que l'éclair, il frappe son vil assassin, qui fuit devant lui jusqu'à la porte du sieur Lassime, où on le saisit au milieu du corps, pour l'empêcher de se *porter à d'autres extrémités* (6).

Le reste, ni les circonstances moins essentielles de cet événement ne méritent pas qu'on s'en occupe. Toutes celles que nous avons rapportées sont exactement conformes à la vérité, et nous portons ici un défi solennel à la partie adverse, d'oser soutenir que de tout ce qu'on a lu il y ait un seul mot qui ne soit justifié par quelqu'une des pièces de la procédure.

Dès le lendemain, Freydefond rend plainte en assassinat prémédité, contre le sieur Beller. Le juge de Libourne la répond d'une permission d'informer.

Quatre jours après, le sieur Isaac Damade en rend une au nom de son frère; il ne redoute point, quelqu'absurde que cela soit, de parodier le titre de celle de Freydefond; il nous accuse tous les trois de l'avoir assassiné. Le juge la répond de la même permission.

Les informations ont lieu : quelque concluante que fût celle de Freydefond, l'accusé ne fut décrété que d'assigné pour être ouï; quelque peu à notre charge que fût celle du sieur Beller, nous fûmes décrétés de prise de corps. Nous ne pouvons assigner la cause de cette étrange différence; mais celui qui décerna les décrets étoit l'ennemi déclaré d'un de nos proches.

---

disoit, en le présentant à Monseigneur l'Archevêque : « Voilà l'honnête homme qui a
» nourri tous les pauvres de ma terre de Castillon. »

(1) Même déposition.
(2) Déposition des sieurs Lagarde et Gorgeuil.
(3) Déposition des sieurs Augereau et Arnoudet.
(4) Déposition du sieur Lafarge.
(5) *Ibid.*
(6) Plainte du sieur Freydefond.

Nous interjetâmes appel et de la rigueur de l'un et de la douceur de l'autre, au parlement de Bordeaux. Ce fut là que nous éprouvâmes tout ce que peuvent la prévention, l'intrigue et les préjugés. On auroit dit que notre querelle particulière avec le sieur Beller étoit la querelle générale des officiers et des négocians. Il sembloit qu'en demandant justice d'un assassinat, nous eussions pour but d'asservir le commerce à l'art militaire, et que notre succès dût obliger chaque marchand aux plus humbles déférences, jusques envers la soldatesque. Il seroit impossible de rendre la chaleur, disons mieux, l'acharnement des sectateurs de notre adversaire. On s'ameutoit, on délibéroit, on sollicitoit, on s'imposoit pour soudoyer à grands frais lui et ses défenseurs. C'étoit un déchaînement universel ; et le pis, ce fut que la rumeur populaire subjugua des hommes qui lui devroient être inaccessibles. L'organe des lois devint celui des passions, qui leur sont entièrement opposées. On regarda la procédure comme parfaite, quoiqu'il n'y eût ni récollement ni confrontation. Nous eûmes à essuyer en pleine audience les plus vives, les plus dures apostrophes, et tout-à-lafois les moins méritées. Les bruits, les discours d'un peuple aussi crédule qu'aveugle furent mis dans la balance de Thémis ; ils y furent regardés comme de quelque poids. Nous succombâmes, d'une seule voix à la vérité, mais enfin nous succombâmes ; le décret de prise de corps fut confirmé, et celui de soit ouï fut anéanti.

Ce jugement nous surprit sans nous abattre. Rassurés par notre conscience, elle nous soutint contre toutes les terreurs qu'on cherchoit à nous inspirer, et nous fit échapper aux piéges qu'on nous tendit. On nous remit pendant la nuit à la garde d'un seul huissier, pour nous ramener à Libourne. Nous craignîmes qu'il ne nous quittât ; et au lieu qu'il devoit nous garder, nous le gardâmes. La procédure se continua à Libourne pendant que notre famille s'étoit pourvue au conseil contre l'arrêt de Bordeaux.

Cet arrêt, sur le vu des pièces, fut pour ainsi dire cassé (1) par acclamation, et l'on nous renvoya à Toulouse.

A Toulouse nous eûmes les mêmes obstacles à vaincre, les mêmes dangers à courir. Le sieur Beller, en écharpe de couleur, enrubanné comme une épousée, alloit de cercle en cercle faire pitié aux dames. L'argent de la bourse de Bordeaux le suivit à Toulouse avec quelques-uns de ses anciens protecteurs. Il eut encore des prôneurs, des fanatiques ; mais le parti que nous prîmes d'imprimer la procédure lui fit perdre un terrein prodigieux. Au premier aspect, les lecteurs impartiaux reconnurent en lui l'assassin sous le masque du calomniateur ; et ses zélés eurent honte de s'être montrés si vivement contre des accusés qui pouvoient bien être innocens, puisque rien dans la procédure n'indiquoit qu'ils fussent coupables.

Quelle fut alors sa ressource ? Cette procédure entamée, continuée, achevée en son nom, à sa requête, sur ses instances, il en demanda la proscription. Son prétexte fut que l'arrêt du Conseil avoit cassé l'arrêt de Bordeaux et tout ce qui s'en étoit ensuivi, et son véritable motif étoit que

(1) Il y avoit soixante juges.

nous y trouvions une justification complète. Du reste, il ne reprochoit rien au juge, il n'articuloit rien contre les témoins. Or, pouvoit-il revenir contre son propre fait? pouvoit-il nous priver des moyens de défense qu'il nous avoit fournis malgré lui? Et à quoi tendoit sa nouvelle entreprise? vouloit-il que nous fussions jugés en première instance, sans qu'il fût question de récollement ni de confrontation; mais alors il abandonnoit donc le réglement à l'extraordinaire; et, de criminelle, notre affaire restant civile, que devenoit sa plainte? vouloit-il que l'on fît de nouveau récoller et confronter les témoins? Mais, ou les témoins auroient varié, et ils n'étoient plus que de faux témoins, ou ils se seroient répétés; et, dans ce cas, pourquoi nous faire essuyer des longueurs, des formalités inutiles?

On a su que trois avis partagèrent les magistrats de Toulouse. Les premiers traitant tout ce qui s'étoit passé de simple rixe, vouloient prononcer sur la lecture des charges, sans égard aux récollemens et confrontations;

Les seconds pensant qu'il ne falloit pas nous priver des démonstrations qui résultoient en notre faveur de la procédure extraordinaire, opinoient à la conserver en fixant un délai au sieur Beller, pour qu'il pût faire entendre et confronter de nouveaux témoins, après quoi on jugeroit;

Et les derniers ne comptant pour rien cette même procédure, nous renvoyoient en état de prise de corps, et le sieur Beller en état d'assigné pour être ouï devant le premier juge, en lui laissant la faculté de décider sur les informations, ou de passer à l'extraordinaire.

Le premier avis, quoique moins éloigné du second que du troisième, s'y réunit pourtant, et il le fit prévaloir.

Ainsi, l'arrêt fut pour nous les fatals ciseaux de Pénélope. Il nous condamnoit à recommencer la majeure partie de ce que nous avions fait. Le sieur Beller étoit comblé; éloigner le jugement lui sembloit une victoire. Mais dix-huit mois de prison avoient lassé notre patience. Nous en aurions supporté dix fois davantage, pour parvenir à nous laver de l'atrocité qu'on nous impute; mais cette tâche remplie, un second sacrifice de notre liberté pendant un si long espace nous épouvantoit.

Et par quelle raison l'exigeoit-on de nous?

Les vœux de notre accusateur sont d'éterniser notre captivité : toutes ses démarches n'ont pas d'autre objet; mais ses vœux, ses désirs sont-ils des lois?

La procédure extraordinaire n'a point été faite en vertu de l'arrêt du parlement de Bordeaux. L'ordonnance dit: qu'*il sera procédé à l'instruction et aux jugemens des procès criminels, nonobstant toutes appellations, même comme de juge incompétent et récusé* (1).

Notre appel n'avoit donc aucun rapport avec l'instruction; il n'a pas pu la suspendre : elle ne s'est donc pas *ensuivie* de l'arrêt qui a jugé notre appel; en le cassant, le conseil n'a donc pas cassé la procédure.

D'ailleurs il y auroit de la barbarie à nous ravir le bénéfice des récollemens et confrontations. Au civil, un fait se constate par un acte nul; au criminel, en supposant la procédure nulle, sera-t-on plus difficile?

_____

(1) Ordonnance criminelle, tit. XXV, art. 2.

Enfin il y auroit du péril et de l'absurdité à en ordonner la répétition. *Cela me semble superflu*, vous dira le judicieux Ayrault(1), *et peut apporter de la variation et subornation ès-témoins.* Ce fut pour nous maintenir dans notre poste que l'on s'adressa de rechef au conseil, qui, cédant aux moyens qui lui furent présentés, nous a renvoyés au premier parlement du royaume. Traînés des cachots de Castillon dans ceux de Bordeaux, de ceux de Bordeaux dans ceux de Libourne, de ceux de Libourne dans ceux de Toulouse, et de ceux de Toulouse dans ceux de Paris, c'est à ce tribunal auguste que nous venons demander vengeance. Depuis près de trois ans, courbés sous le poids des chaînes et de l'ignominie, nous consumons nos biens, nos jours, dans l'espoir de l'obtenir, tandis que notre ennemi respirant un air libre, puisant sans cesse dans un coffre inépuisable, s'enivre à longs traits de son bonheur et de notre misère.

« Mais, dit-on, il est estropié, et cela pour ne vous avoir pas salués. »

Ah! grand Dieu, se pourroit-il qu'on se laissât encore prendre à ce misérable leurre! Il a refusé le salut à Freydefond chez les demoiselles Paquerée, que lui en est-il arrivé? Rien. Il a dédaigné de le rendre au chevalier, sur le grand chemin, que lui en est-il arrivé? Rien. Il a affecté d'enfoncer son chapeau en passant devant Fillol et le Chevalier, contre sa promesse, que lui en seroit-il arrivé? Rien. Lecteur français, de quelque rang, de quelque état que vous soyez, sondez votre cœur : comment vous conduiriez-vous avec l'insolent qui, après vous avoir donné un démenti, vous diroit en face qu'il ne *connoît pas de j... f... qui le soit plus que vous?* Que feriez-vous au lâche, au perfide, qui, dans le moment où vous lui tendez pour vous assaillir ou se défendre, une arme qui l'égale à vous, vous tireroit un coup de pistolet à brûle-pourpoint? Répondez.

Il est estropié! Un larron, un brigand peuvent l'être par le citoyen honnête qu'ils ont attaqué. Ce n'est pas là ce qu'il faut considérer. Le sieur Beller en convient lui-même. C'est lui qui me fournit ce passage de Mornac, qui n'est que le résultat de plusieurs lois, tant du digeste que du code (2). » Il n'est jamais question d'un homme blessé ou tué, qu'il ne s'agisse en » même temps de l'agresseur; c'est celui sur qui doit retomber la con- ■ damnation, parce qu'il est le seul coupable. » *Nunquàm de vulnerato vel occiso agitur, quin quæratur semper quis aggressus sit, ut in eum recidat condemnatio, quippè qui in culpâ sit solus.* Nous voilà d'accord sur les principes; appliquons-les.

Le sieur Beller fait sa résidence ordinaire à Bordeaux, et nous à Castillon; qui s'est déplacé, qui est venu de Bordeaux à Castillon? Le sieur Beller, et cela en temps de foire. Qui est entré le second dans la maison où l'un de nous étoit en visite? Le sieur Beller. Qui est allé sur le grand chemin à la rencontre d'un autre de nos frères qui s'y promenoit? Le sieur Beller. Qui le premier l'a insulté (3)? Le sieur Beller. Qui, deux

(1) Instruction judiciaire, Liv. III.
(2) ff., l. 7, 9. 51, *ad leg. Aquil.* COD. *ad leg. Jul. de Vi.* l. 6., etc.
(3) Plainte du sieur Beller, il dit au Chevalier : « *Tirez vous-même le premier, vous qui prétendez être l'offensé.* »

jours après, s'est transporté devant le logis de ses adversaires avec un pistolet caché, pour les *narguer* par ses gestes et les injurier par ses paroles? Le sieur Beller. Si ce ne sont pas là des caractères d'une agression constante et soutenue, à quoi donc pourra-t-on la reconnoître?

« Il ne vous avoit pas aperçus en allant chez le sieur Lassime, » réplique-t-on ?

Il ne nous avoit pas aperçus ! Quoi ! (indépendamment de son action) un homme avec lequel deux jours auparavant il s'est vu le pistolet à la main en posture de le tuer ou d'en être tué, pour ne lui avoir pas rendu le salut, il passera devant la porte de la maison qu'il sait que cet homme habite, et il ne tournera pas la tête, il n'y jetera pas les yeux! Cela est physiquement impossible. Il nous a vus, et s'il a continué son chemin sans nous saluer, il ne l'a fait que dans le dessein de nous provoquer et d'amener l'instant d'exécuter son infâme projet.

On insiste : « Pourquoi cet homme se seroit-il ainsi exposé en vous » bravant avec aussi peu de mesure ? »

L'on ignore sans doute ce que c'est pour un courtaut du bel air de pouvoir dire dans ses cotteries qu'il a fait *bouquer* trois officiers. Combien il s'en aime, combien il s'en estime davantage! hélas! triste, déplorable condition de l'humanité, souvent un plat orgueil a produit bien d'autres et plus singuliers effets ! Mais en outre connoît-on le sieur Beller ? Sait-on de quoi il est capable? Qu'on en juge par les traits suivans. Un nommé *Rivière*, de Livourne, eut un jour le malheur de passer devant le sieur Beller sans ôter son chapeau; celui-ci tombe sur le malheureux à coups de bâton, l'étend par terre, le foule aux pieds; et malgré ses cris, ses supplications, il l'étouffoit, si vingt témoins, c'est dans le marché de Castillon qu'arriva cette aventure, ne l'eussent arraché de force de dessus le corps de sa victime.

Trois pauvres villageoises, dont une étoit enceinte, se laissèrent tenter par des artichaux appartenans au sieur Beller : elles en cueillirent un. Propriétaire vigilant, il étoit alors en embuscade; il en sort, court, vole, les atteint; furieux, il veut absolument, pour prix de ses artichaux, s'emparer des haillons qui les couvrent, il veut les mettre nues; et ce n'est qu'en recevant vingt-quatre sous de chacune d'elles qu'il consent à leur retraite.

Deux tailleurs de la Roche ont une discussion avec lui ; aussitôt il s'emporte, il s'enflamme, il met l'épée à la main contre ces artisans timides, ils fuyent, il les poursuit. La frayeur les lui livre; alors, un pistolet sur la gorge, il les force à signer une capitulation dont il leur dicte les articles (1): Voilà quel est notre antagoniste.

On se doute bien qu'à un pareil caractère l'agression seule ne devoit pas suffire ; aussi est-ce l'assassinat qu'il méditoit.

Il vient pour dîner en grande compagnie à Castillon, son damas au côté, un pistolet armé dans sa poche. Il prétend que les voleurs, qui rôdent autour de Bordeaux pendant la foire, lui avoient fait prendre cette précaution ; à-peu-près comme si un malfaiteur, trouvé avec un pistolet à Fontainebleau,

---

(1) Ces faits, nous les lui avons déjà reprochés; il ne les a pas niés. Au reste, nous en tenons les preuves dans les mains.

donnoit pour excuse la crainte d'être détroussé par les filoux de la foire Saint-Ovide (1).

Mais soit. *Il range* la maison de deux de ses oncles, le sieur Laprée et le sieur Fougnet, médecin ; il étoit naturel de déposer son pistolet armé chez l'un d'eux, afin de le reprendre en sortant et de ne pas s'en embarrasser pendant le repas ; point du tout, il le garde dans sa poche.

C'est à la table du Chevalier Vincent que le sieur Lassime lui proposa *de venir dîner chez lui* avec *toute la compagnie*, c'est-à-dire, avec la dame Vincent, sa belle-sœur et sa nièce (2). Le sieur Beller est l'ami familier de la maison Vincent. Le sieur Beller est galant. Il n'y a, pour donner le bras aux trois Dames, qu'un vieillard et un cul-de-jatte. Il étoit dès-lors engagé pour ainsi dire d'honnêteté à arriver chez le sieur Vincent, pour se rendre de concert à l'endroit où on les avoit invités ensemble. Par-là il auroit certainement éloigné toute occasion de querelle avec nous. Ce n'étoit pas son compte. Entré à Castillon, il va d'emblée où ? Chez la dame La Barthe, notre cousine-germaine ; la dame La Barthe, qui demeure même rue que la dame Vincent ; la dame La Barthe, qu'il n'avoit peut-être visitée de sa vie ; la dame La Barthe où le respect et la tendresse amenoient à tout moment un de *nous* cinq ; et il y reste le plus tard qu'il lui est possible (3), son pistolet armé dans sa poche.

Il en sort : le Chevalier et Fillol étoient dans la rue à la queue de leurs chevaux, qui avoient la tête attachée contre le mur. Cette rue, dont la mesure est constatée, a trente-huit pieds six pouces de largeur. Il passe, les fixe, les insulte, se bat, son damas est brisé, son adversaire retiré ; au lieu d'abandonner la place, de céder aux instances du Chevalier, à ses gestes (4), à ses discours (5), il attire par des cris, il provoque par des bravades Freydefond, témoin de sa fenêtre de leur trop subite monomachie. C'étoit là sa victime ; c'étoit avec lui que par le sentiment d'une aversion insurmontable, il se réservoit de mettre en usage son abominable ressource. Freydefond paroît, il se laisse approcher, recule un pas afin de mieux prendre son avantage ; il se baisse comme pour ramasser l'arme qui est devant lui, alors le pistolet *armé* quitte *sa poche*, alors il consomme le crime le plus vil et le plus révoltant, un assassinat prémédité.

« Mais, et c'est lui qui a le front de faire cette affreuse observation, j'ai » tiré un coup de pistolet, et l'homme qui l'a reçu respire encore. »

Voici le rapport du chirurgien : *Nous avons trouvé sur la partie anté-rieure de la quatrième des vraies côtes, entre le sein et le sternum, une plaie contuse, exactement de la rondeur d'une balle de moyenne grosseur,*

(1) On compte de Castillon à Bordeaux neuf lieues de Gascogne. Je crois que, pour ceux qui ont un peu voyagé ce n'est pas trop que d'évaluer cette distance comme de Paris à Fontainebleau. La foire St.-Ovide, qui n'existe plus, se tenoit dans la place Vendôme.

(2) Déposition du sieur Lassime et des trente-neuvième et quarantième témoins.

(3) Plainte du sieur Beller : *Il est sorti à midi.* Déposition du sieur Lassime : *Il s'aperçut qu'il ne manquoit que le sieur Beller*, quand il vit, etc.

(4) Récollement du vingt-cinquième témoin. Confrontation du cinquante-cinquième et du cinquante-septième.

(5) Déposition du sieur Lafarge.

de la profondeur d'une ligne , et un gonflement de deux doigts d'élévation sur trois de circonférence à ladite plaie (1). Tout l'effet que pouvoit faire la balle en portant sur une côte , à moins de pénétrer, elle l'a fait. Misérable ! non ; malgré votre scélératesse notre frère n'est pas tombé sans vie à vos pieds ; non , rendez-en grâce à la providence , il n'est pas mort ; et vous n'êtes pas roué !

On dit : « Si le sieur Beller eût eu dessein de se servir de son pistolet, » il ne se seroit pas battu avec le sieur Fillol ; il auroit tiré sur lui d'abord. »

Qu'on ne s'y trompe pas : deux motifs l'ont engagé à se conduire différemment ; le premier , la confiance qu'il avoit dans la supériorité de son damas. Il connoissoit les demi-sabres des grenadiers de France , qui ne sont redoutables que parce que ceux qui les portent ne craignent pas de voir les ennemis de près. Le prétendu couteau de chasse avec lequel il fit une blessure de près de deux pouces de long à Fillol étoit tel , que le rasoir le plus acéré n'auroit pas mieux enlevé l'épiderme. C'est avec cette arme qu'il avoit déjà affronté le Chevalier , aux pistolets duquel il ne s'attendoit pas ; eh ! qui sait ce qui seroit arrivé , si la lame ne se fût cassée en quatre morceaux, preuve de son excessive finesse ? De-là vient le soin extrême avec lequel il l'a depuis soustraite à tous les regards ; *son couteau de chasse fut cassé en quatre morceaux ,* dit-il dans sa plainte ; *ledit sieur Fillol redoublant* CASSA LA LAME DU COUTEAU DE CHASSE *de lui qui répond ,* EN QUATRE MORCEAUX , répète-t-il dans son interrogatoire. Ce fait est constant : et cependant la lame de celui qu'il a déposé au greffe n'est cassée qu'en deux , ainsi que la poignée (2).

Son second motif, c'est que ce n'étoit pas à Fillol qu'il en vouloit véri-

---

(1) Déposition de Pétronille - Bireau : *Elle vit le sieur Freydefond qui montroit à tout le monde la plaie qu'il disoit lui avoir été faite par le coup de pistolet.* Déposition de Jeanne Dusseigner : *Elle entendit le sieur Chevalier de Queyssat qui disoit : C'est une espèce d'assassinat, il vouloit tuer mon frère ; et le sieur Freydefond ayant découvert sa poitrine à nu , faisoit voir à tous les témoins une contusion qui paroissoit fort noire sur le teton gauche, etc.* Confrontation de Fumouse : *Le sieur Freydefond découvrit à nu sa poitrine en présence de tous les assistans ; lui-même , témoin , la vit à nu.* Déposition du sieur Lavaich : *Le sieur Freydefond lui montra une contusion sur le côté de la poitrine.* Qu'on ne croie pas qu'il s'agisse ici de justifier le sieur Freydefond d'un plastron dont les partisans fanatiques de Damade l'ont osé soupçonner. Il faut manquer à-la-fois d'honneur et de bon sens, pour avoir dans l'idée qu'un officier qui cause avec un étranger tranquillement, qui ne sait ni ne peut savoir ce qui se passe dans la rue, s'est précautionné d'un plastron , surtout quand il va combattre avec un demi-sabre dont la courbure ne laisse aucun jeu à la pointe , et qu'il découvre ensuite sa poitrine à tout le monde.

(2) Déposition de Pierre Ledoux : *Il aperçut sur le pavé le couteau de chasse du sieur Beller cassé en quatre morceaux.* Récollement : *Il vit sur le pavé le couteau de chasse cassé en plusieurs morceaux, sans qu'il sache positivement si c'est en quatre.* Confrontation de Jeanne Rivière : *Le couteau de chasse étoit brisé en trois ou quatre pièces , la poignée d'icelui étoit entière.* Confrontation de Jeanne Dusseigner : *Elle a vu trois morceaux de lame dudit couteau de chasse , sans comprendre le manche , qui étoit dans son entier.*

tablement : ce n'étoit pas lui qu'il détestoit davantage. Celui de nous qu'il avoit en horreur, c'est Freydefond. Il étoit outré de la soumission signée par son frère au nom de tous les deux : *qu'ils ne feroient jamais aucun mauvais usage de leurs armes, confessant que c'étoit par pure tolérance et sans droit qu'ils les portoient.* Cette mortification, il la devoit à Freydefond. Il s'imaginoit que ce même Freydefond l'avoit menacé *de lui couper les oreilles ;* et comme le jaloux sicilien souffre patiemment un outrage, tenant dans sa manche le stilet qu'il destine à son rival, de même le sieur Beller combattit avec Fillol sans se fonder que sur son damas ; mais il a vu Freydefond à la fenêtre : c'est lui qu'il attend, c'est lui qu'appellent ses vœux et ses menaces : celui-ci vient, se trouve en mesure, et le coup est parti.

« Néanmoins il a rendu plainte contre vous en assassinat prémédité, » ajoute-t-on encore.

Et lequel d'entre nous peut être accusé de ce crime? Est-ce le Chevalier? Quoi! lorsque sur le grand chemin il lui offre le choix de deux pistolets, et que le sieur Beller en accepte un, qualifiera-t-on une action pareille de préméditation d'assassinat ? tentera-t-on de le travestir en assassin du sieur Beller, pour lui avoir parlé devant chez lui dans l'attitude du plus pacifique des hommes ; pour l'avoir engagé à se retirer après son premier combat ; pour avoir enfin retenu Freydefond lors du second, et s'être efforcé de plusieurs manières à en prévenir les suites funestes ? Il nous semble qu'il faudroit se trouver dans l'accès d'un bien furieux délire, pour soutenir une thèse pareille. Le soupçon de préméditation d'assassinat est-il plus tolérable appliqué à Fillol, lui qui, en veste, sans chapeau, sans arme, spectateur tranquille du pansement de son cheval, reçoit en moins d'un instant du sieur Beller un démenti, une insulte, une blessure, et le laisse quand il l'a désarmé ? Et Freydefond peut-il être taxé raisonnablement de ce crime, lorsqu'il apporte à son adversaire un demi-sabre pour qu'il s'en serve, et que cet adversaire même (1) convient qu'il n'est tombé sur lui qu'après avoir essuyé sur le sein l'atroce décharge d'un pistolet caché?

« Mais, continue-t-on, Freydefond avoit fait nettoyer son sabre. »

Oui, il l'avoit fait selon son usage. Pouvoit-il, en donnant son sabre à nettoyer le 23, prévoir que le 26 le sieur Beller viendroit dîner à Castillon (2)? Pouvoit-il prévoir que dans une affaire avec Fillol celui-ci seroit blessé? Et s'il l'eût prévu, se seroit-il tenu dans une chambre haute, dont il n'auroit pu descendre que fort inutilement, si le sieur Beller se fût rendu aux prudentes invitations du Chevalier?

On ajoute : « M. le Maréchal de Mouchy avoit fait signer au sieur Freyde-» fond une promesse pour lui et pour vous, *de ne rechercher de près ni de*

(1) Plainte du sieur Beller.
(2) Il pouvoit si peu savoir cette circonstance, que le sieur Lassime, suivant sa déposition, *invita toute la compagnie à venir dîner chez lui le mercredi* 25..... ; *que* (le sieur Beller), *s'étant rendu effectivement ledit jour mercredi, il ne trouva point la compagnie,* parce que..... (*le sieur Lassime*) *remit la partie au lendemain.* Ainsi, s'il y eut la moindre ombre de préméditation du côté de nous sieurs de Queyssat, c'eût été le 25, et non le 26, que la scène se seroit passée.

» *loin le sieur Damade, bourgeois de Castillon ; si les Damade vous insul-*
» *toient,* d'en porter *vos plaintes à M. le Maréchal, qui y mettra ordre, et*
» *de n'en pas tirer vengeance vous-mêmes.* »

Eh bien ! que conclure de cela ? Si ce n'est que sur cet écrit le sieur Beller croyant pouvoir nous injurier impunément, chercha à nous pousser à bout, et se munit en conséquence lâchement d'un pistolet ? La déclaration de Freydefond n'a rien de désagréable, puisque le Gouvernement prend notre cause en main. Celle du sieur Isaac Damade contient au contraire la double reconnoissance qu'il étoit agresseur, et qu'il étoit indigne d'être repoussé. Elle est avilissante à l'un et à l'autre égard ; *indè iræ.* Quant à la promesse de ne pas tirer vengeance nous-mêmes des affronts des Damade, sans doute Fillol, en le supposant instruit, se fût abstenu de punir le témé- raire offenseur, s'il n'eût excédé de bien loin toutes les bornes : sans doute Freydefond pénétré de la force de son obligation, n'auroit jamais eu de démêlés avec le sieur Beller, si la vue du sang d'un frère, d'un ami tendre, si celle d'un audacieux provocateur n'eussent fait taire toutes les autres voix, pour ne laisser parler que celle de la nature. Mais pourquoi nous astreignons-nous à détruire si soigneusement toutes les objections ou chimé- riques ou captieuses que nous fait notre adversaire afin de nous présenter comme coupables d'assassinat prémédité ? Rapportons-nous-en sur ce point à lui-même. Opposons sa procuration à sa plainte, le témoignage de sa cons- cience à celui de son frauduleux agent, et son propre aveu au récit men- songer d'un homme en fureur, et par conséquent infidèle à la vérité et à la circonscription de son mandat. Le lendemain du jour où Freydefond eut rendu plainte, le sieur Beller donna pouvoir à son frère d'en porter une contre nous, *à raison des excès, blessures et injures commises et profé- rées sur sa personne.* Dans le moment où, la mémoire fraîche d'une catas- trophe qu'il venoit de s'attirer, il savoit bien en lui-même qu'elle n'étoit pas encore le juste prix de son odieux forfait, le terme d'assassin échappe-t-il de sa bouche ? Non, non. Son cœur lui disoit intérieurement qu'il méritoit seul cette horrible qualification ; et il ne falloit pas moins qu'un frère per- sonnellement ulcéré contre nous pour se permettre d'adultérer ainsi le sens et les termes sacramentels de l'acte qu'on l'avoit chargé de rédiger, en appe- lant le plaignant EN EXCÈS, etc., *la triste victime* D'UN ASSASSINAT PRÉMÉ- DITÉ ET CONCERTÉ (1).

Il est difficile que de semblables expressions ne révoltent pas après ce qu'on vient de lire. On se demande sans doute maintenant comment donc le sieur Beller a pu tant inspirer d'intérêt et réunir tant de suffrages ? Nous allons résoudre ce problême.

Il a, pour y parvenir, employé deux ressorts, tous les deux répugnans comme le reste de sa conduite, à l'honneur et à la justice, mais dont les effets

(1) On n'en sera point étonné, quand on se souviendra que ce sieur Isaac Damade, qui a rendu plainte comme procureur de son frère, est ce même Isaac que Freydefond avoit ci-devant blessé, et auquel il avoit fait signer une reconnoissance qu'il portoit les armes *sans droit.*

sont infaillibles , quoique peu durables : ce sont ceux de la calomnie et de certains préjugés maniés avec art par l'esprit de parti.

Il a commencé par changer les dates et dénaturer les faits dans sa plainte. Il a tronqué , falsifié, supposé des dépositions dans ses mémoires ; et comme il a pu les répandre (1) avec une incroyable profusion, ils ont abreuvé la grande foule des lecteurs de faussetés et d'impostures.

Par exemple , dans sa plainte , il met au 22 octobre sa rencontre chez les demoiselles Paquerée ; dans ses plaidoyers à Paris il la place au 23 ; tandis que trois témoins entendus soutiennent uniformément qu'elle s'est passée le 24 (2) ; tandis que lui-même à Toulouse , en donnant un démenti à sa plainte, adoptoit la date fournie par les témoins (3).

Il suppose, dans la même pièce, que le Chevalier *vint au-devant de lui* sur le grand chemin , *en le croisant plusieurs fois* ; et les témoins disent : *Qu'ils marchoient sur la même direction* (4) , *sur la même ligne* (5) , qu'ils s'arrêtèrent *vis-à-vis l'un de l'autre* (6); aucun ne s'accorde avec le sieur Beller , quoique ces témoins soient les siens , et qu'ils aient été entendus à sa requête.

Il se peint obligé de se défendre pendant un long combat contre Fillol, parant à la fin , avec son tronçon de damas , les coups qu'il lui portoit ; il prétend en avoir reçu un *sur le front vers le haut de la tête, qui le couvre à l'instant de sang sur les yeux et sur le visage, après lequel il se sent tomber en foiblesse et voit approcher la mort, etc.* Il est facile à l'orateur de tirer parti de cette situation : elle fournit à un beau mouvement, et à peu de frais il peut s'attirer de grands battemens de mains ; mais le point , le point unique pour l'auditoire, c'est celui-ci : est-elle vraie ? Les témoins , que déposent-ils ? Le voici : *Le premier combat ne dura qu'un petit instant* (7). *Le combat ne dura qu'un petit instant , à peine il eut le temps de le voir* (8). Telles sont leurs expressions ; tous sont d'accord pour renfermer le temps de l'affaire de Fillol avec le sieur Beller dans l'intervalle de quelques secondes.

Fut-il frappé après que son damas eut été brisé dans sa main ?

Aussitôt que le couteau de chasse du plaignant (Beller) *fut cassé, il*

---

(1) Le sieur Beller est à Paris dans un bel appartement, avec un domestique, un remise , du revenu en conséquence ; et tant que le commerce de Bordeaux sera florissant, il n'en manquera pas. Les sieurs de Queyssat sont en prison et tout-à-fait ruinés ; mais ils ne voudroient pas être à la place de leur adversaire.

(2) La demoiselle Lassime , après avoir dit , dans sa déposition , le 24, dans son récollement fait huit mois après , a cru devoir se souvenir que c'étoit le 23 ; mais les deux autres témoins ont persisté.

(3) Il est question pour le sieur Beller d'en tirer cette conséquence , que Freydefond , dont le sabre n'a été repassé que dans le soir du 23 ou la matinée du 24 , l'a fait repasser à la suite du propos tenu chez les demoiselles Paquerée; malheureusement les témoins affirment le contraire.

(4) Confrontation de Jean Arnaudet.
(5) Récollement de Sibadou ; confrontation de Simon Bouquy.
(6) Déposition de Jean Sibadou.
(7) Confrontation du quatorzième témoin.
(8) Confrontation du vingt-cinquième témoin.

vit rentrer ledit sieur Fillol dans sa maison sans porter d'autres coups au plaignant. (Confrontation de Trujasson.)

Le sieur Fillol se retira dans sa maison aussitôt que le couteau de chasse fut rompu, sans donner aucun coup au plaignant. (Déposition du sieur Lacoste.)

Le sieur Fillol ne porta aucun coup au plaignant après que son couteau de chasse fut cassé, il vit rentrer ledit sieur Fillol sur-le-champ. (Confrontation du sieur Ledoux.)

Ledit sieur Fillol se retira dans sa maison, dans le même moment que le couteau de chasse fut cassé, il ne lui porta aucun coup de sabre. (Confrontation de Cruchet.)

Au même instant que le couteau de chasse fut cassé.... au même instant le sieur Fillol se retira dans sa maison sans porter aucun coup audit plaignant (1). (Confrontation de Fumarre.)

Il nous semble que ce fait est bien éclairci ; mais peut-être en avançant que le sieur Beller n'avoit reçu qu'une égratignure sous le nez, en avons-nous imposé ; peut-être la blessure *sur le front, qui le couvroit de sang sur les yeux,* a-t-elle été faite avant que le couteau de chasse fût cassé ; écoutons :

Il apperçut du sang au-dessous du nez du plaignant... Il ne vit point de sang au front du plaignant, ni blessure, mais bien au-dessous du nez, où il vit un peu de sang. (Confrontation du quatorzième témoin.)

Il n'apperçut point de blessure au front du plaignant, ni de sang dans cette partie. (Confrontation du dix-neuvième témoin.)

Elle apperçut du sang au bout du nez du plaignant et quelques gouttes sur sa chemise, et elle crut alors que le nez lui saignoit. (Confrontation du vingtième témoin.)

Elle vit distinctement le front du plaignant, où il n'y avoit ni sang ni blessure... Elle apperçut seulement un peu de sang sous le nez du plaignant, qu'il essuyoit avec son mouchoir. (Confrontation du cinquante-cinquième témoin.)

Il vit le Chevalier de Queyssat qui parloit au plaignant, auquel il dit : Le nez vous saigne : alors le plaignant tira son mouchoir pour se frotter le nez, qui paroissoit ensanglanté. (Déposition du trente-cinquième témoin.)

Il vit distinctement le front du plaignant ; il n'avoit dans cette partie ni sang ni blessure, mais bien autour du nez. (Confrontation du même.)

Il vit que le sang lui découloit à côté du nez. (Récollement du dix-huitième témoin.)

Elle vit le plaignant... observa....... qu'il avoit du sang autour du nez. (Déposition du vingt-quatrième témoin.)

---

(1) Pas une seule voix en faveur du sieur Beller, si ce n'est celle d'un nommé *Mallet*, voleur, suborneur, concussionnaire, chassé d'un emploi au son du tambour, maraud avéré, couvert de reproches à la confrontation, et qui y fut reconnu pour un faux témoin insigne. On lui avoit annoncé qu'il seroit confronté avec le Chevalier; d'abord Fillol parut, et il dit : *Qu'il le connoît pour être le Chevalier de Queyssat* ; ensuite comme on lui demande : *S'il a vu quelqu'arme à la personne qu'on lui confronte*, il répond : *Que si l'accusé est le Chevalier de Queyssat, il ne lui en a vu aucune.*

Il vit couler du sang au-dessous du nez du plaignant, et non au-dessus. (Récollement du nommé Mallet.)

Quoi! sur ce fait le sieur Beller n'a pas même le témoignage de Mallet! Non. Il est seul à l'avancer. Tout le *pathos* dont on a embelli ce passage n'est que l'enluminure du fabuleux canevas qu'il a d'abord composé, et qu'ont depuis brodé ses rhéteurs. Que si l'uniformité des témoins du sieur Beller ne suffisoit pas pour le convaincre de mensonge et pour prouver que Fillol ne lui fit point de blessure au front, il y a une preuve physique à administrer aux incrédules. La procédure constate que pendant le choc avec Fillol, le sieur Beller eut toujours son chapeau sur la tête; ce chapeau est au greffe: il n'a point d'entaille, donc il ne reçut aucun coup sur le front.

Il reste encore un moment à apprécier, qui est d'un grand effet: c'est celui où, *énervé* selon lui, *et affoibli* par un combat (qui n'a pas laissé aux spectateurs *le temps de le voir*) et *par la violence des coups qu'il vient d'éprouver et de recevoir* (qui se réduisent à une égratignure), *il fait un mouvement pour ramasser l'arme que le sieur Freydefond lui avoit jetée; et comme le sang qu'il a perdu et qui ruisselle encore sur ses yeux* (quoique l'égratignure soit sous le nez) *lui ôte la faculté de la vue, il est forcé d'abandonner l'arme et d'avoir recours au pistolet....; se voyant dans le danger le plus imminent de la mort, il s'arme de son pistolet, et lui dit:* Arrêtez, Monsieur, je vous brûle la cervelle. *Cet ennemi intrépide* (1)... *s'avance toujours vers le plaignant: Ce qui le détermine à lâcher le coup de pistolet.*

Pour juger de la vérité de cet amas de circonstances, consultons l'oracle; lisons la procédure; à quelle distance fut toujours Freydefond du sieur Beller?

L'accusé (Freydefond) *et le plaignant furent toujours à une distance de quatre ou cinq pas, jusqu'à ce que le pistolet fût lâché.* (Confrontation du quatorzième témoin.)

Le plaignant et le sieur Freydefond furent toujours à la distance de quatre ou cinq pas l'un de l'autre, jusqu'au coup de pistolet. (Confrontation du dix-neuvième.)

Le sieur Freydefond fut toujours à une distance de quatre ou cinq pas du plaignant. (Confrontation du vingt-cinquième.)

Il fut toujours (Freydefond) *à une distance de quatre ou cinq pas du plaignant.* (Confrontation du cinquante-septième.)

Il fut toujours (Freydefond) *à une distance de quatre ou cinq pas du plaignant, jusqu'au coup de pistolet.* (Confrontation du cinquante-unième.)

Ils furent toujours à une distance un peu éloignée. (Confrontation du trente-cinquième.)

Ils conservèrent toujours une distance de quatre pas. (Confrontation du dix-huitième.)

Maintenant on peut se rassurer; ce péril de la mort n'étoit pas si imminent.

---

(1) La plainte ajoute: *Rassuré par les précautions qu'il avoit peut-être prises pour n'être pas blessé*; mais Freydefond n'avoit *ni casque ni pot en tête*, on conviendra qu'il falloit prodigieusement compter sur la mal-adresse du sieur Beller, pour espérer qu'en visant à *lui brûler la cervelle*, il ne dût l'atteindre qu'au milieu de la poitrine.

Le sieur Beller étoit bien constamment à quatre ou cinq pas de Freydefond, et le demi-sabre de ce dernier n'ayant que vingt-deux pouces, il ne pouvoit pas lui faire beaucoup de mal; d'où il résulte qu'il en impose très-complétement, à moins qu'on ne veuille que la menace de le frapper, que peut-être quelques vains coups de demi-sabre, frappés en l'air, eussent tout-à-fait troublé son imagination, et ne lui eussent fait voir comme très-réel un péril imaginaire. En ce cas, continuons de lire. *Il ne vit point donner de coups de sabre par le sieur Freydefond, ni n'en vit point menacer, frapper, ni lancer de coups sur le plaignant.* (Confrontation du quatorzième témoin.)

Il ne vit point faire de menace, ni frapper le plaignant avant le coup de pistolet. (Confrontation du dix-neuvième.)

Il ne frappa (le sieur Freydefond), *menaça, ni lança aucun coup de sabre au plaignant, avant le coup de pistolet.* (Confrontation du vingt-cinquième.)

Si la procédure n'étoit pas publique, nous nous imposerions la loi de continuer à citer les fragmens relatifs à cette circonstance; mais neuf témoins, les dix-huitième, vingt-deuxième, vingt-quatrième, vingt-sixième, trentième, trente-unième, trente-cinquième, cinquante-unième, cinquante-cinquième, en parlent encore, et ne font presque que se répéter. Nous craignons d'abuser des momens de nos lecteurs, et nous les prions de permettre qu'on les renvoie aux confrontations imprimées, afin de s'assurer de notre exactitude.

Venons au propos: *Arrêtez, Monsieur, je vous brûle la cervelle.* Pour ceci, nous n'aurons pas de peine à rapporter les autorités qui le confirment ou le détruisent. Dans les dépositions, récollemens, confrontations d'une nuée de témoins: IL N'Y EN A PAS TRACE; au contraire, le vingt-unième dépose (1) *qu'elle n'entendit point parler le plaignant pendant la rixe*; et le trente-cinquième dit aussi: *qu'il n'entendit pas un seul mot du plaignant (pendant la rixe.)* (2); mais en revanche tous s'accordent à ne pas séparer le coup de pistolet (3) de sa sortie de la poche du sieur Beller.

Le plaignant tira de sa poche un pistolet qu'il lâcha au même instant. (Déposition et confrontation de Lacoste.)

Ledit plaignant s'abaissa un peu, dans ce moment il tira un pistolet de sa poche et le lâcha de suite sur ledit accusé. (Déposition et confrontation de Pierre Ledoux.)

Et ledit plaignant ayant mis la main à la poche, la déposante entendit le bruit d'un coup de pistolet. (Déposition de Jeanne Rivière.)

Le plaignant lâcha le coup de pistolet au même moment qu'il le sortit de sa poche. (Déposition et confrontation de Jeanne Biot.)

Le plaignant tira un pistolet de sa poche, et le lâcha contre le sieur Freydefond. (Déposition de Jean Lartigue.)

---

(1) Confrontation de Jeanne Granger.
(2) Confrontation de Jean Lartigue.
(3) Un, pourtant, a dit qu'il avoit entendu le *chic* que fait le ressort d'un pistolet qu'on arme; ce témoin étoit à vingt-cinq pas, les spectateurs faisoient un grand bruit et il convient *qu'il est sourd!*

Le plaignant lâcha dans le même moment le coup de pistolet. (Déposition et confrontation de Marguerite Dubois.)

Le plaignant ayant tiré un pistolet de sa poche, il le lâcha dans la poitrine dudit sieur Freydefond. (Déposition de Mathieu Fumare.)

Le plaignant tira le pistolet de sa poche, et le lâcha en même temps sur le sieur Freydefond. (Déposition et confrontation de Marguerite Granger.)

Un long et terrible combat avec Fillol l'avoit *affoibli, énervé* ;

Il en reçut, après avoir été désarmé, deux coups, dont un sur la tête, qui lui *couvrit de sang les yeux et le visage,* et le fit *tomber en foiblesse aux approches de la mort ;*

Il ne voyoit plus, il est *forcé d'abandonner l'arme* qu'on a jetée à ses pieds ; *dans le danger le plus imminent de la mort,* il a recours à son pistolet ; et avant de le tirer, il harangue, il avertit noblement son adversaire : Voilà le roman.

Le choc entre le sieur Beller et Fillol ne fut que de la durée d'un éclair ;

Le sieur Beller ne reçut aucun coup après que son damas se fut brisé ;

Il n'avoit reçu qu'une légère égratignure au-dessous du nez ;

Il fut toujours à quatre ou cinq pas de Freydefond, qui ne le frappa ni ne le menaça ;

Il se baissa, tira son pistolet de sa poche ; et, dans un seul temps, sans geste, sans paroles, le lâcha sur Freydefond : Voilà l'histoire.

On observera que pour ce léger parallèle de sa plainte avec la procédure ; nous n'avons employé que les témoins du sieur Beller. Rien de plus aisé que de le pousser beaucoup plus loin, et avec le même avantage (1).

_____

(1) Il nous seroit facile de faire voir que le sieur Beller a poussé l'infidélité aussi loin dans la confection de ses Mémoires que dans celle de sa Plainte. Il y a deux témoins univoques de la rencontre chez les demoiselles Paquerée ; il ne cite que la demoiselle Lassime, qui est en contradiction avec eux, et que l'on tient pour suspecte à bon droit. Il y a cinq témoins *de visu* pour la scène du grand-chemin avec le Chevalier. Il n'en cite pas un seul : mais il fait grand usage de la déposition d'un certain Ruchon, perruquier, qui a dit, que le sieur Fillol lui avoit dit pendant qu'il l'accommodoit, que le Chevalier lui avoit dit, etc. ; il fait grand usage de celle d'une demoiselle Jay, qui raconte aussi ce que lui avoit raconté le sieur Fillol, qui l'avoit entendu raconter par le Chevalier. Il fait grand usage de celle d'une fille libertine, appelée *Jeanne Queyssat,* garde-malade du sieur Beller, qui couchoit dans sa chambre, et qui a de même entendu dire au sieur Fillol et puis au Chevalier, en quoi elle se trouve opposée à la demoiselle Jay, son assistante, tout ce qui s'étoit passé sur le grand chemin. Le vingtième témoin dit, dans sa déposition, que le sieur Fillol *donna au sieur Beller deux coups de plat de sabre sur le flanc,* après que le couteau de chasse se fut cassé ; ce même témoin, dans son récollement, se rétracte et convient *qu'elle n'a point vu donner les deux coups de plat de sabre sur le flanc du plaignant après qu'il fut désarmé..... qu'il est vrai qu'elle peut l'avoir oui-dire..... ce qui est cause qu'elle l'a pris pour une vérité,* etc. Cette rétractation n'empêche pas le sieur Beller de citer toujours la déposition de Pétronnille *Bireau,* p. 3o *du Mémoire de Toulouse.* Quoique le vil Mallet soit indigne d'être écouté des Tribunaux, et qu'il se trouve en contradiction avec tous les autres témoins, il en fait la base de ses raisonnemens. Un nommé *Fumouse,* parent de l'oncle du sieur Beller, pauvre et fou, qu'on a empêché de se pendre, dit : *qu'il couloit* UN PEU *de sang sur le visage* du plaignant : on retranche le mot *un peu* (ibid.). Le même témoin, après avoir avancé dans sa

Quel est donc l'empire de ce préjugé dont il a si bien préparé la fatale explosion, qu'elle nous a tenu lieu, à nous de crime, et à lui d'innocence ! « Ce sont des militaires, » a-t-il dit.

Sans doute, nous sommes militaires. Eh ! depuis quand le militaire français n'est-il plus en possession de porter à l'excès la délicatesse sur tout ce qui regarde l'honneur !

Nous sommes militaires, et c'est pour cela que le public devoit être persuadé de ce que nous venons de démontrer, que la loyauté présida à toutes nos actions, tandis que la vanité et la fureur avoient dirigé notre ennemi, qui fut constamment l'agresseur ; qui, d'agresseur, devint bientôt un lâche assassin, et qui dut l'état auquel il se trouve justement réduit, au projet manqué de coucher l'un de nous mort à ses pieds !

Braves Français ! vous, la terreur de ces fiers Romains, jadis les vainqueurs de la terre ! Vous ! encore aujourd'hui fameux par votre ardeur belliqueuse, c'est à votre tribunal qu'on nous accuse d'être *militaires!* C'est devant vous qu'on nous impute ce titre à forfait ! Croit-on réussir à vous dénaturer et à nous travestir au point de vous faire méconnoître ou mésestimer un guerrier ! Si le magistrat fait régner la concorde, si le laboureur moissonne le champ de ses pères, si l'homme de lettres cultive les Muses, si le négociant entasse dans ses vastes magasins les productions des deux mondes, si le vieillard joue en paix avec ses petits enfans, si la tendre épouse se voit revivre sans inquiétude dans les fruits de son chaste amour, et si les jours et les nuits tranquilles laissent d'innombrables citoyens goûter le bonheur à l'ombre des lois, qui vous donne de jouir de tous ces

---

déposition que le sieur Beller recula de vingt-cinq pas, avoue, dans sa confrontation, *que, de l'endroit où étoit le plaignant, lorsque le sieur Freydefond sortit de sa maison, à celui où le plaignant étoit lorsqu'il tira le coup de pistolet, il peut y avoir environ sept pas de distance ;* ce qui détruit ou explique sa déposition ; cependant le sieur Beller s'obstine à le donner pour témoin d'un recul de vingt-cinq pas, avant le coup de pistolet (p. 32). Si l'on en croit le sieur Beller, le trente-unième témoin (p. 34) atteste : *Qu'il vit un des sieurs de Queyssat qui avoit une arme blanche à la main, dont il donnoit des coups à un homme qu'il ne reconnut pas ; dépose de plus que, dans l'instant, il entendit le bruit d'un coup de pistolet ;* et voici ce qu'il dépose : *Que le 26 octobre, vers l'heure de midi, étant sortie sur la porte de sa maison, attirée par les cris d'un enfant de son voisinage, elle vit le sieur Chevalier de Queyssat qui parloit au plaignant lequel, ayant tourné le dos du côté du mur de l'écurie de la maison du sieur Lassime, avoit dans sa main un morceau de son couteau de chasse qui étoit en deux pièces ; elle remarqua qu'il s'essuyoit le nez avec son mouchoir, et pareillement le sieur Fillol de Queyssat qui s'en alloit chez lui en s'essuyant avec son mouchoir le sang qui couloit sur la joue gauche : elle vit à l'instant le sieur Freydefond de Queyssat qui sortoit de chez lui, portant deux sabres nus, l'un desquels il jeta vers le plaignant ; alors la déposante saisie de frayeur, s'enfuit dans sa maison et un instant après elle entendit le coup de pistolet.* Qui peut voir de sang-froid de semblables indignités ! Quoi ! le sieur Beller n'est pas content d'avoir inventé une fable abominable contre nous, il invente encore des dépositions pour la faire croire ! Désolé de n'avoir pu arracher la vie à Freydefond, il faut que, pour s'en dédommager, il nous arrache l'honneur à tous. Ah ! quand il a trouvé des sectateurs, des amis, ses artifices ne leur étoient certes pas connus !

précieux avantages? Nous, nous seuls. Nous vous les achetons au prix de notre repos, de nos biens, de notre santé, de notre vie. Pour vous les procurer, jeunes et vieux, nous bravons indistinctement et la rigueur des saisons, et le fer et le feu ; et quand les uns ou les autres ont tranché nos jours, nos corps inanimés servent encore de barrière à la patrie ; les ennemis n'y pénètrent qu'en marchant sur nos cadavres.

Pour tant de bienfaits, pour tant de travaux, pour tant de sacrifices, quelle est notre récompense? Les charges, les emplois, les richesses passent en d'autres mains; la gloire même nous est disputée par les génies célèbres. Il ne nous reste qu'un peu de considération, et des droits incontestables à votre reconnoissance. Eh bien, dans cette occasion soyez justes, et nous vous tiendrons pour reconnoissans.

OBSERVATIONS.

Je l'ai dit, mon Mémoire ne parut point.
Peut-être n'auroit-il rien changé à l'arrêt que voici :

« ARRÊT du parlement de Paris, rendu, la grand'chambre et Tournelle as-
» semblées le 31 avril 1778, par lequel la Cour décharge le sieur Damade de
» l'accusation contre lui intentée, à la requête du sieur Freydefond de Queys-
» sat; fait défenses aux trois sieurs de Queyssat frères d'excéder, maltraiter,
» outrager ni provoquer le sieur Damade ; fait pareillement défenses auxdits
» sieurs de Queyssat d'*approcher de dix lieues les villes de Castillon et*
» *Bordeaux*, à peine de punition corporelle ; condamne lesdits sieurs de
» Queyssat solidairement à 80,000 liv. de dommages et intérêts, par forme de
» réparation civile envers le sieur Damade, et en outre en tous les dépens faits
» tant à Libourne, Bordeaux, Toulouse, qu'à Paris : faisant droit sur les
» conclusions du procureur-général du roi, condamne chacun desdits trois
» sieurs de Queyssat en 100 liv. d'amende, applicables aux pauvres de la ville
» de Castillon; permet au sieur Damade de faire imprimer le PRÉSENT
» ARRÊT jusqu'à concurrence de deux mille exemplaires, et d'en faire
» afficher 50 tant à Libourne, Bordeaux, Castillon, Toulouse, qu'à Paris ;
» le tout aux frais desdits sieurs de Queyssat. »

En relisant le Mémoire, dont je garantis l'exactitude, j'avoue que je suis fort éloigné d'être convaincu du bien jugé de l'arrêt.

LA CENSURE.
Lettre à ***.

Par M. TARGET.

Quid leges sine moribus ? Hor.

Savez-vous ce que c'est que la Censure? Savez-vous quelle différence distingue la Censure, des jugemens? Savez-vous quelle est la nécessité de la Censure, et combien il importe de ne pas la troubler? Voilà les objets dont je veux vous parler, et qui sont dignes d'une attention sérieuse. Le public est juste et éclairé, il ne faut que le mettre sur la voie, il entend toujours à demi-mot.

La Censure est pour les mœurs ce que les jugemens sont pour les crimes. J'entends par mœurs, non pas les bonnes ou les mauvaises mœurs absolument, mais celles qui blessent ou qui servent l'intérêt du public ou celui des corps; les mœurs reconnues utiles ou nuisibles, dont la conservation ou la réforme est importante à la constitution qui existe.

C'est un droit délicat que celui de la Censure; elle déclare ou l'opinion publique, si elle s'exerce dans tout l'Etat, ou l'opinion de corps, si elle a lieu dans une compagnie particulière. Ainsi la Censure porte toujours un caractère tant soit peu arbitraire, puisqu'elle prend sa source dans l'opinion qui se forme avec lenteur, et qui se compose successivement de faits épars. Ce ne sont pas toujours des faits précis qui donnent lieu à la Censure; c'est la personne sur qui elle prononce; et le résultat, qui touche à la personne, dépend souvent de faits qui, chacun à part, ne sont pas susceptibles d'un jugement particulier.

Ainsi, le caractère propre de la Censure, c'est d'être le prononcé de l'opinion sur la personne : dans les nations où tous les ordres de citoyens sont soumis à la Censure, *le tribunal censorial*, comme dit Rousseau, *est le déclarateur de l'opinion publique* : dans les corps, qui ont une Censure particulière sur leurs membres, *l'acte de la Censure est la déclaration de l'opinion du corps* : tel en est l'attribut distinctif.

Voilà donc la définition. Voici ce qui la distingue des jugemens. On punit les crimes, on maintient les mœurs; c'est la loi qui fait l'un par les tribunaux; c'est la Censure qui fait l'autre par l'opinion (A).

Pour punir, il faut un crime et une loi; pour corriger, il faut des torts et une opinion. Dans le premier cas, tout est perdu s'il n'y a pas de preuves juridiques; dans le second, tout est perdu si l'on en exige. Il n'y a point de liberté, point de sûreté, si le châtiment dépend du magistrat et n'est pas soumis à des formes; il n'y a ni honneur, ni délicatesse, si dans tous les états il suffit de n'être pas criminel.

Ainsi, au juge il faut un fait, des pièces, des témoins, des confrontations; à la Censure il faut une suite d'actes répréhensibles, des torts suffisamment constatés, et l'opinion qui en résulte.

Si l'on n'a pas de précision dans l'esprit, on confond ce qui est différent; à des actes de Censure on oppose les lois de la sûreté publique, les formes légales, les règles de l'ordre judiciaire; on veut une instruction solemnelle en matière de mœurs et de caractère, comme s'il s'agissoit d'infliger des châtimens à un coupable; par-là on anéantit la Censure qui n'est pas susceptible de ces formes; on force l'honneur à se taire ou à n'éclater que contre les crimes, on laisse périr les mœurs, l'esprit d'état, les préjugés utiles, car la loi n'a point d'armes contre ce dépérissement; elle coupe les membres gangrénés, mais n'empêche point les autres de le devenir. Si elle effraye, elle n'encourage pas; si elle retient une main prête à frapper, elle ne forcera pas de la tendre au malheureux qui l'implore. La loi réprime les méchans et ne multiplie pas les gens de bien (B).

Les pays qui ont étonné le monde par la supériorité de leur police sont ceux où le magistrat ne pouvoit rien sans le livre de la loi, et où le Censeur pouvoit tout sans aucune entrave. Chez ce peuple roi, dont les restes magnifiques font aujourd'hui l'admiration de tous les autres, la rigueur des formes contre les crimes étoit portée jusqu'à une puérilité sublime, et le Censeur jetoit d'un geste des sénateurs dans l'ordre des chevaliers, des affranchis dans les tribus urbaines. *Non voce, non decreto sed nutu*, disoit Cicéron; et sans ce merveilleux despotisme des mœurs, ajoute-t-il, cette république qui chancelle, nous ne l'aurions plus. De tels exemples peuvent apprendre à douter à ceux qui ne doutent de rien; ils peuvent faire soupçonner que tout ce qui se ressemble n'est pas le même, et que l'on ne compare pas avec justesse deux choses aussi différentes que le sont les jugemens et la Censure (C).

Les sénateurs exclus du sénat pouvoient crier que cette expulsion étoit une mort civile; que la main du Censeur, qui reléguoit dans une classe inférieure, étoit armée du poignard du despotisme; que l'état des citoyens est sous la protection de la loi. Ils ne crioient point, et il falloit obéir, et la république étoit florissante (D).

Quelle est la nécessité de la Censure? Ceci tient à tant d'idées et embrasse tant d'objets, que je ne me propose pas de traiter cette matière.

En général, où il y a des mœurs la Censure est bonne pour les conserver; quand elles sont perdues, elle ne sert à rien pour les rétablir, et elle n'enfante que des troubles sans fruit. Les mœurs garantissent l'équité de la Censure, et la Censure prévient le dépérissement des mœurs. Aussi voyez Montesquieu ; il veut dans les républiques qui ont de la vertu, que les Censeurs *notent la tiédeur, jugent les négligences et corrigent les fautes, comme les lois punissent les crimes :* il veut que *ce qui ne choque point les lois, mais les élude, ce qui ne les détruit pas, mais les affoiblit, soit corrigé par les Censeurs.* Il loue l'admirable institution de Rome, qui ne soumettoit jamais *les Censeurs, même hors de place, à rendre compte de leur conduite,* IL FAUT, dit-il, LEUR DONNER DE LA CONFIANCE, JAMAIS DU DÉCOURAGEMENT. Voilà des notions nettes. Dans un pays où la corruption générale a prévalu au point de rendre souvent jusqu'aux lois même impuissantes, la Censure appliquée à tous les ordres de l'État bouleverseroit tout et ne corrigeroit pas ; elle souleveroit sans être utile : quand la Censure n'est bonne à rien, elle est très-pernicieuse.

Ainsi, je me trouve conduit à une idée qui paroîtra bien étrange aux raisonneurs superficiels : plus les mœurs sont pures et le gouvernement sage, plus les hommes sont libres ; et c'est là qu'est précieuse la Censure, qui, par des actes dont la forme est arbitraire, semble attaquer à chaque instant la liberté des individus ; c'est quand la loi est plus précise, plus révérée, plus formaliste, que l'autorité du Censeur doit être plus dégagée de toute chaîne ; la liberté fleurit à l'abri des bonnes lois ; les mœurs, sous le regard de la Censure ; et cette double tige qui s'entrelace, porte les fruits de la félicité publique (E).

Ces vues générales sur les différens empires se particularisent et s'appliquent aux différens corps du même état. Si l'état est corrompu, étayez par les lois, le mieux que vous pourrez, un édifice qui s'écroule ; mais point de Censeurs publics ; ils exciteroient, ou la révolte s'ils étoient fermes, ou la dérision s'ils étoient foibles. N'irritez point le méchant contre la vertu, ne lui apprenez point à se moquer d'elle.

Mais s'il existe un corps particulier dont les caractères soient tels que la Censure y soit exercée avec fruit, non-seulement laissez-lui sans jalousie son utile discipline, mais encouragez l'honneur à proportion qu'il est plus rare.

Par exemple, je suppose un corps de citoyens voués à des fonctions utiles et honorables, un corps dans lequel il faille des lumières et de la probité, où le travail soit payé par l'honneur et rapporte peu d'argent, où de laborieuses veilles et des études fatiguantes ne puissent être adoucies que par le sentiment intérieur d'une considération méritée ; je suppose un corps qui n'existe que par la confiance publique, dont les membres soient dans une relation continuelle, entretenue de même par une confiance réciproque ; je suppose un corps dans lequel chacun soit, sous la foi publique, dépositaire des plus grands intérêts, des titres les plus précieux, des secrets les plus importans, de la vie, de l'honneur et de la fortune des citoyens ; dans lequel une fraternité mutuelle établisse des communications nécessaires, des confidences sans précaution, des rapports indispensables et multipliés, où le ministère habituel soit de s'attaquer sans animosité, de se ménager sans prévarication de se pénétrer des intérêts des autres sans s'abandonner à leurs emportemens, de juger froidement ce qu'il faut défendre avec chaleur, d'interposer un zèle éclairé, une raison active, entre les passions et la justice, de nourrir une concorde mutuelle au sein des combats journaliers, d'être enfin toujours rivaux, jamais ennemis, toujours zélés, jamais colères, toujours sages, jamais défians; un tel corps, s'il existoit, auroit, si je ne me trompe, des caractères particuliers qu'il faudroit bien se garder de confondre avec ceux des autres corps.

Si l'honneur lui étoit cher, il faudroit l'en combler : s'il alloit jusqu'à la fierté, il faudroit la relever encore : s'il aimoit la liberté, il faudroit rompre toutes ses chaînes : s'il étoit libre, il faudroit le rassurer contre toute entreprise. Quand ses prétentions auroient quelque chose de chimérique, c'est une belle chimère que celle qui conduit à l'honneur : elle ne peut blesser que l'orgueil; et comme elle n'est pas nuisible, elle est toujours salutaire. Il entre nécessairement dans la constitution d'un tel corps, d'avoir la Censure de ses membres. Comme citoyens, ils sont soumis à toutes les lois de l'Etat et ne peuvent être jugés que par elles; comme membres du corps, ils ne doivent dépendre que de sa police. Tout est confiance dans leurs fonctions; la confiance publique leur apporte des secrets, des titres, des actes originaux, des intérêts de tout genre, auxquels est attaché souvent le sort de la vie de ceux qui les approchent : la confiance mutuelle établit entr'eux une communication qui n'a que l'honneur seul pour garantie; la paix, la concorde et la considération réciproque doivent cimenter leurs relations nécessaires. Eux seuls peuvent s'inspecter les uns les autres, se connoître, se suivre dans les moindres détails, prononcer sur le plus ou le moins de délicatesse de leur conduite. Dans un corps ainsi composé, le rapport entre les membres doit être dégagé de toute inquiétude, de toute alarme, de tout soupçon d'infidélité ou de turbulence. Aux yeux de l'honneur, une tache sur un seul membre doit être la tache du corps entier; les vertus y sont solidaires, les fautes sont communes s'il ne les réprime pas. En un mot, nulle autre compagnie n'est plus essentiellement disposée à rendre nécessaire le droit de Censure. Je dis le droit de Censure, et maintenant vous devez m'entendre. En tout ce qui ne tient pas à la fonction qui les distingue, ils ne sont que citoyens; en tout ce qui intéresse cette fonction, ils sont soumis à la discipline du corps. Le corps doit avoir le droit de les admettre, de les avertir, de les réprimander, de les exclure (F).

Si cette Censure est nécessaire, les moyens par lesquels elle s'exerce ne le sont pas moins; c'est sur le caractère, le génie, la délicatesse, la conduite entière qu'elle doit s'exercer; c'est la personne qui est soumise à l'opinion : il n'y a point d'instruction possible, si ce n'est celle que se prescrivent l'honneur et la probité. C'est l'ensemble des faits qui dirige l'opinion, ce n'est souvent aucun acte particulier; la Censure a tous les caractères de l'estime; elle est libre, elle est sévère, elle est un résultat d'impressions successives; rarement, au milieu de la vie, un seul acte la fait naître ou mourir (G).

Si ce corps présente de temps en temps au public la liste des membres qui le composent, elle n'est et ne peut être autre chose que la liste d'un certain nombre d'hommes qui ont l'un pour l'autre une confiance mutuelle, et que le corps présente à la société comme étant dignes de la sienne. En la publiant, le corps semble dire aux citoyens : Ne craignez rien ; portez vos droits à soutenir, vos intérêts à ménager, vos secrets à garder, vos titres à faire valoir, votre confiance pleine et sans réserve, dans les demeures de ces hommes laborieux et purs, qui se sont consacrés au soin pénible de votre défense. Ils méritent d'être abordés sans inquiétude et de devenir les dépositaires de vos pensées les plus intimes. Quel que soit l'adversaire qu'on vous oppose, on le choisira dans cette liste ; ce sera un noble ennemi qui ne confondra point la violence avec le zèle, les injures avec l'énergie, l'astuce avec une adresse légitime, le fiel et l'amertume avec la force et la vigueur : cette fraternité, que vos démêlés ne doivent pas éteindre, rapprochera les deux champions ; vos titres passeront des mains qui les tiennent de vous, dans celles qui doivent vous combattre, ils y passeront sans autre caution que la bonne foi et la droiture. Mais ne tremblez pas ; l'honneur se nourrit par la confiance, c'est un gage plus assuré que toutes les signatures ; et depuis cinq cents ans, grâces à notre vigilance, il n'a jamais trompé personne. Un seul exemple connu a été suivi d'une justice rapide, et la réparation ne s'est pas fait attendre. Votre abandon sans réserve sera payé de la même générosité. Vous serez maîtres de donner ou de refuser des marques de reconnoissance ; et si vous êtes assez injustes pour oublier les services rendus par le zèle, jamais votre injustice ne retentira dans les tribunaux ni aux oreilles du public. Voilà les lois de la confédération que nous avons formée pour le triomphe de la vérité et de la justice.

C'est par l'honneur que se maintient l'honneur ; tout ce qui blesse la délicatesse est un crime à nos yeux ; ce qui est permis aux autres ordres de citoyens doit être interdit à celui-ci. Signer une lettre de change, prendre une procuration, gérer des affaires, exiger de l'argent, sont choses permises, mais qui engendrent des tentations périlleuses ou mettent dans la dépendance une ame qui ne doit dépendre que de l'honneur et de son devoir. Nous les regarderons comme des fautes graves, et ceux à qui cette sévérité paroîtra excessive ou ridicule, ne savent pas que si la loi retient avec des chaînes, c'est avec des fils que l'honneur gouverne les hommes, et que telle est la différence des moyens qu'emploient les jugemens et la Censure.

S'il faut que la Censure s'astreigne à des formes prescrites et exige des preuves rigoureuses ; si le corps qui l'exerce n'est pas libre dans sa police, comme fut libre dans le choix de son état celui qui s'y fit adopter, il n'y a plus de Censure ; le corps ne sera pas plus pur que le siècle ; les membres ne craindront plus que la loi ; s'ils ne sont pas criminels, ils seront assez vertueux ; les bassesses ou les violences aviliront ou agiteront l'association ; on se croira fort en répandant le fiel, courageux en affectant l'audace, adroit en se permettant le mensonge, intelligent en préférant le riche, l'homme en crédit ou à la mode ; sage en mettant la confiance à contribution, en vendant les fureurs, en se faisant un patrimoine des passions les plus viles ; le goût du luxe, du faste, des fantaisies pénétrera dans des ames avides et corrompues : le corps sera divisé en sujets flétris par la misère ou dépravés par la cupidité ; la gloire ne sera plus que l'orgueil, et un mépris trop juste humiliera, sans corriger, des hommes à qui, comme à tant d'autres, la chimère de l'honneur ne paroîtra plus que ridicule.

Voilà l'enchaînement nécessaire. Dans un tel corps, je le répète, détruisez la Censure pour y substituer la rigueur des jugemens, vous n'aurez plus en peu d'années qu'avilissement et mauvaises mœurs, des cœurs gâtés qui ne s'abstiendront que du crime, ou qui, peut-être plus exercés, apprendront à le voiler avec industrie. Affoiblissez la Censure, vous la détruisez nécessairement. Rendez la Censure tributaire d'un examen ultérieur, privez-la de la souveraineté qui fait sa force, l'homme qui la craint a dans sa main la vengeance ; l'homme qui en sent le prix ne la provoque plus, de peur de troubler son repos; le corps oublie sa vigilance pour conserver sa tranquillité ; et la paix qui s'établit alors n'est plus que la paix qui règne dans le séjour de la corruption, la paix des lâches et des esclaves. Le public, qui s'est laissé prendre aux premières lueurs d'une fausse idée de liberté, est puni de son erreur : il ne trouve plus ni courage, ni désintéressement, ni noblesse dans une troupe avilie ; l'innocent foible périt sous le coupable puissant; l'or du riche va souiller les raisons du pauvre jusques dans la bouche de son vil défenseur ; et tel qui donna le nom d'énergie aux violences qu'il espéroit tourner en sa faveur, se retirera d'une affaire de pur intérêt, chargé de plaies incurables, et appellera en vain le secours de cette discipline qui s'est anéantie sous les clameurs qu'il a poussées lui-même.

Mais si l'équité étoit violée,.... si la cabale fermentoit,.... si la jalousie dominoit,.... si.... ce seroit un mal particulier, suite d'un bien nécessaire ; et il vaudroit mieux le tolérer que de toucher à la constitution du corps. Une injustice nuit à celui qui la souffre ; la société toute entière recueille les fruits de l'honneur des compagnies et des citoyens. Où n'y a-t-il pas de mal ? Quels établissemens humains sont sans inconvéniens ? Que mettrez-vous à la place de la Censure du corps? Les tribunaux de la loi ? Ils ne peuvent pas ce que peut la Censure. Tout ce qui n'est pas crime leur échappe; mais, d'ailleurs, est-ce qu'ils ne se trompent jamais ? Sont-ils inaccessibles aux préjugés et à l'erreur ? L'homme, dans quelqu'état qu'il soit, est-il infaillible ? est-il sans passion ? est-il un Dieu? Il faudra donc un tribunal au-dessus d'un tribunal ; et puis au-dessus du dernier, il faudra se faire juger ailleurs que sur la terre. La perfection est la chimère de ceux qui n'ont pas réfléchi : l'inconvénient présent frappe l'esprit inattentif ; il le prend pour un vice essentiel ; il veut tout renverser, tout détruire; les maux qui naîtroient de la destruction, il ne les voit pas ; la chaîne qui lie au bien général l'inconvénient dont il s'occupe, il n'y pense pas. En tout, considérez l'ensemble, et sachez négliger les détails.

Si, au reste, on ne pouvoit pas citer un seul exemple de ces atrocités de la jalousie ; si la Censure n'avoit jamais fait d'autre mal que d'être quelquefois trop indulgente ; si la diversité des fonctions, distribuées entre les membres, n'en mettoit qu'un petit nombre à-la-fois dans un état de concurrence et de rivalité; si les passions des uns n'étoient pas celles des autres ; si elles se balançoient et s'entre-détruisoient ; si les talens des hommes purs et paisibles avoient toujours été chéris, honorés, respectés ; si, en excitant quelquefois l'envie de quelques rivaux, ils avoient formé plus certainement encore la gloire et la plus chère distinction du corps ; si dans une longue suite d'années on ne trouvoit pas une seule exclusion légèrement prononcée, si ce n'est celles où le *crédit* auroit eu quelque influence indirecte ; l'inconvénient seroit nul, les avantages resteroient ; la liberté n'enfanteroit que l'honneur général, et de temps en temps des cris suspects d'intérêt particulier ; il faudroit la respecter, l'encourager, l'étendre ; il faudroit élever l'ame et ne l'abattre jamais ; il faudroit se confier sans réserve à des hommes qu'on veut conserver dignes de la confiance. Il n'y a point d'autre méthode. C'est ainsi qu'on traite avec les ames, pour les annoblir ou pour ménager leur noblesse.

Dans un corps ainsi constitué, bien des sujets sont mal placés qui le seroient utilement dans d'autres. N'être pas propre à des fonctions de ce genre, ce n'est être ni infame, ni indigne de toutes fonctions civiles ; aussi, dans l'intention d'un pareil corps, la séparation d'un membre ne seroit ni un jugement, ni une peine ; la discipline est si pure, la fraternité si délicate, la confiance susceptible de tant d'ombrages, les rapports si faciles à troubler, le liant des caractères même si utile, la sécurité publique si importante à maintenir, que juger un homme déplacé dans cette police, ce n'est pas avoir dessein de le flétrir ; c'est rompre un lien particulier qu'il avoit choisi, et dont, en s'en chargeant, il a connu les conditions ; mais c'est laisser subsister tous ceux que les lois établissent avec les autres citoyens. L'opinion publique exagère quelquefois le prononcé de la Censure ; ce mal de reflet n'est qu'un hommage à l'équité habituelle du corps ; c'est parce qu'il est pur, que son suffrage est d'un grand poids dans la société générale ; mais souvent aussi cette dégradation dans l'opinion est une injustice : le corps aura eu raison de séparer, parce qu'il doit agir d'après ses maximes ; l'opinion publique aura tort de flétrir, parce que les maximes du corps ne sont pas les maximes des hommes. Je ne sais s'il y a de l'orgueil dans ce que je vais dire ; mais les membres d'un tel corps doivent croire, et ce sentiment étant noble, il est bon, que l'on pourroit ne pas rester leur frère et être digne encore de beaucoup de choses honnêtes ; je dis qu'il est bon ce sentiment, car il conduit à se tenir plus pur que son siècle ; je dis qu'il est juste, si en effet il a conduit à une pureté plus délicate. Ce seroit une délicieuse patrie que celle où, par les mœurs générales, les simples fautes seroient regardées comme des crimes. Tel novice, fervent d'abord, se trouve peu propre aux austérités de la règle, et il est repoussé dans le monde, qui l'adopte sans déshonneur.

Et ne devroit-on compter pour rien la possession, si elle remontoit aussi loin que l'existence du corps lui-même ? L'ancienneté d'un usage est aujourd'hui d'un poids trop léger, je ne l'ignore pas ; sans doute il faut examiner ; mais il ne faut pas se prévenir sans examen contre des mœurs anciennes. Ce n'est pas parce qu'elles sont anciennes qu'elles sont bonnes ; mais le préjugé naturel porte à croire qu'elles sont anciennes parce qu'elles sont bonnes. Les siècles déposent, par une immuable série, que l'institution a pris sa source dans la nature elle-même, qu'il existe des liens secrets, non aperçus, mais réels, entre la discipline et la constitution du corps ; que celle-ci a enfanté celle-là comme contenue dans ses principes ; que ce qui s'est fait sans époque précise, sans établissement formel, étoit dans l'essence des choses. Ce que le genre humain produit sans y penser, vaut souvent mieux, est souvent plus près de la nature, que ce qu'il médite. Les choses se trompent moins que les hommes.

La Censure et tous ses caractères, si différens de celui des jugemens, de celui de la loi, doivent donc être chers non-seulement au corps, mais sur-tout au public, qui a plus d'intérêt que le corps à la pureté des membres. A parler sans préjugé, c'est aux membres que la Censure est importune ; c'est eux, et non pas assurément le public, qui seroient intéressés à l'affoiblir ; elle est comme indifférente à ceux qu'elle n'atteindra jamais ; elle doit être odieuse à ceux qui la craignent ; elle s'anéantiroit, au grand préjudice de la société toute entière, si ceux qui la défendent ne portoient pas dans le cœur le sentiment de sa profonde utilité, et si, bornés au témoignage intérieur de leur considération personnelle, ils ne s'approprioient pas encore, par un heureux instinct qui protége les bonnes mœurs, celle qui s'attache à toute l'association dont ils sont membres. Que ce corps conserve donc sa précieuse police.

Le fond de son institution, la nature de ses fonctions, la loi d'honneur qui en est le code, l'indépendance encourageante des ames, les nœuds secrets de la liberté et de l'honneur, la fraternité qui exige une confiance sans bornes, l'intérêt public ; tout demande que la Censure règne là sans contrainte, qu'elle s'exerce peut-être avec plus de sévérité que jamais, qu'elle exclue avec maturité, mais sans forme, qu'elle conserve le droit d'exclure, qu'elle admette plus difficilement encore. Peut-être faudroit-il au moins les trois-quarts des voix pour recevoir un nouveau membre, les trois-quarts pour séparer un ancien. Le cri de la délicatesse et de l'honneur doit être comme unanime.

Si l'autorité vouloit attaquer ce droit de Censure, je pense qu'elle manqueroit le but de l'autorité même, qui est le bien général. La manière de l'opérer le plus sûrement est toujours la meilleure ; et ce qui est bien, n'a pas besoin de l'intervention de l'autorité. Loin d'avertir de la sujettion des hommes dont la liberté est utile, vous qui inspectez du haut du tribunal la société toute entière, donnez à ce sentiment noble une impulsion nouvelle, agrandissez les ames par la confiance, relevez ceux qui ont de l'estime pour eux-mêmes en y joignant la vôtre ; croyez un fait quand *Lenormand vous l'atteste*, et jugez sur sa foi, comme si vous lisiez le titre ; traitez-les comme vos coopérateurs dans le grand œuvre de la justice ; leurs supérieurs, quand vous êtes assis devant eux ; soyez leurs amis dans vos maisons ; n'usez du pouvoir que quand les choses résistent ; n'embarrassez pas de l'appareil de la puissance ce qui marche de soi-même. Les soins qu'ils prennent, vous ne pouvez pas les prendre ; leur vigilance, vous ne pouvez pas la remplacer ; leur inspection, vous ne pouvez pas vous en charger. Punissez les crimes, mais souffrez qu'on corrige les mœurs. Rendez des jugemens suivant la loi, mais que la Censure s'exerce suivant l'honneur. Vos armes n'ont point de prise sur ce que l'opinion gouverne, sur ce que l'honneur dirige. Les moyens sont différens, comme le but ; les effets ne diffèrent pas moins : la justice et la paix, voilà le produit de vos veilles ; la confiance et la délicatesse, voilà le fruit de la Censure. Vos décrets sont l'expression de la loi et la source de la tranquillité publique, le vœu d'un corps est le résultat de l'opinion et le gage de la pureté des membres; mais daignez penser que la liberté est mère des sentimens nobles et garantit l'équité de la Censure. *Au Censeur*, dit Montesquieu, *il faut donner de la confiance, jamais du découragement.* Ce n'est pas tout de ne point l'attaquer, de ne point exiger de compte; il est foible s'il a des alarmes, et s'il est foible il n'est rien; tout est perdu quand il peut avoir à craindre. Les choses qui tiennent à l'honneur, à l'opinion, aux mœurs, préjugés ou non, toujours respectables s'ils sont utiles, ressemblent à une fleur délicate et tendre. Pour faire évanouir son éclat, la froisser n'est pas nécessaire; il suffit souvent d'y toucher pour la flétrir.

Quid leges sine moribus?

NOTES SUR LA CENSURE.

(A) Comment la Censure maintient-elle les mœurs par l'opinion, quand tout-à-l'heure on verra que l'opinion détermine la Censure?

(B) Tout ceci est du galimatias double. Les bonnes lois, quand elles sont suivies, font les bonnes mœurs, et les bonnes mœurs font les gens de bien. Le mot *mœurs* est mal entendu. Il signifioit, chez les Romains, obéissance aux lois. *Morem gerere*, « obéir »; et le passage d'Horace, que M. Target cite en le tronquant, ne laisse aucun doute sur cette signification : *Quid leges sine moribus, vanæ proficiunt!* « A quoi servent » de vaines lois auxquelles on n'obéit point? »

(C) Il est fort douteux, quoi qu'en aient dit Montesquieu et ses copistes, que la Censure ait produit tout le bien qu'on lui attribue. Quand les Romains eurent des Censeurs, leurs mœurs n'en avoient pas besoin; lorsqu'ils en eurent besoin, il n'en exista plus. D'ailleurs il y eut beaucoup de ces jugemens censoriaux qui paroissent au moins extraordinaires; par exemple: Le Censeur dit à un jeune chevalier : « Avez-vous une femme à *votre* gré? » L'autre lui répond : « Au *mien*, oui; au *vôtre*, non. » C'étoit là une mauvaise turlupinade dont on auroit pu rire. Le Censeur dégrada le chevalier. Ne fut-ce pas outrer le rigorisme?

(D) On appeloit au Peuple du jugement des Censeurs.

(E) Qu'est-ce que cela veut dire?

(F) On verra dans le Mémoire suivant que jamais les Avocats n'ont eu, et qu'ils ne peuvent avoir un droit pareil.

(G) L'opinion, grand Dieu! Quel guide dans un pays comme le nôtre! D'ailleurs, chez nous, où plus que par-tout ailleurs « l'aigle d'une maison « est un sot dans une autre, » rien ne seroit plus dangereux que de prendre l'opinion pour base de ses décisions. C'est une chose trop versatile, trop incertaine.

MÉMOIRE

SUR

LES PRIVILÉGES DES AVOCATS,

Dans lequel on traite du Tableau et de la Discipline de l'Ordre ;

POUR Me. MORIZOT, Avocat au (1) Parlement ;

CONTRE M. LE PROCUREUR-GÉNÉRAL.

> Rideo Advocatum qui Patrono ageat.
> S. Hieron. *Epist. ad Bonasum.*

Sɪ jamais cause fut difficile, si jamais position fut cruelle , c'est ma cause , c'est ma position.

Seroit-ce que la question soumise au jugement de la Cour, est un de ces mystères de droit, où les lumières des plus clairvoyans se trouvent en défaut? Hélas! dans tous les pays de la terre l'adolescent le moins instruit la décideroit sur son simple exposé.

Seroit-ce que j'ai en tête des adversaires tout puissans, qui s'opposent à

---

(1) Il se trouve beaucoup de personnes qui font une distinction entre les Avocats, et qui prétendent que ceux qui sont sur le Tableau doivent s'appeler *Avocats au Parlement*, et ceux qui n'y sont pas , *Avocats en Parlement.* Mais ces personnes qui se piquent de connoître l'usage , ne se doutent pas que non seulement elles ignorent l'antique usage , mais encore qu'elles blessent la langue.

C'est en faveur des Avocats au Parlement de Paris que la distinction fut inventée originairement. Ils s'intituloient : *Avocats en Parlement,* tout court , persuadés que mes succès? Outre que dans le Tribunal où je plaide, je ne craindrois pas leurs efforts, j'ai eu peine à déterminer le ministère public sur la faveur duquel je compte, à m'offrir l'apparence d'un contradicteur.

Qu'est-ce donc qui rend ma condition si fâcheuse, si embarrassante? Cela même que je ne devrois rencontrer ni objections, ni adversaires. En effet, comment établir la vérité d'un axiome? Comment prouver, par exemple, que la partie est moins grande que le tout? Et quand vous croyez que c'est un corps qui vous impose cette tâche, si ce corps s'éclipse pour ne vous laisser que des ombres en présence, n'y a-t-il pas de quoi se désespérer? sur-tout si pendant que l'on vous force, d'un côté, à poursuivre des fantômes qui rient de vos vaines atteintes, vous êtes attaqué de l'autre par des ennemis réels qui vous blessent impitoyablement et vous font des torts irréparables.

Ajouterai-je que dans ce procès je dois parler de moi, et qu'ainsi placé sous les yeux de l'envie et de la malignité je ne puis presque rien dire, qui ne soit ou proscrit par l'une avec humeur, ou adopté par l'autre avec joie?

Quels que soient ces obstacles, dont je connois, dont je sens bien toute l'étendue, toute la résistance, soutenu par ma cause et par ma confiance dans les magistrats qui doivent la juger, j'exposerai sans foiblesse la justice de ma prétention et l'évidence de mon droit. On ne pense pas assez que ces retraites, ces ménagemens si communs, dans des conjonctures pareilles à celle-ci, sont autant d'insultes faites aux lois et à leurs organes; qu'ils perdent tout, en encourageant le progrès de l'arbitraire, en laissant impunie la vexation, dont les auteurs érigent les actes en règles et les victimes pusillanimes en exemples, qu'ils osent ensuite citer pour justifier les nouveaux excès auxquels ils ne manquent pas de se livrer.

---

l'honneur d'exercer leurs fonctions dans le premier Parlement du Royaume méritoit qu'ils s'appropriassent cette dénomination indéfinie d'*Avocats en Parlement*, qui les dispensoit d'exprimer quel Parlement. On n'a jamais dit : *Avocats en Parlement de Paris*. Les ouvrages des anciens avocats fournissent des preuves de ceci. Les plaidoyers de Marion, avocat au Parlement de Paris, depuis Avocat-Général, sont imprimés en 1609, sous ce titre : *Plaidoyers de Messire Simon Marion, Baron de Druy, ci-devant* Avocat en Parlement. Ceux de Bordenave, avocat au Parlement de Navarre, et aussi depuis Avocat-Général à ce dernier Parlement, imprimés en 1641, le sont sous ce titre : *Plaidoyers et actions de M. Me. Arnaud de Bordenave, ci-devant Avocat* au Parlement. La méthode générale pour l'intelligence des Coutumes, imprimée en 1666, porte qu'elle a été composée par Me. Paul Challine, ancien *Avocat en Parlement*. Elle est dédiée à Monseigneur de Novion, *Président en Parlement*. On lit au frontispice de la compilation de Borjon sur les Dignités, imprimée en 1685 : par Me. Borjon, *Avocat en Parlement*. Challine et Borjon étoient avocats au Parlement de Paris ; mais à-peu-près dans le même temps on imprimoit la première édition du Traité des Hypothèques, par Me. Henri Basnage, *Avocat au Parlement de Normandie*.

Je pourrois multiplier à l'infini les citations, si l'objet avoit plus d'importance. Vaugelas, dans ses Remarques, observa qu'on ne disoit pas bien, *Avocat en Parlement*, et qu'il falloit dire, *Avocat au*. Sa décision, adoptée par l'Académie Française, par le Dictionnaire de Trévoux, dernière édition, etc., a acquis force de loi, et l'expression *Avocat en* s'est trouvée entièrement proscrite. Ceux qui veulent rappeler cette locution barbare, quoiqu'honorable, et la dégrader, pour ainsi dire, en l'appliquant aux Avocats qui ne sont pas sur le Tableau, heurtent donc tout-à-la-fois l'Histoire et la Grammaire.

Je suis de Bourgogne : ma famille est connue depuis long-temps dans la province ; et mes pères, qu'ont distingués des vertus utiles, des études particulières ou des talens applaudis, m'ont imposé la loi de ne rien faire, de ne rien souffrir contre l'honneur.

Je fus reçus avocat au parlement de Paris en 1769, et je suivis le Barreau jusqu'en 1771, que je me retirai à Avalon, où l'on m'inscrivit sur le tableau des avocats du baillage. J'ai même eu depuis occasion de remplacer le Lieutenant-général dans une circonstance fameuse, où j'ai vu mon jugement confirmé par un arrêt solemnel du parlement de Dijon.

En 1774 je revins à Paris, résolu d'y continuer la profession ; et c'est ce dont fait foi ma matricule, visée par Me. de Lambon, bâtonnier d'alors.

Je fréquentois les audiences avec assiduité, lorsque la perspective d'un office de judicature dans une cour souveraine s'ouvrit devant moi. Tandis que je m'occupois des démarches à faire pour en être pourvu, une perte inopinée vint tout-à-la fois m'ôter l'espérance de posséder la charge, et le pouvoir de persévérer dans le dessein de m'agréger aux brillantes lumières qui resplendissent au Barreau. Je crus devoir me tourner du côté de la Finance. M. de Clugny, contrôleur-général, m'y promettoit un avancement rapide. Sa mort m'a laissé dans les bureaux de Sa Majesté, où d'abord il m'occupa.

Ce n'est pas qu'abandonnant la carrière du Palais j'en aie abjuré les occupations ; je me félicite d'avoir rendu service à nombre de personnes ; d'en avoir, par mes conseils, préservé plusieurs d'une ruine certaine, et d'en avoir, par mes démarches, sauvé d'autres d'un entier naufrage. Je rappelle sans vanité ce que j'ai fait sans intérêt.

J'eus le malheur de perdre mon père en 1783. Ferme, instruit, plein de délicatesse, pendant quarante-cinq ans qu'il exerça l'état d'avocat et remplit différens offices de judicature (1), il avoit acquis des droits à la reconnoissance d'une foule de ses concitoyens, et s'étoit concilié l'estime de tous. Il laissoit une succession bien modique à partager, selon les lois, entre son épouse et trois enfans.

Mon frère puîné, avocat à Dijon, vola vers la maison paternelle. Ma sœur y demeuroit, à portée de prendre et de donner tous les renseignemens désirables. J'ignore comment les scellés furent mis ; ce que je sais, c'est qu'ils furent levés sans mon intervention, sans inventaire, et que la vente des effets se commençoit, qu'on ne s'étoit pas avisé de s'informer si je vivois encore.

L'irrégularité de ces démarches ne doit surprendre que jusqu'à un certain point. Le ciel, en accordant de longs jours à ma mère, ne lui a pas fait une faveur entière. Son esprit s'est beaucoup plus ressenti que son corps de l'injure des années. Pour ma sœur, un sieur Guéniot, en premier lieu maître

_____

(1) Il avoit d'abord postulé avec succès à Dijon, où il épousa demoiselle Louise-Marguerite, fille de M. Delusseux, Avocat aux Parlemens de Paris et de Dijon, Professeur en Droit de l'Université de cette ville, auteur d'une Analyse des Instituts, qui est demeuré un livre classique de l'Université. L'intérêt d'une grande maison voisine d'Avalon, qui avoit besoin de ses conseils, l'attira dans cette dernière ville, où la confiance des habitans et des seigneurs des environs le fixa

de poste, assesseur de la maréchaussée à Tonnerre; puis médecin, très-heureusement sans malades, à Auxerre; finalement marchand de vins forain, poète lyrique et faiseur de grands projets, pour la splendeur de l'Etat à Avalon, ce sieur Guéniot la dirige.

On vient de voir par l'énumération de ses qualités, qu'il en réunit trop pour être un grand jurisconsulte, quoiqu'il soit au par-dessus avocat. Or, ma sœur à laquelle il a, comme enfant d'Esculape, promis un siècle de vie, dont il charmera les momens comme successeur d'Orphée; ma sœur, dis-je, suivant ponctuellement en tout le régime qu'il lui prescrit, on ne doit pas absolument s'étonner de ce que ses procédés ont d'illégal.

Quand il fut enfin bien reconnu que j'existois, et que mes droits à l'héritage paternel ne pouvoient m'être contestés, on m'assigna au bailliage d'Avalon : « à l'effet d'y procéder au partage en nature du restant des » meubles et immeubles de la succession de mon père. » Habitant de Paris, j'attirai la discussion au Châtelet, et là je me hâtai de donner les mains à la demande formée contre moi.

La contestation devoit finir faute de contestans; mais ma sœur, ou plutôt le sieur Guéniot, vouloit plaider. Il accourt à Paris, muni des pleins pouvoirs de sa dévouée, il descend au greffe, prend acte de voyage, affirme être venu tout exprès pour ce procès, quoique la sollicitation d'une lettre de cachet contre sa fille, d'une pension pour lui, à cause d'une ode sur l'abolition de la servitude, couronnée à l'Immaculée Conception de Rouen, et la communication d'un plan de finance merveilleux, enfanté dans les instans que lui laissoit de libres son génie poétique (1), fussent les objets de son voyage.

Je ne crois pas que ses rares talens l'aient protégé aussi avantageusement auprès du ministre, que la parenté de sa sœur (la dame le Père, directrice de la poste à Auxerre) avec le greffier Me. Després l'a bien servi au Châtelet. Dès l'abord celui-ci se montra l'ardent protecteur de la cause de mon adversaire, dont il chargea son cousin, feu Me. Després le jeune.

Le premier effet de cette bienveillance déclarée fut de m'empêcher de trouver un défenseur parmi les avocats du Châtelet. Il m'en fallut chercher un entre ceux qui s'attachent de préférence au parlement, les accès d'une malheureuse affection nerveuse dont j'étois tourmenté m'ôtant la faculté de me servir moi-même.

Les incidens incroyables qui se succédèrent sont d'une telle nature, que j'aime mieux les passer sous silence, que d'exciter chez les autres, et de réveiller chez moi, en les racontant, l'indignation qu'ils y ont fait naître. Qu'il suffise de savoir que voyant ma santé en meilleur état, je formai la résolution d'aller moi-même lire à l'audience ce que j'écrivois dans le cabinet.

Je mis donc ma robe, mon bonnet, mon rabat et tout le reste du costume, et je fus me présenter au tribunal. Je me plaçai, selon l'usage, dans le banc

_____

(1) Il faut voir la manière modeste dont le sieur Guéniot, dans la note de son Ode sur la Servitude, imprimée à Paris, chez Belin, annonce son projet, sur la présentation duquel il comptoit obtenir l'entrepôt du tabac et la direction de la poste à Avalon.

des avocats, et je pris un défaut, que M^e. Thorel, plaidant pour ma sœur, fit rabattre, en demandant que la cause fût placée. Sur mes remontrances, on la renvoya simplement à trois jours.

Je reparus de nouveau dans ce banc d'où l'on veut m'exclure ; je n'obtins qu'une nouvelle remise. Enfin, la troisième fois, la cause, d'un commun accord, fut retenue, *qualités posées*, et placée au tableau, pour venir à son tour.

Quatre mois entiers s'écoulèrent, pendant lesquels mon placet ne fut point appelé. Toujours il demeuroit le dernier, et s'il avoit été seul, on l'auroit oublié. Ma patience étoit à bout : j'eus besoin d'avoir recours au magistrat qui préside si dignement le Châtelet. Je lui représentai : que s'agissant d'un provisoire, ma cause étoit urgente ; que pendant que l'on me tenoit en suspens d'un côté, on me ruinoit de l'autre par les suites qu'on donnoit à certains premiers jugemens sur lesquels la question étoit de prononcer. Il eut la bonté de me tranquilliser, et ses ordres firent, à la fin, venir mon placet le 26 juin 1784.

J'étois à l'audience ; on appelle ma cause, je me lève, prends des conclusions, et déjà j'entrois dans l'exposition des faits ; lorsque M^e. Després, greffier, fait inviter M^e. Thorel, par l'huissier de service, à venir lui parler. M^e. Thorel se rend à l'invitation ; et après un instant de colloque, il retourne à la place qu'il avoit quittée, et m'interrompt de la manière la moins honnête. Il s'écrie : « Je ne plaiderai point contre cet homme-là, » *un commis ;* » terme qu'il prononce d'un air dédaigneux, accompagné de l'épithète la plus indécente. « Il n'est pas avocat.....il n'a pas le droit de se » mettre au banc, ni d'avoir le bonnet carré sur la tête ou à la main, etc. »

Cette scène peu digne de la majesté du lieu où elle se passoit, me troubla. M. le Lieutenant-Civil daigna élever la voix en ma faveur. Il voulut bien attester : « que j'étois avocat... que le placet avoit été mis sous mon nom, » et les qualités posées avec moi.... que la cause étant engagée, il falloit » la plaider. » Mon antagoniste tint bon, et pour couper court au scandale qui commençoit à grandir démesurément, le magistrat renvoya la cause au 30 suivant (1).

Ce jour, l'obstination de M^e. Thorel l'emporta encore sur l'équitable disposition des Juges. Ces derniers vouloient m'entendre ; j'avois un puissant intérêt à m'expliquer ; mais M^e. Thorel refusant de plaider, le Tribunal se vit forcé de mettre l'affaire en délibéré.

J'ai dit que j'avois le plus grand intérêt d'être personnellement entendu, en voici la preuve : je demandois une provision sur ma part de l'argent de la succession : elle me fut accordée, cette provision, par une sentence qui porte : « qu'elle me sera payée par le notaire séquestre, et des deniers » qui sont entre ses mains » ; mais il n'y a point de notaire séquestre, et c'est ce que j'aurois expliqué, si l'on m'eût laissé plaider. Ma sœur, c'est-

_____

(1) Ce renvoi fut ordonné après qu'on eut été aux opinions ; et pendant que le magistrat les prenoit à droite, M^e. Després ne cessoit de crier aux Juges de la colonne opposée : « Ne le laissez pas plaider ; c'est un insolent, il m'a écrit une lettre que j'ai » remise à M. le Lieutenant de Police. »

à-dire le sieur Guéniot, tient tout (1). J'ai fait signifier ma sentence, on n'y a rien répondu. De sorte que le jugement est devenu la matière d'un second procès.

Au milieu de tous ces débats, si prolongés, si pénibles, je m'étois affermi dans le parti de n'abandonner qu'à moi le soin d'instituer et d'éclaircir mes prétentions. La confiance en autrui est un sentiment dont on n'est pas maître, et qu'on est convenu, dans la vie civile, de ne point forcer. Il est aussi flatteur de l'inspirer, qu'il est injuste et affreux de l'exiger. Je donnai ma requête à M. le Lieutenant-Civil, pour être maintenu dans la possession de l'exercice d'un droit qui m'appartient; celui de plaider mes propres causes au banc., et dans le costume d'avocat.

Avant d'appointer ma requête, M. le lieutenant-civil me proposa de prendre l'attache de Me. Rouhette, alors bâtonnier des avocats.

Par déférence pour le desir de ce chef respectable, je vis vingt-cinq ou trente fois M. le bâtonnier. Quel fut le résultat de nos conférences? Que répondit-il à mes explications? On me pardonnera de ne pas en rendre compte. Soit défaut de précision de sa part, soit défaut d'intelligence de la mienne, il m'a été impossible de pénétrer ses sentimens; de manière que m'apercevant que je ne faisois que battre l'eau, lassé de sortir de chez lui la poitrine et la tête fatiguées, je cessai mes visites, aussi avancé, à notre temps et à ma patience près, qu'avant de lui en avoir rendu.

J'ai pourtant appris indirectement qu'il avoit un jour porté ma cause à la députation, et que la députation m'avoit condamné. C'est tout ce qu'on m'a laissé pénétrer de la fortune que j'ai courue dans cette singulière jurisdiction.

En attendant, j'étois retourné au Châtelet pour suivre contre ma sœur une demande en communication des papiers de la succession. J'y obtins une sentence par défaut, qui l'ordonna.

Le procureur Després y forma opposition, *en son propre et privé nom.* Je répondis à Me. Després: « que je n'avois rien à démêler avec lui; que » je plaidois contre une demoiselle, non contre un procureur; et que j'avois » assez d'adversaires, sans qu'il vînt gratuitement en augmenter la compa- » gnie. » Le 24 octobre suivant, j'obtins par défaut, à l'audience, le débouté de son opposition.

Je croyois en être quitte; mais qu'on juge de ma stupéfaction, lorsque j'aperçois un particulier en robe qu'on m'apprend se nommer Me. Collombeau, lequel se met en pied, pour dire à mes juges: « que tout me seroit accordé » par défaut, parce qu'aucun avocat ne vouloit me reconnoitre pour avocat, » attendu que je n'étois pas sur le tableau. »

Je parai de mon mieux ce coup inattendu. Mes efforts furent vains. Me. Collombeau eut acte de ses représentations, qu'il prétendit faire au nom du barreau, comme si le barreau l'avoit chargé de cette commission. On

---

(1) Si c'est un malheur pour moi, c'est un bonheur pour lui. Avec cet argent où j'ai ma part fort inutilement, le sieur Guéniot s'est tiré de la prison de la ville de Saulieu, dans laquelle certain créancier discourtois l'avoit fait traîner le 28 avril 1784, pour une dette de mille écus, qu'il a payée en partie à mes dépens.

me refusa acte des miennes, et il fut prononcé : « qu'en continuant la cause
» au lendemain Saint-Martin, il seroit délibéré sur *les représentations* de
» Me. Collombeau. »

Me voilà donc avec une nouvelle contestation! Je fus obligé de présenter
requête pour avoir un procureur. Je pris des conclusions contre Me. Thorel,
cause de toutes ces tracasseries, qu'il ne prévoyoit peut-être pas, j'aime à
le croire; et joignant à ma requête l'arrêt du parlement de Paris, qui me
reçoit au nombre des avocats qui ont prêté serment en la Cour, j'en ré-
clamai l'exécution « selon sa forme et teneur ; et comme d'après trois re-
» mises contradictoires, on me troubloit dans la jouissance actuelle de mon
» droit, je demandai d'y être maintenu et gardé, entendant l'exercer,
» pour me défendre personnellement, etc. »

On enjoignit au procureur d'occuper, si je le requérois ; mais on ne m'accorda pas la permission de faire assigner Me. Thorel ; et le 10 Décembre
dernier, sans que le ministère public intervînt, sans que mes adversaires
fussent mis en scène, il fut rendu, d'office, la sentence suivante : Nous, *sur
les représentations de Morizot, l'avons renvoyé à se pourvoir, et pour
être procédé à l'expédition des causes dans lesquelles il est partie, disons
que par provision et sans préjudicier à ses droits et prétentions, il demeure
autorisé à se présenter à la Barre de l'Audience, assisté de son Procureur, pour y plaider en son nom.*

Tout me défendoit d'acquiescer à un jugement contradictoire, irrégulier,
illégal, et qui m'enlève d'une manière presque flétrissante des prérogatives
qui me sont déclarées acquises par les ordonnances, la raison et l'usage.
J'étois conséquemment bien décidé à me pourvoir, la difficulté n'étoit plus que
de chercher contre qui, la sentence mettant hors d'atteinte mes heureux anta-
gonistes. J'ai pris des lettres en chancellerie qui me permettent d'intimer M. le
Procureur-général sur la sentence du Châtelet, dont je demande l'infirmation.

PARAGRAPHE PREMIER.

Vices du Jugement.

Pourrois-je ne pas l'obtenir, cette infirmation? Quand je ne ferois
qu'opposer le jugement au jugement, il seroit impossible qu'il subsistât.

On me renvoie à me pourvoir; mais par-là le tribunal reconnoît donc
qu'il n'est pas compétent pour juger la question qui s'agite devant lui ?
Cela étant, conçoit-on qu'il finisse par la décider, et par la décider contre
moi ? *Il faut que je me présente à la barre de la Cour, assisté de mon
procureur,* comme un particulier sans qualité, comme un avocat dégradé,
après qu'à sept ou huit reprises les magistrats m'ont entendu de la place
que m'assigne l'arrêt qui me reçoit avocat? Certes! la Cour ne souffrira
pas que la petite cabale d'un greffier et les fantastiques idées de quelques
individus peu réfléchis, peu conséquens, m'arrachent ce que je tiens de
son autorité, et me l'arrachent par un jugement aussi peu d'accord avec
lui-même qu'avec les principes de la matière.

Car, n'est-ce pas un axiome en fait de provisoire, qu'on n'y peut rien ordonner qui ne soit réparable en définitif? Mais quand une fois j'aurai renoncé à mon droit, abdiqué mon privilége et consenti mon déshonneur, comment me relevera-t-on de ma foiblesse, comment me rendra-t-on à ma dignité première, comment restituera-t-on son intégrité à mon titre? Ce qui sera fait le sera pour l'éternité. Les juges supérieurs, même en me vengeant, m'avertiroient de me repentir; et leur voix favorable, en me réhabilitant, consacreroit moins mon triomphe, qu'elle ne me condamneroit au remords de m'être lâchement trahi pour m'avilir à leurs yeux et aux miens.

Et n'ai-je pas autant à me plaindre de la forme de la sentence que du fond! On a vu que dans la remise de la cause les premiers juges ont dit: *qu'il seroit délibéré sur les représentations de M*. *Collombeau* ; et point du tout, quoique, comme je l'ai dit ci-devant, ils m'eussent refusé acte des miennes, ils ont prononcé *sur les représentations de Morizot*, sans observer que par-là on m'enlevoit mon vrai contradicteur, et qu'on me forçoit de substituer à l'être réel qui m'attaquoit, qui me nuisoit de gaieté de cœur, la personne de M. le Procureur-général que j'aurois au contraire réclamée pour mon protecteur, pour mon asyle.

J'ai qualifié d'irrégulière la décision du Châtelet, est-ce assez dire, et ne semble-t-il pas qu'à mon égard l'ordre des choses soit confondu, interverti? Avocat, je pourrois prêter mon ministère à un étranger, plaider en son nom, et on m'empêche de plaider au mien! J'ai un jugement, et je n'ai point de parties! Enfin mon défenseur naturel, on me contraint de le choisir pour mon adversaire!

Avec la loi en ma faveur, je devois peu m'attendre à ce qui m'est arrivé. L'ordonnance de Philippe de Valois touchant le Châtelet, rendue au mois de février 1327, porte, art. 26: *Que l'audience de celui qui plaidera sa cause...... ne lui soit empêchée en aucune manière, durant son audience, d'autre personne*. Pourquoi donc après un texte si précis, les juges ont-ils laissé le greffier Després, M*e*. Thorel, M*e*. Collombeau, se relayer pour m'interrompre tour-à-tour, pour me vexer et m'empêcher l'audience? Et pourquoi les procédés de tous ces personnages se trouvent-ils justifiés par un jugement? Il suffiroit sans doute que ce jugement se contredît, qu'il fût irrégulier, informe, sans qu'on pût ajouter qu'il n'étoit pas moins contraire aux lois qu'à mon droit et à mes intérêts.

§. I I.

De mes Droits.

C'est une belle profession que celle d'avocat. Préférables aux trésors les plus précieux, dont l'homme au milieu de ses semblables ne jouiroit pas long-temps, les lois, qui sont les sauve-gardes des propriétés, la force du foible, la richesse du pauvre, l'assurance des bons et le frein des méchans, les lois doivent une partie de leurs miracles aux avocats. En se chargeant de ramener à son énergie ce premier lien de toute société, ils offrent à la veuve, à l'orphelin, à l'opprimé de toute condition, un refuge où les grands, dont le sort se plaît aussi à faire son jouet, se sont plus d'une fois retirés avec empressement et reconnoissance. Mais de quels moyens se servent-ils pour opérer ces heureux effets? Ils n'en ont qu'un seul. Amis de la loi, ils vivent pour elle, avec elle. Instruits de ses intentions, familiers avec son langage, ils le font entendre à l'ignorance, ils le rappellent à la distraction; l'ordre renaît, le bien est effectué, et l'équité sourit au service qu'ils lui ont rendu.

Ainsi, la science des lois est la qualité fondamentale d'un avocat.

Si tout le monde connoissoit les lois, on n'auroit pas besoin d'avocats. Et c'est ce qu'atteste l'étymologie de leur nom, tiré du latin *advocati*, « appelés à l'aide. » Il ne faut point d'aide à quiconque est au niveau de son ouvrage.

Nous avons en France des écoles, les Universités, où ceux qui se destinent à l'état d'avocat, sont censés s'instruire suffisamment de ce qu'il est nécessaire de savoir pour cela. Quand un aspirant y a pris les grades de bachelier et de licencié, il se présente avec ses lettres, au Parlement séant à la grand'chambre, et, sur les conclusions de M. l'avocat-général, il est admis à prêter un serment qui lui imprime le caractère et lui confère le titre d'avocat.

Il n'est pas inutile de rapporter ici en quoi consiste cette cérémonie. Le candidat, debout en robe, en bonnet carré, décoré, s'il le veut, d'une chausse qu'il porte comme licencié, est annoncé à la Cour par l'avocat plaidant. VOUS JUREZ ET PROMETTEZ, lui dit solemnellement M. le premier Président, DE GARDER ET D'OBSERVER LES ORDONNANCES, ARRÊTS ET RÈGLEMENS DE LA COUR? Sur son aveu, qu'annonce un respectueux silence, M. le premier Président lui fait prêter serment, en levant la main. A la suite de quoi, il lui adresse ces paroles notables, qui font l'arrêt de sa réception : PRENEZ PLACE AU BARREAU (1). Et dès-lors il est regardé comme apte à la défense de ses concitoyens : et désormais, quand il viendra au palais, sa place lui est fixée au barreau, au milieu de ceux qui, comme lui, se dévouent à concourir avec les magistrats à l'exécution des lois; dont les premiers réclament l'autorité que maintiennent les seconds.

Il y a des exemples qu'au moment qu'ils venoient d'être reçus, des avocats préparés d'avance, ont plaidé leur première cause; et il est bien certain que, de cet instant, il leur a toujours été permis de plaider et d'écrire pour tous ceux qui ont voulu employer leur voix ou leur plume à la discussion d'un procès.

Avant les ordonnances qui ont fixé que l'on ne recevroit plus que les licenciés au serment d'avocat, et même depuis, on ne s'arrêtoit point à l'âge pour les admettre. Dans le siècle passé, un adolescent de quatorze

_____

(1) Son nom est inscrit sur un registre, que l'on appelle le *Registre des Matricules*, déposé au graffe du Parlement. On délivre à l'Avocat un extrait en parchemin de ce registre, lequel extrait contient le nom de celui qui a été reçu, le nom de l'Avocat qui l'a présenté, la mention de son serment, sa date, le tout signé du Greffier en chef, et collationné par le commis qui tient la plume à l'audience. Tel est son titre d'Avocat, et tous ont le même.

ans (1), nommé Corbin, plaida comme avocat à la grand'chambre du Parlement de Paris. Mais, au reste, dans tous les temps, aussitôt qu'un individu eut prêté son serment, et que la Cour l'eut reçu, elle l'investit du droit incontestable de faire les fonctions d'avocat; droit dont il ne peut être privé que par la même autorité de laquelle il le tient, le Roi ou son Parlement. Un auteur appelé Claude Jésu, dans son INSTITUTION DE L'AVOCAT, va même jusqu'à vouloir qu'il faille, pour statuer *sur sa déposition, que toutes les chambres du Parlement soient assemblées.*

Pareil au sacerdoce auquel la justice est comparée par les Législateurs, le caractère de l'avocat est indélébile. Pour n'être attaché à aucune église, un prêtre n'en a pas moins la faculté de célébrer les saints mystères dans toutes.

« Je crois de mon sujet « dit Husson, dont nous avons un traité exprès *de l'Avocat,* » d'examiner si toutefois, sans crime, sans délit, sans faute » grave, sans jugement, les avocats peuvent être privés du rang que donne » la matricule à chacun d'eux. » Quelques lignes après, il déclare ainsi son sentiment : « Jamais un avocat ne peut perdre, si ce n'est par son fait, le » droit que lui assure la matricule. Se retire qui voudra, non pas seulement » pour trois, mais pour dix ans ou plus, son absence, son inaction ne lui » nuisent en rien. Quand il voudra reprendre sa robe, il jouira tranquille- » ment, certainement, de son grade. Il n'a besoin pour cela d'aucun congé. » Notre profession est l'exercice de la volonté, de la liberté, du talent et » de l'honnêteté. Elle n'est bornée à aucun nombre, chargée d'aucuns de- » voirs, embarrassée d'aucune entrave, cernée dans aucun espace. On s'y » livre pour un temps, pour toujours, si l'on veut. Elle n'est attachée à » aucune glèbe, elle a secoué le fardeau de la nécessité et ne souffre pas de » loi qui la perpétue. » (Lib. 11, cap. 28.)

Si donc l'on prétend m'ôter le droit qui m'est acquis par ma matricule, qu'on me cherche *un crime, une faute grave,* et je sors du banc, comme on veut que j'en sorte, avec ignominie. Mais quand je puis livrer, quand je livre ma vie entière à la disquisition de mes ennemis, et que je défie leur haine, qui me poussera hors d'un lieu honorable que la Cour me fit occuper, et dont je n'ai point cessé d'être digne ?

En qualité de citoyen, ou plutôt en qualité d'homme, je puis moi-même défendre ma cause. Le juge qui doit prononcer, ne peut prononcer sans m'entendre. Le bon sens fait un axiome de cette proposition, et les ordonnances, celle du Châtelet que j'ai déjà citée, en font une règle légale. *Défendu est,* porte-t-elle, art. 42, *que nul ne s'efforce de plaider s'il n'est advocat, si ce n'est* POUR SA PROPRE CAUSE.

---

(1) Le commentateur de Boileau (Brossette), dans sa note sur le vers de la deuxième Epître,

Faire enrouer pour toi Corbin ni le Mazier.

parle de cette anecdote. Il rapporte même le plat distique qui fut mis au bas d'un tableau votif, déposé à Notre-Dame par le père, afin de rendre le ciel propice au fils dans cette occasion,

Vierge, au visage benin,
Faites grâce au petit Corbin.

Mais je ne suis pas seulement un simple citoyen ; je suis de plus un avocat. J'ai donc le double droit de plaider pour *ma propre cause*, d'abord *en qualité de citoyen*, et ensuite en qualité *de citoyen-avocat.* Comme citoyen, je propose mes moyens au tribunal ; et comme avocat je les propose dans le costume d'avocat, et au lieu qui m'est désigné par le Parlement, qui, après avoir reçu le serment qu'il me demanda, me dit par l'organe de son Président *de prendre au barreau une place* qui m'appartiendra désormais quand j'y paroîtrai.

Et, de bonne foi, les avocats n'ont-ils pas tous intérêt à me voir user des prérogatives qui m'appartiennent et qui nous sont communes ? Ceux qui ne font pas la profession y ont un intérêt direct, c'est leur cause autant que la mienne que je défends. Ceux qui exercent la profession, y ont, 1°. ce même intérêt direct. Tel qui a beaucoup d'emploi aujourd'hui, peut demain se voir dans le cas de courir une autre carrière, ainsi qu'il m'est arrivé. Or, celui-là ne seroit-il pas bien humilié si un procès personnel le rappeloit dans le sanctuaire de la justice, de s'y voir regarder par ses juges, par ses camarades, plutôt en proscrit qu'en simple étranger ?

Ils y ont 2°. un intérêt de bienséance. Il faudroit, s'il étoit possible, accueillir avec plus de grâces un confrère que les circonstances ont éloigné d'une profession qu'il avoit embrassée par goût, lorsque d'autres circonstances le ramènent parmi ceux qui ont pu ne la pas quitter. C'est en pareil cas ce qui se pratique partout, et dans les sociétés les moins distinguées.

Ils y ont 3°. un intérêt de réputation. Le bon Patriote, touché du bien public seulement, applaudit à celui qui le fait. L'envie, la jalousie n'approchent point de son cœur, et parce que ce n'est pas lui qui agit, il n'empêchera pas qu'un autre n'agisse. Le ministère d'avocat est, comme je l'ai dit, de confiance de la part du client. Il étoit, dans les premiers temps de la République Romaine, de pure générosité de la part de l'avocat. Mais maintenant que je paie mon défenseur, pourquoi, si la suffisance de mes forces d'un côté, et si l'insuffisance de ma fortune de l'autre, m'y obligent, n'épargnerois-je pas des honoraires en me servant moi-même ? Est-ce que les avocats postulans veulent mettre un impôt sur le public ? Est-ce qu'ils prétendent tenir en ferme les bancs d'où ils pérorent ? Où seroit alors cette noblesse de penser, cette élévation d'ame dont ils se piquent ?

Ils y ont 4°. un intérêt de décence qu'ils auroient dû sentir. Le beau spectacle à donner au public, que celui d'un homme en robe et en chaperon, décoré comme eux enfin, obligé de fendre la tourbe pour aller se mettre derrière un cercle d'auditeurs, en face du greffier et de l'huissier-audiencier assis dans une enceinte à l'extérieur de laquelle il faudra qu'il plaide debout, coudoyant le public qui le coudoyera, sans voir qu'à moitié ses juges qui l'entendront de même, au risque d'exciter, par la nouveauté et la bizarrerie de la scène, des huées, qui, jusqu'à un certain point pourtant, rejailliroient sur ceux dont il porte le costume !

« Oh ! « me dit-on, » c'est justement là ce qu'on vous dispute ; cette robe, » ce chaperon, etc. qui sont les marques d'honneur d'un avocat. »

Et sur quel fondement me les dispute-t-on ? J'ai sans contredit la faculté de *m'honorer*, dans une cérémonie de Mariage ou de Baptême, dans une

Procession, à l'OEuvre avec les Marguilliers, de tous ces ornemens, et de m'enorgueillir d'en être revêtu. Or, je demande quel droit les avocats ont de m'enlever cette portion d'*honneur*, en me déshabillant dans le palais des lois? La prétention en est intolérable, l'acte en seroit révoltant.

« A la bonne-heure, » me disent-ils, « nous consentons à vous laisser
» la robe, le bonnet et tout l'attirail; mais comment vous proposez-vous
» encore de plaider au Banc? Il n'y aura donc plus aucune différence entre
» des orateurs comme nous, et un commis tel que vous êtes, car vous n'êtes
» qu'un commis qui voulez par hasard exercer une fois la profession que
» vous avez abdiquée. »

Écoutez, s'il vous plaît. Je ne sais si vous avez connoissance d'un mot de M⁰. Dumont, avocat fameux dans son temps. Il étoit chargé pour des farceurs. Le premier président de Harlay, qui ne l'aimoit pas, lui dit : « La
» Cour est étonnée qu'un homme de votre mérite plaide pour de telles gens.
« Monsieur, « répondit l'avocat, » j'ai cru, quand la Cour leur donne au-
» dience, que je pouvois parler pour eux. »

A présent voudriez-vous bien m'apprendre pourquoi, lorsque pendant sept ou huit fois M. le Lieutenant-civil me trouve à ma place, dans ce banc, d'où je lui expose mes demandes, vous refusez, vous, de me répondre, moi restant à ce même banc, qui *d'ailleurs n'est pas le vôtre?* Quand je suis arrivé au Châtelet avec ma robe, j'ai été m'asseoir dans ce banc, et personne ne s'est avisé de s'y opposer. J'y serois resté mille ans, sans que vous m'eussiez contesté mes droits à ce siège. Or, quel changement apporte à mon état la circonstance d'un procès qui m'arrive? Me donne-riez-vous la raison pour laquelle vous entendez qu'il me soit défendu d'être levé dans un endroit où vous n'oseriez m'empêcher de m'asseoir, et de par-ler d'où il vous paroît juste que j'écoute? S'il faut absolument qu'il y ait une distinction entre nous, que ne vous mettez-vous à la barre, où vous me re-léguez? Je ne m'y oppose point, et peut-être pourriez-vous prendre ce parti plus raisonnablement que moi. Je viens de vous dire qu'au Châtelet le banc des avocats n'étoit pas le vôtre; je m'explique : Nos rois ont atta-ché des avocats particuliers à cette jurisdiction. L'article Iᵉʳ. de l'ordon-nance de Charles V, du 17 janvier 1367, contenant un réglement sur les fonctions des avocats et procureurs au Châtelet de Paris, s'exprime ainsi :

A chacun an, le lendemain de Quasimodo, et le premier jour plai-doyable après Vacations et Vendanges, les Advocats et Procureurs feront et renouvelleront leurs sermens de bien et loyaument patrociner, selon ce qui leur sera enjoint et chargé par le prévost, et si comme l'en le fait au Parlement, et seront les noms enregistrés parquoi l'en sache quels Ad-vocats et Procureurs y doivent patrociner.

Vous n'avez pas fait de serment au Châtelet. Vos noms ne sont point enregistrés dans un tableau particulier qui avertisse quels sont ceux qui *doivent patrociner* dans ce tribunal. Il est donc évident que vous n'y exercez vos fonctions que par tolérance, et que vous n'y pouvez réclamer que les priviléges que me donne aussi bien qu'à vous notre réception au Parlement. Mais sous cet aspect vous avez moins de droit au banc que moi, et je le prouve. L'article 35 de l'ordonnance de Philippe IV, ᴛᴏᴜᴄʜᴀɴᴛ

LE CHASTELET, dit : *Que nul sié au rang ne au siége des advocats fors queux , si ce n'est du commendement du prevost ou de son lieutenant.* Vous n'êtes pas avocat au Châtelet, cela est convenu (1). Ni le prévôt, ni son lieutenant ne vous ont commandé de vous asseoir au siége destiné aux avocats du Châtelet. On vous y souffre, c'est tout. Eh bien ! moi, j'ai une autorisation particulière de M. le Lieutenant-civil, au nom du tribunal, en ma faveur. Lui ayant demandé, selon l'usage, d'être dispensé pour plaider personnellement ma cause, installé que j'étois dans le banc, il m'a publiquement, authentiquement accordé ma demande (2). Or, si le serment prêté au Parlement, que j'allègue, ne suffit pas, selon vous, pour s'asseoir sur le banc des avocats au Châtelet, il s'ensuit que vous ne devriez pas vous y mettre, et que moi, à qui vous le disputez, je l'occupe légalement et même avec titre pour vous en exclure.

Vous vous comparez aux anciens orateurs. Je consens qu'entre eux et vous l'état et les talens soient égaux, vous voyez que je suis de bonne composition. Mais est-ce que vous auriez de plus précieuses qualités que Scipion, de plus hautes prétentions que César, et encore plus de gloire que Cicéron ? Tous ces grands orateurs, quand ils venoient plaider, s'asseyoient sur des bancs qui leur étoient communs avec leurs cliens et plusieurs autres personnes. En voici la démonstration dans le passage suivant. Il s'agit de l'oraison pour Roscius Amérinus. « L'accusateur, « dit Cicéron », pérora, » s'assit. Je me levai. Peu de temps auparavant ayant jeté les yeux sur les » personnages assis dans les bancs, il auroit demandé si ce seroit tel ou » tel qui défendroit l'accusé, ne me soupçonnant pas seulement, parce » que jusques-là je n'avois plaidé aucune cause publique (3). »

Et ce que faisoient Scipion, César, Cicéron, vous dédaigneriez de le pratiquer ! Ou abstenez-vous de les citer, ou ne refusez pas de les imiter.

Peut-être en me voyant étendre ma réplique à votre objection, pensez-vous déjà que je veux éviter de parler du reproche d'être commis, et que je crains d'entamer cette matière ? Vous vous trompez.

Je suis, en effet, COMMIS, EMPLOYÉ dans les bureaux de Sa Majesté, ainsi que vous me le dites.

_____

(1) Ce système n'a rien de nouveau ni de singulier. Il vient d'être soutenu tout-à-l'heure, par la communauté des procureurs au Châtelet, dans un mémoire où l'on répète précisément qu'il n'y a point d'avocat à la juridiction du Châtelet, et d'où l'on conclut : « qu'en cas d'absence, récusation ou autres empêchemens des juges, c'est aux » procureurs de les remplacer, comme praticiens du siége, et non à ceux qui font dans » ce tribunal la profession d'avocat. »

(2) Ce seroit encore un grief contre la sentence. M. le Lieutenant-Civil m'ayant autorisé à plaider au banc, ne pouvoit plus revenir sur sa décision : *Functus erat officio suo.*

(3) *Peroravit aliquando, assedit. Surrexi ego. Paulò antè, credo cùm vidisset qui homines in hisce subselliis sederent, quæsisse num ille, aut ille defensurus esset ? De me nihil suspicatum quidem, quòd anteà causam nullam publicam dixerim,* n. 59. Vid. Hist. for. Roman. Polleti, lib. 2, cap. 12. Cicéron dit encore, Liv. Ier. des Offices : « Il y a plusieurs choses qui sont communes entre tous les citoyens : Le » Barreau, le Temple, les Portiques, les Chemins, etc. » *Multa enim sunt civibus inter se communia : forum , fana, porticus , viæ, etc.*

Or, parce que je suis commis, vous voulez que j'aie perdu le privilége de me défendre en qualité d'avocat.

Expliquez-vous : est-ce par dérogeance ou par incompatibilité?

Par dérogeance? La proposition seroit un peu forte. Je vous préviens qu'à présent même j'ai pour collégues des gentilshommes, des alliés à la haute robe, des chevaliers de Saint-Louis, des chevaliers de Saint-Lazare, et pour ne parler que de ces derniers, je ne crois pas que, ni vous, ni moi, vinssions à bout de persuader au public que ces deux ordres aient moins de délicatesse que les avocats.

Servir le roi dans ses bureaux, c'est servir la patrie, c'est contribuer au bien que le père de la nation fait à sa famille. Le militaire défend l'Etat contre les ennemis du dehors, sous les ordres du prince, dont il reçoit des appointemens; l'employé est nécessaire à la distribution intérieure des avantages résultans pour les citoyens de l'économie du plan d'administration ordonné par le prince, qui récompense le commis de la même main qu'il stipendie le guerrier. Loin qu'aux yeux du Monarque le mérite, dans une occupation semblable, s'obscurcisse par quelque dégradation, il semble y prendre plus de consistance et s'y préparer aux dignités, à l'illustration, aux charges importantes. Ce Colbert dont la mémoire vivra sans cesse parmi nous, avoit, étant commis, appris à faire le bonheur de son pays étant ministre. Et sans remonter à l'autre siècle, sans sortir même du temps présent, nous voyons parmi les magistrats de la première Cour du royaume, le fils d'un homme qui fut fait conseiller d'état au sortir des bureaux où il s'étoit distingué. En suivant la même route, mon compatriote, M. Cromot, est parvenu au même degré d'honneur et à la sur-intendance de la maison de Monsieur, frère du roi (1).

Or, dans une place où j'ai pour motif d'émulation des sujets d'espérance pareils, on viendra me dire que je me rends indigne de la profession la plus libre; que je perds mes droits à son exercice; que, si je veux me défendre, ce qu'on n'ose pas tout-à-fait me contester, il faut le faire dans une posture humiliée, avec un décroissement marqué de mon caractère; on me prescrit, en un mot, de ne plus me regarder que comme un diminutif d'avocat. Quoi! moi, qui pourrois, si je m'en rendois capable, m'asseoir un jour parmi les conseillers d'état, je ne pourrai me tenir debout dans un banc, à côté des avocats employés au Châtelet! Avancer une pareille proposition, c'est assurément au moins faire preuve de singularité.

Utiles, nécessaires, quelque forme de gouvernement qu'on adopte, parce que l'administration a toujours besoin d'agens qui la secondent, l'état de commis n'a jamais été mis au rang de ceux qui dérogent. Un commis ne cesse pas d'être noble, pourquoi cesseroit-il d'être avocat, tandis qu'un avocat peut, sans perdre ses priviléges, cesser de les mériter? Et je m'en rapporte à la loi qui m'offre la balance, dans laquelle j'invite mes adversaires à se peser.

_____

(1) Je pourrois citer bien d'autres exemples de ces choix si honorables pour ceux qui s'en sont montrés dignes, faits dans des bureaux. Je me contenterai de rapporter encore celui de M. Fumeron, présentement Maître des Requêtes.

« On laisse plaider tant qu'ils veulent ceux qui ont jugé à propos de
» choisir cet emploi, honoré dans Rome, bien entendu qu'ils ne saisiront
» l'occasion de plaider que pour ajouter à leur gloire, et non à de honteux
» salaires; car s'ils sont captivés par le lucre, par l'argent, on peut les ranger,
» comme des personnages abjects et dégénérés, dans la classe la plus vile (1).»

La nature même de la commission fait entrer le commis dans une sorte
de participation de l'estime que mérite du public le chef qui l'emploie ;
estime relative à l'importance de la partie qu'il dirige. J'ai montré, en
indiquant la qualité de mes camarades de bureau et le sort de quelques-uns,
qu'ils devoient se regarder comme jouissant d'une considération vraie,
attachée à leur condition même. Il n'en est pas ainsi de l'avocat : tout dépend, selon la loi, de la manière dont il s'acquitte de ses devoirs. C'est
lui qui, dans les mêmes fonctions, s'avilit ou s'illustre. A-t-il du courage,
du désintéressement, de l'amour pour la belle gloire, le Législateur l'élève
aux regards de ses concitoyens et le déclare digne d'honneur ; manque-t-il
de ces vertus, il le jette dans la fange et le livre au mépris.

A présent irai-je m'enquérir de la conduite, scruter les sentimens de ceux
qui me sont opposés ? Leur dirai-je : « Les droits honorifiques que vous me
» disputez, prouvez qu'ils vous appartiennent. Où sont les pauvres que vous
» avez secourus ? Indiquez-moi les innocens dont vous avez brisé les fers par
» des démarches vives et gratuites, par des écrits véhémens, à la composition
» desquels vous avez donné les jours et les nuits, sans autre récompense
» que la satisfaction intérieure d'aider votre semblable ? Faites-moi lire les
» expressions de reconnoissance que vous ont adressées les femmes, les en-
» fans d'un père qu'alloit écraser le crédit, organe pervers ou ministre
» aveugle de l'injustice, et que vous avez sauvés de l'oppression en vous y
» exposant vous-même ? » Mes perquisitions produiroient-elles beaucoup
de fruit ? Je suppose qu'elles ne seroient pas vaines, que je trouverois ce
que je cherche dans le plus grand nombre : il faudroit donc, à mon tour,
attester quelques individus à qui mon zèle ne fut pas inutile, rappeler le
témoignage rendu à mes œuvres par M. le Lieutenant-civil aux quatre bâtonniers (c'est ce que je tiens de MM. Rouhette et le Camus d'Houlouve) ;
étaler quelques bonnes actions et en perdre le mérite en les divulgant? Non,
non. J'aime mieux admettre comme une vérité certaine que l'universalité des
avocats possède toute la délicatesse, tout le détachement, toute l'exquise
probité qu'exige la loi pour que les distinctions individuelles se changent en
générales, et dire à tous : « Ecoutez votre sens intime, il vous crie qu'au
» fond vous ne sauriez me chercher querelle pour un plus maigre sujet. La
» bonne nature dicte aux hommes que tout ce qu'ils peuvent abandonner
» sans se faire tort, ils le doivent même à un inconnu. » *Præcipit, ut quic-*

(1) *Apud autem urbem Romanam etiam honoratis, qui hoc officium putaverint
eligendum, eòusque liceat orare, quòusque maluerint, videlicet ut non ad turpe com-
pendium stipemque deformem, hæc arripiatur occasio, sed laudis per eam augmenta
quaerantur. Nam si lucro pecuniáque capiantur, veluti abjecti atque degeneres,
inter vilissimos numerabuntur.* Cod. de Postul. l. 6, §. 5.

quid sine detrimento commodari possit, id tribuatur, vel ignoto. (Cicer.; de Offic. lib. 1. n. 51.)

« Quel inconvénient résulteroit-il de ce que vous me laisseriez plaider avec
» vous côte à côte ? Aucun, certes. Quand donc je serois un *premier venu*,
» il seroit à désirer que vous ne me refusassiez pas cette faveur. Mais souve-
» nez-vous qu'il s'en faut de beaucoup que l'on puisse me placer dans cette
» catégorie. J'ai fait mon droit comme vous ; j'ai prêté serment au Parle-
» ment comme vous ; j'ai été reçu avocat comme vous ; mon nom est inscrit
» dans la matricule des avocats comme les vôtres ; j'ai plaidé comme vous ;
» j'ai jugé, ce que peu d'entre vous ont fait. Tous tant que vous êtes, vous
» vous trouvez intéressés à me laisser jouir de nos droits communs. J'en
» ai, moi, de particuliers, que l'ordonnance m'accorde, qu'un jugement
» m'assure, et sur lesquels l'usage que j'en ai fait de concert avec vous, ne
» vous permet plus de revenir. Vous m'objectez une occupation nouvelle ;
» mais loin de m'ôter l'avantage de vivre en bonne compagnie, cette occu-
» pation m'a donné pour collègues des citoyens d'une naissance relevée,
» décorés des insignes d'ordres respectés ; elle m'encourage au travail, à
» la culture des talens, en m'offrant la perspective des flatteuses récompenses
» du Souverain.

» Cette occupation pourroit-elle rendre indigne de se mêler parmi vous
» un confrère qui consent à ne pas examiner si, d'après le texte de la loi,
» vous êtes fondés vous-mêmes par vos actions, comme avocats, à préten-
» dre aux honneurs qui leur sont destinés, et qui, par-là, vous en conviendrez, s'il ne pourroit ternir votre gloire, ménage au moins votre modestie ?
» Déjà un ancien des nôtres, Husson, avoit décidé la question en ma faveur.
» Si un avocat, dit-il, prend quelque emploi, il faut distinguer : L'emploi
» est-il honorable ? alors l'avocat conserve son rang, à la vérité, sans qu'un
» emploi plus honorable ajoute à sa dignité. Et il cite un arrêt, du lundi
» 13 mars 1629, par lequel il a été jugé qu'un avocat contrôleur (1) du
» domaine n'auroit rang au barreau que du jour de sa matricule, quoiqu'ès
» assemblées publiques et particulières il précédât les avocats (2). »

Mais quand la place que j'occupe dérogeroit par quelqu'endroit à la qualité d'avocat, je soutiens que, plaidant pour moi-même, les Suivans du Barreau ne pourroient avec justice, me rabaisser dans des fonctions auxquelles j'ai un titre, à dessein d'exalter dans leurs personnes l'exercice de ces mêmes fonctions ; et j'ai pour garant de cette opinion un homme qui valoit bien Husson. C'est le Prince des orateurs, qui dans ses Offices s'exprime ainsi : « Enlever quelque chose à un autre homme,
» et vouloir augmenter ses avantages au détriment d'un homme, c'est
» une action plus contre nature que la mort, que la pauvreté, que la dou-

---

(1) Mais un contrôleur du domaine n'est qu'un commis, et voilà qu'on le conserve au barreau et qu'on lui accorde le pas sur les Avocats.

(2) *Si verò munus aliquod suscipiat, distinguendum : aut enim honoratum est, tunc autem gradum quidem retinet Togatus ; sed ex accessâ dignitate non promovet.* De Advocato, lib. 11, cap. 28.

» leur et que tout ce qu'il peut arriver d'accidens, soit au corps, soit aux biens. (1)»

Que ces Messieurs viennent donc maintenant me déprécier pour se faire valoir, j'espère qu'ils ne compteront ni sur le suffrage des juges suprêmes (2), ni sur celui de leur conscience.

Après avoir bien amplement discuté la dérogeance qu'on voudroit m'objecter, je serai bref sur l'incompatibilité.

On dit que deux états sont *incompatibles*, quand on ne peut s'occuper de l'un, sans que l'autre en souffre d'une manière essentielle.

Il s'agiroit donc de savoir : si je ne pourrai plus faire mon devoir dans un bureau, parce que, hors de ce bureau, je cultiverai les connoissances que j'ai acquises des lois et des formes judiciaires de mon pays.

S'il falloit soutenir thèse, il me seroit facile de démontrer en rigueur que la profession d'avocat n'est incompatible avec aucune. Il y a plus, j'irois jusqu'à prouver que les élémens en sont nécessaires à tous les sujets d'un empire. J'ai dit les élémens, par la raison que chez nous il est impossible d'en avoir la parfaite péritie.

Mais lorsqu'il n'est question, comme dans cette circonstance, que d'exercer le ministère d'avocat instantanément en son propre et privé nom, il n'y a plus d'incompatibilité à mettre en avant. Quels que soient les devoirs qui sont imposés par une place ou une charge, ce qu'on ne fait que pour soi on peut toujours le faire, parce que c'est la profession publique d'un art qui caractérise l'artiste. L'officier, par exemple, qui s'amuse à peindre en miniature, n'est point un peintre de portraits, quoiqu'il fasse celui de son ami, C'est le sens du vieux proverbe : *n'est pas valet qui se sert.* Les lois prohibitives n'ont même alors aucune application.

Ainsi, quoiqu'il n'y ait point d'incompatibilité plus précise que celle des fonctions habituelles de juge et d'avocat (voyez l'article 115 de l'ordonnance de Blois), néanmoins nous avons vu un Magistrat célèbre par son amour pour le bien public et par des talens oratoires dont il avoit déjà donné des preuves signalées comme avocat du Roi au Châtelet, aller, quoique Conseiller au Parlement, soutenir dans deux Parlemens une cause qui lui étoit personnelle. (M. d'Esprémesnil.)

Une pareille autorité équivaut à tout. Un Magistrat sur son siége, c'est la loi vivante. Dès-lors sa conduite dans le sanctuaire de la justice est un modèle qui ne sauroit égarer. Thémis ne peut manquer d'inspirer ses oracles, quand ils habitent son temple.

---

(1) *Detrahere igitur aliquid alteri, et hominem, hominis incommodo suum augere commodum, magis est contrà naturam, quàm mors, quàm paupertas, quàm cætera quæ possunt aut corpori accidere, aut rebus externis.* Lib. 3. n. 21.

(2) Le Parlement vient de juger tout récemment qu'un savetier de Nogent-le-Rotrou, qui, après avoir fait son métier pendant quarante ans, s'étoit gradué, et avoit prêté serment d'Avocat, seroit inscrit sur le tableau des Avocats du siége malgré l'opposition de ses confrères. Or, comment supposer que les Magistrats, qui n'ont pas trouvé de dégradation dans l'habitude de quarante ans de raccommodage de vieux souliers, en voient une dans l'exercice actuel de commis dans les bureaux de Sa Majesté? Ce qu'on demande à un Avocat, c'est du talent, du savoir et des vertus, on le dispense de toute illustration qui tire son origine d'ailleurs.

Rejetons donc avec indignation le motif insultant de la *dérogeance*; et avec dédain, le motif frivole de l'*incompatibilité*.

Nous voici à des difficultés que l'on regarde comme plus sérieuses. On me dit : 1°. Vous n'êtes pas sur le tableau. 2°. L'ordre des avocats a la police, la discipline, la censure de ses membres, et la députation de cet ordre a décidé que vous ne plaideriez pas au banc. 3°. Qu'espérez-vous obtenir de la Cour? un arrêt qui vous admettroit à plaider au banc, dans le costume qui vous est propre; forcera-t-il un avocat quelconque à plaider contradictoirement avec vous?

Avant d'entrer en matière sur ces divers articles, il m'est venu la réflexion de Sénèque écrivant à Lucilius : « Vous me ferez une affaire, sans vous » en douter, en me proposant vos petites questions à éclaircir. Je prévois » que je ne différerai pas d'opinion d'avec nos gens, sur tous ces points, » sans perdre leur faveur; et je ne saurois, sans révolter ma conscience, » être de leur avis (1). »

Quoi qu'il en soit, j'imiterai le philosophe, et je préférerai de satisfaire ma conscience en disant la vérité, à l'avantage de plaire à certaines personnes en caressant des erreurs que leur vanité choie tendrement.

§. III.

Du Tableau des Avocats.

Depuis quand fait-on un tableau des avocats, et quels priviléges sont réservés à ceux qui le composent?

C'est une chose assez singulière que la réputation d'antiquité attribuée, on ne sait comment, à tel objet, dont la naissance a presque frappé nos regards.

Il n'est rien de plus moderne que l'institution du tableau des avocats, et communément on imagine qu'elle date de fort loin.

A la vérité, le premier article d'un ancien réglement intitulé : Ordonnances touchant les avocats et conseillers au parlement (2), est ainsi conçu : « Que l'on commence par mettre en écrit les noms des » avocats; et qu'ensuite on rejette ceux qu'on désapprouvera, pour choisir » les aptes et suffisans à cet office (3). » Mais on observera qu'il s'agit ici des avocats-conseillers, consultés par les juges avant de prononcer leurs arrêts, et qu'il paroît que c'étoient ceux-là dont on faisoit ainsi un triage nécessaire.

Il se peut encore que ceci regardât le serment exigé par une ordonnance de 1274, qui dit : « que les avocats qui refuseront de jurer en la forme

---

(1) *Dum nescis, in magnam me litem ac molestiam impinges, qui mihi tales quæstiunculas ponis ; in quibus ego, nec dissentire à nostris salvâ gratiâ, nec consentire salvâ conscientiâ possum.* Epist. 117, in princip.

(2) Un vieux registre date ce réglement de 1318, de manière qu'il concourroit presque avec l'établissement du Parlement sédentaire à Paris, établissement fait par Philippe-le-Bel en 1302.

(3) *Primò ponantur in scriptis nomina Advocatorum, deinde rejectis inprovectis eligantur ad hunc officium idonei et sufficientes.*

» prescrite, sachent qu'il leur est interdit de faire l'office d'avocat dans les
» Cours tant qu'ils persisteront dans cette volonté (1). » Alors ceux qu'on
rejetoit de la liste comme désapprouvés, c'étoient les réfractaires qui
n'avoient pas voulu jurer « de ne défendre que des causes qu'ils croi-
» roient justes ; » car tel étoit le vœu de l'ordonnance.

Loisel a pensé que l'on faisoit, au commencement de chaque séance, un
rôle des avocats qui devoient être employés pendant cette séance, et cela
à l'instar des officiers du parlement.

Quoi qu'il en soit, dès qu'une fois les avocats ne furent plus que les
organes des parties, et qu'on s'en rapporta, quant à leur science, aux témoignages des universités, en les recevant au serment, on les inscrivit sur la
matricule ou rôle sans examen, sans exception. Et voici une preuve positive
qu'anciens et nouveaux, fréquentant ou non le palais, ils étoient tous sur
cette liste ; c'est un passage de la première remontrance faite au Parlement par le seigneur de Pibrac, avocat du roi (2) : « Le roolle qui a été
» lu des séances des advocats, montre qu'il y en a de trois sortes, les uns
» sont ceux qui viennent céans et assistent aux plaidoiries, pour escouter
» et apprendre ; les autres sont occupés et employés à plaider ; les troi-
» sièmes sont les advocats consultans. »

Ni Loisel dans son Dialogue, ni Husson dans son Traité de l'Avocat,
n'ont parlé du tableau.

L'ordonnance du mois d'octobre 1535, art. IV, ch. 1er., défend *à tous
graduez et avocats d'eux ingérer de postuler ne patrociner en icelle
notred. Cour de Parlement, qu'ils ne soyent reçus en icelle et qu'ils
n'ayent prêté le serment en tel cas pertinent,* ET SOYENT ÉCRITS DANS
LA MATRICULE, et non *sur le Tableau.*

Il est constant que ce mot se trouve employé pour la première fois
dans l'Ordonnance de 1667, au tit. DES DÉPENS, art. 10 : *Toutes écritures et contredits,* porte cet article, *seront rejetées des taxes de dépens,
si elles n'ont été faites et signées par un avocat plaidant, du nombre de
ceux qui seront inscrits dans le tableau qui sera dressé tous les ans, et qui
seront appelés au serment qui se fait aux ouvertures ; et seront tenus de
mettre le reçu au bas des écritures.*

Ces expressions, *qui seront inscrits dans un tableau qui sera dressé,*
ne sont pas obscures, elles font bien voir qu'il n'y avoit point alors de
tableau. Mais si cela ne contentoit pas les esprits mal-aisés à convaincre,
ils n'ont qu'à consulter le procès-verbal de l'ordonnance, ils y trouveront
que l'article fut proposé par M. Pussort de la manière suivante : *Toutes
écritures et contredits seront rejetées des taxes de dépens, si elles n'ont été
faites et signées par un* AVOCAT CONNU. Que lecture faite de l'article, M. le
premier président dit que *cela s'observoit....,* et que M. Talon remontra :
« Que les mots *d'avocat connu* qu'on avoit mis dans l'article pour distinguer
» ceux qui travailloient au Palais, d'avec ceux qui n'en portoient que le

_____

(1) *Avocati autem qui juxtà eam formam jurare noluerint, hujusmodi voluntate
durante, Advocationis Officium in dictis Curiis sibi noverint interdictum.* Voy. le
Recueil des Ordonnances du Louvre, 1er. vol., p. 300.

(2) Imprimée en 1573 chez Robert Etienne, fol. 11, verso.

» nom, ne signifioient pas assez ; qu'il seroit bon de mettre *les avocats*
» *plaidans qui seroient inscrits dans un tableau , et qui seroient appelés*
» *au serment qui se fait à la Saint-Martin.* »

Sur la proposition de M. Talon, l'article fut corrigé comme on l'a vu. Or, le motif sur lequel il appuya son sentiment, et l'adoption de ce sentiment, doivent dissiper tout nuage sur l'époque où l'on commença à songer au tableau.

Je dis où l'on commença à songer au tableau, car quelque impérative que soit l'énonciation de l'article ci-dessus cité , on se tromperoit, si l'on imaginoit qu'il fût fait un tableau dans ce temps-là.

La preuve qu'on ne s'en occupa point, résulte des termes de l'Ordonnance de 1669, au titre des *Committimus.* Elle accorde ce droit, art. XIII, aux quinze anciens avocats du conseil, *suivant l'ordre du tableau,* il en existoit un pour eux ; mais, art. XVI, en attribuant le même droit aux *douze anciens avocats du Parlement de Paris,* au lieu de parler du Tableau, elle dit, le Rôle : *dont le Rôle sera attesté par les premiers présidens, avocats et procureurs-généraux.* S'il y avoit eu en 1669 un tableau des avocats au parlement de Paris, il auroit été inutile de s'embarrasser de la confection d'un rôle déjà fait, et l'ordonnance se seroit exprimée pour les avocats au Parlement comme pour les avocats au Conseil.

Il est certain qu'en 1686 on n'en avoit tout au plus qu'un projet. C'est ce qui est constaté dans un SUPPLÉMENT imprimé cette année , par Antoine Bruneau, l'auteur *du Traité des Criées.* On trouve, page 239 de ce supplément, UN TABLEAU DES AVOCATS DU PARLEMENT, *dressé en l'année* 1680, qui porte à 294 le nombre des avocats existans alors. Mais voici ce qu'on lit à la suite de cette nomenclature : « Je n'ai point trouvé maître Simon Vautier
» sur la liste , quoique d'un mérite distingué au Palais. Si quelqu'un se plaint
» d'avoir été oublié ou de n'être pas suivant la date de sa matricule, je le
» prie de ne m'en imputer rien , car je déclare qu'il n'y a pas de mon fait ;
» j'ai transcrit fidèlement le tableau que l'on m'a donné, ayant suivi l'exemple
» que nous a marqué Mᵉ. Antoine Loisel, dans la page 574 de ses opus-
» cûles. » Il est évident que le catalogue de Bruneau n'a rien d'authentique, ni sur quoi l'on puisse compter , et que ce n'est pas là un tableau légal.

Il n'y avoit point encore de tableau en 1687, et c'est ce qui résulte d'une délibération de la Communauté des avocats et procureurs, homologuée le 16 juillet de cette année 1687, par arrêt de la Cour. On y lit, entre autres choses : « Que les procureurs de communauté porteront leurs plaintes à
» M. le bâtonnier, de certains clercs de procureurs qui ayant la qualité d'avocat,
» faisoient des pactions pour les écritures avec les procureurs aux gages
» desquels ils étoient ; et afin d'y pourvoir , le prieront de demander à la
» Cour que lesdits avocats - clercs *soient rayés de la matricule.* » Donc il n'existoit point de tableau (1).

---

(1) Et qu'on ne dise pas que ces avocats n'étant point sur le tableau , c'étoit la raison pour laquelle on demandoit qu'ils fussent rayés de la matricule; on ne feroit pas attention que s'il y avoit eu un tableau , les procureurs n'auroient eu garde de se servir d'Avocats qui n'auroient pas été dessus , puisqu'aux termes de l'ordonnance *leurs écritures auroient été rejetées des taxes de dépens.*

Trois ans après, point de tableau non plus ; une nouvelle délibération sur le même objet, homologuée le 14 janvier 1690, en fournit une preuve tranchante. Après le renouvellement des plaintes que l'on vient de transcrire, on y engage le bâtonnier, M. Issalis, « afin de *retrancher du Barreau* ceux » qui abusent du nom et de la profession d'avocat, de vouloir *prendre la* » *peine de donner à la Communauté le tableau corrigé des avocats* qui » pourroient être employés tant à la plaidoirie qu'aux écritures, pour s'y » conformer. »

Les instances faites auprès de M. Issalis furent sans succès ; il ne donna pas à la Communauté le tableau qu'elle lui demandoit. Les plaintes continuant, la Cour s'occupa des moyens de les faire cesser, et ce fut ce qui produisit l'arrêt de règlement du 17 juillet 1693. On désigna dans cet arrêt les écritures que les avocats auroient le droit exclusif de composer. On défendit aux procureurs d'en faire aucunes, et on ordonna *que les écritures du minis-tère des avocats n'entreroient point en taxe, si elles n'étoient faites et signées par un avocat de ceux qui seront inscrits* (qui SERONT et non pas qui SONT) *dans le tableau qui sera* (toujours qui SERA et non qui EST) *présenté à la Cour par le bâtonnier des avocats ; qu'il n'y aura que ceux qui font actuellement la profession d'avocat qui pourront être inscrits dans le tableau, et qu'ils ne pourront faire d'écritures qu'ils n'aient au moins deux années de fonctions* (1).

Les dispositions de l'arrêt sont telles, que l'on semble pouvoir donner son émanation pour date au tableau. J'ai pourtant lieu de présumer que de tout l'autre siècle il n'en exista point, et que le premier tableau légal est de celui-ci.

On trouve dans l'histoire très-peu sûre, très-peu correcte, très-peu com-plette, de l'ordre des avocats (2), que le plus ancien tableau qui soit connu, est celui de l'année 1363, dont Loisel parle dans son Dialogue. Mais loin que Loisel fasse mention d'un tableau, le terme *tableau* ne se trouve pas même une seule fois dans tout son livre. Celui de *roole* dont il se sert, à l'endroit que désigne probablement l'auteur de l'histoire, n'a trait qu'à l'ar-ticle du règlement dont j'ai donné l'explication plus haut, et que Loisel place, je crois mal-à-propos, sous l'année 1363, au lieu de l'année 1318 (3). Au reste, ce qu'il dit ressemble si peu à l'idée qu'on se forme *d'un tableau connu*, qu'il ne nomme pas même un seul de ceux qui devoient y être inscrits. Ce que Loisel a donné effectivement, c'est deux listes d'avocats des

_____

(1) Le Mercure historique et politique du mois de septembre, en annonçant cet arrêt, dit : « Que les procureurs n'en sont pas contens, parce que tout l'avantage du » règlement revient aux avocats, et que cela fait soupçonner qu'on a quelque dessein » d'ériger les fonctions d'avocat en titre d'office par tout le royaume. »

(2) Elle est imprimée à la tête de la nouvelle édition d'un ouvrage intitulé : *Règles pour former un avocat.* Lequel ouvrage n'est qu'un recueil de trivialités écrites dans un style parfaitement assorti aux choses qu'il contient, et qui ne sont déparées, ni par le fond ni par la forme, de cette histoire préliminaire.

(3) « Ce fut lors, savoir en l'an 1363, qu'il fut ordonné qu'en prêtant le serment » aux ouvertures des Parlemens, on feroit un *roole* des principaux avocats qui en » feroient la charge pendant la séance. » *Opuscules de Loisel*, p. 484.

années 1524 et 1599 ; et ces *listes* ou *matricules*, comme les appelle l'éditeur Claude Joly, sont si peu fidelles, que l'on y obmet des avocats qui l'étoient bien certainement alors, tandis qu'on y en rencontre qui ne l'étoient pas encore.

L'Almanach Royal, qui peut servir, sinon d'autorité, au moins de guide dans ces matières, n'a commencé à insérer les noms des avocats au Parlement qu'en 1716. C'est donc bien évidemment à un peu plus d'un demi-siècle que l'on peut reporter la véritable apparition de ce qu'on appelle le *tableau*.

On voit par le réglement ce que ce fut que ce tableau, et de quelle manière il devoit être composé. C'étoit une liste extraite d'un registre juridique (la matricule), dans laquelle liste on ne pouvoit mettre *que ceux qui font actuellement la profession d'avocat :* mais tous ceux-là y dévoient être. Par cette liste on établit une distinction en faveur de ceux *qui auront deux ans de fonctions.* Le droit de faire des écritures utiles leur est attribué : c'est l'unique qu'on leur réserve, et c'est la seule chose qui les différencie de ceux de leurs confrères qui sont de deux ans plus jeunes dans la profession. Ces cadets peuvent plaider, consulter, écrire même, pourvu qu'ils renoncent à l'émolument, *à faire entrer leurs écritures en taxe.* Par le fait, n'avoir pas deux ans de tableau, ou ne point figurer dessus, c'étoit être réduit à la noblesse, au désintéressement antiques, qui plus que les talens ont illustré cet état ; c'étoit être forcé à la bienfaisance, circonscrit dans la voie des bonnes œuvres ; c'étoit, enfin, être condamné au rôle de défenseur généreux des causes délaissées, défenseur auquel on chargeoit la vertu de payer ses honoraires.

Les avocats du tableau se sont appliqués à garantir de toute atteinte les prérogatives qu'il leur assuroit. Un plaideur ayant chargé par lettre son procureur de s'adresser pour les écritures à un avocat qu'il désigna et qui n'étoit point sur le tableau, comme il fut question de l'exécutoire, dans lequel étoient portés les droits de révision, copie et signification desdites écritures, M^e. Louis Euffroy, avocat en la Cour et bâtonnier, s'en mêla, fit bravement un rapport au Parquet, et il fut rendu arrêt, le 7 septembre 1709, lequel ordonna « la distraction du montant des articles qui concer- » noient ces écritures discréditées. » On notera qu'il n'y eut aucunes dé- fenses à l'avocat d'en faire, ni au procureur d'en signifier de semblables à l'avenir, qu'on ne supprima point celles-ci comme fausses (1), et qu'on s'en tint à les déclarer *absolument gratuites et improduisantes.* C'en étoit assez pour leur ôter toute espèce de cours ; mais le prononcé du Parlement confirme d'une manière incontestable ce que j'ai dit : que l'exercice des fonctions d'avocat n'étoit nullement restreint par le réglement de 1693 aux avocats sur le tableau ; que ceux qui n'y étoient pas demeuroient dans la plénitude de leurs droits, au bénéfice près de la taxe des écritures, auquel on ne les admettoit pas.

_____

(1) Lorsqu'en 1602 le Parlement voulut obliger les Avocats de se conformer à l'article 161 de l'ordonnance de Blois, il ordonna que les réfractaires *seroient rayés de la matricule* (non du tableau qui n'existoit pas), *et à eux fait défenses de consulter, écrire ni plaider,* A PEINE DE FAUX.

A cet égard, le nouvel arrêt de réglement intervenu en 1751, en aggravant les obligations, en éprouvant par une plus longue expectative la vocation des aspirans au tableau, n'a point augmenté les priviléges de ceux qui l'illustrent ou qu'il illustre, et n'a rien ôté aux avocats qui n'ont pas le suprême avantage d'y paroître à leur rang. Les néophytes sont, par cet arrêt, « soumis à quatre ans de fréquentation du barreau, dont » ils doivent rapporter un certificat signé de six avocats indiqués par le » bâtonnier. On leur demande un domicile certain et connu à Paris, et » l'exercice actuel de la profession ; » ensuite de quoi ils doivent être admis sur la liste, et peuvent faire des écritures qui passent en taxe.

Mais, en attendant, ils plaident au banc des avocats, ils font des mémoires, ils signent des consultations, ils composeroient même des écritures, si eux et les procureurs convenoient *du gratis*.

Plaider est, de toutes les fonctions de l'avocat, celle qui fut toujours la plus libre, et qu'on s'avisa d'autant moins de gêner par aucune entrave, qu'elle est permise aux particuliers et quelquefois sans distinction des avocats.

Mon aïeul paternel, appelé à Paris par le grand chancelier d'Aguesseau, pour plaider la cause de M. de Gannay, n'étoit pas sur le tableau. Il plaida pourtant avec applaudissement, avec succès, dans ce banc qu'une qualité inhérente à sa personne, après sa réception au serment d'avocat, lui ordonnoit d'occuper.

Nous avons vu Me. Geoffroy de Limon, n'étant pas sur le tableau, ayant abandonné la carrière du palais, plaider à la Tournelle, non pour lui, mais pour une étrangère, dans le banc et avec le costume des avocats.

Quoiqu'il ne fût pas sur le tableau, quoique, d'après je ne sais quelle délibération, les avocats aient arrêté de ne plus y inscrire d'ecclésiastiques, M. l'abbé Beaudeau n'a-t-il pas plaidé, sans réclamation, au châtelet et au parlement, avec tous les insignes et les honneurs de la profession ?

Et M. de la Bédoyere refusé à ce même tableau, ne défendit-il pas sa cause, décoré et placé comme son adversaire, dont le nom ornoit le fameux catalogue, et même en régentoit un peu, dit-on, les individus ?

Nous avons vu davantage : M. le marquis de Sainte Maure, M. Mingaut marquis de Lâge, qui n'étoient point avocats, ont plaidé l'un et l'autre en leur nom, dans ce banc que l'on voudroit m'interdire.

Et pour clorre cette série de traits décisifs, par un trait qui me soit analogue, Me. Philipot, destitué de l'office de procureur à Poissy, prétendant que sa destitution étoit injurieuse, est venu plaider sa cause, introduit dans le banc par sa qualité d'avocat, à laquelle il avoit pourtant renoncé en postulant comme procureur ; et il n'a rencontré aucune opposition de la part de ceux qui m'en montrent une si vive.

Or, ne puis-je pas qualifier, au moins, de téméraire, la tracasserie insolite que j'éprouve ? J'ai pour moi le bon sens, la loi, la jurisprudence et l'usage constant, que faudroit-il de plus ?

Forcé de convenir de l'évidence de mes raisons, on me répond : « qu'en » effet les choses se sont toujours passées ainsi, que les exemples que j'en » rapporte sont tranchans ; « mais on ajoute : » que l'ordre des avocats a de » tout temps été dépositaire de la police, de la discipline, de la censure

» de ses membres, et que la députation de cet ordre ayant décidé que
» je ne plaiderois pas au banc, il ne me reste d'autre parti à prendre que
» d'en passer par sa décision. »

§. I V.

*Du Bâtonnier. De la députation et des droits de p olice de discipline,
de censure suprême que l'ordre des avocats prétend avoir sur ses
membres.*

Dans la position où je suis, pourquoi vient-on m'obliger à disserter sur
l'autorité que les avocats du tableau s'arrogent les uns sur les autres? Eh!
que m'importe à moi, qui ne suis pas de leur collège particulier, le régime
qu'il leur plaît d'y observer? Assurément cela devroit m'être fort indifférent;
mais ils entendent me soumettre à leur jurisdiction, il faut bien dès-lors que
je la discute. Je vais donc faire toucher au doigt que c'est un grand malheur pour la profession qu'ils aient imaginé d'exercer une police, une
censure quelconque sur leurs égaux; que cette censure, cette police, ils
ne les ont jamais eues; qu'ils ne les ont point; qu'elles appartiennent au
Parlement seul; qu'eux-mêmes ne peuvent les avoir, et que la députation
me doit savoir gré du silence que je garderai sur cette décision prétendue,
bien nulle à mon égard, mais qui pourroit être d'une trop grande conséquence au sien.

Celui qui prétend à la suprématie parmi les avocats, s'appelle bâtonnier.
Autrefois il étoit destiné à porter le bâton auquel étoit attachée l'image de
Saint Nicolas, aux processions de la confrérie de ce Saint; confrérie composée d'avocats et de procureurs. Ainsi, ce bâton qui servoit jadis aux
confrères de point de ralliement dans leurs marches, serviroit aujourd'hui
de directoire aux avocats dans leur conduite.

Il n'y a pas fort long-temps que la prééminence attachée à cette sublime
fonction est reconnue. On ne devinoit pas même, dans le dernier siècle,
en quoi elle pouvoit consister. C'est ce qu'indique la question que fit, au
rapport d'Husson, le conseiller au parlement à qui l'un d'eux s'étoit fait
annoncer. Il le pria gaiement de lui dire : « quel animal c'étoit qu'un
» bâtonnier? » (*Quodnam animal esset bastonerius ; ironicè postulavit.*
Lib. IV, cap. 40.)

Au fait, avant qu'il fût question du tableau, il n'étoit pas question du
bâtonnier. Le doyen des avocats, s'il survenoit quelques occasions rares
de se montrer, en prenoit le soin.

Dès que le parlement eut désigné le bâtonnier *pour présenter le tableau,*
il se crut en droit de faire ce tableau, et bientôt de le faire à sa guise (1).

_____

(1) Il est incontestable que la confection du tableau n'appartient ni au bâtonnier,
ni aux avocats. Le bâtonnier est nommé dans l'arrêt de réglement de 1693, *pour présenter le tableau à la Cour,* non *pour le faire;* et on a si bien reconnu que la
commission *de présenter le tableau* n'emportoit pas la faculté de le rédiger, que

Comme les officiers, nommés censeurs chez les Romains, qui d'abord institués pour dénombrer et évaluer les facultés des citoyens, finirent par être chargés d'inspecter leurs mœurs ; le bâtonnier, en formant le tableau, s'imagina avoir la puissance de trier ceux qui devoient le former, d'écouter les délations, de les provoquer et de juger de leur mérite ; à la différence, que les Censeurs approuvés à Rome par le Souverain, se conduisirent selon des règles certaines ; au lieu que les bâtonniers n'ont eu qu'eux-mêmes pour garans de leur autorité, et que leurs propres idées pour guide dans l'usage qu'ils en ont fait.

Pendant cinq ou six siècles les avocats avoient vécu entr'eux dans la paix, la concorde et les douceurs de la fraternité. Il n'y a pas de traces d'aucune querelle élevée dans leur sein durant tout ce long intervalle. Le tableau ne fut pas plutôt inventé, que la discorde repoussée imperturbablement de ce paisible cercle, se vengea du mépris qu'il avoit fait de son pouvoir.

Dès 1707 Louis Nivelle, avocat distingué, présente son tableau, qui soulève tout l'ordre contre lui ; on le désavoue, et la besogne est supprimée. (Voy. l'*Hist. de l'ordre des Avocats*, chap. X.)

Ce premier exemple de réclamation n'empêcha pas ceux d'un abus tyrannique de se multiplier.

On s'en plaignit souvent. Une guerre intestine produisit les haines. Les jalousies éclatèrent ; et la persécution inconnue, en horreur à des hommes qui sont ses ennemis naturels, fut accueillie par eux et s'établit dans leur société comme dans son centre. Sous vingt prétextes on vengea ses offenses particulières. La partie qui en voulut à un avocat, trouva, comme dit un mémoire imprimé dans ce temps, « de l'accès auprès d'un bâtonnier, » parvint à lui persuader des faits calomnieux contre cet avocat, ce qui n'est » pas difficile *au Tribunal de l'Inquisition*, ce sont ses termes, *et fut* » *sûre de lui nuire.* »

Nous en avons, continue l'auteur, *un exemple tout récent dans la conduite qu'un bâtonnier a tenue à l'égard d'un de ses confrères, qu'il a persécuté et calomnié de la manière la plus cruelle et la plus indigne, à l'occasion d'une action louable, généreuse et charitable, de la profession.*

Le même raconte, « qu'un avocat, pour s'être chargé de la défense de » quelques malheureux paysans, à qui le frère d'un bâtonnier avoit enlevé » quatre domaines, et l'avoir forcé à restitution par une sentence du » 21 janvier 1722, fut pourchassé pendant sept ans par ce bâtonnier, qui, le » diffamant de tous côtés, parvint à consommer l'œuvre de sa radiation, » dont il l'avoit menacé. » S'étendant sur tous les inconvéniens du despotisme *bâtonniste*, il déplore ainsi le sort de ceux qui fréquentent le barreau : *Est-il donc maintenant un état dont la bassesse, l'esclavage et la dé-*

---

depuis long-temps les anciens Bâtonniers, ensuite les députés, se sont adjoints au bâtonnier en place pour cette opération. Mais loin de leur confier ce soin, ni ordonnances, ni arrêts ne nomment seulement les anciens ou les députés. Si quelqu'un est particulièrement désigné par le Souverain pour dresser *le Tableau des Avocats*, ce sont *les Premiers-Présidens, Avocats et Procureurs - Généraux de Cours*. (Voy. l'Ordonnance de 1669, art. XVII, cité ci-dessus, p. 492.)

pendance puissent être comparés à celui des avocats, qui avoient été jus-
qu'ici presqu'idolâtres de leur liberté ? (page 4.)

Cette saillie ne paroît pas déplacée, quand on est au fait de son motif. Le Bâtonnier de 1729, de concert avec sept autres bâtonniers, l'avoit compris dans un abattis d'avocats qu'il venoit de faire. Cette petite cabale se donna le divertissement d'en rayer plus de cent trente du tableau, *et on ne s'étoit pas attaché*, dit-il, *à ceux qui avoient le moins de capacité, de mérite et de réputation, ce* N'ÉTOIT POINT A CEUX-LA QU'ON EN VOULOIT.

Un volume fort ample ne suffiroit pas pour rendre compte de toutes les disputes, de tous les orages qui se sont élevés dans la classe des avocats. La puissance indéfinie des bâtons s'est un peu modérée. Il y a environ trente ans qu'il se fit une insurrection contre les oligarches ; mais à l'oligarchie a succédé une aristocratie plus dangereuse. Chaque banc (1) a nommé deux députés. Ces députés ont formé un tribunal. Ce tribunal, qui s'assemble toutes les semaines, a besoin de causes. Là, des camarades examinent les actions, pèsent les paroles, scrutent les pensées de leurs camarades ; ils s'informent comment ils se sont conduits, veulent prévoir comment ils se conduiront. Ces incroyables juges prononcent sans avoir de code, sans écrire leurs décisions, sans entendre soit les prétendans au tableau, soit ceux qui, n'en ayant pas la prétention, n'y sont pas enregistrés ; et *ils prononcent sans appel.* Ils font un peu plus de grâces aux inscrits, ils les entendent, leur permettent de recourir à l'ordre entier, qui ne manque guères d'infirmer la sentence des aristocrates. Il est vrai que ceux-ci, à leur tour, n'oublient pas de crier au renversement de la discipline, au bouleversement des principes, et sans doute ils sauront bien créer un moyen pour détruire cet asyle, pour briser ce frein. On assure qu'ils se proposent actuellement de ne plus admettre aux assemblées générales les jeunes gens. Il faudra, dit-on, dix ans de tableau pour pouvoir y voter. Effectivement on ne peut disconvenir que les intérêts majeurs qui se balancent dans ces graves conciliabules méritent bien l'attention des têtes les plus mûres. « Il s'y agit de » savoir : *si un Stagier* (2) a assez de livres, si son anti-chambre *est pas-* » *sable* (3), s'il ne fait pas de pièces d'écritures, s'il est d'un âge au-dessus » ou au-dessous de quarante ans, etc. etc. »

Et qu'on ne se persuade point que je dénature ou que je charge ; tous ces détails sont de la plus stricte exactitude. On rit ou on lève les épaules,

―――――――――

(1) On appeloit banc la réunion de plusieurs avocats à un des pilliers de la grande salle du Palais. Depuis quatre ou cinq ans les avocats se sont divisés par colonnes, contenant un certain nombre d'entr'eux, et chaque colonne ou division nomme annuellement deux députés.

(2) Ce mot n'étoit autrefois en usage que dans l'église. Il signifie le nouveau chanoine qui, par un certain temps d'assiduité aux offices, se met en état de percevoir toutes les rétributions de sa prébende. Il est adopté maintenant au Palais, où l'on s'en sert pour désigner les jeunes avocats qui visent aux honneurs du tableau. On semble vouloir leur faire croire qu'une place sur le tableau est un canonicat ; et certes ce n'est rien moins que cela.

(3) Un avocat d'un vrai mérite demandoit un jour pour s'instruire, au député qui faisoit un rapport où il disoit que M. un tel avoit une *anti-chambre passable*, « si » cela vouloit dire qu'on pouvoit y passer. »

en les lisant ; mais quand on songe qu'avec de pareilles niaiseries on perd un citoyen, qu'on lui enlève un état dans lequel il auroit peut-être acquis de la célébrité, de la fortune, consolé son père, fait vivre sa mère, soutenu le reste de sa famille ; qu'on lui enlève ainsi, sans retour, ses espérances et le fruit de ses études, qu'on le déshonore enfin, il faut gémir ou frémir.

On ne connoissoit pas le tableau, on n'avoit jamais entendu parler de la discipline de l'ordre dans ces beaux jours où cet ordre étoit, suivant Pasquier, « la pépinière des officiers de justice, des lieutenans-généraux, » criminels et particuliers, des avocats et procureurs du roi, conseillers » des cours souveraines, maîtres des requêtes, présidens, voire chance- » liers même. » (*Recherches de la France*, liv. IX, chap. 58.)

On ne connoissoit ni tableau ni députation, lorsque les avocats, pleins d'estime les uns pour les autres, se soutenoient, s'éclairoient, s'encoura- geoient mutuellement ; lorsque Charles Dumoulin, traité trop durement à l'audience par l'immortel Christophe de Thou, vit une grande partie de ses confrères, le doyen à leur tête, se ressentir de son injure et aller s'en plaindre à l'offenseur lui-même, qui se fit un honneur de la réparer.

Ce ne fut ni au tableau ni à la députation que le public dut ce vertueux Montholon, dont Loisel écrivoit : « Il avoit acquis une telle réputation de » probité, qu'on le croyoit sur ce qu'il disoit, non comme avocat, mais » comme s'il eût été rapporteur d'un procès, sans lui faire lire aucune pièce. » Aussi étoit-il un très-homme de bien, vivant honorablement sans avarice » ni ambition, vénérable et craignant Dieu, ce qui le fit appeler par le roi » Henri III pour lui donner la garde des sceaux de France. »

Cet Omer Talon, qui, après avoir fait la profession d'avocat pendant dix-huit ans, balança long-temps à prendre la charge d'avocat-général, qu'il devoit remplir avec tant de gloire dans les circonstances les plus difficiles, n'avoit fait preuve ni au tableau ni à la députation de sa belle ame.

Quand dans le siècle dernier le célèbre Nublé, un des premiers avocats consultans, ayant acheté de Scarron un bien pour 18,000 livres, força son vendeur à recevoir 2,000 écus de plus, parce qu'une estimation avoit porté ce bien à 24,000 livres ; quant à ce sujet, Ménage disoit : « *Que les avocats étoient une espèce de gens qui faisoient une profession particulière d'hon- nêteté ; et que Segrais ajoutoit : qu'étant les dispensateurs de l'équité à l'égard des autres, il n'étoit pas étrange qu'ils fussent équitables envers ceux auxquels ils se croyoient obligés de l'être* (Segraisiana) ; alors on ne connoissoit ni le tableau ni la députation (1).

Les anciens avocats pensoient de grandes choses, en faisoient de bonnes, en disoient de sensées, en écrivoient de savantes, sans être sur le tableau, sans être surveillés par la députation.

---

(1) On ne connoissoit ni l'un ni l'autre, quand, en 1673, notre immortel Molière rendoit aux avocats, en plein théâtre, justice à l'austérité de leurs principes, en ces termes : « Ce n'est point à des avocats qu'il faut aller, car ils sont d'ordinaire sévères » là-dessus, et s'imaginent que c'est un grand crime que de disposer en fraude de la » loi. Ce sont gens de difficultés, et qui sont ignorans des détours de la conscience. » (MALADE IMAGINAIRE. Act. 1er., Scèn. IX.)

Que dis-je? La foule d'écrivains renommés que l'ordre des avocats fournissoit sur les matières les plus intéressantes a disparu à l'instant où le tableau s'est montré. Si même nous nous en rapportons au mémoire de M^e. Féricoq de la Doûrie, ci-dessus cité, ce fut un motif pour se faire rayer de ce catalogue, que d'être auteur (1). Aussi depuis environ soixante ans les avocats sur le tableau n'ont que bien rarement été tentés de faire part au public des fruits de leurs recherches ou de leurs méditations; presque tous ont fui ce dangereux honneur.

A l'époque où, pour se voir employé au Palais, il falloit être connu, le jeune athlète cultivoit son talent en silence. Avant que l'occasion d'essayer ses forces vînt s'offrir, il nourrissoit son esprit par des études continuelles. Il s'habituoit, par la frugalité, au désintéressement; alloit s'instruire dans le cabinet des anciens, conférer avec les modernes; se faisoit, par sa franchise, par sa loyauté, des amis de ses collègues, qui rendoient de lui, pendant sa vie et après sa mort, un témoignage flatteur. Venoit-il à se distinguer, à être chargé d'un grand emploi, il se gardoit bien d'aller perdre son temps, le temps si précieux pour un avocat, dans des assemblées futiles, à s'occuper d'un vain *réglementage*, d'une odieuse investigation sur le compte de confrères qu'il aimoit ou qu'il estimoit; il ne paroissoit au Palais qu'afin d'y remplir son ministère auprès des juges, en éclairant leur religion; ou du public, en augmentant par sa voix la considération des oracles qui se rendoient au fameux banc des consultations, maintenant muet et désert. Les hommes simples qui s'y rassembloient n'étoient pas effrayés par l'affluence des candidats qui vouloient se faire initier aux mystères des lois, ils ne craignoient pas qu'on portât trop de faucilles dans le champ où ils moissonnoient. « Quelque nombreuses que soient les réceptions » d'avocat, » disoit Husson, « leur trop grande multitude ne nuit point à la » gloire du barreau (*Fori gloriæ non officit numerosior Advocatorum initiatio. Lib. 11, cap. 33.*) « Il n'en est pas de même de leurs successeurs, la quantité les a fait trembler. Ils ne l'ont pas dissimulé. Le stage successif de deux ans, de quatre ans, le tableau, la députation, ont été leur ressource. (Voyez le préambule de l'Arrêt de Réglement, du 5 mai 1751.) Imprudens! ils n'ont pas aperçu qu'ils alloient directement contre leur but. Un nom coûte à mériter, à tirer du néant. Ce n'est point assez d'avoir des dispositions, il faut y joindre des connoissances qui ne s'acquièrent qu'à force de travail et de soins. Il faut, de plus, faire preuve de ce qu'on vaut. Non-seulement l'inscription au tableau qui tient lieu de réputation, qu'on croit qui la donne (car enfin avoir son nom imprimé dans un *Index* de cette impor-

---

(1) « A un autre on a dit qu'il étoit auteur, et qu'il avoit mis au jour un ouvrage » revêtu d'approbation et privilége. (C'étoit le Traité des Mandemens et Procurations, » qu'on n'a pu critiquer.) L'inquisiteur de l'ordre s'étant contenté de faire une insulte » publique à cet auteur dans le Palais, en présence de tous les avocats ses confrères, » s'imaginant qu'un sanglant affront, des menaces, des violences et des injures gros- » sières vomies avec autant d'extravagance que de témérité et d'emportement, pour- » roient tenir lieu de critique, etc. » Mémoire *pour plusieurs avocats au Parlement de Paris, opposans à l'homologation du tableau, demandeurs en complainte*, p. 12.

tance, doit signifier quelque chose), non-seulement, dis-je, l'inscription au tableau dispense de toutes qualités, de tout labeur; mais, de plus, coulante à l'égard des unes, elle défend l'autre, et vous mène au terme le plus commodément du monde. Avoir le *visa* du bâtonnier sur l'extrait de sa matricule, pendant quatre ans faire une ou deux promenades par mois dans la Grande Salle du Palais, n'y parler que de choses indifférentes, paroître fort détaché de procédures et de procès, ne se montrer par aucun endroit saillant, et, pour le plus sûr, ne rien produire du tout, payer à présent une cotisation qu'on s'est imposée, et sa part d'un repas à M. le bâtonnier; tels sont les moyens certains d'être agrégé aux coryphées de l'éloquence. Rien n'est moins difficile: aussi est-ce de cette manière qu'en 1745 nous avions sept cent cinq, et que nous avons actuellement cinq cent quatre-vingt-sept rivaux de Démosthènes et de Cicéron.

Les individus multipliés à cet excès par le tableau, les liens d'amitié qui unissoient les avocats, se sont relâchés, se sont rompus. « Ils ont appris à » détester ceux d'entr'eux qui réussissent, et à mépriser les malheureux. » (*Felicem oderunt, infelicem contemnunt.* SENEC. de Irâ. lib. II, cap. 8.) Ce n'étoit pas assez qu'ils fussent exposés à tout coup aux mauvais offices des parties adverses, à la méconnoissance des leurs, à l'animadversion des tribunaux, il leur manquoit de se regarder « comme une chambrée de » gladiateurs, ennemis vivant ensemble, et n'y vivant que pour s'acharner » les uns contre les autres (1). » Ce que ne se permettent pas les juges, ils le font. Ils suspendent, interdisent, dégradent à leur fantaisie. Les magistrats veulent-ils avertir, ils punissent; ils tuent celui qu'un arrêt ne faisoit que blesser.

Mais ont-ils, ont-ils eu ce droit cruel de discipline qu'ils exercent si souvent avec une sécurité, une inclémence non pareilles? Ils ne l'ont point, ils ne l'eurent en aucun temps.

Institués par les Rois, les avocats sont uniquement soumis à leurs ordonnances, aux réglemens et à la jurisdiction des Cours. Philippe III, après avoir arrêté ce qui concerne leurs sermens, leurs fonctions et leurs salaires, ajoute : « Si quelqu'un d'eux viole son serment ou transgresse les présens » statuts et ordonnances, du moment qu'il en constera à nosdites Cours, » que, sans attendre une autre sentence, il soit exclus à toujours de l'office » d'avocat, avec note d'infamie et de parjure, sauf, néanmoins, à le punir » autrement s'il nous paroit à propos, ou à nos autres juges dans le » tribunal desquels il aura délinqué (2). »

C'est le Parlement qui se charge du soin d'élire ceux qu'il croira propres à cet office, dans l'article rapporté plus haut, pag. 490.

---

(1) *Non alia quàm in ludo gladiatorio vita est cum iisdem viventium, pugnantiumque.* SEN. De Irâ. lib. II, cap. 8.

(2) *Si quis verò ordinationes et statuta hujusmodi, necnon et juramentum præstitum violare præsumpserit, postquàm constiterit ità esse in prædictis Curiis, is notâ perjurii et infamiæ, nullâ aliâ expectatâ sententiâ, ab Advocationis officio perpetuò sit exclusus; aliàs nihilominùs prout nobis seu aliis nostris judicibus in quorum Curiis deliquerit videbitur puniendus.* (Recueil des ordonnances de Louvre, tom. I, p. 301.)

L'ordonnance de février 1327, pour le Châtelet, art. 33, défend « à » tout avocat de se mettre en interlocutoire mal-à-propos, « et *si il apparoît à notre dit prévost que calomnieusement se accoutumât à ce faire, le dit prévost l'en punira et donnera telle peine, comme il appartiendra* (1).

Le roi Jean, par un réglement sur les procès, daté de 1363, après avoir, en différens articles, fixé le genre et le mode des écritures du ministère des avocats, finit le douzième « en leur intimant, que s'ils font le contraire de » ce qui leur est prescrit, ils seront grièvement punis (2).»

Je citerai plus bas l'ordonnance de Charles V, du 16 décembre 1364, sur l'espèce de la peine.

On peut consulter celle de Charles VI, du 25 mai 1413, pour la police générale du royaume, art. 200. On y verra qu'il se plaint de ce que les avocats grèvent *le povre peuple*, par salaires excessifs, écritures prolixes, *comme autrement en plusieurs et diverses manières qui seroient trop mal gratieuses à réciter;* et qu'il mande *aux gens du parlement, au prévost de Paris, et à tous sénéchaux et baillifs, et autres justiciers, que ils corrigent les dessusdits rigoureusement et sans déport, dans le cas.......* *tellement que ce soit exemple à tous autres.*

Son successeur, art. 20, de son ordonnance de 1453; Louis XI, art. 36 de celle du mois de février 1480, pour le parlement de Dijon; Charles VIII, art. 26 de celle du 6 juillet 1493; Louis XII, art. 84 de celle de mars 1498; François Ier., art. 37 de celle de 1536, portant réglement pour la justice en Bretagne; et encore le même roi, dans celle de 1539, indiquent différens cas pour lesquels ils enjoignent aux Cours et aux autres juges de sévir contre *les avocats*, soit par *amendes*, soit par *suspension*, soit par *privation* absolue de postulation.

Je défie les plus érudits de mes adversaires, isolés ou réunis, de me montrer un seul passage d'un écrit remontant à quarante années, où il soit question d'une *discipline* attribuée à l'ordre des avocats; que dis-je? où l'on lise soit ce mot même de *discipline*, soit quelqu'autre équivalent. Le parlement seul est chargé de cette discipline. C'est ce qu'Husson, au chap. 39 de son IIIe. livre, imprimé en 1664, dit en termes très-énergiques, très-précis, aux avocats : « Allez maintenant, plaidez avec force, plaidez avec cons- » tance; vous ne pouvez avoir pour vous encourager, *pour vous diriger,* » pour vous récompenser, aucun supérieur d'un rang au-dessous de ce » sénat aussi illustre par son titre que puissant par son autorité (3). »

Et dans ce siècle-ci, l'auteur d'une dissertation sur la communauté des avocats et procureurs au parlement de Paris (4), a transcrit, d'après Boyer,

---

(1) D'après cet article il est bien évident que MMes. Thorel et Colombeau, qui sont venus si mal-à-propos intercaler l'incident dont il s'agit au milieu de la cause principale, méritoient *une peine telle qu'il appartenoit.*

(2) *Intimando eisdem quod si fecerint contrarium, graviter punientur.*

(3) *Age post hæc., age fortiter, age constanter, non inferior, tibi hortator, tibi moderator, tibi coronator accedet, quàm senatorius cœtus et illustris titulo et potens imperio.*

(4) Elle est insérée dans le troisième volume d'un Recueil intitulé : VARIÉTÉS HISTORIQUES. A Paris, chez Nyon, 1752.

un arrêt du 18 mars 15o8, rendu sur les remontrances du Procureur-général, lequel enjoint aux procureurs de la communauté de faire « assem-
» blée entre les avocats et procureurs, pour entendre les *plaintes*, chican-
» neries de ceux qui ne suivent les formes anciennes, contreviennent aux
» style et ordonnances de la Cour, faire registrer et communiquer au
» sieur Procureur-général *pour en faire rapport en la Cour*, et procéder
» contre les coupables par suspension, privation ou autres voies de droit. »

La 232e. des questions de Jean de le Coq (Joannes Galli), qui sont à la
suite du vieux style du parlement, contient l'histoire de Me. Jean de Nully,
avocat : « qui fut bien chaudement et de près pris pour une amende,
» afin qu'il servît d'exemple au reste de ses confrères, parce qu'il étoit
» d'un caractère bouillant (1). »

Le fameux Charles Dumoulin, ayant publié sur le concile de Trente
une consultation dont on jugea les principes erronés, fut mandé par la
Cour, et constitué prisonnier. Élargi depuis, sur les conclusions de MM. les
gens du roi, qui allèrent « à lui faire de rigoureuses remontrances et à le
» priver du barreau, » *et abstineat foro* (Voyez sa vie par Brodeau, ch. 7,
et M. de Thou, sous l'année 1564), on ne le renvoya pas à ses confrères
pour décider de son sort; et s'il se plaignit, ce ne fut pas qu'on eût, à son
égard, manqué à l'usage ou dérogé à ses privilèges.

Loisel, pag. 535 de son Dialogue, parle de l'avocat Foullé, « qui fut, »
dit-il, « assez peu heureux dans l'office d'avocat, en ce que, s'étant oublié
» dans une cause qu'il conduisoit pour l'évêque de Saint-Flour, prieur de
» Gournay, *il lui fut défendu* PAR LA COUR *de s'en plus entre-mettre*. »

Duluc, dans son recueil d'arrêts, liv. V, tit. 2, a inséré sous le nombre 12
l'aventure d'un procureur qui ayant pour client un avocat, se servit, à sa
sollicitation, d'une chicane que l'arrestographe appelle *inouie*, sans la détailler
autrement. Ce procureur eut la précaution de prendre de sa partie une
garantie de tout ce qui pourroit arriver. Les juges s'étant aperçus de la
manœuvre, firent venir le procureur, qui montra honnement l'écrit de
l'avocat : là-dessus arrêt qui ordonna : « qu'en présence du procureur et
» du client le billet de garantie seroit déchiré, le procureur *interdit* pour
» un an, et *l'avocat pour deux*. »

Charondas, liv. II, tit. 33, n. 4 de ses commentaires sur le code Henry,
note un arrêt de la Cour, du 10 juillet 1563, qui *interdit à temps, avec
défenses de récidiver, sous peine de punition et d'amende arbitraire*, un
AVOCAT, convaincu d'avoir extorqué de son client des sommes exorbi-
tantes, et de s'être fait faire, en outre, une obligation qui fut annullée par
le même jugement.

Bien persuadés qu'ils n'avoient rien à craindre ni à espérer de l'ordre,
les avocats ne le réclamoient en aucune occasion. Quand, dans la cause pour
le duché de Bretagne, Claude Maugot interrompu par Pierre Versoris,
lui dit : « Me. Versoris, vous avez tort de m'interrompre, vous en avez assez
» dit pour gagner votre avoine; » Versoris insulté, ne s'adressa ni au

---

(1) *Fuit dictus Advocatus super emendâ benè calidè, et de propè captus. Sed fuit
(ut audivi) causa ut cœteris cederet in exemplum et quia satis animosus fuit.*

bâtonnier, ni à l'assemblée de ses compagnons pour obtenir réparation ; il la demanda au parlement, qui la lui accorda, en faisant dire ensuite de l'arrêt par le premier président : *que ce qui se donne aux avocats pour leur labeur n'est point par forme d'avoine, mais que c'est un honoraire.* (Voyez Bouchel, au mot AVOCAT, et l'Histoire de l'Ordre des Avocats, chap. 18.)

Lorsque l'innovation commençant à pointer, le régime étonné leva sa tête à demi formée parmi ceux qu'il devoit subjuguer, loin d'obéir à sa voix on ne fit pas même semblant de l'entendre. Les faiseurs de tableau, en perpétuant par l'impression d'un arrêt, sans cesse renouvelé (1) d'une manière assez peu décente, la honte d'un de leurs confrères, m'ont administré la preuve de ce fait. Un Me. Michelarme, qui n'avoit sans doute point d'écritures à faire, ou qui peut-être vouloit rendre service à quelqu'ami qui ne pouvoit pas signer celles qu'il faisoit, consentit de les adopter et d'y apposer son nom. On dénonça le cas énorme au bâtonnier, qui raya de dessus le tableau de 1725 Me. Michelarme. Celui-ci n'en tint compte : il continua de mettre des signatures de complaisance au bas de compositions qui n'étoient pas les siennes, et Me. Grostête, bâtonnier en 1727 ; deux ans après, fut obligé de le déférer à la Cour, et de demander que *sa radiation demeureroit* ; grand aveu de l'insuffisance de la radiation familière pour priver un avocat de l'exercice de ses fonctions ; mais sur-tout démonstration du peu de cas que faisoit le proscrit, de la proscription et de ses auteurs.

Et même aujourd'hui que le régime, sorti de l'adolescence, se montre dans la vigueur de l'âge viril, Me. Maultrot, sommé par la députation de comparoître devant elle, lui a répondu : « que les *veniat* n'étoient point » faits pour lui. » Ce jurisconsulte estimable, estimé, agrégé au corps des avocats de Paris depuis plus de cinquante ans, a déduit ses raisons dans trois lettres vigoureuses (2) où la doctrine de l'ordre en général n'est pas plus ménagée que la conduite de certains individus. Ces trois lettres ont été imprimées, divulguées, et le régime provoqué s'est abstenu avec révérence de toucher à ce vénérable vieillard, dont la courageuse résistance et la noble fermeté ont ajouté aux titres qu'un long cours de vertus lui assuroit à l'estime et à l'admiration générales.

« Mais, » dira-t-on, « est-ce que vous refusez aux avocats le droit de retran-

_____

(1) Cet arrêt reparoît tous les ans à la suite du tableau. On remarquera qu'il inculpe un avocat et un procureur ; le procureur assez légèrement par une interdiction de six mois, et l'avocat par la radiation. Le nom du procureur est en blanc et celui de l'avocat en toutes lettres. Cela ne laisse pas d'indiquer combien le régime est bien intentionné pour ses sujets.

(2) On y lit la phrase suivante : *Je tiendrai à honneur de ne plus appartenir à un ordre qui a tant dégénéré de son antique vertu, et qui est si prodigieusement et si justement déchu de l'estime publique.*

Eh ! mais, où prennent donc tant de superbe ceux qui se laissent ainsi traiter sans dire un mot, sans faire un pas, ce qui semble avouer la dette ! Leur sied-il bien de refuser une place auprès d'eux, à un homme qui, pour rien sur la terre, ne voudroit souffrir une pareille apostrophe, ni sur-tout laisser croire qu'il la mérite ! Dans l'état des choses, à qui de nous appartient-il de se plaindre d'un voisinage peu honorable ?

» cher du tableau ceux qui leur déplaisent? Nierez-vous, au moins,
» qu'ils ne l'exercent? »

Si je le leur refuse! Oui certes. Et à quel propos le bâtonnier, la députation, l'ordre entier, rayeroient-ils un avocat du tableau? Y ont-ils la
plus légère influence? Ne le reconnoissent-ils pas? Ce tableau, c'est un
arrêt du parlement qui l'a fait exister. A-t-on voulu y apporter quelques
changemens, n'y introduire que ceux qui y auroient postulé une place
pendant quatre ans, il a fallu un autre arrêt de la Cour, que les avocats
ont sollicité. D'où supposeroit-on que viendroient leurs droits à en retrancher leurs confrères? Ils le font, je le sais; mais ils le font par un abus
contre lequel les magistrats n'attendent peut-être que d'être invoqués pour
l'arrêter (1). En tout cas, leur radiation n'a jamais été que précaire. Pour
la rendre effective, il a été nécessaire que l'autorité de la Cour y soit intervenue; et c'est la décision de la Cour seulement, qui a donné quelque
force à leurs délibérations. Suivant sa sagesse, la Cour les a consolidées
ou anéanties. Si elle confirma la radiation de M°. Michelarme, par exemple,
elle ordonna le rétablissement de M°. Florent Parmentier, qu'on s'étoit
avisé de supprimer du tableau ou sans motifs, ou par des motifs qui lui
parurent insuffisans.

Que celui qui auroit la fausse prévention que les avocats ont entre eux
une discipline légale, un pouvoir sur l'état les uns des autres, se désabuse
donc. L'universalité des décrets de nos monarques, le sentiment des auteurs,
la série des arrêts, l'usage toujours corroboré par lui-même, s'accordent à
renfermer dans le sein du parlement, comme dans un dépôt inviolable,
tout ce qui concerne l'état et l'honneur des avocats. Pour distraire une parcelle de cette précieuse consignation, et la confier à d'autres gardiens, il
faudroit changer *leur constitution*; et je vais établir que cette députation
qu'a fait naître le tableau, ce simulacre de tribunal, destructeur de l'éclat
et de la liberté de la profession, nuisible aux avantages que le public a droit
d'en attendre, usurpateur d'une autorité qu'il n'eut jamais, et qui fut de tout
temps réservée aux Cours; je vais, dis-je, établir que cette représentation de
tribunal est de plus contradictoire avec le caractère essentiel des avocats,
directement opposé aux lois, aux formes du gouvernement, et sans doute
digne d'attirer des peines graves sur la tête de ceux qui le composent, si,
pour en devenir les membres, ils étoient plus conduits par une volonté
éclairée, que par une facilité et par une habitude également aveugles.

Partons de principes incontestables: tout avocat est l'égal d'un autre
avocat. Il doit nécessairement l'être. C'est déjà trop qu'on ne puisse obvier
à la différence des talens. Si l'un pouvoit en imposer à l'autre, si la justice
étoit obligée d'écouter celui-ci avec plus de soin, avec plus d'égards que
celui-là, elle briseroit sa balance ou la jeteroit loin d'elle. Mais un égal
n'a point de pouvoir sur son égal. *Par in parem non habet imperium.* Or,

---

(1) C'est ce qu'a très-judicieusement fait le Parlement de Besançon, qui vient de
rendre un arrêt, confirmé au Conseil, par lequel toutes ces proscriptions de confrères,
dans lesquelles un homme honnête ne sauroit tremper sans répugnance ou sans remords,
sont sagement prohibées pour l'avenir et justement annullées pour le passé.

ce qu'ils n'ont pas , ce qu'ils ne sauroient avoir chacun en particulier, peuvent-ils l'avoir réunis ? Non, mille zéros ne font pas plus qu'un zéro. Peuvent-ils se le conférer les uns aux autres ? Ce seroit une absurdité de le supposer. *Nemo dat quod non habet.* Il faut donc conclure que parmi des égaux d'une égalité essentielle, il est contre la nature des choses d'admettre une jurisdiction de tous sur tous, ou de quelques-uns sur le reste. Allons plus loin: un axiome physique, c'est que « pour agir, pour donner prise » sur soi, il faut être corps. » *Facere et fungi sine corpore nulla potest res.* Les avocats se sont toujours défendus d'en former un (1). Amalgamés autrefois avec les procureurs, sous le titre de *communauté des avocats et procureurs*, ils avoient, sous cette dénomination, une ombre de consistance. Cet alliage qui duroit depuis plusieurs siècles, leur a déplu, ils viennent de l'abjurer ; et de cette manière il ne leur reste pas même cette ombre de consistance qu'ils ont eue. A présent, de quelle énergie sont-ils susceptibles? Quelle action leur conviendroit comme assemblée? Tant qu'ils demeureront dans cette nullité de corporation, on leur accorderoit des prérogatives qu'elles ne pourroient s'imprimer sur eux, à moins qu'on n'admît l'existence d'une forme sans matière. Semblables à cette image d'Anchise qui s'évanouit dans les bras d'Enée, leurs efforts, leurs prétentions, leurs démarches, n'ont donc pour termes de comparaison, que les chimères d'un rêve ou les apparences légères des nuages.

Et si on vouloit y prendre garde, on verroit combien sont justes de pareilles conséquences. Car qu'est-ce que les avocats? Pourquoi les appelle-t-on un ordre ? Les avocats sont des licenciés en droit, que les Parlemens, au nom du Roi, ont déclarés instruits des lois et dignes de les rappeler aux juges et aux parties. Pour cela ils n'ont besoin ni de se voir, ni de se connoître. Aussi ne tiennent-ils ensemble par aucuns statuts, comme les corps de métiers. Ils ne serrent de nœuds que ceux qui leur conviennent, et qui prennent leur force dans des rapports de cœur et d'esprit, tout-à-fait étrangers à la profession. C'est cette indépendance mutuelle dans laquelle ils subsistent qui a fait donner à leur colonie le titre d'*ordre.* Appellation vague qui ne signifiant *ni un ordre religieux, ni un ordre militaire*, ni aucune association pareille, conserve l'indétermination qu'elle a dans la langue. On dit *l'ordre des avocats*, comme on dit *un ordre de citoyens.* *Le premier* ou *le dernier ordre des citoyens*, va désigner soit la noblesse, soit le peuple d'une ville ; et le mot *ordre* s'applique indifféremment aux grands et à la canaille.

On a peine à concevoir que des individus rangés à côté les uns des autres, dans l'état du plus juste niveau et du plus parfait isolement, aient imaginé de placer sur leurs têtes une compagnie d'inspecteurs, et qu'ils aient cru de bonne foi que leurs suffrages vains attribueroient quelque pouvoir, quelques droits à des délégués fantastiques. Il ne peut émaner de délégans sans puissance, qu'une délégation sans vertu. Ainsi les mou-

---

(1) « Les avocats considérés tous ensemble ne forment point un corps. » (*Histoire abrégée de l'Ordre*, ch. 21.)

vemons de la députation ne sont, pour rendre, par une phrase qui manque de sens, des actions qui manquent d'effets, que l'agitation du néant dans le vide.

Mais si l'étonnement peut cesser lorsqu'on voit que l'établissement existe, ce n'est que pour faire place à un sentiment bien plus actif, quand on apprend que ces délégués, si complettement inertes, osent pourtant attaquer la réputation, ôter le pain, ôter l'état, arracher l'honneur à des citoyens, leurs confrères, en les dégradant, en les rayant arbitrairement du tableau ; ce qui, *dans l'opinion publique*, dit l'auteur de l'*Histoire abrégée de l'ordre*, chap. X, *emporte une note d'ignominie*.

Commençons par admettre qu'ils aient le droit affreux de traiter ainsi leurs collégues. Eh ! comment se résolvent-ils à en faire usage ! Un magistrat se plaint, quand l'impérieux commandement de la loi le conduit sur un siége où il faudra qu'il sévisse contre un malheureux qui n'a d'autre titre à sa commisération que le nom d'homme ; ce magistrat voudroit alors pouvoir transmettre son autorité à d'autres personnes, et ce n'est qu'à contrecœur qu'il se prête à la rigueur de son ministère. Quoi ! les avocats, réduits à la dure extrémité de mulcter un d'eux, ne devroient-ils pas chercher une excuse pour se défendre de le condamner eux-mêmes ? Ne devroient-ils pas se réunir, conduire l'infortuné aux pieds des juges, remettre à ceux-ci le glaive qui leur auroit été confié, et se retirer en leur recommandant encore ses intérêts ? Cette conduite louable ne laisseroit soupçonner ni l'intrigue, ni la jalousie. Est-ce celle qu'ils tiennent ? Bien loin de-là. Pour exciter leur courroux, il suffit de leur disputer le privilége de se nuire, ou de s'opposer aux épreuves qu'ils en font. Mais il est de toute évidence que rien n'autorise, ni ne peut autoriser leurs procédés ; dès-lors, quelle qualification ne mériteroient pas leurs déportemens ?

Faisons-en juges les avocats eux-mêmes. Si j'allois les trouver tous, les uns après les autres ; si je leur disois : « Plusieurs particuliers se » sont ligués, et sans titre, à l'inspection de ma personne ou de mes mœurs ; » ils ont exercé à mon égard une scandaleuse inquisition. Ils ont fini par » me ruiner, par me flétrir dans l'opinion publique. » Que me répondroient-ils ? A coup sûr, voici ce qu'ils me répondroient : « Rendez plainte » contre des êtres aussi dangereux pour la société, et qui troublent si » gravement son harmonie. Prouvez leur délit, attirez au milieu de ces » hommes funestes la foudre de la justice, qu'elle les anéantisse, ou au » moins qu'elle dissipe leur cabale. Soyez certain que vous obtiendrez une » réparation convenable aux torts qu'ils vous ont occasionnés, soit dans » vos biens, soit dans votre renommée. » Si j'ai posé exactement la question, et bien exprimé la réponse, la députation n'a-t-elle pas perdu son procès ?

J'entends d'ici une voix superbe, qui, empruntant un passage de Montesquieu, pour me prouver que les avocats sont, par leur excellence, en possession de se censurer, c'est-à-dire de retrancher de leurs membres ceux qu'ils jugent à propos, me demande : « Savez-vous ce que c'est que » la Censure (1) ? »

---

(1) Tel est le début d'un petit pamphlet anonyme qui parut, il y a neuf ou dix ans, sous ce titre : LA CENSURE. C'est un recueil rare d'ignorances : Ignorance de langue .

64 *

Oui, repliquerai-je à la voix, je le sais, et je serois bien honteux de ne pas le savoir mieux que vous. La Censure étoit, à Rome, un jugement porté par des magistrats légitimement élus, qui avoit pour but unique *de faire rougir le citoyen qui en étoit l'objet*. (*Censori judicium nihil ferè damnato affert nisi ruborem.* Cic. *ex Fragm. Lib.* IV. De Repub.) Le Censeur obligé de déclarer ses motifs, pouvoit être traduit devant le peuple. Il ne jugeoit ni clandestinement ni irréfragablement. Il se réformoit quelquefois lui-même. On appeloit de ses jugemens, et on les faisoit infirmer, quoiqu'ils ne fissent aucun tort réel à celui qu'ils frappoient. On a une foule d'exemples de Romains notés par le Censeur et depuis élevés par le peuple aux premières dignités, et même à la Censure (1). Dans le vrai, la Censure étoit bien plutôt une admonition qu'une sentence (2).

Mais qu'ont de commun cette admonition ou cette sentence avec les actes de jurisdiction que se permettent les avocats? En quoi des Censeurs légalement préposés à l'indagation des mœurs, dont ils dévoilent au public le relâchement, afin d'en prévenir les désordres et d'exalter dans des républicains le sentiment de l'honnête; en quoi ces officiers, chargés de corriger, et non de punir, ressemblent-ils à des députés sans mission possible, jugeant sans raisons apparentes, et proscrivant sans retour, sans appel? Autant l'établissement des premiers inspire le respect, autant l'éruption des seconds imprime l'aversion, pour ne rien dire de plus.

Car examinons ceux-ci de sang-froid. 1°. N'est-il pas vrai que l'institution de surveillans pour certains abus suppose les abus? Dès que vous créez pour les avocats des gardiens d'honneur, vous admettez que les avocats manquent ou manqueront à l'honneur. C'est ainsi que les merciers, les tailleurs et autres communautés de marchands ou d'ouvriers, ont des

---

ignorance de faits, ignorance de principes, ignorance de raisonnement, etc., il en contient de toutes les espèces; et si je ne connoissois un avocat dont le projet est de donner quelques heures de ses vacances à la réfutation de cette follicule, je m'en serois occupé. (Cet avocat n'a rien fait là-dessus. Ce mémoire peut tenir lieu de son travail.)

(1) Depuis que les avocats rayent du tableau ceux des leurs qui ont le malheur de leur déplaire, il est inouï qu'ils en aient rétabli un seul. La radiation est un arrêt de mort.

(2) Et là-dessus on s'en rapportera à Cicéron sans doute : « Ici j'observerai d'abord » qu'en général (c'est ainsi qu'il parle dans l'Oraison pour Aul. Cluentius) jamais » Rome ne s'en est tellement rapportée à ces animadversions censoriales, qu'elle les » ait assimilées à des jugemens. Et, dans une chose si connue, je ne perdrai pas » mon temps à citer des exemples. Je me contenterai d'en rapporter un seul, celui de » C. Geta. Chassé du sénat par les censeurs L. Métellus et Cn. Domitius, il fut cepen- » dant ensuite fait censeur lui-même; et celui dont les mœurs avoient été l'objet de » la Censure, fut à son tour préposé à la surveillance des mœurs du peuple romain, » et même des mœurs de ceux qui en blâmant les siennes avoient sévi contre elles. » *Hic primùm illud commune proponam numquàm animadversionibus censoriis hanc civitatem ità contentam ut rebus judicatis fuisse. Neque in re notâ consumam tempus exemplis. Penam illud unum : C. Getam cùm à L. Metello et Cn. Domitio censo-ribus et senatu ejectus esset, Censorem ipsum posteà esse factum; et cujus mores erant reprehensi, hunc posteà et populi romani, et eorum qui in ipsum animadver-terant moribus præfuisse.* N°. 119. Dans les paragraphes suivans, Cicéron achève de prouver ce que j'ai dit : de l'appel des censeurs au peuple, de l'infirmation, de la correction, de la diversité de leurs jugemens qui « sans cela, « selon l'orateur », auroient été plus » funestes à la liberté que la puissance indéfinie des Rois et le malheur des proscriptions. »

maîtres-gardes pour faire des visites, découvrir les contraventions et dénoncer les contrevenans. Les députés seront donc les maîtres-gardes de l'ordre. 2°. Au moins les maîtres-gardes des communautés ont des réglemens auxquels ceux qui sont sujets à leurs perquisitions doivent se conformer. Tous savent sur quoi portent les prohibitions, quand, et ce qu'ils ont à risquer. Où sont les statuts des avocats? Rien d'écrit, rien de permanent parmi eux. Une tradition orale, plus versatile encore qu'imparfaite, sert de base à leurs résolutions, qu'on ne rédige point afin qu'elles s'oublient mieux, et que le même cas décidé pour tel qui n'a nul appui, aucun prôneur, puisse être décidé d'une manière entièrement opposée pour tel qui est en crédit et que la brigue protège. *La loi d'honneur est leur code*, dit la Censure. Mais cette loi même pulvérise et la discipline prétendue de l'ordre, et la députation, et ses œuvres. Pour être soumis à l'examen, il faut qu'un confrère soit déféré par quelqu'un. Un déféré peut être innocent. Or, très-certainement, aux yeux de l'honneur, le délateur est un criminel aussi vil que lâche. Ainsi l'on devroit, selon le code invoqué, débuter par rayer le délateur; et ce seroit ensuite sur la parole d'un coupable qu'on rayeroit le prévenu. Quelle constitution que celle où, pour trouver un accusé, il est de toute nécessité d'avoir un misérable! 3°. On n'a donc pas daigné considérer un instant de quoi il s'agissoit ici, et les gens qui citent Montesquieu affectent donc d'en oublier une des principales maximes? Quelle est, selon ce profond génie, la base du gouvernement monarchique? quel est son ressort particulier? L'honneur. C'est dans ce gouvernement, c'est chez nous, que chaque individu apprend à dire, dès sa plus tendre jeunesse, « que l'honneur lui est plus cher que la vie. » Il n'est rien que l'opinion publique n'excuse, quand il a pour motif la conservation de l'honneur. Aussi tout manque à qui l'a perdu. Plus de rang, plus de place, plus de patrie, pour l'homme déshonoré. Son parent le plus proche, son ami le plus chéri, n'osent l'avouer. C'est l'ancienne interdiction du feu et de l'eau; c'est une véritable excommunication civile; et dans sa triste position, si le déplorable anathême n'a pas assez de vertu pour mourir de honte, il ne reste plus qu'à lui souhaiter assez de courage pour ne pas mourir de désespoir. Et c'est cet honneur si précieux que respecte le Prince lui-même, auquel les avocats toucheroient sans ménagement! Et c'est cette horrible situation dans laquelle ils s'applaudiroient de jeter leurs associés, quoique le droit d'y réduire comporte plus que le droit de vie et de mort! En vérité, en vérité, l'indifférence pour les vrais principes, la hardiesse d'en avancer d'erronés, après avoir induit à tout dire, mènent à tout faire. Mais 4°. depuis quand, en France, y a-t-il une confédération, un aréopage existant sans lettres-patentes, sans autorisation spéciale du Souverain, ou de ceux qu'il commet à la police de son royaume? A partir des compagnies de la suprême magistrature, jusqu'aux jurandes des artisans, nulle espèce de corps ne se forme que de l'ordre exprès de SA MAJESTÉ. Toute coalition qui n'est pas scellée du sceau de la volonté souveraine est traitée par les ordonnances, *d'assemblée illicite*, et comme telle promptement dissoute par la vigilance des magistrats. Après la fameuse déclaration qu'ils ont donnée en 1730, à la suite de l'arrêt du conseil, qui les condamnoit « *à*

» *désavouer ou à rétracter* une consultation signée de quarante d'entre eux, » *à peine d'être interdits* ; » après cette déclaration, dis-je, les avocats ignorent-ils que l'autorité est une parmi nous ; que tout exercice public de l'autorité doit émaner de cette source unique : *le Roi seul souverain législateur dans ses états* (1) ? Ne sauroient-ils plus que, des droits régaliens, le premier et le plus sacré, c'est celui de rendre la justice ? L'invasion de ce droit est une révolte, un crime de lèze-majesté, parce que le Prince étant garant des biens, de la vie et de l'honneur de tous ses sujets, attaquer sous ses yeux leurs biens, leur vie ou leur honneur, c'est mépriser sa puissance, c'est l'insulter dans ce que son caractère a de plus auguste, c'est le blesser dans ce qu'il a de plus sensible. Que s'il punit avec sévérité le voleur qui s'adresse aux biens, l'assassin qui attente à la vie, de quelle rigueur ne s'armera-t-il point à l'égard de quiconque entreprend sur l'honneur préférable à la plus brillante fortune, à la vie même ! Et cette rigueur, de combien ne s'augmentera-t-elle pas, si, pour completter le forfait, l'on cumule le crime contre le sujet avec l'offense envers le Monarque ; si, afin de consommer le tort qu'on fait au premier, on empiète sur les plus saintes fonctions du second, sur celles qui le constituent spécialement le père-protecteur de la nation ; enfin si l'on voue à l'infamie, si on le prive des services d'un individu qui peut être lui en auroit rendu de grands, en brisant la barrière protectrice des formes judiciaires, dont il entoura son peuple ; ou pour mieux dire, en corrompant ces formes elles-mêmes, avec la similitude desquelles l'on persécute de la même manière qu'il protège, et l'on perd comme il sauve !

Je m'arrête. Des abus si propres à réveiller la sollicitude du ministère public, des excès si dignes de répression, des actes si téméraires, si audacieux..... m'empêchent de me livrer à la discussion du soi-disant décret par lequel la députation m'ordonne de plaider hors du banc des avocats. Ce beau décret que l'on m'a fait soupçonner plutôt que connoître, rendu sans m'entendre par un tribunal imaginaire, injurieux à ceux même qui l'ont voulu créer, n'admettant de règle qu'un éternel vertige, sappant les fondemens de la monarchie française, et dont chaque décision est un attentat aux droits du trône et un délit social, ce décret pourroit soumettre ses auteurs à une punition exemplaire. Or, à DIEU ne plaise que je rende à mes ennemis tout le mal qu'ils ont voulu me faire ! Que la Cour accueille ma juste prétention, et j'irai jusqu'à oublier tout celui qu'ils m'ont fait.

§. V.

Réponse à une Objection.

« Oui, » me dit-on, « rien n'est plus équitable que votre demande ; mais » l'arrêt qui vous l'accordera sortira-t-il son plein et entier effet ; et les

---

(1) Termes de la Déclaration des quarante Avocats, à laquelle le reste de l'ordre a adhéré par l'intervention du Bâtonnier.

» avocats ne trouveront-ils pas le moyen d'échapper à l'obligation de plaider
» avec vous ? »

D'abord, qu'est-ce que cela me fait? ma cause n'ira pas moins à son terme.
Je prendrai un jugement par défaut, et si je n'ai point de contradicteur,
je ferai forclore mes parties adverses. Ensuite leur procureur peut substituer
l'avocat, cela se fait tous les jours. D'ailleurs, pourquoi supposer l'ordre des
avocats assez extraordinaire, pour refuser de se rendre à une foule de raisons
dont la moindre est péremptoire?

Au surplus, la Cour n'est-elle pas la maîtresse de les forcer à remplir
leur devoir si elle le trouve à propos ? Les ordonnances et ses réglemens
ne laissent pas même de doute sur ce point. Charles V, surnommé le Sage,
art. 4 de ses lettres-patentes (elles sont datées ci-dessus, page 502) pour
l'expédition des affaires pendantes au parlement, s'exprime ainsi : *Se défaut
y a par l'avocat qui en sera chargié* (il s'agit des articles de la cause qui
doivent être produits dans un temps préfixe), *que tantôt et sans délais, et
sans aucun déport, dix livres parisis soient levées sur ses biens.*

Et comme par la suite on voulut faire passer les dispositions de cet article
pour simplement comminatoires, et qu'on essaya de les éluder en diverses
occasions, Charles VII crut devoir les renouveler par l'article 48 de son
ordonnance de l'an 1453. *Item et pour ce que souventes fois notredite Cour
a condemné les avocats et procureurs pour les causes susdites et pour
autres fuites, délais, abus et fautes, en amandes, lesquelles amandes-
aucunes fois n'ont point été lévées, mais tenues en surséance par requête
qu'ils baillent après ou autrement ; nous, voulant pourvoir auxdits abus,
voulons et ordonnons que doresnavant incontinent que notredite Cour
aura condemné lesdits avocats et procureurs pour les causes susdites,
le greffier sera tenu icelle condemnation enregistrer, et le receveur des
amandes exiger et lever, sans que de ce leur soit fait aucune rémission,
grace ou pardon, en croissant les peines par notre dite Cour, selon
ce qu'elle verra les fautes desdits procureurs et avocats en fuites
déraisonnables.*

Loin qu'aucunes des ordonnances postérieures aient en rien dérogé aux
résolutions de celle-ci, elles les confirment. On peut consulter la foule de
celles que j'ai indiquées ci-devant, pages 501 et 502.

La Cour, dans ses réglemens, ne s'est jamais écartée des voies tracées
par les ordonnances. On lit dans un des premiers qu'elle ait faits, intitulé
LES ORDONNANCES DU PARLEMENT TOUCHANT TOUS ESPÉCIALEMENT LES
PARTIES QUI Y ONT A PLAIDOYER, et que Loisel nous a conservé dans ses
Opuscules : « Que la partie qui ne seroit oie et délivrée par la défaute
» de l'advocat qui devroit plaidier sa cause, et seroit certaine que ce
» seroit par la défaute de l'advocat, seroit oie après ; mais l'advocat en
» payeroit 10 livres d'ameude tous ses (tout sec sans délais), et est à en-
». tendre des avocats résidens en Parlement. »

*Les articles des injonctions, défenses et déclarations faites et publiées
en la Cour de Parlement pour l'abréviation de la justice*, etc., *le 4 janvier* 1535, prescrivent aux avocats : « De se tenir prêts pour leur cause,
» de bien connoître leurs pièces et les endroits qu'il faudra lire, *ainsi*

» *qu'il leur sera dit et ordonné par la Cour*, et ce, sur peine de 40 sols
» parisis pour la première fois; et s'ils sont trouvés coutumiers, d'autres
» telles peines arbitraires que ladite Cour verra être à faire. »

Deux ans après, nouvel arrêt de la Cour de Parlement, prononcé
en pleine audience, *pour le réglement des avocats et procureurs, et
l'abréviation des causes y affluantes*, par lequel : « Ladite Cour enjoint à tous
» les avocats chargés des causes, de se trouver au commencement de la
» plaidoirie. Et où ils ne se trouveroient à l'heure que les causes dont ils
» sont chargés seront appelées, déclaire icelle Cour qu'ils seront enre-
» gistrés par le clerc, qui rédigera la plaidoirie pour l'amende de 20 sols
» parisis, et sera réservé à la partie contre laquelle aura été donné exploit,
» son recours pour ses dommages et intérêts contre l'avocat par la faute
» duquel l'exploit aura été donné. »

On trouve dans le Dialogue des Avocats des preuves que le Parlement
tenoit la main à l'exécution des ordonnances et de ses arrêts. L'auteur, qui
n'est pas suspect, puisqu'il étoit avocat et qu'il écrivoit alors en leur faveur, ne le dissimule point. De plusieurs passages qui y sont formels, je
me contenterai de celui-ci, copié dans les pages 528 et 529 « A ce David »
(nom d'un avocat plaidant) « ressembloit aucunement M^e. Berthe, » au
» moins en ce qu'il étoit souvent condamné en l'amende, à raison de quoi
» on l'appeloit, par raillerie, *le petit Amendier*, car il étoit de petite
» stature. »

Telles sont les ordonnances, tels sont les réglemens et les arrêts de la Cour.
Mais, en entrant au Barreau, tous les avocats n'ont-ils pas promis et juré de se
conformer aux ordonnances, arrêts et réglemens de la Cour? Cet engagement
si solennellement pris, qui a pu le rompre?

Les principes de la députation seroient-ils qu'on ne doit pas garder les
sermens prêtés devant la Cour? Ou les avocats, en sortant du Barreau,
se sont-ils fait entr'eux le second serment de ne pas tenir le premier?

On ne dira point que *ces ordonnances, ces arrêts, ces réglemens,* sont
tombés en désuétude; la formule du serment constamment exigé s'oppose
à cette idée. Le Tribunal n'obligeroit pas tous les jours à jurer, *que l'on
observera* des lois qui n'existent plus depuis plusieurs siècles.

La Cour n'a donc qu'à vouloir, elle contraindra l'avocat chargé de la
cause pour mes adversaires, de la plaider, en le *condamnant à l'amende*
s'il fait refus ; et *en croissant les peines*, suivant l'ordonnance, si au mépris
de l'amende il s'obstine dans des *fuites déraisonnables*, sauf *les dommages-
intérêts* que ses cliens pourront répéter contre lui.

« Les avocats sont libres, » s'écrie-t-on. Quoi ! libres ! Libres de manquer
à leurs sermens, d'enfreindre les Lois! Oui, comme tout homme est libre de
commettre une mauvaise action, et comme le Parlement est libre de le
punir.

On cite un discours de M. d'Aguesseau sur *l'indépendance des avocats,*
où il les vante de leur liberté. Mais, en premier lieu, on observera que c'est
en 1693 où M. d'Aguesseau prononça cette harangue. Ni la Censure, ni
les Censeurs n'étoient imaginés en ce temps-là. Les avocats n'avoient pas
encore subi le joug. Vingt ans plus tard, ce grand homme, au lieu de

paranympher *l'indépendance* des avocats, auroit été obligé de recommander la déférence à l'Ordre; et l'Eloge *de la liberté* se seroit converti, dans sa bouche, en celui de la soumission aux jugemens des députés. En second lieu, pour se méprendre au sens de l'orateur, et ne pas voir qu'il n'a voulu parler que d'une *indépendance relative*, résultante pour les avocats de cette existence solitaire et individuelle qui les admet à faire nombre sans cesser d'être des hommes privés, et qui leur donne un état non transmis, non transmissible; pour ne pas sentir que *la liberté* qu'il préconise n'est qu'une *liberté légale*, qui consiste dans l'affranchissement de tout statut particulier gouvernant les sociétaires et dirigeant la société, lequel affranchissement laisse les avocats uniquement assujettis aux lois et aux tribunaux, ce qui est être aussi libre qu'on puisse l'être; pour se tromper, dis-je, sur l'acception dans laquelle il a pris ces deux mots, *indépendance* et *liberté*, il faut n'avoir pas lu ce discours entier. La manière dont il le termine lève toute incertitude sur son intention. « Les procureurs, « dit-il,» » n'ont pas l'avantage d'exercer une profession si éclatante; mais quelque » différence qu'il y ait entre leurs fonctions, ils peuvent s'appliquer les » mêmes maximes. » Ainsi les avocats et les procureurs sont aussi *libres*, aussi *indépendans* les uns que les autres. Quant à l'indépendance civile que semblent réclamer les premiers, ce célèbre chef de la justice étoit si peu d'avis qu'elle fût ou qu'elle pût être leur apanage, qu'il écrivoit à leur sujet en 1749 : « Que le plus grand de tous les inconvéniens est celui de » laisser mépriser l'autorité, et de souffrir qu'il y ait un corps dans l'État » qui se prétende indépendant de toute puissance. »

Et à quel titre les avocats aspireroient-ils à cette monstrueuse indépendance? Mettons, pour un moment, de côté la quantité de lois romaines qui les astreignent à prêter leur ministère, sous telle ou telle peine; ne regardons pas non plus à nos ordonnances; traitons la matière sur les seules règles du bon sens.

Ils conviennent qu'un avocat « est un homme de bien, qui sait parler, » *vir bonus dicendi peritus.* Mais un homme de bien, qu'est-ce? Pour qu'on ne me chicane pas sur sa définition, je la tirerai d'un poète philosophe qui, s'étant fait la même question, ne nous avoit certes pas en vue en écrivant la réponse. « L'homme de bien, quel est-il? Celui qui se soumet aux » arrêts, qui obéit aux lois et suit les coutumes. »

> *Vir bonus est quis ?*
> *Qui consulta patrûm , qui leges juraque servat.*
> HORAT. lib. II. Epist. 16.

Or, s'ils refusoient de se soumettre à l'arrêt qui m'affermira dans la jouissance de mon droit, en s'obstinant à ne pas plaider contre moi comme avec un confrère, ils sacrifieroient donc la qualité d'*homme de bien* à celle d'*avocat*, quoique celle-là tienne le premier rang dans la composition de celle-ci.

Je les prie de me dire encore s'ils croient leur office essentiel dans la constitution actuelle de la chose publique. Infailliblement leur avis sera que cet office est essentiel. Je leur demande alors si depuis qu'ils sont avocats ils ne se regardent plus comme citoyens? Ils se récrieront sans doute, et protesteront qu'ils s'honorent de l'être, et qu'ils font gloire de marcher au rang des meilleurs. Mais un citoyen, après avoir obtenu de sa patrie un témoignage de confiance, par la collation d'un *office* essentiel qu'il en a sollicité, peut-il, par quelque motif que ce soit, abandonner cet office au détriment de sa patrie? Quand même il imagineroit voir des raisons qui l'autorisent à se défendre de remplir sa place, peut-il se constituer juge de la valeur de ces raisons? Une maxime pareille accréditée ouvriroit la porte à tous les bouleversemens. Quand la loi, quand les tribunaux commandent, le citoyen exécute leurs ordres. Celui qui résiste n'est qu'un rebelle que les lois, que les tribunaux doivent ramener à l'obéissance.

Et si les avocats ont eu autrefois une sorte de prétexte au silence, ou à l'action volontaire, dans l'espèce d'*incognito* avec lequel ils exerçoient leur profession, ils l'ont abandonné par la publication du tableau. Ceux qui se font inscrire dans cette liste contractent avec l'Etat, qui assure à chacun d'eux des avantages, en considération desquels tous s'engagent à servir le public. Voudroient-ils donc que le contrat ne fût obligatoire que du côté de l'Etat, et prétendroient-ils, pendant qu'ils exploitent tranquillement les priviléges qui leur sont accordés, qu'ils cherchent même, j'en suis la preuve, à les étendre au-delà de toutes bornes; prétendroient-ils, dis-je, rester libres de se soustraire aux devoirs que ces priviléges leur imposent? Assurément ils ne canoniseront point, en ce qui les touche, une doctrine qu'ils se hâteroient d'anathématiser, si elle se présentoit par-tout ailleurs.

La religion du serment, le respect pour les lois, les saints devoirs de patriotes, de sujets fidèles, la nécessité d'acquitter les clauses d'un contrat synallagmatique, les plus fortes chaînes, enfin, tant au for intérieur qu'à l'extérieur, lient les avocats à l'observation du jugement qui interviendra.

Eh! comment leur a-t-il fallu un jugement pour laisser un de leurs confrères en possession de la plus légère prérogative, de celle qu'on ne refuse pas même à un simple citoyen qui n'y aspire qu'à l'abri d'une éducation un peu soignée, et à qui ce titre suffit pour l'obtenir! Comment ont-ils permis, ont-ils souffert qu'au milieu du tribunal, en présence de tout ce qu'on respecte, on me fît tout entier un affront sanglant dont on ménageroit la honte au plus méprisable des hommes dans la dernière des sociétés civiles! Comment la députation, ce conventicule de fantômes qui prononce au hasard des arrêts non rédigés, non signifiés et pourtant exécutés; qui, dans sa souveraine inexistence, fait un tort du malheur, un reproche du talent, un crime du travail; comment, dis-je, la députation s'est-elle enhardie, jusqu'à m'enlever, sans explication de ma part, ni de la sienne, et sous les regards du parlement, les droits que m'a conférés le parlement, et sur lesquels les premiers juges s'étoient abstenus de rien décider! Mais comment sur-tout, après que les avocats m'ont exclu du barreau, un avocat, M*. G....., a-t-il pu s'y montrer, et, mon poste vacant, obtenir contre moi, par défaut, des jugemens auxquels on venoit de m'interdire la faculté de m'opposer! « Nous sommes dans l'arène, vous me » faites arracher mon arme, et vous, demeurant armé, vous me poursuivez,

» vous me frappez..... Arrêtez ; et en attaquant mon honneur, au moins
» songez au vôtre. »

J'apporte aux pieds de la Cour mes griefs et mes doléances. Les uns ne
motivent que trop les autres. Je dois aux vaines difficultés que quelques
avocats m'ont suscitées, une foule de procédures frustratoires qui dévorent
mon patrimoine. La chicane s'institue héritière de mon père ; et ce n'est
pas assez de me dépouiller de ma fortune, je dois à leur injure la perte
de ma santé et celle de mon repos. Le temps coule trop rapidement pour
satisfaire aux courses, aux écritures diverses qu'exigent de moi la foule
des incidens que le premier a fait naître. Les auteurs de ma peine voient
mon trouble, mon cruel embarras, mes écrits et mes démarches également
précipités ; ils les voient, ils en rient, ils en profitent. Mais les juges
supérieurs, dont j'espère tant, ne leur font-ils rien craindre ?

Signé, Morizot, Avocat et partie.

M^e. Falconnet.

Monsieur SEGUIER, avocat-général.

Brazon, procureur.

OBSERVATIONS

SUR LE PRÉCÉDENT MÉMOIRE.

J'ai cru devoir réimprimer ce mémoire, qui n'eut point de suite, que
j'avois fait pour le sieur Morizot, et dans la circonstance qu'on y trouve
exposée, parce qu'il y aura toujours des avocats, et qu'il est impossible que,
sous quelque dénomination que ce soit, la justice s'en passe.

Or, je regarde comme infiniment important pour eux et pour le public,
de les prémunir contre le désir de faire corps, et sur-tout contre la fantaisie
beaucoup plus funeste d'avoir un régime quelconque.

Un avocat doit être un homme essentiellement libre. Donnez-lui des
inspecteurs, des contrôleurs, il en résultera qu'il ne sera plus que ce que
ses inspecteurs et contrôleurs voudront qu'il soit.

Et combien d'inconvéniens ne naîtroient pas de cette espèce de chambre cen-
soriale qu'on établiroit parmi eux ! Tous les membres qui la composeroient
deviendroient des idoles qu'il faudroit encenser, à peine au moins de tracasseries ; il faudroit respecter leurs intérêts, leurs opinions, et même celles de

ceux qui les toucheroient. Dans le mémoire de cet avocat appelé Fericocq de la Dourie, que j'ai cité à diverses reprises dans le mien, il rapporte le trait d'un avocat « qui, chargé par une dame du premier rang, de com-
» battre une sentence arbitrale rendue par deux avocats, du nombre des-
» quels étoit le gendre d'un bâtonnier ayant eu le courage de relever des
» erreurs de MM. les arbitres avec des termes qui n'ont pas laissé de blesser
» leur amour - propre , excita la bile du beau - père devenu bâtonnier ,
» qui, ensuite, en le diffamant, prépara ses confrères à donner leurs suffrages
» au complot de sa radiation. »

Un avocat, comme tous les autres citoyens, ne doit être assujetti qu'aux lois de son pays, dont il faut qu'il connoisse les dispositions et sur-tout l'esprit.

Cette connoissance n'est pas l'affaire d'un jour. Quoique nos lois soient enfin simplifiées et réduites à cette uniformité qui fut l'objet de tant de vœux, il reste et il y aura beaucoup de procès qui ne pourront être décidés que par les anciennes coutumes auxquelles il sera nécessaire de recourir encore long-temps.

Un avocat ne sauroit se passer de savoir les lois romaines qui font la base des nôtres.

Il a les règles de la procédure, la jurisprudence des arrêts, qu'il doit se rendre familières.

Ceci n'est encore que comme les fondemens, la charpente de l'édifice. C'est pour l'aspirant à l'éloquence une tâche indispensable à remplir, que celle de méditer les grands modèles anciens et modernes : poètes, orateurs, historiens, philosophes, grecs, latins, français, italiens, anglais, allemands. Il faut qu'il emploie, à s'en pénétrer, quelle heureuse obligation! les jours, les nuits même. Je leur dirai ce que disoit Horace aux poètes de son temps :

Vos exemplaria.....
Nocturnâ versate manu , versate diurnâ.

C'est par ce moyen qu'il parviendra à se faire une manière d'écrire et de parler, un style, un langage à lui; qu'il méritera d'être distingué parmi ses confrères, et qu'il l'emportera sur ses rivaux.

Je ne trace ici qu'une esquisse très-imparfaite des travaux qu'exige la profession d'avocat. Mais produisons sur la scène cet individu né avec la passion de cet état, les dispositions nécessaires pour y réussir, cultivées dans le silence de la retraite, et qui déjà s'est assuré de ses moyens par des compositions applaudies seulement de quelques amis : que deviendra-t-il avec la discipline ?

Le laborieux abbé Le Bœuf nous a conservé dans ses mémoires sur l'histoire d'Auxerre, l'anecdote suivante :

» En 1593, le parlement séant à Tours, un sieur Le Clerc de la Forêt
» ayant assisté un jour, en parlement, à la réception d'un de ses amis, à
» une charge de conseiller, lorsqu'on eut cessé de parler sur le sujet de
» la séance, il demanda permission de traiter la même matière, et il parla
» d'une manière si pathétique, qu'il se concilia l'estime de tous ses auditeurs,
» et fut reçu avocat à l'instant. »

Ici, que demande-t-on à l'homme qu'on reçoit avocat ? Une preuve de talent ; et c'est tout.

Mais si l'on a un régime, en sera-t-il de même?

Outre les talens toujours présumés et si rarement prouvés, l'ancien exigeoit « un noviciat de quatre ans, qu'on appeloit stage. »

Il avoit décidé « qu'on ne recevroit plus au stage d'avocats d'un âge » au-dessus de quarante ans. »

Ainsi, ces hommes singuliers, qui, distraits par d'autres occupations, ou qui ont besoin d'une sorte de maturité pour le développement de leurs facultés intellectuelles, auroient été éloignés du barreau; et le célèbre Arnaud d'Andilly, par exemple, qui ne commença qu'à l'âge de cinquante-cinq ans, à produire des ouvrages qui l'ont immortalisé, n'eût pas été jugé digne de défendre l'innocence par des mémoires, ou de diriger l'impéritie par des conseils!

Il avoit arrêté, cet ancien régime : « que celui qui auroit exercé l'ho- » norable état de précepteur, ne seroit pas admis au stage. »

Ainsi, ce Rousseau de Genève, qui, au milieu de ses paradoxes, de ses contradictions, de ses extravagances raisonnées, n'en est pas moins un de nos plus brillans écrivains, n'auroit pu prétendre aux honneurs du tableau, parce qu'il avoit élevé les fils de M. de Mably! Ainsi, ce Linnée, qui avoit passé sa vie à faire l'éducation de plusieurs seigneurs allemands, dont le nom figure parmi ceux des plus recommandables Jurisconsultes (1), et qui mourut conseiller privé du Margrave de Brandebourg, auroit été rejeté comme indigne de la liste des postulans à la profession d'avocat!

Il avoit statué : « qu'aucun ecclésiastique ne seroit reçu au tableau. »

Ainsi, ce modeste et savant abbé de Fleury, à qui nous devons l'histoire du droit français et tant d'autres excellens ouvrages, auroit été exclu du rang des aspirans aux fonctions d'avocat; ainsi, cet illustre Dossat, ecclésiastique, avocat, cardinal ensuite, à qui l'un de nos plus grands Rois eut tant d'obliga- tions, auroit été impitoyablement repoussé à la barrière!

Il vouloit « qu'en débutant, un jeune homme eût déjà un commencement » de fortune, l'apparence du luxe, les airs de l'opulence. »

Ainsi, ce Jeannin (2) qui, de pauvre avocat, devint premier Président au parlement de Bourgogne, et Ministre d'État sous Henri IV, eût vu la carrière se fermer devant lui, et sa grandeur future condamnée au néant!

Il étoit déjà passé en principe : » qu'un avocat ne pouvoit point faire » de billet à ordre, de lettre-de-change, qu'il lui étoit défendu de prendre » aucune procuration, etc., etc. »

Et pourquoi un avocat ne pourroit-il pas ce que peuvent des Magistrats de tous les rangs, des militaires de tous les grades? Pourquoi eux, qui ne travaillent pendant toute leur vie qu'à mériter la confiance, se refuse- roient-ils à en recevoir la preuve la plus sensible? « Mais s'ils ne faisoient

---

(1) Les ouvrages de Jean Linnée regardent le droit public. Il a écrit sur les Capitula- tions de l'Empire, sur la Bulle d'or, sur les Droits de l'Empire germanique; etc. Il est en grande estime parmi les Publicistes.

(2) Un homme riche, qui vouloit faire son gendre de Jeannin, fut le voir. Il lui demanda « en quoi consistoit son bien. » Jeannin lui montrant d'une main quel- ques livres sur une tablette, et portant l'autre sur son front, lui répondit : « Voilà » tout mon avoir. »

» pas honneur à leurs billets, s'ils s'acquittoient mal de ce dont ils se seroient
» chargés ? » Alors ils payeroient de leur liberté, de leur réputation, les fautes
qu'ils auroient commises; qu'importe à leurs confrères ? quel besoin ont-
ils de sévir contr'eux ? Qu'ils laissent les tribunaux et le public en faire
justice, et qu'ils s'en rapportent à eux, ils s'en acquitteront bien (1).

Avocats, inspectez-vous vous-mêmes avec la plus grande sévérité, mais
gardez-vous de donner à vos confrères le droit de vous inspecter; autrement, craignez que de proche en proche on ne passe de vos fonctions
d'avocats à vos actions civiles; que la jalousie, mère de la haine, n'exerce
une inquisition scandaleuse sur vos personnes; que si votre conduite n'offre
rien de répréhensible, on s'attache à vos discours; qu'on aille jusqu'à vouloir
deviner vos opinions, pressentir vos pensées, prophétiser vos destins, et
vous juger sur ce qu'on suppose que vous ferez, lorsqu'on ne pourra pas vous
attaquer sur ce que vous aurez fait, ou sur ce que vous faites.

Ce fameux Gauthier que Boileau peignit

> . . . . *plus aigre et plus mordant.*
> *Qu'une femme en furie,*

avoit gagné au palais plus de 400,000 francs, il mourut dans sa soixante-
seizième année, ne laissant qu'une pièce de trente sols (2). Si, de son temps,
il y eût eu une discipline, on l'auroit rayé du tableau pour inconduite, pro-
digalité, que sais-je ?

Ne vous y méprenez pas : ce qu'il vous faut essentiellement, c'est des
lumières, du génie, des vertus; et c'est ce qu'une discipline ne sauroit
vous donner.

Vous voulez être membre d'un corps considéré! Quelle idée! « Acquérez
» une considération personnelle. »

Pourquoi voulez-vous tenir de votre corps ce qu'à l'instar de vos anciens
vous pouvez tenir de vous-mêmes? Prenez garde que ce ne soit ici un conseil
de la vanité; et rappelez-vous que la vanité est le plus sot de tous les
conseillers.

---

(1) La qualité d'intendant n'étoit nullement incompatible autrefois avec celle d'avocat;
et Loisel, dans son dialogue, se plaint : de ce que les Conseillers et autres officiers
du Roi se sont emparés des Conseils des Princes et des Seigneurs, et ont par-là
ôté aux Avocats une grande partie de leur considération. « J'en ai connu un (un avocat)
» que je ne veux pas nommer, » dit-il, » qui ne plaidoit, ni ne consultoit, ni n'écrivoit
» que fort peu et assez mal, lequel n'a pas laissé de faire une bonne maison en qualité
» d'avocat, ayant une telle adresse, qu'étant chargé des affaires de plusieurs maisons
» il savoit choisir un bon avocat plaidant quand il en avoit besoin, un autre pour écrire
» et consulter, et conduisoit si bien son fait qu'il étoit beaucoup plus recherché que
» beaucoup d'autres meilleurs avocats que lui. (Pag. 542.) » On voit qu'un pareil avocat
n'étoit autre chose qu'un intendant. Le même auteur parle de M. Jean de Lamoignon,
qui étoit Conseil de M. de Nevers, « plaidant pour ses officiers, domestiques et sujets,
» auquel succéda Jean Chandon. (Pag. 549.) »

(2) Voyez *Mélanges d'Histoire et de Littérature*, de *Vigneul Marville* (Don Bona-
venture d'Argonne), tom. 1er., p. 439, 4e. édit.

NOTICE

SUR

LA VIE DE Mᵉ. LOUIS-CLAUDE RIMBERT,

Avocat au Parlement de Paris.

Par M. FALCONNET.

M. Rimbert étoit né à Paris le 26 octobre 1739.

Il fit d'excellentes études, et montra dès sa jeunesse des dispositions heureuses pour ce talent si rare de l'éloquence, qui n'est pas comme celui de la poésie, où *il n'est point de degré du médiocre au pire.*

Reçu avocat en 1765, il n'éprouva pas le désagrément d'un long noviciat assez ordinaire dans cette carrière. Il débuta avec un succès qui se soutint et s'accrût. Je l'ai vu, dès 1769, partageant, avec Mᵉ. de la Goutte, les honneurs des premières audiences du matin, où il n'a jamais eu parmi ses concurrens que peu d'égaux et point de supérieurs.

Il avoit une adresse merveilleuse pour saisir le point d'une difficulté, et beaucoup d'habileté pour la résoudre. Tantôt développant, tantôt concentrant son moyen, toujours clair, toujours méthodique. Sa voix avoit de l'étendue, peut-être un peu d'âpreté ; mais il couvroit ce défaut d'organe par une grande aisance, une sorte de chaleur qui le faisoit écouter des juges avec attention, et des auditeurs avec plaisir.

Il connoissoit parfaitement non pas seulement le texte, mais l'esprit de la coutume et de l'ordonnance, et il ne les citoit jamais qu'à propos et dans le moment décisif.

On a de la peine à concevoir combien, pendant trente années au moins, sa vie fût laborieuse. Je lui ai ouï dire qu'il lui étoit arrivé de plaider jusqu'à deux mille causes en un an ; quand il n'auroit donné que deux heures à chacune, c'est quatre mille heures, qui, en comptant bien, font plus de quatorze heures de travail par jour.

Il reparut dans le nouveau palais avec moins d'éclat. La révolution avoit attaqué sa fortune et sa santé. Il prit le parti, qui fut bientôt un parti forcé, de se livrer à la consultation.

Un rhumatisme goutteux, dont il avoit depuis assez long-temps ressenti les atteintes, le confina d'abord dans sa chambre, ensuite dans son lit, où, malgré ses douleurs, il écoutoit encore ses cliens, répondoit à leurs questions, et causoit avec ses amis d'un ton tranquille, serein, sans que personne s'apperçût de ses souffrances.

Il étoit dans cet état, lorsqu'il fut nommé juge à la Cour d'Appel. Cette place honorable, il ne la dut qu'à son mérite, qui seul la sollicita et l'obtint pour lui. De ce moment il renvoya toutes les nouvelles affaires, de peur que l'avocat compromît le juge.

Il saisit un instant de relâche pour aller prêter serment; mais malgré son vif désir il n'en trouva pas un second pour aller siéger.

Son mal augmenta peu-à-peu; l'humeur se porta au cerveau, redescendit sur sa poitrine, s'y fixa, et l'emporta malgré tous les secours de la médecine et tous les soins de l'amitié, le 3 thermidor an 13 (22 juillet 1805.)

Il avoit vécu, il est mort célibataire ; mais comme jamais aucun client n'avoit eu à se plaindre de sa loyauté, ni aucun ami de sa franchise, il est arrivé qu'ayant conquis beaucoup d'estime, il a emporté beaucoup de regrets.

Peu de temps après la mort de M. Rimbert, cette notice fut insérée dans le Journal de Paris.

NOTICE HISTORIQUE

SUR

M. LE ROY DE SAINT-VALERY,

Avocat au Parlement de Paris.

Par M. FALCONNET.

CHARLES-PIERRE LE ROY DE SAINT-VALERY naquit à Paris , en 1767 ,
de Louis Le Roy, avocat au Parlement, déjà distingué à cette époque par
des connoissances et des talens peu communs dans une profession où
de nombreux concurrens ne laissoient guère percer que le mérite. Sa réputation ne fit qu'augmenter. Des clientelles illustres y mirent le sceau. Il
suffiroit peut-être à l'éloge de M. Louis Le Roy, de dire : Qu'il fut le conseil
de plusieurs grandes maisons , entr'autres de celle de Bouillon, et qu'il
eut l'avantage d'être autant l'ami que le conseil de M. le Duc de Penthièvre,
ce prince qu'un assemblage des plus rares vertus rendit si cher à ses contemporains et si recommandable à la postérité. Considéré par les premiers
Magistrats , admis dans leur familiarité , M. Le Roy n'en étoit pas moins
accessible aux malheureux qui avoient besoin de ses lumières ; recherché
par le riche , il ne repoussa jamais le pauvre, et il préféra souvent les
touchantes bénédictions du dernier à la reconnoissance fastueuse de l'autre.
Aujourd'hui retiré à Saint-Germain , il y vit avec quelques amis et le doux
souvenir de ses bonnes œuvres, heureuse compagnie de l'homme de bien.

Son fils Charles, formé par l'exemple et les leçons d'un tel père, ne pouvoit
manquer de devenir un sujet remarquable. Il brilla dans ses études. Sorti
du collége, il lut nos bons auteurs avec l'enthousiasme d'un goût inné ;
mais quelque sensible qu'il fût au charme de la littérature, il s'occupa
sérieusement du droit, menant de front la science aride des lois, et celle
si intéressante de l'art de tout peindre et de tout embellir.

Il fut reçu avocat à l'âge de vingt ans. Il se mit alors à fréquenter le barreau, où il put encore entendre Gerbier, et les avocats sortis de son école, Hardoin, de Bonnière, etc.

Mais il ne put les entendre qu'un moment. Le temps se mit à l'orage. Les discussions politiques, les événemens qui les accompagnèrent, la révolution qui déjà frappoit aux portes à grands coups, ne lui permirent presque autre chose que des apparitions au Palais, où les magistrats de ces derniers temps furent souvent interrompus par des scènes politiques qui occupèrent et suspendirent plus d'une fois les séances judiciaires.

Quand l'ordre de choses ancien fut tout-à-fait renversé, le jeune Le Roy embrassa le commerce. Il n'y fut pas heureux, c'est le mot qu'il faut employer pour parler de ces momens où le hasard décidoit tout-à-la-fois des spéculations et de leur sort. Mais s'il éprouva des pertes, elles furent pour lui seul, et nul autre n'eut à s'en plaindre.

Lorsque les tribunaux eurent repris une sorte de consistance, et que les lois purent enfin se faire entendre, son respectable père, ses anciens camarades, sa position, son goût, tout l'invitant à rentrer dans une carrière qu'il avoit choisie autrefois, et dont il avoit été violemment arraché plutôt qu'il ne l'avoit quittée, il céda à d'aussi puissans moteurs, et son début fut un triomphe. De ce moment il fut jeté dans le grand emploi, c'est-à-dire qu'une foule de cliens de toutes les classes vinrent se presser autour de lui, aussi remplis de confiance en ses talens, que d'estime pour son caractère.

En l'an 5, il épousa mademoiselle Mony, fille d'un ancien notaire. La nature et l'éducation l'avoient à l'envi enrichie de tous leurs trésors. Il connoissoit la gloire ; sa jeune et charmante épouse lui fit connoître le bonheur.

L'hymen ne lui rendit pas les devoirs de son état moins chers : il s'y livra peut-être avec plus d'ardeur. Epoux, et bientôt père de famille, ces deux qualités imposent des obligations qui forcent à sacrifier à la fortune. La profession d'avocat ne ressemble en rien aux autres. Presque dans toutes on peut se faire aider, avoir des manœuvres dans son atelier, des ateliers en ville, se contenter de donner des ordres et d'inspecter les ouvriers : un avocat est obligé rigoureusement de tout examiner, de tout savoir, de tout faire, il ne peut recevoir des secours de personne ; et si par hasard on lui fournit quelques matériaux, quelques autorités, quelques moyens, il faut qu'il se les rende propres, ce n'est pas une dispense de travail qu'on lui fournit, c'est un travail d'un autre genre auquel on l'astreint.

Ajoutez que rien de plus fastidieux que l'entretien des plaideurs, la lecture des titres, des pièces ; d'un autre côté, rien qui demande une plus grande contention d'esprit, que la parfaite intelligence des lois, leur juste application à la cause que l'on traite, et le mode qu'il faut employer pour présenter celle-ci aux juges dans son véritable point de vue. Heureux donc celui qui peut se délasser dans la société d'une femme aimable, et dont il est aimé, de toutes les fatigues du jour, sans avoir besoin d'aller chercher dans les cercles ailleurs que chez soi, les distractions dont il a besoin ! Tel fut le destin de M. le Roy ; et l'on conçoit combien son cabinet y gagna.

Il avoit pour amis tous ses confrères, ceux sur-tout dont le barreau actuel s'honore ; mais il étoit particulièrement lié avec M. Lépidor, duquel on trouve deux mémoires dans le premier volume de cet ouvrage.

Lépidor, passionné pour les arts, dont il avoit une connoissance fort étendue, excellent littérateur, sachant des langues mortes, la grecque et la latine, et des vivantes, la sienne et l'anglaise, étoit un de ces personnages singuliers dont le double portrait auroit figuré dignement à la suite de ceux de Corneille, de Lafontaine et de Santeuil, dans les Caractères de la Bruyère. (*Voy.* son livre, *sect.* DES JUGEMENS.) En effet, aujourd'hui sombre, distrait, endormi, il se réveilloit, pour ainsi dire, en sursaut, improvisoit un discours plein de sève, de chaleur, d'ordre, parloit comme écrivit Jean-Jacques, vous inspiroit son enthousiasme, et vous forçoit à l'admiration ; demain, au contraire, ouvert, gai, tout à vous, c'étoit un parleur indigeste, insipide, intarissable, et par malheur ne vous laissant ni le temps ni la faculté de répondre, appuyant sur des riens, y revenant sans cesse, vous inondant de paroles et d'ennui, et enfin autant à fuir qu'il étoit hier à rechercher (1). Mais ce Prothée dans la conversation, ne changeoit pas la plume à la main. Sévère pour lui, il étoit d'une rigidité inflexible pour les autres. Il ne leur pardonnoit rien, et poussoit la critique jusqu'à la minutie. Son ami, qui lui confioit tout ce qu'il produisoit, avoit dans tous les temps la patience de l'écouter, et profitoit de ses censures. Il est difficile sans doute de rencontrer un de ces hommes d'un goût sûr et en même temps d'une inexorable sincérité, qui dise, quand on le consulte,

---

(1) Le Barreau, où il marquoit, l'a perdu le 9 décembre 1807. Il avoit fait pour lui cette épitaphe qu'on a trouvée dans ses papiers :

Cy gît, et ne faut en gémir ,
La mort d'un grand poids le délivre ;
Jean Lépidor qui fit bien de mourir,
Car il ne put jamais apprendre à vivre.

Peut-être son état habituel de mauvaise santé donneroit-il la clef d'une partie de ses disparates. Il se délectoit à verbiager, à remuer la langue enfin, parce que probablement cet exercice lui faisoit oublier une partie de ses souffrances. Outre qu'il étoit bon dessinateur, bon musicien, il s'étoit appliqué à la botanique, et même avoit publié un ouvrage qui annonçoit des progrès peu communs dans cette partie de l'Histoire naturelle.

Quoique très-instruit, il ignoroit l'art de se faire valoir. Ce n'est pas qu'il ne sentît ce qu'il valoit ; mais bon, simple comme un enfant, en présence des autres il ne songeoit plus à lui, et cherchoit du mérite, en trouvoit même à ceux qu'on regardoit généralement comme n'en ayant point. Ce n'étoit que seul ou avec un ami qu'il querelloit la fortune ; que son austère probité s'indignoit contre toute injustice ; qu'il devenoit caustique, frondeur, et alors cherchoit et découvroit des défauts à ce qu'on croyoit la perfection. Il aimoit la société, et tantôt la société le contrarioit, tantôt il contrarioit la société. Dans la solitude ses maux physiques l'obsédoient, une forte application pouvoit seule l'en distraire ; mais elle n'étoit pas sitôt tombée qu'ils se faisoient sentir plus vivement.

Un des amis de Fontenelle le voyant près de sa fin, lui disoit tout haut : « Que sentez-vous M. de Fontenelle ? » L'agonisant répondit : « L'impossibilité de vivre. » Si l'on avoit fait la même question à Lépidor, dans tous les instans de sa vie, il auroit dit : « L'impossibilité d'être heureux. »

sa pensée franche et toute entière; mais si ce mérite est rare, il en est un plus rare encore, c'est celui d'entendre sans humeur des vérités peu flatteuses pour l'amour-propre, et d'en faire usage sans amendement. Or, ce dernier mérite fut le mérite de notre orateur.

On auroit tort cependant, si l'on s'imaginoit que M. Le Roy ne faisoit auprès de son ami que le rôle d'un disciple docile, recevant des leçons de son maître : c'étoit entr'eux un commerce, une échange d'idées, de conseils, et Lépidor a plus d'une fois avoué qu'il avoit souvent mis à profit ceux de son camarade. Ainsi Boileau apprit à Racine à faire des vers difficilement, et Racine, à son tour, fit corriger ou même retrancher à Despréaux des tirades peu dignes de leur auteur et de la perfection à laquelle il aspiroit.

Il a fort peu imprimé (1); cependant dans toutes les affaires il écrivoit son exorde et sa péroraison, qu'il travailloit même avec soin; ensuite il expliquoit le fait en deux mots, se traçoit une route, cotoit les moyens, indiquoit les pièces et l'endroit à lire, recueilloit les citations, les autorités, et se faisoit ainsi un cadre dont il ne s'écartoit pas, et qui produisoit de toute nécessité un excellent plaidoyer.

La communication que madame Le Roy, sa veuve, a bien voulu m'accorder de tous ses manuscrits, m'a mis à même d'entrer dans ces détails.

Je voudrois pouvoir rendre compte d'un mémoire qui concerne une jeune étrangère, mariée à Paris, dont l'historique tient du roman. Mais comme j'ignore si la cause a été portée devant les Tribunaux, et que je ne voudrois pas qu'on accusât mon zèle d'imprudence, je prendrai le parti de n'en rien extraire.

Voici le début d'un de ses plaidoyers, dans une cause célèbre lorsqu'elle fut agitée :

« CITOYENS MAGISTRATS,

» Le jeune R...., l'honneur de sa famille et le soutien de son vieux
» père; le jeune R.... qui, par ses talens seuls, étoit parvenu à se créer
» dans cette capitale une existence commerciale brillante; ce jeune homme
» doué de toutes les bonnes qualités que vous pouvez souhaiter à vos propres
» enfans, est saisi subitement d'une fièvre inflammatoire, et la violence
» du mal l'enlève en cinq jours.

» Auprès de son lit de mort veilloient ses spoliateurs, et ces cinq jours
» suffisent à leur génie.

» D'abord on s'empare du malade, on le transporte hors de chez lui; par

_____

(1) Le Mémoire pour M. De Vouges fait sur la propriété d'un tableau, et qui termine le 1er. volume du Barreau Moderne, est le seul dont il se soit trouvé des exemplaires.

Je ne pus pas dans le temps donner le jugement. Des informations que j'ai prises, il résulte que la cause finit par une transaction; M. De Vouges, peintre d'un vrai talent, s'étant contenté de recevoir 1200 fr., abandonna le tableau au sieur Dufay. *Voy.* p. 587 de la deuxième partie du 1er. volume.

» des lettres supposées on trompé ses parens, on le soustrait à tous les
» regards; et la fraude mettant à profit jusqu'aux dernières douleurs qui
» attestent l'existence de sa victime, livrée tout-à-la-fois à la maladie la
» plus cruelle et à la plus vive obsession, exécute le projet le plus audacieux.

» Le 3 vendémiaire on fait signer au moribond une reconnoissance
» d'enfant; le lendemain 4, une publication de bans; le lendemain 5,
» les conditions civiles du mariage; le lendemain 6, l'acte de célébra-
» tion; le lendemain 7, il expire.....; et pour couronner l'effrayant tableau
» de cette cause, celle qui lui fut unie quelques heures seulement, devenue
» mère, pour ainsi dire sur le cercueil de son prétendu mari, et riche par
» son veuvage, passe à de secondes noces, et consomme ainsi le partage
» des dépouilles du défunt avec l'artisan le plus déterminé, avec l'acteur
» le plus impudent de cette scène de brigandage.

» A la nouvelle de ces scandaleux détails, quelle famille auroit gardé
» le silence? La famille R.... s'assemble, se présente devant le premier
» juge. Tous les faits que je viens de vous exposer sont reconnus et pour-
» tant légitimés!

» Cependant loin d'elle le découragement et la plainte dès qu'elle a le
» bonheur de vous avoir pour juges. Oui, citoyens Magistrats, la connois-
» sance de cette cause vous appartient à plus d'un titre, puisque, pour la
» décider, il faut réunir à la supériorité des lumières un respect religieux
» pour les mœurs, et saisir l'intimité des rapports de la morale et de la
» législation qui, aux yeux du vrai Magistrat, ne forment qu'un seul code
» dont il est l'interprète.

» Troublée dans ses relations les plus précieuses par la subite apparition
» d'un fantôme de veuve qui s'empare de la fortune, d'un feint enfant qu'on
» investit du nom Fortune, nom composant son patrimoine; cette famille
» éperdue vient donc vous demander, à vous dépositaires des lois, à vous
» gardiens de la morale publique, si ces actes les plus importans dans
» l'ordre social, si ces actes accumulés dans l'agonie du jeune R..., conçus,
» rédigés sous l'empire de la mort, datés, si l'on peut ainsi parler, du tom-
» beau, sont valables; si une reconnoissance de paternité arrachée à un
» agonisant; si un mariage clandestinement brusqué sous les rideaux du lit
» d'un moribond, peuvent être rangés au nombre de ces contrats dont la
» solennité, la publicité, la spontanéité forment le principal caractère? »

Ou conçoit tout ce que promet un pareil préambule. Sans doute l'avocat
ne fut point au-dessous de lui-même dans les développemens des moyens
que lui fournissoit cette exposition. Je n'ai rien trouvé de son canevas
que la fin, qui ne dépare point le commencement et ne mérite pas moins
d'être conservée.

« Telle est, citoyens Magistrats, la cause dont je me suis occupé à mettre
» sous vos yeux l'ensemble et les détails: elle porte sur elle les caractères
» visibles du temps de sa naissance. Qu'on fouille les annales de la jurispru-
» dence, on y trouvera des actes arrachés par la violence, des donations
» surprises à la foiblesse, des testamens dictés par la suggestion; mais il a
» fallu une époque révolutionnaire qui apprît à l'audace quelle étoit sa
» puissance, pour l'encourager à l'exécution de cet incroyable projet d'arra-

» cher le *oui* nuptial d'une bouche expirante, au milieu des hoquets de
» l'agonie et des convulsions de la mort.

» Tremblez! suis-je tenté de crier à tous les célibataires ; vous vous êtes
» privés des douceurs du mariage dans la crainte religieuse de n'en pouvoir
» remplir les devoirs ; redoutez les derniers momens de la vie. La garde qui
» soigne vos derniers momens, la domestique qui vous veille peut con-
» cevoir le dessein d'être votre veuve. Suivez-moi dans la chambre
» de R... agonisant, et ce plan va s'exécuter sous vos yeux.

» Saisi subitement d'une maladie mortelle, il est incessamment brûlé du
» feu d'une fièvre dévorante : c'est la foudre qui l'a frappé ; et pour me
» servir de l'expression de Morel : *à peine malade, il est tout-à-coup*
» *envelopé de toutes les horreurs de la mort.*

» L'aliénation d'esprit dans lequel il est tombé le porte à hâter, par un
» essai géminé de suicide, cette mort qui déjà l'assiége et le presse.

» Mais cet état même favorise nos fabricateurs de mariage, nos ouvriers
» d'expilation. R..., célibataire, n'a que quelques heures à vivre ; R... mourra
» époux et père. Il ne s'agit que de quelques signatures ; la complaisance des
» officiers publics levera tous les obstacles, et le résultat de ces perfides
» coalitions sera de transporter à des étrangers les 200,000 francs composant
» la fortune de R... Ils recueilleront sa succession, et la famille n'héritera
» que de la honte de ce mariage testamentaire, car la fille H... deviendra
» un de ses membres.

» Depuis quinze ans, on ne peut le nier, J... et la fille H... sont liés
» ensemble : l'enfant Mirtil est le fruit public de leur liaison. Le mariage
» de R... et d'H... ne durera que vingt-quatre heures ; J... et H... reprendront
» leur ancienne habitude. Un second mariage viendra légitimer l'enfant
» conçu dans les six mois du deuil, et rétablir entr'eux la communauté des
» dépouilles.

» Ah! CITOYENS MAGISTRATS, la famille R..., dont l'honneur et l'intérêt
» se trouvent engagés dans cette cause, obtiendra sûrement de votre
» justice le droit de vous éclairer par une enquête, sur la profanation qu'on
» a faite du contrat le plus noble et le plus essentiel de la société, celui du
» mariage.

» Les présomptions les plus violentes, les indices les plus clairs, les
» conjectures les plus fortes jettent déjà d'affreuses lumières sur J... et sa
» femme. La preuve testimoniale est d'autant plus favorable, que les témoins
» ne peuvent être que les individus employés autour du presque défunt par
» les adversaires eux-mêmes. »

On m'a dit que les parties adverses, consternées, ne laissèrent pas aller
la cause plus loin, et qu'un arrangement mit fin à la contestation. C'est à des
résultats pareils que doivent aspirer les avocats.

Quand, après avoir entendu les premiers discours de Cicéron contre lui,
Verrès, épouvanté, ne comptant plus ni sur l'éloquence de son patron
Hortensius, consul désigné, ni sur les ressources de la brigue et des présens,
s'enfuit de Rome et se condamna lui-même à l'exil, après avoir payé une
amende de cinq millions ; ce fut pour l'orateur une victoire plus éclatante
que le jugement qu'il auroit obtenu du préteur. Un coupable puissant et

riche conserve au fond du cœur l'espérance d'être absous, et il ne la perd que lorsqu'une grande puissance la lui enlève. L'aveu de cette puissance, qui résulte de la conviction de l'accusé prouvée par sa conduite, est un hommage à la justice, qui constitue le véritable triomphe du talent ; car combien n'est pas déplorable l'emploi du talent, lorsqu'il ne sert pas la justice !

M. Le Roy avoit pour sa profession plus de goût que de force : sa santé s'altéra par des travaux trop continus. Il parloit avec aisance ; mais quand on plaide, il faut aussi parler avec feu ; et cette habitude que l'on prend au Palais, on la porte souvent dans son cabinet et presque toujours dans les cercles : alors on plaide à l'audience, en conférence, en société ; seul on ne s'en aperçoit pas : c'est en vain que la poitrine nous en avertit ; on ne l'écoute que lorsqu'il n'est plus temps.

Environ un an avant sa mort, des crachemens de sang annoncèrent à M. Le Roy qu'il falloit renoncer à la plaidoirie : peut-être auroit-il dû aller jusqu'à renoncer à toute application, à tout travail de tête ; mais quand une clientelle intéressante réclame vos avis, vous presse, vous conjure de ne pas abandonner des intérêts qu'elle vous a confiés, il est bien difficile de résister à d'aussi honorables instances ; aussi n'y résista-t-il point, et ne s'en trouva pas mieux.

Son épouse alarmée prit, dès qu'elle s'aperçut de son état, toutes les précautions que lui dicta sa tendresse. Elle lui prodigua tous ces soins délicats, soutenus, qu'inspire l'amour conjugal, et qu'aucun sentiment ne peut suppléer, parce qu'aucun autre n'en admet ni l'étendue ni l'abandon. Elle eut plusieurs fois l'espérance, qu'il partageoit avec elle, de le soustraire à la faulx du trépas ; souvent un mieux notable lui fit croire que son époux échappoit à tout danger ; chère, mais vaine illusion ! la maladie barbare et perfide dont il étoit attaqué fait avec ceux qu'elle atteint, comme cet animal domestique, et que pourtant nous n'apprivoisons jamais, fait avec ces animaux plus petits destinés à lui servir de proie ; elle leur permet de s'éloigner, mais elle ne les perd pas de vue ; elle les quitte pour les reprendre, joue avec eux pendant un temps plus ou moins long, et finit par les dévorer. Il fut enlevé à sa femme, à ses enfans, à ses amis, à ses confrères, à ses cliens, le 5 février 1805, dans la trente-huitième année de son âge. Il mourut, après avoir fait le sacrifice de sa vie, plein de foi et d'espérance, muni des sacremens de l'Église, qui lui prodigua tous les secours qu'elle accorde à ses enfans dans leurs dernières heures.

M. Le Roy étoit d'une stature médiocre, doué d'une physionomie intéressante ; les empreintes que la petite-vérole laissa sur son visage n'ôtèrent à sa figure aucun de ses agrémens. Son regard doux, vif, spirituel, prévenoit en sa faveur. Au barreau, le son de sa voix flexible, argentin, ne laissoit rien perdre de ce qu'il disoit ; son débit heureusement, purement accentué, le plaçoit au premier rang de ceux que distinguoit le talent de la déclamation oratoire ; la sienne, gracieuse dans la narration, grave dans l'exposition des principes, pressante dans l'argumentation, noble quand il présentoit une image, pathétique lorsqu'il exprimoit un sentiment, lui auroit seule acquis de la célébrité comme avocat.

Dans le monde, M. Le Roi étoit universellement accueilli et recherché : on se faisoit un plaisir de le voir. Il possédoit à un haut degré cet art si rare de la conversation, dont chacun a besoin et qu'on ne cultive plus. Loin d'éteindre l'esprit des autres pour montrer le sien, on auroit dit qu'il apportoit au milieu de la compagnie un flambeau où chacun alloit allumer sa bougie. Personne ne sortoit de son entretien sans se croire de l'acquit, du goût, sans être plus content de soi. Brillant sans effort, aimable sans fadeur, complaisant sans foiblesse; la différence qu'il y avoit entre lui et M. Lépidor, c'est qu'on désiroit quelquefois de voir M. Lépidor s'en aller, et qu'on faisoit des vœux pour que M. Le Roi restât encore. La cause de cette diversité procédoit évidemment de ce que toute l'originalité que le premier avoit dans le caractère, son ami l'avoit dans l'esprit.

Mais de quelques recommandations que fussent pour M. Le Roy les qualités supérieures de son esprit, elles étoient éclipsées par celles d'un cœur éminemment bon, qui exerçoient leur influence sur toutes ses actions, sur toutes ses pensées, qu'elles teignoient de leur couleur. Modeste avec ses rivaux, sa modestie partoit autant de la crainte de mortifier leur amour-propre, que de ce sentiment qui pare le talent, qu'il semble vouloir faire excuser, comme l'innocence qui, se montrant honteuse de ses attraits, les embellit de sa rougeur. Si dans la chaleur du discours, si au milieu d'une plaidoirie, par exemple, un sarcasme amer se présentoit à son imagination, il expiroit sur ses lèvres où il se changeoit en une simple épigramme plutôt propre à soutenir l'attention du juge, qu'à exaspérer la partie. L'aspect du malheur le touchoit vivement; et jamais la peine ne s'offrit à lui, sans lui inspirer le désir ardent de la soulager. L'obligeance lui étoit si naturelle, qu'il devinoit le service à rendre et l'oublioit après l'avoir rendu. Excellent fils, il fut aussi un excellent père; la mort d'un fils qui périt dans sa tendre enfance lui causa une douleur telle, qu'elle en imposa à celle de la mère, qui, se contraignant par la crainte de l'affliger davantage, se crut obligée de lui cacher la moitié de la sienne. Epoux accompli, il auroit voulu environner de toutes les satisfactions sa femme, qui en effet, avec lui, n'auroit connu qu'elles, s'il n'avoit jamais été malade et qu'il n'eût pas cessé de vivre.

En quittant la terre, il a laissé un père et des amis qui le regrettent, une fille toute jeune qui l'a pleuré, et une veuve qui le pleure et le pleurera. Quand on vit dans le cœur de ceux qui nous ont aimé, dans la mémoire de ceux qui nous ont connu, on n'est pas mort tout entier; que dis-je? sous certains rapports, ne vit-on pas encore!

ÉLOGE

DE M. FÉREY,

Prononcé, le lundi 5 février 1810, dans la Bibliothèque du
Lycée Charlemagne, après le service que MM. les Avocats
ont fait célébrer en l'Église de Saint-Paul, en présence de
S. A. S. Monseigneur le Prince Archi-Chancelier de l'Empire, etc.

Par M. BELLART, Avocat.

MONSEIGNEUR,

L'ÉLOGE quelquefois est une œuvre difficile. Il le devient sur-tout si
l'on veut louer les hommes qui prennent place dans l'histoire. Comme
ils sont exposés à tous les regards, chacun s'attribue le droit de les
juger, et leur demande compte de leurs actions les plus indifférentes.
L'envie que tout fatigue, jusqu'à la vertu, essaie de se venger de leur
célébrité quand ils ont cessé de vivre. Les passions, qu'ils n'ont pas voulu
protéger, les punissent de leurs refus; les haines s'agitent, la calomnie
circule : et pour se soumettre tant d'ennemis conjurés contre elle, la
vérité elle-même éprouve le besoin d'appeler le talent à son secours.
Qu'ils paroissent alors, il le faut, ces puissans orateurs, étincelans de
verve et de mouvement, habiles à manier les esprits, et qui, sachant
émouvoir et convaincre tour-à-tour, remportent, pour leur héros, un
triomphe que la malignité se préparoit à lui disputer.
Mais, adresse inutile, talent superflu dans la circonstance qui nous
rassemble !
Pour M. Férey, mes chers Confrères, et ce fut un premier hommage
rendu par vous à sa mémoire, vous avez senti que le sujet se suffisoit à
lui-même ; que, sans art, le simple récit d'une vie, qui fut vide d'événemens, mais pleine de vertus, et dans laquelle la prévention recherche-
roit en vain quelque sujet de blâme, sauroit bien intéresser et aller

jusqu'au cœur. En me confiant le soin de ce récit, vos intentions ne furent donc pas douteuses. Je les remplirai ; et ne sera-ce pas honorer aussi M. Férey comme il auroit voulu être honoré ! Souvent j'eus l'avantage d'assister à ses leçons. Je l'entends me dire, que les morts n'ont plus besoin d'éloges ; que ce puéril orgueil, qui fait attacher, pendant la vie, tant de prix à l'aveugle opinion des hommes, n'existe plus dans les tombeaux ; que ceux qui cultivèrent la vertu, comblés alors d'autres récompenses que celles dont dispose le monde, s'ils laissent tomber encore leurs regards sur la terre, voient avec une sainte dérision ces honneurs d'un jour décernés à une corruptible poussière.

Ombre vénérable ! non : les leçons de ta sagesse ne seront point perdues. Les morts n'ont plus besoin d'éloges : mais les vivans ont besoin d'exemples. Malgré la modestie qui ne t'abandonna jamais, souffre donc ton éloge. Ta vie doit être racontée pour être la règle de la nôtre. Que cette jeunesse aimable et brillante, qui se presse à l'entrée de la carrière où tu marchas avec tant d'honneur, trouve en toi son guide le plus sûr. Elle est ivre de gloire : viens lui montrer la gloire véritable. L'estime publique est son idole : tu lui diras ce qui te la conserva si pleine et si constante. Ainsi tu nous auras rendus tous meilleurs. Fidèle à ta destinée, qui fut de faire le bien, tu le feras encore même du sein de la tombe. Et nous, tes amis ou tes disciples, nous t'aurons offert un hommage selon ton cœur, en rendant ta mort utile à la postérité, comme toute ta vie le fut à tes contemporains.

M. François-Placide-Nicolas FÉREY, avocat et membre de la Légion d'Honneur, naquit au Neubourg, près d'Evreux, le 2 octobre 1735.

Il importe peu de savoir que son père possédoit une assez grande fortune ; mais ce qui est digne de remarque, c'est que, long-temps avant l'institution des juges-de-paix, M. Férey père étoit, du gré de ses voisins, l'arbitre de tous leurs procès. Au milieu des débats d'intérêt les plus animés, ce cri : « Allons nous faire juger par M. Férey, » étoit comme une seconde clameur de *Haro* (1), à laquelle personne ne résistoit, et que la conciliation suivoit toujours. Le ciel devoit une récompense à cet homme vertueux : il la lui donna dans son fils.

La frêle santé de cet enfant fit, d'abord, trembler pour sa vie. On craignit du moins qu'elle ne fût un obstacle au succès de son éducation. Mais la nature sembloit avoir mis en réserve, pour son esprit, tout ce qu'elle avoit refusé de vigueur à son corps. Une volonté forte surmonta la foiblesse physique. Parmi ses condisciples il fut presque toujours le premier.

---

(1) La clameur de Haro (*ah Raoul !* du nom de cet ancien duc de Normandie qui mérita d'être invoqué, après sa mort, par ses sujets, comme le plus juste des princes) étoit un droit particulier aux Normands de forcer, en jetant ce cri, toute personne de comparoître à l'instant même devant le juge.

Des succès de collége, disent ceux qui ne les ont pas obtenus, ne prouvent rien pour le reste de la vie. Accordons, si l'on veut, que la langueur des premières études ne soit pas, sans exception, d'un fâcheux présage ; mais convenons que, presque toujours, un écolier qui sort de la foule tient la promesse, qu'il fait, de n'être pas un homme vulgaire.

Le cours de Droit que M. Férey suivit dans l'Université de Caen, lui fit autant d'honneur que ses exercices de collége. Ce cours étoit alors une formalité plutôt qu'une étude ; et il étoit trop commun de regarder comme perdu le temps que les jeunes gens employoient à prendre leurs degrés. M. Férey ne perdit pas le sien. Les écoles de Caen se souviennent encore que le savoir et le jugement dont il fit preuve dans ses thèses, arrachèrent à ses professeurs surpris l'aveu que leur élève pourroit devenir leur maître.

Ces premiers avantages encouragèrent M. Férey sans l'énorgueillir. Son ardeur pour le travail s'en accrut : et lorsqu'à vingt ans, libre de tous ses cours, il revint à la maison paternelle, il se plongea dans une étude approfondie du Droit. Cette étude fit toute son occupation : elle fit aussi tous les plaisirs de sa jeunesse. D'autres passions, souvent, sont l'écueil de cet âge : M. Férey ne les connut pas. La malignité, toutefois, ne put expliquer, par la foiblesse de sa constitution, une pureté qui prenoit sa source dans une imagination chaste. Celui qui veilloit pour l'étude auroit pu veiller pour le plaisir. Qu'on impose à ces hommes si robustes, qui ne connoissent qu'une définition pour les bonnes mœurs, seize heures de travail par jour, comme se les imposa, dès sa jeunesse, et pendant toute sa vie, M. Férey ; alors ils cesseront de prendre en pitié les hommes assez courageux pour remplir, de toutes les destinations, la plus véritablement virile, celle de se dévouer sans distraction à l'utilité publique. M. Férey ne voulut pas être fort pour le vice : il le fut pour la vertu. Et tel étoit le culte que lui rendoit cette ame virginale, que, dans le cours d'une longue vie, ses amis même ne l'entendirent jamais exprimer une idée dont pût s'alarmer la pudeur la plus délicate.

Ce n'est pas que M. Férey fût sévère ni chagrin. Il avoit de la gravité sans tristesse. Son austérité n'étoit que pour lui : pour les autres, il étoit tout indulgence. Jamais il ne se permit de censurer avec âpreté ni les choses ni les personnes : bien différent de ces moralistes de parade, qui, prodigues de maximes, avares de bonnes œuvres, croient s'acquitter envers la vertu en belles paroles et en blâme d'autrui. A le voir agir, on eût dit qu'il ignoroit jusqu'au nom des foiblesses humaines : à l'entendre excuser les autres, on eût cru qu'il avoit des fautes à se faire pardonner.

Ces dispositions natives avoient été, de bonne heure, cultivées dans son cœur. M. Dulong, son oncle, jurisconsulte estimé, se complut à le former dans la double science de la morale et des lois. Sous ce digne maître, l'élève fit des progrès si rapides, que les cliens de M. Dulong, malgré la routine de la confiance, s'adressoient indifféremment au neveu, presque honteux de cette innocente usurpation, ou bien à l'oncle, ravi des succès d'un rival si cher.

Deux années se passèrent ainsi, durant lesquelles M. Férey voulut ajouter, à la connoissance du Droit, la pratique de la Procédure : étude dont sa droite raison lui révéloit l'importance, et dont son courage lui fit dévorer les dégoûts; persuadé que ce n'est pas assez, pour devenir un bon pilote, de bien connoître le but du voyage, qu'il faut encore apprendre le chemin, sans quoi l'on risqueroit de mal diriger le vaisseau. Le droit est le but : mais le droit se développe par les actions, et les actions par la procédure ; la procédure est le chemin. Elle ne peut donc être ignorée de ceux qui prétendent à l'honneur de guider leurs concitoyens à travers les périls des procès.

Cette science étoit dans le chaos. Alors n'existoit pas encore cet excellent Ouvrage, simple de style comme il convient aux livres classiques, mais si plein de méthode et de clarté, qu'il mérita depuis à son auteur (1) l'honneur insigne d'en voir adopter l'ordre lumineux par le Code de Procédure lui-même.

Un tel secours, pour M. Férey, n'étoit pas indispensable. Seul et sans guide, il sut parcourir le labyrinthe, en reconnoître les issues, tendre, enfin, d'une main sûre, le fil conducteur qui le mit en état de diriger le bon droit, quand le bon droit s'y trouvoit engagé.

Le temps étoit arrivé où M. Férey devoit paroître au Barreau. M. Dulong désira qu'il se fixât à Beaumont-le-Roger, près du Bailliage qui siégeoit dans cette ville.

Dès les premières causes qu'il plaida, son rang lui fut assigné parmi les Jurisconsultes distingués : triomphe d'autant plus flatteur, que M. Férey n'avoit pas même essayé d'en rien usurper par le prestige d'une action brillante, ni par les séductions de l'art oratoire.

Un bel ouvrage a paru dans ces derniers temps, pour prouver la thèse consolante des compensations dans les destinées humaines. C'est aux talens aussi, et au talent du Barreau comme aux autres, que s'applique ce système. Tout, en ce genre, n'a été donné à personne. Grâce, force ; richesse de l'imagination, sûreté du jugement; sensibilité douce, mâle raison ; délicatesse de goût, véhémence entraînante, variété des tons, puissance de logique ; charme du style, charme de l'action : toutes ces qualités, dont chacune est précieuse, ne se sont peut-être pas trouvées une seule fois réunies. La bonne Nature, en mère équitable, les a réparties entre tous ses enfans. Chacun a eu son lot. N'en croyons donc pas cet orgueil exclusif, qui fait qu'on se compare sans cesse aux autres par ce que l'on a. C'est par ce que l'on n'a pas qu'il faut aussi se comparer, si l'on veut être juste; et le plus fier

---

(1) M. Pigeau, professeur dans la Faculté de Droit de Paris, auteur du *Traité de la Procédure civile* ; savant utile non moins que modeste, qu'on vit préluder à l'enseignement public par des cours privés, dans lesquels ses élèves n'ont jamais su qu'admirer davantage de l'extrême lucidité de ses leçons ou de son inépuisable complaisance. Homme vertueux! que je voudrois pouvoir louer comme il le mérite; mais, qu'une sorte de pudeur m'empêche de louer à mon gré, de peur qu'on n'attribue à ma vanité de lui appartenir par les liens du sang et par les soins paternels dont il honora ma jeunesse, un hommage qui n'est pourtant que l'écho de l'estime public.

alors deviendra humble, peut-être, en découvrant dans ses rivaux tel genre
de supériorité qu'il ne dédaigne que parce qu'il lui est impossible d'y
atteindre. Sans mépriser aucune espèce de facultés, ce que doit faire un bon
esprit, c'est d'apprendre à bien employer les siennes.

Ainsi se montra M. Férey.

Il avoit reçu de la nature tout ce qui subjugue les sages. Mais, pour rendre
plus purs les succès qu'elle lui destinoit, elle lui avoit refusé ces dons trompeurs et quelquefois funestes, qui flattent les sens et peuvent égarer la raison
elle-même.

Un maintien embarrassé, peu d'organe, une médiocre facilité de parole,
c'étoient autant de signes par lesquels M. Férey avoit été averti d'abandonner tout ce qui n'avoit que de l'éclat, pour cultiver le solide mérite dont il
étoit si abondamment pourvu. Lent à s'exprimer, mais fécond en aperçus,
auxquels il ne donnoit jamais d'inutiles développemens; doué d'une mémoire
dont les trésors ne s'épanchoient qu'à propos; convaincant, parce qu'il étoit
persuadé; simple sans trivialité; toujours fort de la force de la raison; ver-
sant sur les matières qu'il traitoit le double intérêt d'une saine dialectique
et d'une érudition bien digérée; ennoblissant toute discussion, non par le
choix des mots, mais par la dignité des idées, mais par une doctrine pure
comme son cœur, mais par cette élégance dans les sentimens qui donne
une sorte de parure naturelle à toutes les paroles, à toutes les actions de
l'homme de bien : voilà comment il sut plaire aux juges devant lesquels il
plaidoit, et leur ôter jusqu'au regret des dons qu'il n'avoit pas; voilà comment, pendant cinquante années, il se concilia le cœur et l'esprit de ses
confrères.

M. Férey, vous le voyez, Messieurs, s'étoit préservé de la tentation de
quitter la réalité pour la chimère. C'est, en effet, une erreur trop commune
des hommes de talent, de négliger les parties dans lesquelles ils peuvent
exceller, pour courir après celles qui leur manqueront toujours. Tel est un
dialecticien habile, qui veut forcer nature pour devenir orateur : tel autre
ambitionne la profondeur, qui n'eut en partage que de la facilité. Ainsi,
l'on consume, en efforts malheureux, pour acquérir un talent faux et manqué, cent fois plus de forces et de temps qu'il n'en eût fallu pour donner la
perfection aux qualités éminentes dont on avoit le bonheur d'être doué.
M. Férey sentit qu'il étoit né pour le raisonnement et la science : il s'en
tint à la science et au raisonnement. Ses succès justifièrent son choix.

Tout le monde, bientôt, donna sa confiance au jeune Jurisconsulte de
Beaumont. Insensiblement il devint l'oracle de la province entière, et l'un
des meilleurs interprètes de la coutume de Normandie, dont il avoit fait
l'étude la plus sérieuse : on pourroit même dire la plus passionnée, puisque
dans ses promenades, et dans ses trajets à cheval de Beaumont aux autres
Bailliages où le conduisoient ses affaires, on le rencontroit souvent lisant et
méditant la Coutume.

Si son instruction appeloit à lui les cliens, son esprit doux et conciliant
les lui attachoit pour toujours. On vouloit l'avoir pour conseil; on vouloit,
du moins, l'obtenir pour médiateur; et, digne d'estime sous l'un comme
sous l'autre de ces rapports, on le vit appliqué constamment à prévenir les

procès : plus heureux mille fois , d'être obscurément béni par deux familles qu'il avoit rapprochées , que de remporter une de ces victoires éclatantes qui coûtent toujours des larmes aux vaincus !

M. Férey resta quatre ans à Beaumont. C'est alors qu'à propos d'un procès dont il fut chargé , commença , entre le père du dernier duc de Bouillon et M. Férey , cet échange de services et de gratitude qui dura quarante ans.

M. de Bouillon sentit bientôt tout le prix du nouveau conseil qu'il venoit d'acquérir. Il le pressa de venir se fixer à Evreux. Après une longue résistance , M. Férey y consentit. Cet homme modeste croyoit que c'en étoit assez pour lui du petit théâtre de Beaumont : il avoit la touchante simplicité de craindre qu'Evreux ne lui opposât des concurrens trop redoutables.

Ses craintes durent se dissiper , en voyant son cabinet constamment rempli des plus grands propriétaires de la province , et de ses propres confrères , tous empressés de lui demander des lumières. Bientôt même , sa santé ne suffisant plus au double travail de la Consultation et de la Plaidoirie , il cessa de paroître à l'audience.

Son ambition étoit de vivre et de mourir à Evreux. Déjà il y avoit passé six ans ; et peut-être n'en fût-il jamais sorti , sans l'amour extrême qu'il portoit à sa profession.

M. Férey , depuis long-temps , désiroit d'admirer de plus près les savans hommes que renfermoit le barreau de Paris. Dans un voyage qu'il fit en cette ville , il chercha et trouva les occasions de se lier avec les plus fameux. A cette même époque , s'agitoit , au conseil du duc de Bouillon, la réclamation du duché de Château-Thierry ; mais cette question étoit tellement compliquée d'actes et de procédure , que l'on étoit sur le point de l'abandonner. M. Férey le sut. Sans rien dire à personne de son dessein , il se fait apporter les immenses monceaux de titres qu'il s'agissoit de débrouiller. Il disparoît. Un mois après , tombe inopinément, dans le conseil de M. de Bouillon, une analyse si claire , si concluante , des titres mis dans le plus bel ordre , que , tout d'une voix , l'affaire fut jugée bonne. L'auteur de cet important ouvrage ne put rester inconnu. M. Férey fut sollicité d'achever ce qu'il avoit commencé. Il le fit ; et la famille de Bouillon se vit assurer l'une de ses plus importantes propriétés. M. de Bouillon voulut célébrer cet événement par une fête, dans laquelle, venant, au milieu de ses amis, complimenter son courageux patron au bas du perron du château de Navarre, il le salua du nom de Duc de Château-Thierry : nom que, par une gaîté de reconnoissance, il lui conserva dans son intimité , en perpétuel souvenir du service signalé rendu à sa maison.

Ces succès auroient pu enfler le cœur de tout autre , et lui donner le désir de rester en des lieux pleins de l'estime qu'on lui portoit. M. Férey en étoit d'ailleurs vivement pressé par ces confrères célèbres auxquels il s'étonnoit d'inspirer l'admiration dont il étoit venu leur apporter l'hommage. Il reçut leurs éloges comme des encouragemens , et persista dans la résolution de retourner à Evreux.

Il seroit en effet parti , si la violence, qu'on lui faisoit pour le retenir, n'avoit été secondée par l'ingénieuse amitié d'un de ses cliens.

Ce client, M. de Champigny, prétexta de donner à M. Férey un dîner d'adieu, dans un appartement qu'il venoit de louer récemment. M. Férey s'y

rendit sans défiance. Tout naturellement on visita le nouvel appartement de l'hôte ; et M. Férey de se récrier sur la bonne distribution des pièces, sur la belle vue que leur donnoit la rivière qui couloit sous les fenêtres, sur la tranquillité dont y jouiroit M. Champigny, sur la commodité des meubles simples, mais décens, que l'on y avoit placés ! « Ce loge-
» ment vous plaît donc, mon ami, lui dit M. de Champigny ? Eh
» bien, il est le vôtre. Tout ce qui s'y trouve vous appartient. Je l'ai loué
» pour vous ; vous n'êtes plus libre d'en sortir. La reconnoissance et l'amitié
» vous enferment dans cette prison, pour vous forcer à devenir utile à un
» plus grand nombre de familles. Vous nous contraignez tous d'être ingrats :
» ne le soyez pas à votre tour, en rejetant des plans qui n'ont pour but que
» votre gloire et le bien de la société. » En achevant ces mots, M. de Cham-
pigny se jette en pleurant dans les bras de son ami ; il le presse, le prie, le conjure de ne pas se refuser à sa destinée. Tous les assistans joignent leurs prières aux siennes. M. Férey veut articuler encore quelques mots et l'impos-
sibilité : on ne lui permet pas de parler. Son émotion le trahit. Il sent qu'il faut sacrifier sa modestie même à cette touchante unanimité des vœux de ses amis. Il voudroit faire ses conditions pourtant : il ne souffrira pas qu'une amitié trop généreuse..... Cette généreuse amitié s'indigne, de son côté, qu'on veuille mêler de froids calculs à des sentimens si tendres. La victoire de M. de Champigny est complette ; son ami nous reste : et le barreau de Paris compte enfin une lumière éclatante de plus.

M. Férey avoit à peine eu le temps de se reconnoître, que le Parlement fut exilé.

On sait la part que, selon nos anciens usages, les Parlemens prenoient à la puissance législative. Rendons grâces à la sagesse, qui, restituant les magistrats à leurs vraies fonctions, ne leur laisse d'autre devoir, que le devoir si doux de maintenir la paix dans la société, en y faisant régner les lois.

Pendant cette crise momentanée, M. Férey rentra dans la retraite. Le temps qu'il ne pouvoit plus consacrer aux affaires, il le donna encore à l'étude. Dix-sept volumes in-folio d'extraits (1), entièrement écrits de sa main, attestent que cet homme, déjà si avancé dans la science, croyoit cependant avoir besoin d'apprendre encore.

Aussi, lorsque le Parlement reprit ses fonctions, M. Férey ne tarda pas à recueillir le fruit de ses longs travaux. Dès ce moment, la confiance universelle alla le chercher pour ne le quitter jamais. Les plus grands noms s'inscrivirent, à l'envi, sur la liste de ses cliens. Plus d'une fois il fut consulté par ce qu'il y avoit en France de plus auguste : et toujours on sortoit d'auprès de lui, malgré la différence des rangs, pénétré d'admiration pour ses lumières et de respect pour ses vertus.

Mais ce que nous devons encore une fois remarquer, mes chers Confrères, puisque nous nous sommes promis de tirer de cet Eloge quelque

_____

(1) Des diverses parties du Droit Romain, et des meilleurs Factums des Jurisconsultes célèbres.

profit pour nous-mêmes, c'est le peu d'éclat des moyens qui conduisirent M. Férey à une si haute considération.

En effet, l'inclination naturelle des jeunes gens qui se destinent au Barreau, est de se passionner pour ce qui, dans leur profession, a le plus d'éclat. C'est au nom de Démosthènes et de Cicéron que s'enflamme le génie de cette ardente jeunesse. Son cœur palpite pour la gloire. La gloire lui paroît le seul but digne de ses efforts. La simple et modeste utilité est à peine aperçue, ou du moins elle vient bien loin après la gloire. Noble enthousiasme! mais méprise souvent funeste! Les temps, les lieux ne sont pas les mêmes : et le Barreau, quoique appelé, dans tous les temps et dans tous les lieux, à une sorte de destinée publique, doit songer que cette destinée se modifie suivant les siècles et les pays. Démosthènes et Cicéron attaquoient ou défendoient les rois. Ils protégeoient la liberté publique et sauvoient la patrie. Pour de si grands combats, ce n'étoit pas assez des forces humaines : il falloit être un Dieu, et tenir toujours la foudre à la main. A nous, des intérêts moindres demandent des efforts moins audacieux. Nous devons souvent nous contenter d'imiter dignement les jurisconsultes Sempronius et Scévola.

Pour une de ces occasions si rares, où peuvent devenir nécessaires toutes ces ressources de l'antique éloquence, que d'occasions où de tels efforts seroient hors de proportion avec le sujet! La paix des familles, les droits des citoyens entr'eux, le maintien de la propriété, voilà l'aliment ordinaire de nos discussions : et c'est à faire triompher la justice, bien plus que notre amour-propre, que nous devons tendre. Malheur à celui qui s'embarrasseroit plus de phrases sonores, toutes puissantes sur l'aveugle multitude, que de la solide démonstration qui doit concilier à sa cause les suffrages de ses juges!

Jeunes athlètes, qui voulez suivre l'exemple de M. Férey, n'oubliez pas qu'on peut être avocat sans être orateur, mais qu'au Barreau l'on n'est jamais un véritable orateur sans être avocat.

Loin, loin de moi pourtant le sacrilége projet d'étouffer dans vos ames le goût généreux de l'éloquence! Ah, sans doute, si, porté par le sujet, votre génie vous entraîne vers ces beaux mouvemens qui ne vont au cœur qu'en plaisant à la raison, obéissez à votre génie.

Une verve impérieuse vous domine-t-elle? Êtes-vous doués de ce caractère grave et comme consacré, qui donne du poids à vos maximes et de l'autorité à vos paroles? Eloquens et didactiques à-la-fois, savez-vous, franchissant les limites d'une contestation obscure, convertir cette discussion isolée en une sorte de cours d'enseignement, où la doctrine se pare des charmes d'une élocution animée?

Ou bien, moins graves, mais non moins énergiques, et tout brillans de grâces qui ne nuisent pas à la force, possédez-vous l'art heureux d'unir la logique à la fine plaisanterie ; de cacher sous une apparente négligence, qui n'est là que pour ménager des surprises, une profondeur vraie ; de frapper adroitement, des traits de l'ironie, un argument difficile à repousser? Cédez, cédez à ce puissant instinct. Orateurs véhémens, orateurs pleins de grâces, parlez, séduisez nos esprits, subjuguez nos ames. Devant vous, dans nos rangs, vous trouverez vos maîtres et vos exemples.

Mais gardez-vous de vous tromper sur vous-mêmes. Il se peut que la nature, en vous comblant de ses dons, vous ait pourtant refusé, comme à M. Férey, quelques-uns de ceux qui n'ont que de l'éclat. Peut-être un accent rebelle détruit-il, pour les oreilles difficiles, l'harmonie de votre diction; ou bien un extérieur peu favorisé, comme celui de M. Férey, semble-t-il vous interdire ces effets par lesquels l'ame n'est remuée que quand les yeux ont d'abord été satisfaits. Ingrats, n'accusez pas la nature! Et de quoi vous plaindriez-vous? Oubliez tout ce qui vous manque : les autres l'oublieront bientôt, si vous savez employer ce qui vous appartient.

Vous! négligeant toutes ces molles séductions d'une éloquence dramatique, visez droit au jugement. Soumettez-le par une logique entraînante, par une heureuse précision, par une simplicité également éloignée de la pompe et de la bassesse, et qui recèle en soi je ne sais quel charme secret, dont le cœur peut d'autant moins s'empêcher d'être touché, que le plaisir qu'il y trouve ne coûte nul regret à la raison.

Vous! sans vous embarrasser des formes ni des mots, pressez l'argument avec vigueur, déployez toutes les ressources d'une adroite dialectique, poursuivez ardemment votre adversaire; frappez, frappez coup sur coup; ne le laissez point respirer. Orateurs purs et concis, orateurs convaincans et nerveux, commandez à la raison, je vous promets des victoires. En doutez-vous? Regardez dans nos rangs, l'estime publique vous montrera vos garans et mes preuves.

Ainsi, dans notre profession, il est des places honorables marquées à tous les talens. Ils peuvent différer de formes et de moyens, pourvu qu'ils tendent tous à l'utilité. L'utilité réunie à l'éclat, c'est la perfection de l'art. Mais la première se suffit à elle-même : et tel est le sort des talens vraiment utiles, que, s'ils se produisent d'abord avec moins de fracas, ils finissent, à la longue, par arriver au plus haut degré de l'estime qui leur est due.

Cette réflexion nous amène à la plus glorieuse époque de la vie de M. Férey.

Renfermé dans le cercle de ses travaux, bien exempt de toute espèce d'ambition, n'ayant pas même songé, une seule fois dans sa vie, s'il étoit d'autre dignité que celle d'homme de bien, M. Férey étoit loin d'imaginer que les distinctions viendroient chercher celui qui ne les cherchoit pas.

Mais, parmi les dépositaires de la confiance du Souverain, il en est un, que l'on reconnoîtra sans que j'aie osé le nommer, lorsque j'aurai dit qu'il est honoré, moins encore à cause de sa haute fonction, que pour le noble emploi qu'il sait faire de son crédit, pour la protection qu'il accorde à tous les talens, pour sa rare fidélité à ses promesses, et pour cette urbanité de manières que ne peut même fatiguer l'importunité des citoyens de toute classe empressés d'aller lui porter des hommages. C'est lui qui, chargé d'un ministère de bonté, pour lequel semble avoir été si bien devinée son inclination naturelle, échange au pied du trône les bénédictions des sujets contre les bienfaits du Prince. C'est lui qui, par les ordres du Monarque, lui révèle tous les genres de mérite, et sur-tout le mérite modeste. Il signala M. Férey. Et, successivement, M. Férey fut nommé au conseil des écoles de droit, et membre de cette Légion dont le nom rappelle le devoir et le premier sentiment de ceux qu'elle reçoit dans son sein : glorieuse et politique institution, par laquelle un grand Souverain, si bon juge en cette matière, voulut rendre une espèce d'hommage au génie de sa nation, qu'il sait avant tout idolâtrer l'honneur.

Ainsi vint mettre le sceau à la réputation de ce savant jurisconsulte le plus auguste des suffrages, qui, tout seul, est une grâce sans prix, parce que, pour les belles ames, le dernier terme de l'ambition humaine, c'est le suffrage d'un héros.

Jusqu'ici, Messieurs, nous avons considéré M. Férey dans ce que l'on peut appeler sa vie publique : mais ce seroit faire tort à sa mémoire, si nous ne jetions pas les yeux sur sa vie privée.

Ami sûr et fidèle, bon fils, bon frère, et toujours le meilleur des parens, il porta le détachement de ses intérêts jusqu'à ne demander jamais de partage dans les successions qui lui échurent. Ses cohéritiers les administroient à leur gré. Après la mort de son unique frère, le patrimoine commun resta sous la direction de la veuve, qui en rendoit compte à son beau-frère quand elle le vouloit et comme elle le vouloit. Ce que d'une main M. Férey recevoit de sa belle-sœur, de l'autre il le remettoit à ses neveux. Ne sont-ils pas mes enfans, disoit-il ?

Oui, dignes neveux, vous fûtes ses enfans ; vous êtes son image ; vous avez son ame ; et votre oreille, aussi bien que la sienne, ne fut jamais fermée aux prières du malheur !

Telle étoit l'habituelle inquiétude de bienfaisance de M. Férey, qu'elle le tenoit comme aux aguets de tous les besoins. Il étoit le trésorier de sa famille. Quelque embarras dans un commerce, un enfant dont on ne pouvoit cultiver les dispositions, faute de moyens, une jeune fille sans dot, courant le risque d'être condamnée au célibat : M. Férey étoit instruit de tout. La dette en retard étoit acquittée ; l'enfant placé dans un collége ; et la jeune fille, conduite à l'autel par l'homme de son choix, bénissoit tout bas le bienfaiteur délicat qui lui avoit permis d'accorder son amour avec sa vertu.

Ce n'étoit pas seulement envers sa famille que M. Férey se montroit ainsi libéral : quiconque s'offroit à sa bienfaisance, la trouvoit prête. Alors, ce jurisconsulte si occupé n'avoit plus d'affaires. On étoit écouté et toujours exaucé si l'on méritoit de l'être. Souvent même il accordoit plus qu'on n'osoit prétendre de lui.

Ainsi l'éprouva un de nos confrères, qui nous a pressé de ne pas laisser ignorer ce trait.

Maltraité par les circonstances, il s'étoit vainement adressé à quelques amis pour emprunter une somme qui lui étoit nécessaire. Il songe, enfin, à M. Férey. Il va le voir. Il lui veut expliquer qu'il ne vient à lui qu'après avoir échoué auprès de ses amis. « Vous avez eu tort, mon cher confrère, » lui dit un peu brusquement M. Férey, vous deviez commencer par moi ; » et il lui remet le double de la somme demandée. Depuis, il lui a légué cette somme par son testament.

Si M. Férey surpassoit quelquefois l'attente de ceux qui s'adressoient à lui, ne croyons pas, cependant, qu'il suivit en aveugle un instinct irréfléchi de bonté. Cet homme d'un cœur si compatissant et d'une raison si pure, s'attachoit, sur-tout, à faire le bien avec mesure et discernement. Il savoit que la vraie bienfaisance n'est pas prodigue. A voir certains riches, dont il faut d'ailleurs louer les intentions, s'épuiser en bienfaits répandus par torrens sur quelques individus, de manière à n'en pouvoir plus secourir d'autres, on seroit tenté de croire qu'ils se laissent aller presque autant à une certaine paresse de cœur, qu'aux inspirations de la vertu, et qu'ils veulent, une bonne fois, se libérer de la bienfaisance, comme on se débarrasse d'un fardeau.

Faire du bien n'étoit pour M. Férey ni un fardeau, ni un embarras. Il y plaçoit son devoir; il en faisoit aussi sa jouissance. Il ne craignoit donc pas d'être souvent occupé du détail des misères humaines. Ce qu'il redoutoit, c'étoit de s'ôter la puissance de soulager un plus grand nombre de malheureux. Il songeoit que tout ce qu'il donnoit de trop au premier indigent, étoit un vol fait au second. Avare par générosité, il comptoit exactement avec chaque besoin. Lors donc qu'il accordoit plus qu'on ne lui demandoit, c'est qu'il avoit démêlé que le courage de bien calculer manquoit à celui qui l'imploroit.

M. Férey expliquoit volontiers son motif de ne pas faire des dons excessifs. « Tout homme, disoit-il, doit son travail à la société, et nul n'est » heureux s'il ne travaille. » Même pour ses parens il n'eût rien fait qui leur donnât la tentation de négliger ce devoir : il vouloit faire des heureux, non des oisifs. C'est ainsi qu'on l'a vu, jusques dans son testament, ne laisser à ses meilleurs amis que des libéralités, qui ne leur permissent pas de devenir inutiles aux autres, ou bien à eux-mêmes.

Une preuve que tels étoient ses motifs pour ménager une fortune qui n'étoit réellement pas la sienne, c'est qu'il négligeoit les occasions de l'augmenter, et qu'il mettoit lui-même des bornes à la reconnoissance de ses cliens. Plus d'une fois il renvoya tout ce qui excédoit la modération de ses calculs. Ces traits sont en trop grand nombre pour être rappelés : il en est un pourtant que je ne puis passer sous silence.

M. de Flexenville, gêné, comme tant d'autres, dans les mouvemens de sa gratitude, voulut, en mourant, se venger de cette contrainte. Il fit don à M. Férey du domaine de Primart : c'étoit un legs de cinquante mille écus. Les hommes les plus probes se font rarement scrupule d'accepter un legs : M. Férey refusa le sien. Toutes les fermes restèrent à la succession. Par égard pour les intentions de son ami, il retint seulement la jouissance de la maison d'habitation : et ce fut là, peut-être, un raffinement de délicatesse. Non content d'entretenir cette habitation dans le meilleur état, il y fit beaucoup d'embellissemens, dont il n'attendit pas, au reste, que sa mort mît en possession l'héritier de M. de Flexenville. Pour l'en faire jouir plutôt, il prétexta que son âge ne lui permettoit plus guère d'aller passer ses vacances à Primart; et il remit la maison à cet héritier, en acceptant à peine une rente viagère de douze cents francs, qui n'étoit pas l'indemnité de ses dépenses.

Cette action donne de l'estime pour M. Férey : en voici une qui le fait aimer, en prouvant que, sous des formes peu expansives, il cachoit une sensibilité vraie.

M. Férey, comme tous les hommes occupés, redoutoit beaucoup les visites oiseuses. Dans ce cas, il avoit besoin de tout son courage pour dissimuler la contrariété qu'il en éprouvoit : encore, malgré ses efforts, perçoit-elle quelquefois dans ses traits. L'un d'entre nous, qui lui connoissoit cette disposition d'esprit, conféroit un jour, avec lui, d'affaires très-sérieuses, lorsque survint un homme fort mal vêtu, bien qu'assez distingué dans ses manières. Loin de se montrer mécontent de cette visite, M. Férey accueillit le survenant avec des égards très-marqués, s'instruisit avec un vif intérêt de sa famille, se plaignit de ce qu'il ne venoit pas le voir plus souvent ; bref, le combla de tant d'amitiés et de prévenances, que le témoin ne laissa pas d'en être un peu surpris. L'étranger partit : quelques momens de silence suivirent. M. Férey se remettoit, le mieux qu'il pouvoit, de l'attendrissement qui l'avoit saisi, sans qu'il pût le dissimuler. « Voilà quelqu'un » que vous aimez beaucoup, lui dit notre confrère. » « Pauvre homme ! » répartit M. Férey, finissant la pensée qui pesoit visiblement sur son cœur, » il est bien malheureux ! il avoit cinquante mille livres de rente : il a » tout perdu ; et il craint de me venir voir, parce que je lui ai prêté » quarante-deux mille francs, qu'il est dans l'impossibilité de me jamais » rendre. » D'autres peuvent perdre quarante-deux mille francs sans désespoir ; mais il n'appartient qu'aux ames délicates de les perdre de cette manière. Un pareil mouvement, presqu'inaperçu, vaut bien toutes les démonstrations d'éclat dont sont prodigues certaines sensibilités.

Pour achever le portrait de M. Férey, je dois parler encore de cette bonhomie et de ce détachement de l'argent, qui, toute sa vie, le rendirent comme étranger au soin de ses affaires personnelles.

M. Férey est mort sans savoir peut-être quelle étoit la situation de sa fortune. Cela ne le regardoit pas, disoit-il naïvement. Mais qui donc cela regardoit-il ? M. Férey étoit célibataire. Cet état d'isolement l'auroit réduit à n'avoir personne sur qui se reposer de ces détails d'intérêt, toujours pénibles pour les hommes qu'entraîne un goût exclusif, si le hazard ne l'eût, à cet égard, presqu'aussi bien servi que le mariage l'auroit pu faire.

M. Férey, tous les ans, alloit passer les vacances dans sa province. L'espérance de le voir faisoit la joie de sa famille. A force de l'y entendre bénir, ses jeunes parens, accoutumés à le considérer comme l'objet de leur respect et de leur émulation, ne manquoient pas, au terme de leurs études, d'aller le consulter sur la carrière qu'ils devoient choisir.

Une année, M. Férey distingua, dans ce concours, un jeune homme qui montroit encore plus de plaisir à le voir que tous les autres. Il l'avoit examiné déjà sur ses études ; il en étoit satisfait. Ce jeune homme lui dit résolument qu'il ne lui demandoit pas d'avis, que son parti étoit arrêté, qu'il vouloit le suivre à Paris, et s'attacher à lui pour jamais. « Eh bien ! mon » cher ami, viens donc ; nous ferons de toi un jurisconsulte. » Ainsi le pensoit et le vouloit M. Férey, qui, dans les causeries ingénieuses de l'écolier, avoit démêlé du sens, de la réflexion et beaucoup de finesse.

Mais, cette fois, le discernement de M. Férey fut en défaut. Vainement mit-il entre les mains du jeune homme la coutume de Normandie, en lui vantant fort les beautés de cette étude : vainement lui proposoit-il de se récréer avec la lecture des vieilles ordonnances, lecture, disoit-il, qui l'amuseroit beaucoup. L'élève, malgré sa bonne volonté, bailloit au milieu de toutes ces délices : il finit par prendre en haine les ordonnances vieilles ou nouvelles ; et M. Férey, qui le surprenoit sans cesse, avec scandale, sur son Horace ou sur des calculs, s'aperçut qu'il ne falloit pas espérer de voir M. Toutin devenir son successeur.

Après quelques années d'épreuve, il en fit du moins son secrétaire, son ami et son intendant. Il lui remit une procuration générale pour tout administrer selon sa volonté.

A dater de cet instant, M. Férey ne se mêla presque plus de ses affaires. Il n'avoit à ce sujet d'entretien avec son parent, que pour lui bien recommander de ne pas s'écarter des règles de la justice. Vouloit-il faire une dépense, il ne manquoit pas de demander s'il y avoit de l'argent. La réponse de M. Toutin étoit un arrêt sans appel, à moins qu'il ne s'agît de quelque don à faire. Dans ce cas, M. Férey se montroit un peu plus curieux ; et rarement il avoit besoin de le devenir, parce que l'intendant, sur ce point, étoit d'accord avec le propriétaire, et que le plaisir de faire du bien étoit l'instinct commun des deux parens.

En d'autres mains un tel pouvoir n'auroit pas été sans danger. Il porta, dans celles-ci, une fortune d'abord médiocre, au plus haut point de prospérité. Certes, nous ne ferons pas, à un parent de M. Férey, l'injure de le louer d'avoir été probe et fidèle. Mais nous remercierons publiquement ce bon économe d'avoir délivré M. Férey des soins importuns qui l'auroient enlevé à ses utiles travaux, et d'avoir ainsi rendu sa vie plus douce et plus heureuse.

En m'appesantissant sur ces détails, j'ai voulu donner en quelque sorte le change à notre douleur, et prolonger encore, par le souvenir, une existence qui nous fut si précieuse.

Mais, pourquoi ces ruses de ma foiblesse ?

Pourquoi ce vol que depuis trop long-temps je fais à la gloire de M. Férey, par un sentiment efféminé qu'il désavoueroit ?

Que tardé-je à vous parler de la fin qui couronna sa belle vie, et qui, pour sa vertu, fut un triomphe de plus ?

Déjà, depuis plusieurs mois, la mort avoit marqué cette victime. Une hydropisie de poitrine se formoit insensiblement. Chaque jour la maladie faisoit des progrès lents, mais trop sûrs. Les amis de M. Férey les observoient avec effroi : il les appercevoit aussi, mais sans en être troublé.

Eh ! pourquoi se seroit-il révolté contre les lois de cette Providence dont il avoit si bien accompli les ordres sur la terre ? Que lui faisoit la perte de la vie ? Sa vie ne fut pas à lui. Etranger, pendant soixante et onze années, à toutes les jouissances qu'y recherche le commun des hommes, il l'avoit considérée seulement comme un moyen que la céleste bonté lui donnoit de se rendre utile à ses semblables. Ce fut encore d'eux seuls qu'il s'occupa, dans ces momens où les plus magnanimes oublient tout, excepté eux-mêmes.

M. Férey ne mourut pas ; il acheva de vivre. Debout tant qu'il le put, cet homme si foible, maîtrisant la douleur par son courage, continua de se livrer au travail. Il recevoit, comme à l'ordinaire, tous ceux qui recouroient à ses lumières.

En vain ses parens, ses amis lui remontroient qu'il se fatiguoit par ces soins hors de saison. « Il est toujours temps, répondoit-il, de faire encore » quelque bien » : et, tout en se montrant touché de leurs tendres inquiétudes, il les ramenoit à la discussion interrompue.

Même lorsqu'il fut forcé de s'aliter, il ne voulut rien changer à ses occupations : et ses amis, convaincus, à la fin, que le sentiment de son inutilité aigriroit le mal plus qu'un travail modéré, l'entretinrent d'affaires jusqu'au dernier moment. La veille même de sa mort (1), il signa plusieurs consultations qu'il avoit délibérées les jours précédens. Peu d'instans après, il fit approcher ses parens de son lit de mort, les bénit, et les congédia en leur adressant quelques paroles de consolation.

Lui-même, alors, il finit de s'occuper des affaires temporelles, pour faire à la religion l'hommage de ses dernières pensées. S'il n'en invoqua pas les secours à son heure suprême, c'est qu'il n'avoit pas attendu si tard pour remplir des devoirs sacrés. De plus, il avoit déposé, dans son testament, la profession solennelle d'une croyance, où l'auroient confirmé la droiture de son jugement et la simplicité de son cœur, s'il n'y eût été fixé par le besoin même que lui en donnoient ses vertus.

Parler du testament de M. Férey, mes chers Confrères, c'est réveiller en nous la gratitude dont nous pénètre la disposition qu'il contient. Gardons-nous pourtant de supposer que notre respectable Confrère, en léguant à l'Ordre des Avocats non-seulement sa bibliothèque, mais la somme consacrée à son entretien annuel (2), ait exclusivement écouté la bienveillance qu'il nous portoit. M. Férey, sans doute, aimoit les compagnons de ses travaux ; mais, telles étoient les affections de ce cœur pur, qu'il n'en ressentoit aucune où ne se mêlât l'amour du bien public.

Jadis, sous le titre de Bibliothèque des Avocats, existoit un établissement dédié au double culte de la science et de l'honneur.

C'étoit là que, dans des réunions hebdomadaires, de jeunes émules venoient apprendre à régler leur bouillante ardeur à la voix de ces vieux chefs, qui expliquoient comment il falloit tempérer le zèle par la modération, et ployer sa fierté au joug d'une discipline salutaire.

C'étoit là que la gloire et la probité, les qualités brillantes et les modestes vertus, confondues dans la fraternité la plus touchante, apportoient l'hommage de leurs succès divers, dont chacun étoit orgueilleux, dont personne n'étoit jaloux, parce que c'étoit le bien de tous.

C'étoit là que le talent lui-même n'eût pas tenté de se faire absoudre d'avoir violé la loi du devoir : là, que la licence ou la cupidité redoutoient de se laisser deviner par ces hommes vieillis dans les voies de la justice, et

_____

(1) Le 5 juillet 1807.
(2) Six cents francs par an.

que nous contractions de bonne heure cette honte de mal agir, qui devenoit la règle du reste de la vie.

Dans ces réunions s'offroit le spectacle attendrissant de ces rivaux amis
suspendant leurs querelles pour se prodiguer une mutuelle estime; de ces
champions illustrés par tant de victoires, traitant d'égal à égal avec la
médiocrité même, qu'ils élevoient jusqu'à eux par une familiarité consolante.

On y voyoit, spectacle plus doux encore aux bons cœurs! ces orateurs
chargés des plus grands intérêts, ces jurisconsultes livrés aux travaux les
plus savans, oublier et leur grande clientelle et leurs graves études, pour
écouter avec simplicité, pour débrouiller avec patience les récits diffus,
et souvent inintelligibles, de villageois, de femmes du peuple, de pauvres,
tous sortant d'auprès d'eux éclairés sur leurs droits, mieux disposés à la
paix, souvent même assistés dans leurs besoins.

Cette institution n'étoit pas particulière aux Avocats de Paris; elle se
retrouvoit dans toutes les villes considérables. Elle avoit même été dé-
corée de prérogatives par une loi du bon Stanislas, en faveur de ce barreau de Nancy, célèbre à toutes les époques par les talens qu'il a produits;
plus heureux encore, en ces derniers temps, d'avoir élevé dans son sein
ce Ministre chéri, le chef et l'ornement de la magistrature, si savant dans
l'art peu connu d'être à-la-fois digne et simple, de commander par la
grâce autant que par l'autorité, et d'obtenir pour les lois, dont il est le
premier organe, non-seulement le respect, mais cette obéissance de cœur,
qui naît toujours de l'attachement qu'on porte à leurs interprètes.

M. Férey regrettoit cet établissement détruit par la révolution. Sa passion
étoit de le relever. Par son testament il nous le rend autant que cela fut
en lui. Il a fait davantage : et soumettant, comme il le devoit, à l'approbation du Souverain, le legs dont il gratifioit « l'Ordre des Avocats, sous
quelque nom, dit-il, dans son testament, qu'il plaise à Sa Majesté l'Em-
» pereur et Roi de le rétablir », il a déposé ainsi aux pieds du Monarque
qui l'honora de ses bontés, le vœu d'en obtenir, à ses derniers momens,
une de plus, dans le rétablissement de l'Ordre dont il conserva si soigneusement les maximes.

Dernières paroles d'un mourant, vous ne serez pas oubliées! Celui qui,
veillant avec sollicitude sur toutes les parties de l'harmonie sociale, a déjà
rétabli la discipline dans un si grand nombre de professions diverses, jettera,
quand le temps en sera venu, un coup-d'œil sur la nôtre.(A). Elle n'est pas
indigne des regards du Héros, puisqu'elle aime la gloire; ni des regards
du Législateur, puisqu'elle est consacrée au culte des lois. Le vœu de
M. Férey, auquel nous osons joindre le nôtre, sera exaucé. Permettez,
Prince illustre, que votre présence même à cette solennité en soit l'heureux
présage, et que nous plaçions un peu de notre espoir aussi, dans cette bienveillance pour laquelle nous vous dûmes, dans tous les temps, une reconnoissance dont je suis encore plus heureux que fier de devenir l'organe.
Cet honneur, sans doute, appartenoit à de plus dignes : et s'il me fut décerné par des Confrères que mon devoir le plus doux fut toujours de chérir
et de respecter, je ne m'abuse pas; c'est que leurs cœurs, daignant répondre
aux mouvemens du mien, ont voulu me consoler du chagrin, peut - être

immodérément senti, de ne pouvoir plus, comme autrefois, vivre habituellement sous leurs yeux. Consolation pleine de charme, en effet, et bien propre à tromper mes regrets! Eh! pourquoi donc voudrois-je marcher encore dans cette carrière, où j'aimois tant à recueillir leurs leçons! Assez, assez de gloire et de bonheur l'aura fermée pour moi, puisque ma foiblesse n'a pas tout-à-fait trahi mon zèle dans la tâche qu'ils m'avoient imposée; et puisque les derniers accens d'une voix, dès long-temps presque éteinte, ont encore pu, sous de si grands auspices, en cette journée mémorable, exprimer nos sentimens d'amour et de vénération pour nos Magistrats, mon éternelle reconnoissance pour les bontés de mes Confrères, mon respect et le leur pour la mémoire d'un homme de bien, et les engagemens que nous prenons tous sur sa tombe, de remplir, à son exemple, les devoirs de notre profession.

OBSERVATION ET NOTE

SUR

L'ÉLOGE DE M. FÉREY.

L'ASSEMBLÉE nombreuse et choisie qui s'étoit rendue dans le vaste emplacement de la bibliothèque du Lycée Charlemagne, entendit cet éloge avec une extrême attention. L'orateur, qui fut à différentes reprises interrompu par un applaudissement universel, prouva qu'il ne savoit pas moins se faire écouter qu'il sait se faire lire. La justesse, la variété des inflexions de voix qu'il employa, firent bien sentir tout le mérite des divers morceaux qui composent la pièce; et chacun sortit, en louant hautement cette heureuse réunion des talens précieux de bien écrire et de bien parler.

Le lecteur aura senti que M. Bellart, dans cette composition, n'est jamais ni au-dessus ni au-dessous de son sujet; que même, dans ses écarts, il ne le perd pas de vue; qu'il a trouvé l'art de fondre dans l'Éloge de M. Férey celui de plusieurs de ses confrères qui auront pu s'y méprendre par modestie, mais dont le portrait étoit trop ressemblant pour que le plus grand nombre des auditeurs n'ait pas mis *in petto* leurs noms au bas de la peinture. En exposant la conduite de M. Férey, il a donné des leçons de conduite; et des exemples frappans de vertus, en présentant sous un jour touchant celles de ce respectable vieillard; mais sur-tout en rendant les leçons aimables et le modèle intéressant, il a aussi bien mérité de la littérature que de la morale, et s'est irrévocablement assuré l'approbation des connoisseurs et le suffrage des gens à principe.

M. Férey qui, dans le cours de sa vie, paroît avoir toujours été heureux, a, comme le Virginius Rufus, dont parle Pline, « eu, pour comble » de bonheur, un très-éloquent Panégyriste. » *Hic supremus felicitati ejus cumulus accessit, laudator eloquentissimus.* Epist. 1ª., lib. 2.

(A) Je ne crois pas que l'auteur, après une mûre réflexion, insistât beaucoup sur le rétablissement de cette discipline pour les avocats; discipline qu'il ne réclame, au reste, qu'en assez peu de mots.

On n'aura peut-être pas oublié ce que j'en ai dit ci-dessus.

J'ajouterai que, quand même on confieroit à l'ordre (1) entier le droit de vigilance et de correction sur ses membres, cela ne vaudroit rien encore. Cicéron admiroit comme un superbe trait d'éloquence, cette apostrophe de Crassus au Peuple : « Romains, ne souffrez pas que nous soyons asservis » à qui que ce soit, sinon à vous tous, à qui nous pouvons et devons » l'être. » *Nolite sinere nos cuiquam servire, nisi vobis universis, quibus et possumus et debemus.* Le Socrate Romain, P. Rutilius Rufus, « la trou- » voit non seulement inconvenante, mais honteuse et criminelle. » *Hæc non tantùm parùm commodè, sed etiam turpiter et flagitiosè, dicta esse.* Voy. *Parad.* 6. CICER. et *de Oratore*, lib. 1, p. 225 et 227. Et j'ose penser comme Rutilius. C'est de la raison, c'est des lois, et non pas des hommes, qu'il faut porter le joug honorable quand on est avocat, c'est-à-dire quand on s'est dévoué à faire entendre, dans les tribunaux et devant les juges, le seul langage de la raison et des lois, au nom de l'équité.

Mais lorsque je m'élève contre cette discipline, qui me paroît l'ennemie du talent et de la gloire de la profession, il ne faut pas qu'on s'imagine que je veuille rompre toute confraternité, toute liaison entre les avocats; il s'en faut de beaucoup que ce soit là ma pensée. Mais cette liaison, cette espèce de *sodalité* doivent être l'effet de la volonté, de la convenance, du rapport des humeurs, et non pas, si je puis m'exprimer ainsi, d'une *tablature* quelconque. Il est nécessaire qu'elles aient pour but la communication des lumières, l'épuration des principes, l'instruction respective, et non pas l'inqui- sition, la délation et la proscription toujours répugnantes à une belle ame, attribut distinctif de celui qui est né pour se faire un nom comme avocat.

Je les ai vues ces assemblées de la Bibliothèque, dont parle M. Bellart. On n'y alloit qu'en robe. Elles étoient presque toujours présidées par le Bâtonnier. Quelques anciens avocats s'y rendoient assidument, parmi lesquels je citerai M. Léon, profondément instruit du droit Romain. M. Le Gouvé y venoit souvent; M. Marguet, un excellent homme qui aimoit à encourager la jeunesse, n'y manquoit jamais. Presque tous les jeunes avocats se fai- soient un devoir de s'y trouver. Il s'y présentoit une foule de pauvres

(1) Je remarquerai, en passant, que quelques écrivains se sont imaginé que la qualifi- cation d'*ordre* attribuée à la classe des avocats est très-moderne. Ils se trompent. Loisel, qui écrivoit en 1602 son fameux *Dialogue des Avocats*, se sert de ce terme ; et Pasquier, qui avoit écrit avant lui, l'emploie aussi.

avec leurs papiers. On les examinoit ; si la question étoit simple et d'une facile solution, un des anciens dictoit la réponse, qu'un jeune homme écrivoit, et tous les assistans la signoient ; s'il y avoit au contraire des difficultés, si le cas étoit grave, on chargeoit un des stagiaires de rédiger, sur les pièces, un mémoire à consulter dont on lui traçoit le plan. Il le rapportoit la séance suivante. On posoit les questions, on les discutoit ; le même avocat rédigeoit la consultation, et après l'avoir lue et retouchée, s'il falloit qu'elle le fût, elle étoit signée et remise à celui qui l'avoit demandée.

On agitoit, quand il n'y avoit point de malheureux qui réclamât les lumières de l'assemblée, différens points de jurisprudence. Ceux d'entre les candidats qui s'étoient occupés de quelques matières intéressantes, pouvoient y venir lire leurs essais et recueillir des avis qu'on ne leur refusoit jamais. Ce fut là que M. Henrion de Pensey, aujourd'hui président de la Chambre des Requêtes de la Cour de Cassation, jeta les fondemens de cette réputation si solidement établie et si hautement élevée qui l'environne (1).

Les avocats d'aujourd'hui ont remplacé ces assemblées par une chambre des avocats. C'est un local, au Palais, consacré à leur réunion. Je crois qu'en donnant à cet établissement peut-être plus d'étendue et une sorte de stabilité, il deviendroit un centre précieux où ils se retrouveroient avec autant de plaisir que d'utilité. Il ne faut pas se dissimuler que c'est dans un lieu pareil que l'on s'écoute avec attention, et au moins avec l'intérêt de la curiosité ; que l'on se juge avec justice, parce qu'à la longue l'impartialité triomphe ; que l'on se connoît bien, parce que tout le monde vous examine ; que l'on apprend à discuter avec finesse, et même avec profondeur, parce que chaque esprit divers est admis à proposer son avis sur une question, et qu'il ne suffit pas de le proposer, il faut le défendre ; c'est, dis-je, dans de semblables sociétés qu'on travaille pour sa réputation, pour sa gloire, sans songer ni à sa réputation ni à sa gloire. Mais quand on tient l'une et l'autre, comme cela arrive toujours en pareille occurrence, du suffrage de ses collègues, rien ne peut plus vous les enlever, les hommes de qui vous les tenez se sentant, en quelque sorte, obligés de vous les garantir.

Je fais des vœux pour que ceux qui sont engagés, qui s'engageront dans cette pénible, ingrate, noble sans doute, carrière d'avocat, et d'autant plus noble qu'elle est plus ingrate, se pénètrent des maximes qui lui sont propres ; qu'ils se disent bien : que ce nom n'est rien, que ce titre est un des plus insignifians, et que de jour en jour il le deviendra davantage ; mais que les vertus, la science, le talent qu'il appelle, dont il est souvent l'enseigne, sont tout, et seuls leur mériteront les égards, la considération et l'estime de toutes les classes de l'État.

Jamais, parmi les Romains, dans les beaux siècles de la République, les avocats ne firent un corps. Tous les citoyens, indifféremment,

_____

(1) Je me souviens encore qu'il nous donna le tableau analytique et synoptique de la doctrine des statuts, d'après le système des divers auteurs qui en ont traité ; qu'il avoit fait imprimer à ses frais.

étoient libres de se charger de défendre ou de traduire, soit devant les juges, soit devant le peuple, l'innocent accusé, ou l'auteur d'un délit qui comptoit sur l'impunité, à l'abri de son nom, de son crédit, de son rang ou de ses richesses. Il ne falloit pour cela que du courage; souvent on faisoit grâce du talent. Mais ce courage annonçoit la haine du vice, l'enthousiasme pour le maintien des lois, l'amour de la patrie; et ceux qui osoient le montrer s'ouvroient par-là le chemin aux honneurs, aux dignités, à l'opulence; non qu'ils pussent demander, ou même accepter légitimement aucun prix de leurs services dans ce genre, mais les témoignages de reconnoissance qu'ils recevoient de leurs cliens, les libéralités testamentaires dont les riches républicains, qui même leur étoient inconnus, se faisoient un devoir de payer le tribut aux orateurs célèbres, remplaçoient avantageusement un salaire très-rarement proportionné aux soins qu'il acquitte. Cicéron, qui vante son désintéressement, possédoit en Italie vingt-trois maisons de campagne.

Après la chûte de la République, les Empereurs, qui nommoient les jurisconsultes, c'est-à-dire ceux qu'on pouvoit aller consulter, auxquels ils conféroient le droit de répondre aux questions des plaideurs, et de donner en quelque sorte des règles aux juges : les Empereurs, dis-je, laissèrent une pleine liberté aux avocats. Ceux-ci continuèrent d'exercer leur profession sans entraves. Ils en remplirent les devoirs avec moins de talent, dès-lors moins de gloire, et, disons-le, avec beaucoup moins de loyauté que leurs prédécesseurs (1); mais enfin à côté des Suilius, des Régulus, etc., on trouve des Secundus, des Maternus, des Tacite, des Pline, et toujours le génie de l'éloquence obtient à celui qui l'a cultivé d'honorables succès; témoins « Eprius Marcellus et Crispus Vibius, nés de parens obscurs dans la » fange et la pauvreté, d'un extérieur abject, un d'entr'eux même disgracié » de la nature, et tous les deux de mœurs assez équivoques, qui, » après avoir été à la tête du Barreau, et avoir joui à Rome du plus grand » crédit, devinrent les amis et les favoris de Vespasien, sans avoir d'autre » recommandation auprès de lui que leur célébrité comme avocats (2). »

En France, pendant long-temps, l'ordre des avocats fut, pour me servir de l'expression de Pasquier (*Recherches de la France*, liv. IX, chap. 38), *la pépinière de tous les officiers de justice.*

Avant l'établissement des Francs dans les Gaules les avocats y étoient en grande estime, si nous en croyons Juvénal (*Sat.* VII, v. 147). Le même auteur nous apprend (*Sat.* XV, v. 112) que l'Angleterre dut aux Gaules l'éloquence et les avocats.

---

(1) Il me suffiroit de renvoyer aux historiens, pour la preuve de ce fait, à *Tacite*, *Annal.* lib. 11; et à *Ammien Marcellin*, lib. 30.

(2) *Quò sordidiùs et abjectiùs nati sunt (Eprius Marcellus et Crispus Vibius), quòque notabilior paupertas et angustia rerum, nascentes eos circumsteterunt, eò clariora ad demonstrandam oratoriæ eloquentiæ utilitatem, illustriora exempla sunt; quod sinè commendatione natalium, sinè substantiâ facultatum, neuter moribus egregius, alter habitu quoque corporis contemptus, per multos jàm annos potentissimi sunt civitatis, ac donec libuit principes fori, nunc principes in Cæsaris amicitiâ; agunt feruntque cuncta, ab ipso principe (Vespasiano), cum quâdam reverentiâ diliguntur.* DE ORATORIB. DIALOGUS, n. 4.

Sous la première race ils ne perdirent aucun de leurs avantages. On les laissa aux vaincus avec leurs lois ; et peu-à-peu les vainqueurs s'y habituèrent et s'en servirent.

Il est souvent question d'eux dans les capitulaires de Charlemagne et de Charles-le-Chauve.

Ils existoient comme ordre bien long-temps avant les Parlemens. On a pu voir ci-dessus, pag. 490, l'extrait d'une ordonnance qui leur impose l'obligation d'un serment suivant une certaine formule. Or, cette ordonnance est de 1274, et l'érection du Parlement de Paris date de 1302.

Ce fut ensuite parmi eux que l'on alla chercher les magistrats de toutes les espèces : les avocats et procureurs du Roi pour toutes les juridictions, les conseillers de Cours souveraines, les maîtres des requêtes ; sous François Ier. trois avocats, Poyet, Montholon et Lizet, qui avoient plaidé dans la cause du Connétable de Bourbon, contre la Reine Mère, furent successivement nommés, le premier, Chancelier; le second, Garde des Sceaux; et le troisième, premier Président du Parlement de Paris.

Les familles les plus considérables de la robe : les Amelot, les Bernages, les Bignon, les Boucherat, les Brulart, les Chauvelin, les Le Coigneux, les Lefebvre, les Lamoignon, les De Mesme, les Montholon, les Morvilliers, les Pasquier, les Phelipeaux, les Rebours, les Seguier, les Sarrot, les Talon, les de Thou, les Le Voyer, ont ou continué ou commencé leur illustration par l'exercice de la profession d'avocats.

Mais, je le répète, dans ce temps l'ordre ne formoit aucune espèce de corporation, n'étoit soumis à aucune discipline particulière, et n'obéissoit qu'aux lois dont les individus se glorifioient d'être tantôt les judicieux interprètes, tantôt les courageux organes, et toujours les plus religieux observateurs.

OBSERVATION.

Le Mémoire suivant a été fait dans une circonstance extrême-ment singulière. Il mérite d'être lu pour le fond, *j'ajouterai* et pour la forme.

LES INCIDENS

DE LA

CAUSE OBERNDORFF.

L E comte François-Albert-Léopold d'Oberndorff, qui fut pendant sa vie premier ministre d'état de son altesse sérénissime l'Electeur Bavaro-Palatin, à la résidence de Manheim, institua son neveu, le comte Chrétien d'Oberndorff, son héritier universel fidéi-commissaire, par acte du 14 juin 1792.

Cette institution contractuelle étoit le résultat d'un pacte de famille antérieurement consenti et même exécuté par les parties intéressées.

Ceci n'empêcha point que les sœurs et beaux-frères du comte Chrétien d'Oberndorff ne lui contestassent sa qualité et son institution d'héritier universel, immédiatement après le décès du ministre leur oncle commun, décès arrivé le 29 mai 1799.

Ainsi, madame la baronne de Léoprechting, née Catherine d'Oberndorff, domiciliée à Heidelberg; François-Xavier baron de Lerchenfeld, domicilié à Munich, en qualité de tuteur de sa fille mineure *Ernestine* née de son mariage avec défunte Thérèse d'Oberndorff; et François-Albert comte de Seybolsdorff, domicilié à Straubingen, aussi en qualité de tuteur de son fils mineur *François-Albert* né de son mariage avec défunte Caroline d'Oberndorff, traduisirent le comte Chrétien au tribunal civil du département du Mont-Tonnerre, séant à Mayence, où leurs conclusions tendoient : « à ce que le comte Chrétien fût tenu de partager avec eux égale-
» ment la succession tant mobilière qu'immobilière délaissée par le Ministre,
» qui se trouve située sur la rive gauche du Rhin ; et encore : à ce qu'il fût
» tenu de restituer dans la même proportion les fruits par lui perçus. »

S'agissant uniquement ici de retracer les incidens survenus en la cause, on ne touchera pas la question au fond.

Le comte Chrétien, condamné par défaut en première instance, interjeta appel à la cour séante à Trèves.

La cause fut contradictoirement plaidée pendant plusieurs audiences.

Dans l'origine des plaidoiries, la Cour étoit composée de neuf juges. Mais, vers la fin des séances, elle se trouva réduite à huit, par la raison que M. le procureur-général étant tombé malade, la Cour désigna un de ses membres pour remplir les fonctions de la partie publique dont le ministère est ici de rigueur, puisqu'il y a des mineurs au procès.

La loi indique d'office le dernier nommé des juges pour remplacer le procureur-général légalement empêché (1).

Cependant ici le dernier nommé des juges (alors M. Eichorn) resta sur les rangs et connut de l'affaire.

La Cour, en son lieu et place, désigna M. Birnbaum, qui dès-lors se rendit au parquet.

Celui-ci, par ses conclusions, estima : « qu'il y avoit lieu, en faisant droit » sur l'appel, de déclarer les sœur et beaux-frères du comte Chrétien non-» recevables en leurs demandes, les en débouter et compenser les dépens. »

Ces conclusions ne furent ni admises ni rejetées, puisque la Cour délibérant au nombre de huit juges, se déclara partagée d'opinions, et ordonna : que pardevant les *mêmes* juges, ainsi que pardevant un neuvième qui seroit appelé pour *départiteur*, la cause seroit de nouveau plaidée.

Cet arrêt est du 10 fructidor an 13.

On apprit quels étoient les quatre juges qui avoient opiné pour le comte Chrétien, et dès-lors quels étoient les quatre qui avoient opiné contre lui.

De cet exposé il résulte que sans la maladie du procureur-général le comte Chrétien gagnoit son procès ; car le juge qui a remplacé la partie publique, ayant conclu en pleine audience comme il eût opiné dans la chambre du conseil, le comte eût obtenu cinq voix contre quatre, ce qui faisoit arrêt.

Nonobstant cette maladie, le comte Chrétien gagnoit encore son procès, si l'on eût, dans cette occurrence, suivi la règle qui défère d'office au dernier nommé des juges les fonctions du ministère public, dans le cas d'empêchement légitime du procureur-général ; en effet, ce juge alors dernier nommé, ayant voté contre le comte Chrétien, il en seroit résulté que, si, au lieu de rester sur les rangs, il fût, comme la loi le prescrivoit, passé au parquet, alors sur les huit voix restées délibérantes, le comte Chrétien en eût obtenu cinq contre trois, ce qui faisoit encore arrêt.

_____

(1) « En cas d'empêchement du commissaire du Gouvernement et des substituts près » des Tribunaux d'Appel, les fonctions du ministère public seront momentanément » remplies par le dernier nommé des juges. » (Loi du 27 ventose an 8, tit. III, art. 26, publiée dans les quatre départemens réunis de la rive gauche du Rhin, ensuite de l'arrêté des Consuls du 14 fructidor an 10, pour y recevoir son exécution à dater du 1er. vendémiaire an 11.) C'est cette loi qui a servi de base à l'arrêté pris en conséquence par la Cour d'appel de Trèves, le 15 pluviose suivant.

Mais ces deux circonstances aussi imprévues que fâcheuses n'étoient que le prélude d'autres bien plus malheureuses encore, et qui toutes se sont succédées avec les caractères de la fatalité la plus marquée.

Au moment où le comte Chrétien, domicilié à Manheim, se disposoit à revenir à Trèves pour y voir reprendre les erremens de l'instance, la mort lui enleva subitement l'épouse, sous tous les rapports, la plus digne et la plus intéressante.

Cet accident si cruel suspendoit son retour en raison des arrangemens de famille devenus, par ce décès, urgens et nécessaires, lorsqu'au milieu de ces retards involontaires vinrent aussi à décéder, à peu de distance l'un de l'autre, deux des juges qui s'étoient prononcés en faveur de sa cause. Ils ont tous les deux été remplacés.

Les adversaires, instruits de ces deux derniers décès, et pénétrés de tout l'avantage qu'ils apportoient à leur position, puisqu'ils conservoient quatre voix, tandis que leur frère n'en pouvoit plus compter que deux, présentèrent requête à la Cour : « pour qu'en exécution de son arrêt du 10 fruc-» tidor de l'an 13, elle nommât le juge *départiteur*. » Cette requête fut répondue d'un : *viennent à l'audience*.

Le 10 novembre dernier, le comte Chrétien, dans l'espoir qu'on sauroit apprécier son silence, au lieu de s'appuyer ostensiblement de faits parvenus à la connoissance du public, se contenta de poser ce dilemme : « Ou » les deux juges qui sont morts ont voté en sens contraire, ou ils ont voté » en sens uniforme des survivans. Dans le premier cas, l'égalité des voix » se trouve rétablie entre les anciens juges qui ont survécu, trois contre trois : » dans le second cas, cette égalité disparoît, puisque la partie pour laquelle » auroient opiné en sens uniforme les deux juges défunts, ne pourroit plus » compter que deux voix, tandisque l'autre partie resteroit en possession des » quatre qui lui étoient acquises; d'où la justice et l'équité commanderoient » alors indistinctement, de quelque côté qu'eussent penché les deux voix » perdues, qu'on renvoyât les parties à se pourvoir en règlement de juges. » Le comte Chrétien prit en conséquence des conclusions analogues.

Mais ces conclusions furent vivement contredites par les adversaires, qui savoient, à n'en pas douter, que les deux juges décédés avoient opiné contre eux; d'où résultoit pour eux, comme nous l'avons dit, l'inappréciable avantage de pouvoir à l'avance compter sur quatre voix, tandis qu'il n'en restoit plus que deux au comte.

La partie publique ayant, trois semaines après, donné ses conclusions, la Cour, par arrêt du 1er. décembre dernier, loin d'accueillir les observations ni la réclamation du comte Chrétien, nomma un juge *départiteur* dans la personne de M. de Bruges, président de la cour de Justice Criminelle du département de la Sarre, et ordonna aux parties de venir plaider à l'audience du 22 du même mois.

Ainsi, d'après ce second arrêt, la Cour, pour statuer sur la cause Oberndorff, se trouvoit composée des six juges anciens encore existans, des deux nouveaux remplaçant les deux défunts, et de celui nommé *départiteur*.

S'il étoit question ici de discuter ces deux arrêts, peut-être seroit-il facile d'établir que ni l'un ni l'autre ne sauroient se soutenir.

Et d'abord, par l'arrêt du 10 fructidor an 13, n'a-t-on pas violé la loi qui ordonne que le procureur-général empêché pour maladie ou autre cause légitime, soit remplacé d'office par le dernier nommé des juges? C'est ici nullité radicale (1), qui, étant le fait seul de la Cour, ne peut se couvrir par le silence ou l'acquiescement des parties. D'ailleurs nul acquiescement de la part du comte Chrétien.

Ne pourroit-on ensuite opposer à l'arrêt du 1er. décembre dernier, qu'il renferme inconséquence, contradiction, et fausse application de la loi?

Inconséquence, — N'est-ce pas donner suite à un arrêt qui ordonnoit, attendu le partage des opinions, que la cause seroit de nouveau plaidée devant les *mêmes juges* partagés d'opinion, toutes choses qui n'existent plus et ne sauroient se reproduire, d'après les deux décès?

Contradiction, — N'est-ce pas supposer que les deux juges nouveaux sont tenus de voter ainsi et de même que les deux morts qu'ils remplacent? Pourquoi dès-lors les appeler à juger, s'il leur est interdit de se former une opinion libre et personnelle, quand rien ne sauroit leur ravir le droit de voir autrement que leurs prédécesseurs? Tout ceci ne peut donc se concilier avec aucune règle de droit ou d'office.

Fausse application de la loi, — La loi qui appelle un juge *départiteur* n'autorise cette mesure que dans le seul cas où il y a parité de voix pour et contre : mais ici cette parité n'existe plus.

Quoi qu'il en soit de ces deux arrêts, on devoit présumer que les adversaires recevroient comme un bienfait celui sur-tout du 1er. décembre dernier, puisqu'ayant à l'avance quatre voix dans les neuf qui alloient prononcer, il ne leur en falloit plus qu'une pour assurer leur succès.

Cependant leur première démarche fut de récuser péremptoirement (2) M. de Bruges désigné pour juge *départiteur* (3).

Le comte Chrétien alors récusa deux des juges anciens qui avoient opiné contre lui (4).

---

(1) « Toute violation ou omission des formes prescrites en matière civile par les » lois publiées, quand même elles ne prononceroient pas expressément la peine de » nullité, *donnera ouverture à la cassation.* » (Art. 2 de la loi du 4 germinal an 2, publié par l'art. 199 du règlement sur l'ordre judiciaire du 4 pluviose an 6.)

(2) « Le Code ne parle pas de la récusation péremptoire ou sans motif, que les lois » précédentes avoient admise ; elle ne se trouve conséquemment pas conservée. L'ex- » périence a prouvé qu'elle n'étoit presque toujours employée que pour éloigner, par » une injure gratuite, le juge dont on redoutoit le plus la pénétration et l'intégrité. » (*Nouveau Traité de la Procédure Civile*, par COMMAILLE, *verbo* Récusation.)

(3) *Par acte inscrit au Registre des Récusations de Juges de la Cour d'appel séante à Trèves*, du 15 décembre 1806.

(4) *Extrait du Registre des Récusations des Juges de la Cour d'appel séante à Trèves.*

Cejourd'hui dix-huit décembre mil huit cent six, est comparu au greffe de la Cour d'appel séant à Trèves, le comte Chrétien d'Oberndorff, chambellan et conseiller intime de Sa Majesté le Roi de Bavière, domicilié à Manheim, pays étranger, lequel a fait la déclaration suivante :

« Qu'il avoit appris avec étonnement que les dames ses sœurs avoient récusé

Les juges récusés ne pouvant connoître de leurs récusations, autrement ils deviendroient juges dans leur propre cause, la Cour, par l'effet de ces trois récusations, se trouva réduite à six juges, nombre insuffisant pour pouvoir délibérer.

Dans les vues de faire cesser cette paralysie morale, la Cour invita M. Rebmann, président de la Cour de Justice Criminelle séante à Mayence, à se rendre dans son sein, et par sa présence active la mettre à portée de statuer.

Les adversaires, sans réquisition, demande, ni arrêt préalable, s'empressèrent d'offrir, par requête, de fournir aux frais de déplacement du juge qui seroit appelé, et consignèrent au greffe trois cents francs trente centimes, pour couvrir les premiers faux-frais.

Cet empressement spontané pouvoit paroître déplacé. En rapprochant les circonstances connues de liaisons particulières et de parenté, peut-être eût-on pu présenter cette démarche comme le gage de la satisfaction qu'on éprouve lors de l'accomplissement de quelque vœu secret.

Cependant, loin de vouloir insinuer ici des soupçons sur de simples présomptions qui peuvent être déplacées, nous dirons que le comte Chrétien se borna à récuser péremptoirement, mais éventuellement seulement, M. Rebmann, par le ministère de son secrétaire *Savio*, muni de sa procuration à ce sujet (1).

» péremptoirement, c'est-à-dire sans motifs (et jamais eût-on pu en donner de
» plausible), M. de Bruges, président de la Cour de Justice Criminelle du départe-
» ment de la Sarre, que la Cour d'Appel avoit nommé juge départiteur; qu'il ne
» sait à quoi attribuer une démarche de cette nature envers un Magistrat dont l'ex-
» périence, l'intégrité et les lumières sont à juste titre universellement respectées;
» ce qui le constitue dans la dure nécessité de récuser à son tour, non pour leur
» personnel, mais par voie de représailles, M. Seyppel, péremptoirement, et M. Eichorn,
» ce dernier par le motif qu'il n'eût point dû siéger, mais au contraire remplacer
» d'office, comme le dernier nommé des juges, et ce, aux termes de la loi, M. le
» Procureur-général-impérial, empêché pour cause de maladie de remplir son minis-
» tère en la cause, événement qui n'étant que le seul fait de la Cour, ne peut dès-
» lors en aucun cas retomber sur la partie ni lui préjudicier; que le comte d'Oberndorff
» cède avec regret à l'espèce d'obligation que ses sœurs lui ont imposée, de récuser
» deux magistrats qu'il se plaît à estimer et à honorer, sous le double rapport de
» leurs connoissances et de leur probité, et qu'il supplie de ne vouloir envisager dans
» la récusation qu'il en fait, que la force majeure de circonstances aussi imprévues
» que pénibles. »

De laquelle déclaration le susdit comte Chrétien d'Oberndorff a requis acte, se réservant tous droits, actions, recours, conclusions, fins et prétentions, et a signé avec nous greffier en chef de la Cour d'Appel. Trèves, les jour, mois et an que dessus.

Signés CHRÉTIEN comte D'OBERNDORFF, et MATHIS, *greffier.*

(1) Je, soussigné, donne, par les présentes, pouvoir spécial à M. *Savio*, mon secrétaire, de déclarer au greffe de la Cour d'Appel de Trèves, et d'en requérir acte, qu'éventuellement, et pour le cas où la récusation péremptoire que j'ai formée contre M. Seyppel, membre de ladite Cour, pourroit être regardée comme tardive, et que celle que mes adversaires ont formée contre M. de Bruges, président de la Cour de Justice Criminelle du département de la Sarre, pourroit au contraire être admise, je récuse péremptoirement, et par bénéfice de l'article 247 du réglement sur l'ordre ju-

Mais ces récusations partielles ne pouvant devenir qu'un palliatif peu susceptible de conjurer l'orage qui planoit sur la tête du comte Chrétien par la réaction des deux morts sus-énoncées, celui-ci se présenta au greffe de la Cour pour y consigner sur les registres la déclaration dont voici la teneur textuelle :

Cejourd'hui 13 janvier 1807, s'est présenté en personne au greffe de la Cour d'Appel séante à Trèves, le comte Chrétien d'Oberndorff, lequel a dit :
« Que tout concouroit à lui imposer l'obligation pénible de devoir, dans
» l'intérêt de la loi même, et d'après les circonstances fatales survenues
» en la cause, récuser la Cour d'Appel de Trèves toute entière dans l'ins-
» tance liée par-devant elle entre le comparant défendeur originaire, appe-
» lant, et madame la baronne de Léoprechting, sa sœur ; les comte de
» Seybolsdorff, et baron de Lerchenfeld, ses beaux-frères, ès-qualités qu'ils
» agissent, demandeurs originaires intimés : les uns et les autres domici-
» liés sur la rive droite du Rhin.
» Ces circonstances fatales dérivent de la mort inopinée de deux des
» juges qui ont concouru à l'arrêt intervenu entre les parties le 10 fruc-
» tidor de l'an 13, arrêt par lequel la Cour, seulement alors composée de
» huit juges, se déclara partagée d'opinions, et décida qu'il seroit appelé
» un neuvième juge par-devant lequel, ainsi que par-devant les huit par-
» tagés d'opinions, l'affaire seroit de nouveau plaidée.
» Ainsi donc, de ces huit juges, quatre avoient voté pour le comparant,
» et quatre pour sa sœur et ses beaux-frères qui font cause commune.
» Quoique le secret des délibérations des juges dût en principe rester per-
» pétuellement un mystère, cependant ici ce secret de droit a cessé d'en
» être un de fait.
» Il est de notoriété publique que MM. Garreau, Lintz, Seyppel et
» Eichorn ont voté contre le comparant ; que MM. Dumey, Jouve,
» Ebentheurer et Boutier ont, au contraire, opiné en sa faveur.
» MM. Ebentheurer et Boutier sont les deux juges décédés depuis cette
» époque. MM. Manessy et Duparge les remplacent aujourd'hui.
» On s'en rapporte à la probité de la Cour, qui sans doute ne discon-
» viendroit point, le cas échéant, que la publicité des opinions que l'on
» vient de mentionner existe dans toute l'exactitude du tableau.
» Les adversaires en sont pénétrés les premiers, ainsi que le justifie la
» résistance qu'ils ont apportée aux conclusions prises par le comparant
» à l'audience du 10 novembre dernier ; et puisqu'ils n'ont pas eu la
» loyauté d'en convenir, et de se régler suivant ce que dès-lors prescrivoit
» l'équité, il ne reste plus au comparant d'autre ressource, pour rétablir
» un juste équilibre, que celle qu'il emploie aujourd'hui.
» Sa position actuelle à la Cour de Trèves ne sauroit plus se soutenir.

---

diciaire du 4 pluviose an 6, M. Rebmann, président de la Cour de Justice Criminelle du département du Mont-Tonnerre séante à Mayence, dans la cause pendante à ladite Cour d'Appel entre moi appelant, et madame de Léoprechting de Heidelberg et consorts, intimés.

Fait à Trèves, le 31 décembre 1806.   *Signé* le comte D'OBERNDORFF.

» Les deux juges nouveaux , remplaçant les deux défunts , ne succèdent
» point dans les opinions comme dans la place. Ils sont en droit d'opiner,
» si leur conscience le leur suggère , en sens inverse de leurs prédé-
» cesseurs.

» Le comparant, qui ne peut plus compter que les voix de MM. Dumey
» et Jouve , devroit donc , pour obtenir du succès, ranger du bord de sa
» cause MM. Manessy, Duparge , et le neuvième juge qui seroit léga-
» lement appelé comme départiteur ; tandis que les voix de MM. Garreau,
» Lintz , Seyppel et Eichorn restant acquises aux adversaires , il ne leur
» faudroit qu'une seule voix dans les trois nouvelles qui auroient à
» prononcer, pour emporter l'arrêt.

» Le combat ayant ainsi cessé d'être égal par l'effet des deux décès
» susdits , la justice demande que l'on fasse cesser cette situation de choses ,
» elle qui veut que les parties litigantes trouvent , dans le sanctuaire des
» lois, parité de chances de combats et de succès.

» La loi elle-même est intéressée à ce que la Cour devienne en consé-
» quence dessaisie de la cause. Car la loi n'admet plus pour juges d'une
» cause ceux dont les opinions sont à l'avance connues dans la même
» cause.

» Ainsi, par cela seul, MM. Garreau, Lintz , Seyppel, Eichorn, Jouve
» et Dumey, ne peuvent plus , d'après la révélation publique et notoire
» de leurs votes antérieurs, connoître du différend.

» M. Manessy, qui, de juge à la Cour Criminelle, est devenu juge à la
» Cour d'Appel, ne sauroit non plus régulièrement en connoître ; car,
» d'après la publicité des mémoires publiés de part et d'autre, et à une
» époque où il ne pouvoit soupçonner qu'il deviendroit juge à la Cour d'Appel,
» il seroit miraculeux qu'il n'eût point manifesté son opinion privée sur
» une cause devenue le sujet de toutes les conversations de la ville de
» Trèves, sur-tout attendu la fréquence de ses entrevues en société avec
» le comparant et sa défunte épouse. S'il consulte bien sa mémoire, il se
» rappellera que , plus d'une fois, il a ouvert et donné son avis : ce qui
» étoit d'autant moins déplacé , qu'alors n'occupant point sa place actuelle ,
» il n'avoit pas à conserver les ménagemens prescrits aux juges saisis d'un
» procès.

» Quant à M. Duparge, appelé récemment à Trèves par ses fonctions
» nouvelles , on doit calculer qu'il se verroit volontiers dispensé de pro-
» noncer sur le différend , d'après les avis et conseils multipliés d'accom-
» modement qu'il a, en particulier et publiquement, donnés aux diverses
» parties au procès ; avis et conseils qui ne peuvent qu'honorer un cœur
» délicat et sensible.

» Pour quoi tout sollicite que la présente récusation, ainsi motivée, soit
» déférée à la connoissance de la Cour de Cassation , où le comparant
» espère d'autant mieux obtenir son renvoi devant une autre Cour, que
» ce Tribunal suprême a , pour des motifs bien moins concluans, admis
» la récusation entière de la Cour d'Appel de Lyon, sur la demande du
» citoyen *Dugour,* ainsi qu'il appert des *Questions de Droit* de M. *Merlin.*

» On dit sur *des motifs bien moins concluans,* puisque la récusation

70 *

» fut admise sur l'exposé de la simple présomption, que les ouvriers de
» Lyon occupés à contrefaire des ouvrages littéraires, ayant intérêt à ce
» qu'on écartât la plainte de *Dugour* relative à la contrefaçon du *Cours*
» *d'agriculture de Rozier*, les cris de ces ouvriers pourroient influencer les
» juges d'appel; tandis qu'ici il n'y a ni influence à exercer, ni présomp-
» tion à établir, mais au contraire la certitude que la majorité des voix
» connues demeure acquise aux adversaires contre le comparant.

» De tout quoi ledit comparant nous a requis de lui donner acte, en
» déclarant protester de nullité contre tout ce qui seroit fait au préjudice
» et à l'encontre des présentes : le tout aussi sous la réserve expresse de
» tous droits, actions, recours, pourvois, conclusions, fins et prétentions;
» et a, le même comparant, signé sur la minute avec nous, les jour, mois
» et an que dessus. » (*Suivent les signatures et l'enregistrement.*)

Pour ne rien dire d'insignifiant, le comte Chrétien n'a point mentionné,
dans cette récusation, M. Dobsen, procureur-général-impérial. Il est de
principe que tous les juges délibérans en la cause étant récusés, par cela
seul la récusation de tout le Tribunal est entière. Autrement il eût suffi sans
doute de rappeler à M. Dobsen la conversation qu'il improvisa au comte
Chrétien lui-même, en présence des personnes les plus dignes de foi, pour
qu'à l'instant la délicatesse de M. le Procureur-Général lui eût imposé la
loi de s'abstenir désormais de porter la parole en la cause (1).

Il appert de l'arrêt rendu, le 21 frimaire an 9, sur la récusation proposée par le citoyen *Dugour* contre le Tribunal d'Appel de Lyon, que
c'est à la Cour de Cassation qu'il appartient exclusivement de connoître
de ces sortes de récusations. Voici ce qu'on lit à ce sujet dans les
Questions de Droit de M. *Merlin*, tom. VII, pag. 463 et suivantes.

« *Sur quelles bases doit porter la récusation d'un Tribunal entier et la*
» *demande en renvoi devant un autre Tribunal?*

» Ces bases ne sont réglées par aucune loi. Elles sont abandonnées à la
» conscience de la Cour de Cassation.»

Ainsi donc, c'est à la Cour de Cassation à prononcer sur la récusation
proposée contre une Cour d'Appel.

» La loi, » continue M. Merlin dans son plaidoyer à la Cour de Cassation,

---

(1) Lors de la convalescence, sur la fin de thermidor an 13, de M. le Procureur-
général-impérial Dobsen, le comte Chrétien se présenta chez lui pour s'informer de
l'état de sa santé. Cette visite de simple honnêteté n'avoit rien sans doute qui choquât
la bienséance envers un magistrat dessaisi, par le fait de sa maladie, des fonctions
que, sans elle, il eût remplies au procès. Cependant, pour première réponse,
M. Dobsen dit au comte Chrétien : « Vous n'avez pas à regretter, Monsieur, que je
» n'aie pu porter la parole dans votre affaire. Mes conclusions eussent été contre vous;
» *et si jamais la Cour rendoit un arrêt qui vous fît favorable*, JE LE DÉNONCEROIS. »
Le comte Chrétien doit à la vérité de dire qu'il se retira un peu confus d'une ouverture à laquelle il ne s'attendoit pas, et sur-tout étonné d'apprendre que la conscience
des juges d'Appel pût jamais *au fond* être en rien soumise à l'influence des Procureurs-
généraux-impériaux.
Le comte Chrétien offre, au besoin, par le témoignage des personnes recommandables qui se trouvoient présentes, la preuve du fait qu'il articule ici.

« La loi, citoyens Magistrats, vous constitue jurés sur la question de savoir
» s'il y a suspicion légitime de la part du demandeur contre le Tribunal
» saisi de son appel; c'est à votre conscience qu'elle s'en rapporte à cet
» égard; or, mettez-vous pour un moment à la place du citoyen *Dugour*,
» et que votre conscience vous dise si, à sa place, vous ne penseriez pas
» comme lui? »

Ainsi donc, c'est à la Cour de Cassation à statuer sur la récusation proposée par le comte Chrétien contre la Cour d'Appel de Trèves.

Loin de se permettre ni de concevoir les plus légers soupçons sur les lumières et l'intégrité des juges composant la Cour d'Appel de Trèves, le comte Chrétien se plaît à consigner ici l'hommage de son estime et de sa vénération pour ces dignes Magistrats.

Il ne doute point que les juges qui ont opiné contre lui, de même que ceux qui ont opiné pour lui, n'aient eu, pour unique régulateur, le cri de la conscience.

Mais les motifs de sa récusation, il les puise principalement dans la force majeure qui, l'ayant privé sans retour de deux des juges qui s'étoient prononcés en sa faveur, l'ont ainsi impérieusement placé dans une position que l'équité demande que l'on fasse cesser.

Et comment la justice pourroit-elle contraindre un plaideur à rester dans une Cour où, par l'effet de l'impitoyable mort, quatre voix sont acquises contre lui, pour deux seulement qu'il peut compter dans une Cour où la partie publique semble exiger qu'on le condamne, *à défaut de quoi elle menace* DE DÉNONCER L'ARRÊT !

Cette dernière particularité seule ne seroit-elle point suffisante pour déterminer le renvoi à une autre Cour?

Si c'étoient madame la baronne de Léoprechting et consorts qui eussent perdu deux des juges qui se sont prononcés pour eux; si la position où se trouve le comte Chrétien étoit devenue la leur, s'obstineroient-ils à vouloir être jugés par la Cour où ils auroient éprouvé cette perte irréparable; où le ministère public se seroit prononcé contre eux avec une énergie que l'on s'abstient de caractériser? Et pour emprunter le langage de M. *Merlin*, de ce magistrat qui remplit si honorablement la France de son nom, je dirai : que le juge lui-même se mette à la place du comte Chrétien, et que sa conscience lui dise si, à sa place, il voudroit confier le sort d'une fortune importante, courir les hazards de voir statuer sur celle-ci par neuf juges dont quatre déjà lui sont sciemment contraires ?

Que chacun se mette à la place du comte Chrétien; et, s'il est de bonne foi, qu'il déclare si, en pareille occasion, il ne chercheroit pas à obtenir son renvoi devant une autre Cour?

Cette mesure, enfin, ne préjuge en rien le fond de la question, ni ne lui préjudicie.

Celle-ci, devant une autre cour, se présentera toute entière, de même que les droits comme les moyens des parties y aborderont intacts et pleins.

Dès que l'impartiale équité réclame que la cause Oberndorff, par suite de la fatalité comme de la nouveauté des incidens survenus, cesse d'être soumise à la décision de la cour d'Appel de Trèves, ne seroit-ce pas concevoir un doute déplacé, de n'être pas d'avance convaincu que la Cour de Cassation renverra la cause et les parties devant une autre Cour qu'il lui plaira désigner !

Trèves, le 18 janvier 1807.

Le Comte **CHRÉTIEN** D'OBERNDORFF.

GEORGEL *son avocat.* (*)

(*) Le premier besoin de l'avocat, comme la première récompense de ses travaux, est de concourir avec le juge au grand œuvre de rendre la justice, et de parvenir à mériter l'estime de la Cour près de laquelle il a l'honneur d'exercer ; mais l'avocat seroit-il jamais digne du suffrage si précieux de la Cour, de l'estime de ses confrères, de celle du public ; seroit-il digne de la plus noble des professions, si jamais aucune espèce de considérations humaines pouvoit diminuer, de la moindre parcelle, l'inflexible énergie qui doit sans cesse le caractériser, pouvoit jamais l'entraîner, par une basse adulation, par une lâche complaisance, ou par des craintes puériles, à taire des vérités qu'il croit utiles, plutôt que de les publier avec une noble indépendance et dans les vues de soustraire aux plus imminens dangers le client qui, l'honorant de sa confiance, s'en remet à son dévouement et à son zèle, du soin de la défense des plus grands intérêts ? (*Note particulière de l'avocat du comte d'Oberndorff.*)

SUITE.

Par arrêt du 14 janvier 1808, LA COUR *de Cassation* « faisant droit » sur la réclamation, a dessaisi la Cour d'Appel de Trèves, et renvoyé » la cause et les parties devant la Cour d'Appel de Metz. »

PLAIDOYER

Pour L. R. A. VOYNEAU, Fils, Dragon au 15ᵉ. Régiment ;

Contre L. A. F. VOYNEAU, son père ;

Prononcé à l'audience de la section civile de la Cour de Cassation, le lundi 5 décembre 1808,

Par M. LOISEAU, Avocat à la Cour de Cassation et au Conseil des Prises.

MESSIEURS,

ENTRE l'innocence opprimée et le crime oppresseur il n'est pour la justice aucun terme moyen.

Si *Auguste* est réellement, comme on a osé le soutenir, le fils d'un misérable meunier, s'il a été frauduleusement substitué au véritable fils du sieur Voyneau, s'il est un *intrus* que des campagnards exaltés, que des plébéïens malveillans, que des juges prévaricateurs ont introduit dans une famille opulente, contre les lois de la nature, contre le vœu de l'ordre social, contre le cri plus puissant encore de leur conscience, il faut qu'il descende du rang qu'il a usurpé, il faut qu'il soit expulsé de cette famille honorable, il faut qu'il soit renvoyé sans pitié dans le moulin de son père.

Mais, Messieurs, si cet enfant est réellement *Auguste Voyneau*, si une mère coupable a juré sa perte ; si, condamnée elle-même par tous les tribunaux, elle a infecté du venin de sa colère le cœur de son mari ; si tous les deux aujourd'hui réunissent leurs efforts pour repousser l'être malheureux auquel ils ont donné le jour, pour lui ravir sa filiation, sa famille, ses parens, ses biens ; si, en un mot, cette prétendue *substitution d'enfant*, que l'on vient de vous présenter avec tant d'art, n'est, dans le fait, qu'un vain prétexte imaginé pour couvrir leur turpitude ; si elle n'est qu'une misérable fable inventée pour servir de viles passions, pour sacrifier un innocent à la plus injuste, à la plus odieuse, à la plus coupable prédilection; certes il n'y aura qu'une voix, il n'y aura qu'un mouvement dans le Conseil des sages; la Cour s'empressera de *rejeter le pourvoi* de Voyneau.

Tels sont, Messieurs, les deux systèmes opposés entre lesquels vous avez à choisir.

Lequel des deux doit vous paroître préférable? Verrez-vous dans le sieur Voyneau un père pervers, dénaturé? déclarerez-vous, au contraire, *Auguste* intrus, usurpateur, voleur? Telle est la grande question dont les parties, dont le public, dont la France entière, qui déjà est instruite de ce procès célèbre, attendent de vous l'importante solution.

Mais, que dis-je? Messieurs, je me trompe même sur le véritable point du litige actuel! Il ne s'agit plus aujourd'hui d'opter entre le père et l'enfant, leur procès est terminé. Déjà la justice a prononcé, et elle a prononcé irrévocablement sur le sort d'*Auguste*. Elle a depuis long-temps dissipé le nuage à la faveur duquel une mère orgueilleuse vouloit se débarrasser d'un enfant méprisé; depuis long-temps elle a abattu le mur d'airain que cette femme avoit élevé entre elle et sa progéniture; depuis long-temps, en un mot, elle a réparé l'égarement de l'esprit, les vices du cœur, les torts de la nature; elle a rendu à *Auguste* et son état et sa filiation et sa famille.

Ainsi, Messieurs, lorsque l'adversaire se laisse si complaisamment entraîner dans le fond du procès, lorsqu'il vient contester encore l'identité de la personne d'*Auguste*; que, s'écartant du vrai point de la cause, il remet ingénieusement en question la chose jugée, d'un seul mot je pourrois anéantir tous ses efforts.

« L'histoire que vous publiez, lui dirois-je, n'est plus aujourd'hui qu'une
» fable; le soleil de la justice a enfin éclairé ces lieux obscurs et déserts où
» vous m'aviez abandonné. La guerre civile, et les furies qui marchent à sa
» suite, ont respecté l'enfant du malheur. Les destins m'ont conservé la vie,
» hélas! pour vous punir de ce que vous n'auriez point pleuré ma mort!
» Mais j'existe, je suis ce même enfant que vous aviez mal à propos cru
» égorgé; vos sœurs, vos domestiques, vos amis, vos voisins m'ont reconnu,
» presque tous l'ont attesté en face des tribunaux; à présent mon identité est
» un fait établi, c'est un fait irrévocablement jugé dans la cause : *res judicata*
» *pro veritate habetur.* »

Et cette objection, *Auguste* peut la faire à son père comme à sa mère, parce que Voyneau a été, pendant sa *mort civile*, condamné dans la personne de son épouse, parce qu'alors celle-ci le représentoit, qu'elle étoit le seul contradicteur légitime, ainsi que j'espère le démontrer à la Cour.

Je pourrois donc, et peut-être je devrois m'interdire tout détail, toute discussion au fond, et me retrancher entièrement dans cette fin de non-recevoir.

Mais lorsque, en cause d'appel, dans des écrits répandus avec une maligne profusion, tant à Poitiers que dans tout le ressort, Voyneau s'est permis de fronder tous les principes; lorsqu'il a osé signaler comme des conspirateurs et vouer à une commune infamie et son fils, et ses témoins, et son défenseur, et ses conseils, et ses juges; lorsque, depuis, il a fait planer le soupçon de complicité sur une des Cours les plus respectables de l'Empire, puis-je me dispenser de les justifier? Garder un plus long silence, ne seroit-ce pas approuver toutes ces calomnies? Et au lieu de considérer les arrêts qu'Auguste a obtenus comme *les œuvres de la justice*, ne seriez-vous pas vous-mêmes tentés de les détruire comme *des œuvres d'iniquité ?*

Non, Messieurs : plus on examine attentivement la cause, plus on se convainc que ces arrêts sont marqués au coin de la sagesse. Et si la balance de la justice eût pu fléchir, c'eût été incontestablement en faveur de la dame et du sieur Voyneau. On sait aujourd'hui quels moyens avoient été employés pour semer l'erreur dans les enquêtes. On sait que dans le nombre des témoins produits par la dame Voyneau, les uns n'ont pas déclaré tout ce qu'ils connoissoient, tandis que d'autres ont attesté des faits qu'ils ignoroient. On sait avec quelles armes la veuve Pasly a été subjuguée, par quels motifs elle a consenti à prendre pour le sien un enfant qu'elle n'avoit jamais vu, que ses flancs n'ont point porté. On sait pourquoi cette même tante qui avoit béni le ciel à l'aspect de son neveu retrouvé ; pourquoi ce médecin qui avoit d'abord reconnu la cicatrice de l'enfant, ont ensuite osé se donner un démenti. On sait enfin à l'instigation de qui toutes ces manœuvres avoient été pratiquées, dans l'espoir de gagner la faveur du public et le suffrage des juges.

Mais tous ces efforts ont été vains : le petit *Auguste* étoit seul, tout seul pour défendre ses droits. Foible et abandonné, il luttoit contre une mère puissante ! Son tuteur étoit le frère de son adversaire ! Mais il étoit fort du noble désintéressement, de la mâle éloquence de son défenseur ; il étoit fort de l'ardeur héroïque que montroit le ministère public pour le triomphe de la vérité ; il étoit fort, sur-tout, de la sévère impartialité de ses juges ; et il a obtenu le succès le plus complet devant tous les tribunaux.

Quel ne doit donc pas être aujourd'hui son espoir, Messieurs, lorsque c'est vous qui êtes dépositaires de son sort, vous qui, élevés au faîte de la magistrature, planez si glorieusement au-dessus de la sphère des passions humaines ! Devant vous *Auguste* doit être sans inquiétude, puisque le pourvoi de son père est sans fondement.

Cette vérité pourroit être portée jusqu'à la dernière évidence ; mais pour ne point abuser de l'indulgence dont la Cour m'honore, je retracerai rapidement les faits, j'analyserai les preuves qui constatent l'*identité d'Auguste*, et j'aborderai avec confiance l'unique question à résoudre aujourd'hui, celle de la *tierce-opposition.*

Dans les causes de cette nature, vous le savez, les faits sont toujours l'objet d'une controverse entre les parties ; mais ceux que je vais brièvement raconter sont d'autant plus exacts, que je les puise dans l'arrêt attaqué (1).

FAITS.

Du mariage du sieur Voyneau avec la demoiselle Monsorbier étoient issus deux enfans ; une fille nommée *Benjamine*, et un garçon appelé *Louis-René-Auguste.*

---

(1) Les faits ont été présentés dans un cadre plus étroit encore devant la Cour suprême.

Ce garçon étoit né le 9 septembre 1789, avec un signe assez saillant sur le sein droit.

En 1792 le sieur Voyneau déserte ses dieux pénates, et livre au hasard de la guerre sa femme, ses enfans et ses biens.

Les deux enfans sont envoyés d'abord à Fontenay chez les demoiselles Voyneau, leurs tantes.

Là, *Auguste* fait une chûte qui lui cause une large cicatrice à la naissance des cheveux, au-dessus de l'œil droit.

Au mois de mars 1793, la guerre s'allume dans la Vendée ; les demoiselles Voyneau inquiètes sur le sort de ces enfans, prennent le parti de les déguiser en paysans, et de les confier à une femme Pellegrin, fermière, qui demeuroit sur la route de Fontenay à Longère.

En juillet 1793, la dame Voyneau les reprend, les emmène avec elle à Roche-sur-Yon, et après un mois de séjour elle est obligée de fuir à l'approche de l'armée des Sables.

Après le passage de la Loire par les insurgés, la dame Voyneau se représente avec sa fille, *sa chère Benjamine;* mais *Auguste* avoit disparu.

Qu'étoit devenu cet infortuné ?

On a allégué au procès qu'il avoit été confié à une Rose Séguin, ancienne femme de chambre de sa mère, et que tous les deux avoient été égorgés, le 27 février 1794, dans le village de Fauconnière.

En effet, ce village fut pillé, ravagé, incendié ce jour-là ; les habitans furent massacrés ; mais aucun témoin *digne de foi* n'a attesté positivement qu'*Auguste* fût du nombre des victimes.

Quoi qu'il en soit, des commissaires aux subsistances de la ville de Nantes parcourent la Vendée avec une escorte, entrent à Saint-Pezanne, autre village également incendié, et au milieu des toits encore brûlans, des cadavres encore fumans, ils trouvent trois enfans que la mort avoit épargnés.

Ces commissaires ne peuvent se défendre d'un sentiment de pitié, en voyant ces malheureux; ils les jettent sur leurs chariots, et les emmènent à Nantes.

La dame Clavier, marchande, voit arriver ces enfans; elle est vivement touchée de leur infortune, elle en prend un avec elle, et lui prodigue tous les soins d'une mère.

Le 4 août 1796, Jean Martineau, ancien domestique du sieur Voyneau, va à Nantes ; il rencontre par hasard cet enfant, et le reconnoît pour le petit *Auguste.*

A son retour il s'empresse d'annoncer cette nouvelle à la dame Voyneau, à ses sœurs et à toute la famille.

Eh! qui le croiroit! une mère s'attriste d'apprendre l'existence de son fils égaré! elle reste insensible, elle ne témoigne aucun désir de le revoir!

Mais une tante a les entrailles d'une mère! toute transportée de joie, elle écrit, elle s'informe, elle part pour Nantes, elle court chez la dame Clavier, elle regarde *Auguste*, examine ses traits, sa cicatrice, son signe, et le proclame *son petit neveu.*

Cependant l'opinion publique accusoit hautement la dame Voyneau; tous les habitans du pays, et sur-tout les mères, lui reprochoient son insensibilité, et la honte détermina un voyage qu'auroit dû commander la tendresse maternelle.

La dame Voyneau, le cœur navré de douleur, part pour Nantes, avec la ferme résolution de ne point reconnoître son fils.

Hélas! elle ne tint que trop cette cruelle promesse! C'est au milieu des ombres de la nuit qu'elle veut visiter *Auguste*; c'est à la lueur des flambeaux qu'elle veut l'examiner... Cependant, en le voyant, elle est frappée de sa parfaite ressemblance avec son fils! il avoit la même figure, les mêmes traits, la même cicatrice sur l'œil, le même signe sur le sein droit (1)! Mais sa mère conserve pour lui le même cœur, un cœur d'airain.

C'est alors que la dame Clavier, qui avoit deux enfans légitimes, et qui ne pouvoit perpétuellement garder *Auguste* chez elle, se détermina à le conduire à Fontenay, et dans les lieux où il avoit été trouvé; elle frappe à la porte du pauvre comme à celle du riche; elle le présente par-tout, mais elle ne peut découvrir sa famille.

Enfin, après beaucoup de recherches vaines, elle apprend, par des renseignemens *certains*, qu'il ne peut être que le fils de la dame Voyneau. En conséquence elle lui fait nommer un tuteur et le confie à la justice.

Quoique ce tuteur fût le frère de la dame Voyneau, quoique *Auguste* eût été constamment abandonné à lui-même, qu'il eût été en butte à la haine d'une femme impérieuse et puissante; quoiqu'il ait trouvé son ennemie la plus cruelle dans celle qui devoit être son plus ferme appui, tel a été l'ascendant de la vérité, qu'*Auguste* a triomphé, non du ressentiment, non de la haine de sa mère, mais de tous les efforts qu'elle a faits pour le perdre.

Par jugement du 24 nivose an 6, le tribunal de Fontenay proclame *Auguste* fils de la dame Voyneau.

Appel de ce jugement devant le tribunal civil des Deux-Sèvres.

Le 6 fructidor an 7, jugement confirmatif.

Mais après son amnistie, le sieur Voyneau forme tierce-opposition à ce jugement.

Arrêt de la Cour d'Appel de Poitiers, du 23 juillet 1806, qui le déclare non-recevable dans sa tierce opposition.

Cet arrêt est conçu en ces termes :

« Considérant que, lorsque la partie de Fromentin a réclamé l'état et le
» nom d'enfant légitime du sieur Voyneau et de la dame son épouse, et qu'il
» s'est fait maintenir en possession de son état par les jugemens des tribunaux
» civils des départemens de la Vendée et des Deux-Sèvres, l'un confirmatif
» de l'autre, le sieur Voyneau étoit émigré, et par conséquent mort civile-
» ment ;

» Considérant que, pendant que le sieur Voyneau étoit ainsi émigré et
» mort civilement, les droits de la paternité résidoient dans la personne de
» son épouse, comme ceux de sa maternité ;

» Considérant que la partie de Fromentin ne pouvoit réclamer son état

---

(1) *Sic oculos, sic ille manus, sic ora ferebat.* VIRGIL. Æneid. v. 490.

7! *

» que contre la dame Voyneau, qui étoit alors la représentante de son mari
» et seule capable pour défendre à la question d'état dont il s'agissoit ;

» Considérant que la voie de la tierce-opposition est interdite à ceux qui
» ont été représentés ;

» Considérant que la chose jugée contre la dame Voyneau, relativement
» à la question d'état dont il s'agissoit, l'est irrévocablement contre le sieur
» Voyneau lui-même, comme représenté par la dame son épouse pendant le
» temps de son émigration et de sa mort civile, et que le jugement, objet de
» la tierce-opposition, est l'un de ces actes qu'il doit respecter après son
» amnistie, aux termes du sénatus-consulte du 6 floréal an 10 et de l'avis du
» Conseil-d'État du 11 prairial an 12, ledit jugement étant revêtu de sa forme
» extérieure et matérielle ;

» La Cour déclare le sieur Voyneau non-recevable dans sa tierce-opposi-
» tion. »

Tels sont en analyse les faits et la procédure de la cause ; voici les moyens de
défense de l'enfant.

MOYENS.

Obligé de suivre pas à pas l'adversaire dans son plan d'attaque, je m'at-
tacherai à examiner avec lui :

1°. S'il y a identité de personnes entre l'enfant trouvé à Saint-Pesanne et
Auguste Voyneau ;

2°. Si son père a été avec raison déclaré non-recevable dans sa tierce-opposition.

PREMIÈRE PARTIE.

IDENTITÉ D'AUGUSTE VOYNEAU.

Quoique cette partie du procès soit tout-à-fait étrangère à la cassation, je
crois devoir en présenter une courte analyse pour la propre satisfaction de la
Cour et pour celle du public, qui, dans les causes de cette nature, prend toujours un si vif intérêt au triomphe de la vérité.

Je fais reposer les preuves de cette identité :

1°. Sur ce que, dans toutes ses actions, l'enfant remis à la dame Clavier
a prouvé qu'il appartenoit à une famille opulente, et non à la veuve d'un
misérable meunier ;

2°. Sur ce qu'il a été reconnu par tous ceux qui l'avoient auparavant
vu chez ses tantes.

§. Ier.

Preuves d'identité personnelles à l'enfant.

J'ai eu l'honneur de rappeler à la Cour que les dames Voyneau,
tantes, déguisèrent *Auguste* et sa sœur en paysans, qu'elles les placèrent

dans une ferme, afin que, comme enfans d'émigrés, ils ne fussent point enlevés, et qu'ils fussent plutôt protégés que maltraités par l'armée républicaine.

Or, la dame Clavier et ses filles ont attesté que l'enfant confié à leurs soins sembloit déguisé ; qu'il avoit une grosse robe d'étoffe grise mélangée ; qu'il avoit une chemise de laine blanche, une chemise de toile très-fine, des bas de laine gris, un tablier de futaine bleue et un bonnet de laine blanc.

Qui oseroit soutenir que ces vêtemens étoient ceux du fils d'une malheureuse meunière? Grégoire Pasty n'avoit, au contraire, ni souliers, ni bas, ni chemise, ni bonnet; il n'avoit aucuns vêtemens de cette nature. Ce n'étoit donc pas lui qui fut remis à la dame Clavier.

A peine l'enfant est-il arrivé, qu'il demande un *liban*, dans son langage, un *ruban*, avec lequel il vouloit ceindre sa tête; or, le fils d'un grossier campagnard, d'un meunier, George Pasty eût-il connu et le nom et l'emploi d'un ruban ?

On met à table l'enfant, on lui demande comment il se nomme, *Nau*, *Nau*, répond-il, de manière qu'on crut d'abord qu'il s'appeloit *Renaud*, et qu'il fut enregistré sous ce nom à la Municipalité de Nantes. Or, quel rapport pouvoit avoir cette finale *Nau* avec le nom de Grégoire Pasty? N'est-il pas évident qu'elle étoit celle du mot *Voyneau*, et que l'enfant ne prononçoit pas la première syllabe *Voy*, parce qu'elle est de toutes la plus difficile à articuler ?

L'adversaire a senti combien cette finale coïncidoit parfaitement avec le nom de la famille que portoit *Auguste* depuis sa naissance ; mais pour sortir d'embarras il a imaginé la version ingénieuse qui suit (*p.5 de son Mém.*):

« Dans ce temps-là, dit-il, un enfant de Marie Robin, veuve de Louis
» Pasty, avoit disparu, justement âgé de trois ans, portant la cicatrice
» et le signe, se plaisant, quoique ayant le nom de Grégoire, à être
» appelé du nom de *Jeanneau*, et en prononçant à peine la dernière syllabe. »

Qui n'admireroit pas, Messieurs, cet heureux concours de circonstances, ces merveilleux rapports de ressemblance? Quoi! un petit meunier qui a justement trois ans comme *Auguste!* qui porte la cicatrice et le signe d'*Auguste!* qui se nomme bien, si l'on veut, Grégoire Pasty, mais qui aime qu'on l'appelle *Jeanneau*, pour ressembler en tout au fils Voyneau; qui ne prononce encore comme ce dernier que la finale de son nom! Quelle concordance de faits! quelle ressemblance d'individus! En vérité, on eût fabriqué ce petit Grégoire Pasty tout exprès pour la cause, qu'on n'auroit pu le rendre plus conforme à *Auguste Voyneau*.

Mais une preuve irréfragable, une preuve qui doit porter la conviction dans tous les esprits, dérive des habitudes et des goûts de l'enfant confié à la dame Clavier.

En se mettant à table, cet enfant observe le pain, « il est *bin guis* » (pour bien gris), « papa à moi caché dans le foin mange *bin* de la miche. » —En dînant, il se tient très-décemment; et après dîner, voyant servir du café sans qu'on lui en offrît, il réclame contre cet oubli, *donnez*, dit-il, *donnez café à Nau.* »

Or, si cet enfant eût été véritablement le fils d'un rustre, s'il eût été le descendant au premier degré de la veuve Pasty, eût-il desiré du meilleur pain ? eût-il eu cette décence, cette propreté, cette attitude à table ? eût-il demandé du café après dîner ? les paysans, les fermiers en prennent-ils dans leurs cabanes ? ont-ils l'habitude d'en donner à leurs enfans ? la connoissent-ils seulement ?

Il y a mieux : en sortant de table, les demoiselles Clavier, pour amuser *Auguste*, le montent sur une commode, et lui montrent deux tableaux de famille, dont l'un d'homme, l'autre de femme ; elles lui disent, « Vois ces petits bons hommes : » *Auguste* fixant ses regards sur le portrait d'homme, examine et s'écrie, *c'est papa*. Or, le papa de Grégoire Pasty, un paysan, un meunier, avoit-il jamais pensé à se faire peindre ? à peine pouvoit-il exister ? Et quel est l'homme, sur-tout de la campagne, qui ne s'occupe pas plutôt du soin de pourvoir à sa subsistance, que de celui de transmettre les traits grossiers de sa figure à la postérité ?

Disons donc que si l'enfant eût été réellement Grégoire Pasty, il n'eût pu croire reconnoître son père dans un tableau que l'on offroit à ses regards ; que cette méprise ne peut appartenir qu'à l'enfant d'une famille opulente.

L'adversaire ajoute qu'*Auguste Voyneau* avoit eu la petite vérole avant d'être égaré dans la Vendée, et que l'enfant trouvé à Saint-Pesanne l'ayant eue depuis, il est impossible qu'il y ait identité d'individus.

Je réponds, que l'histoire médicale nous fournit cent exemples d'enfans qui ont eu deux et même trois fois la petite vérole. Ainsi, sous ce premier rapport, l'objection est déjà sans fondement.

Mais elle n'est pas même exacte en fait, puisqu'il résulte de l'enquête, que l'enfant confié à la dame Clavier n'a pas eu chez elle la petite-vérole ; que seulement, quand il arriva, il avoit encore des taches ou marques récentes de cette maladie, circonstance qui prouve encore davantage l'identité d'individus.

Tels sont, Messieurs, les faits personnels à *Auguste* ; je passe sous silence beaucoup d'autres documens également importans, mais que je ne puis développer devant une Cour dont les momens sont si précieux. Je suis forcé de passer sur-le-champ aux personnes qui ont reconnu *Auguste*.

§. I I.

*Reconnoissance d'*Auguste *par ses parens et ses voisins.*

Vous savez, Messieurs, que la preuve la plus éclatante que l'on puisse fournir pour constater l'*identité* d'une personne, est la reconnoissance unanime qui en est faite par ceux qui l'ont vue, connue et fréquentée avant son absence.

Aussi, dans l'espèce, un fait qui a entraîné tous les esprits, c'est la reconnoissance spontanée d'*Auguste* par sa tante, par les domestiques, par les voisins, et par tous ceux qui l'avoient connu avant sa disparition.

Pierre Martineau, ancien domestique de la famille Voyneau, va à Nantes, le hasard lui présente *Auguste*, et il le reconnoît aussitôt pour le fils de son maître.

A cette nouvelle, la demoiselle d'Ourioux prend des renseignemens ; les demoiselles Charette et Loysel, ses amies, sont envoyées près d'*Auguste* ; toutes le trouvent d'une ressemblance frappante avec le signalement qu'on leur a adressé.

La demoiselle d'Ourioux court à Nantes avec sa fille de confiance, Justine Bonnaud ; quand elles arrivent, *Auguste* étoit absent. Justine sort, elle voit dans la rue un enfant revenant de l'école, et s'écrie : *Voilà Auguste !*

Sa tante le reconnoît aussitôt, elle lui donne des témoignages réitérés de la plus sincère affection. (Elle étoit libre alors, elle n'étoit pas encore comprimée par sa coupable condescendance pour sa belle-sœur.) Elle prend l'enfant dans ses bras, le couvre de ses baisers : et dans la plus douce émotion, dans l'abandon de son cœur, elle lui dit, et lui redit encore : « Mon cher neveu, mon petit *Auguste*, que je suis heureuse de » te revoir ! Non, non, je ne t'abandonnerai jamais ! »

Il est vrai que Madame Voyneau s'étant présentée, *Auguste* ne la reconnut point pour sa mère ; mais depuis long-temps il ne l'avoit pas vue, mais elle l'intimidoit par sa brutalité (1) ; mais elle étoit *déguisée*. Elle avoit une redingotte, un chapeau d'homme, des gants à la Crispin. Or, quel enfant, élevé en France, reconnoîtroit sa mère dans une Amazone !

Cependant, au fond de la chambre, cette dame avoit un vieux domestique, qui n'étoit point déguisé, et qui n'étoit point capable de déguiser sa pensée. Ce brave homme sourit, il reconnoît l'enfant, et l'enfant, qui le reconnoît à son tour, s'écrie : *Tu es Lapierre !*

Peut-être devrois-je ici, Messieurs, terminer mes nombreuses citations et mes preuves ; mais en plaidant la cause d'un orphelin, d'un enfant abandonné, qui n'a d'autre soutien que le zèle et le dévoûment de ses défenseurs, la Cour m'accordera sans doute la faveur insigne de mettre sous ses yeux la déposition de quelques témoins entendus dans la cause. (*Ce sont les dépositions de la dame Clavier mère, de sa fille, de la dame Pellegrin et du sieur Grimouard. Voyez à la fin.*)

Sans doute ces dépositions n'ont pas besoin de commentaire, et ne laissent aucun doute dans vos esprits sur l'*identité* de l'enfant.

Désormais il me suffira de vous présenter quelques documens sur les témoins que la dame Voyneau a fait entendre, dans la vue d'atténuer les preuves éclatantes fournies par son fils.

Ces témoins avoient d'abord fixé le massacre d'*Auguste* en 1795, et ils ont été obligés, pour s'accorder avec les faits, de revenir sur leurs pas, de se rétracter, et d'avancer d'un an la date de cet événement.

D'autres, telle que la dame d'Ourioux, après avoir reconnu et caressé mille fois l'enfant, le renient honteusement.

_____

(1) Je n'aime pas les enfans qui crient, disoit-elle. — Mais pourquoi les faites-vous crier ?

Le médecin lui-même qui avoit pansé la cicatrice d'*Auguste*, le reconnoît d'abord ; mais influencé par la mère, il disserte pendant une heure pour prouver que ce n'étoit pas lui.

La veuve Pasty se présente à l'audience, bien préparée, bien endoctrinée ; d'abord, elle ne rougit point de déposer qu'*Auguste* est son fils. Mais en le voyant, est-elle transportée de joie ? S'élance-t-elle vers lui pour l'embrasser, pour le couvrir de ses baisers ? Entraînée par l'impulsion de la nature, court-elle à travers la foule pour le saisir, l'arracher des bras de la justice et l'emporter comme en triomphe dans sa famille ?....

Non, Messieurs : la veuve Pasty est insensible, elle reste glacée, elle frissonne à l'aspect d'*Auguste*.... Il faut le dire, le mensonge étoit dans sa bouche, mais la redoutable vérité dans son cœur.

Enfin, de toutes ces hésitations, de ces rétractations des témoins de la mère, de cette parfaite concordance des témoins produits pour l'enfant, qu'est-il résulté ?

Il est demeuré constant en fait, que l'enfant trouvé à Saint-Pezanne étoit identiquement le même qu'*Auguste Voyneau* ; mêmes cheveux blonds (1), mêmes yeux gris, même figure pleine, même cicatrice sur l'œil, même signe sur le sein droit, mêmes mains potelées, même embonpoint, même attitude, même difficulté de parler ; une connoissance exacte des mêmes lieux, des mêmes maisons, des mêmes chambres, des mêmes jardins. D'après cela, les tribunaux ont proclamé l'identité d'individus.

Le sieur Voyneau a fait une dernière objection. Il a dit : « que ce sou- » venir, gardé par l'enfant pour les lieux qui l'ont vu naître, n'étoit qu'un » jeu ; que ses protecteurs lui avoient fait la leçon ; qu'il feignoit d'avoir de » la réminiscence pour des maisons et des personnes qu'il n'avoit jamais vues. »

De quelle imagination brillante ne faut-il pas être doué pour inventer un pareil subterfuge ? Quoi ! avant que le procès existât, avant qu'il eût plu à la mère de renier judiciairement son fils, la femme Clavier a reporté cet enfant dans le pays où il étoit né ; c'est alors que spontanément il s'est élancé vers les objets qui firent ses premières délices, vers son berceau, son jardin, vers l'habitation de son père, celle de ses tantes, celle de leurs voisins, vers la chaumière de la bonne femme Pellegrin ! Et cette douce réminiscence, cette impulsion de la nature, cet élan du cœur ne seroient qu'une misérable comédie ! Quel est l'homme qui oseroit croire à un tel stratagème ?

D'ailleurs, quel eût été le mobile de la dame Clavier et de ses partisans ? « C'est, dit-on, parce que les patriotes étoient bien aises de voir l'en- » fant d'un rustre entrer dans la famille d'un aristocrate. »

Mais quel intérêt, je vous le demande, ces patriotes auroient-ils eu à former un pareil vœu ? Les rustres ne sont-ils pas, plus que les autres citoyens, dévorés par les serpens de la jalousie ? Ne s'affligent-ils pas plus que tous autres du bonheur de leurs voisins ? S'ils agissent, n'est-ce pas uniquement alors qu'ils sont vivement pressés par l'aiguillon de l'intérêt ? Or, quel salaire,

_____

(1) Grégoire Pasty les avoit très-noirs.

quel profit, quel lucre pouvoient-ils espérer de la substitution de Grégoire Pasty à *Auguste Voyneau?*

D'ailleurs, comme il n'y a jamais d'effet sans cause, il ne peut y avoir des hommes séduits sans séducteur; or, où seroit dans l'espèce l'agent du crime? Un enfant de cinq ans n'a encore ni volonté, ni pouvoir. *Nec velle nec posse videtur*, dit la Loi romaine. Il est encore étranger à toutes ces passions violentes qui dominent, qui dégradent l'homme: l'orgueil, l'ambition et la soif de l'or n'ont point encore avili son ame ni altéré la candeur de son innocence; il est encore aussi pur qu'à l'instant où il est sorti des mains de la nature.

Et cependant on veut qu'à cet âge l'enfant dont il s'agit ait conçu un projet d'usurpation et d'envahissement; que, méprisant l'humble moulin de son père, il ait résolu de se faire incorporer à force ouverte dans une famille opulente; que, misérable meunier, il ait entrepris de se dépouiller de son état, pour prendre le nom, le nom considéré d'*Auguste Voyneau*; que, nouveau Protée, il ait voulu tout-à-coup, de fils de meunier, se métamorphoser en fils de seigneur!

Et pour atteindre ce but, on veut que cet enfant, qui ne vivoit à Nantes que des dons de la bienfaisance et de la pitié, ait cependant formé un complot, rassemblé des partisans, séduit soixante-cinq témoins, corrompu les magistrats composant trois tribunaux supérieurs! L'on veut, en un mot, qu'à cet âge il soit parvenu à faire pâlir la justice devant le mensonge et l'imposture! Non, non, une telle fable est trop dénuée de vraisemblance; elle est trop ridicule, pour trouver un seul partisan au sein de la Cour suprême.

En résultat, j'ose croire, Messieurs, à la démonstration, que l'enfant opprimé est réellement *Auguste Voyneau;* que vous-mêmes en avez la pleine conviction; que l'identité de sa personne vous paroît évidente; que c'est avec raison que les tribunaux l'ont rétabli dans sa famille, contre les efforts de ses père et mère, parce que leur dénégation ne peut jamais l'emporter sur la vérité. *Quia eorum denegatio nullum præjudicium affert veritati.*

A présent vous pouvez avec plus de tranquillité examiner le vrai point du procès, le mérite de la tierce-opposition consacré par l'arrêt attaqué.

SECONDE PARTIE.

TIERCE-OPPOSITION.

L'arrêt attaqué a-t-il violé quelques lois en déclarant le sieur Voyneau non-recevable dans sa tierce-opposition?

La négative est incontestable.

La Cour a fondé sa décision sur trois bases principales:

1°. Sur ce que Voyneau n'avoit pu ni dû être appelé dans l'instance principale;

2°. Sur ce qu'au besoin il y auroit suffisamment été représenté par son épouse;

3°. Sur ce que, n'étant rentré en France qu'en vertu d'une amnistie, il doit respecter tous les actes judiciaires consommés en son absence.

J'examinerai successivement ces trois propositions, et j'espère établir combien elles sont conformes aux vrais principes.

§. Iᵉʳ.

Le sieur Voyneau est non-recevable dans sa tierce-opposition, parce que son fils ne devoit, ni ne pouvoit l'appeler dans l'instance.

Pour démontrer ce premier principe, il faut d'abord se former une idée exacte de la tierce-opposition.

Qu'est-ce que la tierce-opposition?

C'est une voie ouverte à des tiers pour faire réformer des arrêts rendus en leur absence et au préjudice de leurs droits.

La tierce-opposition est fondée sur le principe familier, que l'autorité de la chose jugée ne peut être opposée à des tiers. *Res inter alios acta vel judicata, neque prodest, neque nocet.* Voyez les Lois, ff. *de Re judicatâ*, et le titre du Cod. *Quibus res judicatæ non nocent.*

Mais quels sont ceux qui peuvent former tierce-opposition à un arrêt?

M. Merlin répond à cette question au mot *Opposition (tierce)*, tom. VIII du *Nouveau Répertoire.*

A quelles personnes, dit-il, *est ouverte la voie de tierce-opposition?*

« L'Ordonnance de 1667, titre 35, art. 3, n'ouvre cette voie qu'à ceux
» qui n'ont point été parties dans le jugement qu'on leur oppose, et qui ne
» sont ni héritiers, ni successeurs, ni ayans-cause de ceux avec lesquels ce
» jugement a été rendu. »

(L'article 474 du Code de Procédure dit la même chose en d'autres termes.)

Mais ce n'est pas assez pour être reçu à la tierce-opposition, qu'on n'ait pas été partie dans le jugement contre lequel on voudroit prendre cette voie : il faut encore qu'on ait dû l'être.

Voici de quelle manière s'explique là-dessus Denisart, au mot *Tierce-Opposition.*

« Pour former la tierce-opposition à un arrêt ou jugement, il ne suffit pas
» d'avoir intérêt à le détruire; car, si cela suffisoit, il n'y auroit pas un arrêt
» qui ne fût attaqué; mais *il faut encore que deux choses concourent :*
» 1°. Il faut avoir, eu lors du *jugement*, une qualité *qui ait obligé de nous y
» appeler*; 2°. il ne faut pas y avoir été partie par le *ministère d'un tiers*,
» qui soit censé avoir eu notre mission, ou que nous soyons censé repré-
» senter. »

Cependant, à des principes aussi sages on a opposé la doctrine de d'Héricourt, de Furgole, de Rousseau-Lacombe, de Pothier et de M. Pigeau : on a aussi opposé l'Ordonnance de 1667 et le nouveau Code de Procédure.

Mais qu'enseignent ces auteurs? Les uns et les autres exposent les mêmes principes sur la tierce-opposition, ils lui donnent les mêmes caractères, et aucun ne s'occupe de ses effets. Denisart et M. Merlin sont les seuls qui abordent cette matière, et qui examinent quels sont ceux qui peuvent ou ne peuvent pas se rendre tiers-opposans. Ainsi la doctrine qu'ils nous enseignent à cet égard, loin d'être contraire, est conforme à celle des autres auteurs : elle n'en est qu'une conséquence immédiate et le développement nécessaire.

A présent, que portent les lois citées par l'adversaire?

L'article 2, tit. 35 de l'Ordonnance de 1667, est conçu en ces termes : « Permettons de se pourvoir par simple requête à fin d'opposition contre les » arrêts et jugemens en dernier ressort, auxquels le demandeur en requête » *n'aura été partie* ou *dûment appelé*. »

D'après cet article, deux conditions sont requises pour former tierce-opposition à un arrêt : 1°. il faut que le tiers-opposant n'y ait pas été partie, et le sieur Voyneau a été partie dans ceux qu'il attaque, puisqu'il y a été représenté par sa femme ; 2°. il faut n'avoir pas été *dûment appelé* à cet arrêt, ce qui suppose évidemment que la présence du tiers-opposant eût été nécessaire lors du jugement, autrement il n'auroit pas dû être appelé en cause.

Les auteurs du Code de Procédure avoient formellement décidé, par les articles 464 et 465 du projet, que le droit du tiers-opposant devoit nécessairement être antérieur à l'arrêt attaqué par ce tiers. Si ces articles ont été retranchés, c'est parce que les principes qu'ils consacroient ne sont qu'une juste conséquence de l'article 474 du Code.

Cet article porte :

« Une partie peut former une tierce-opposition à un jugement qui *préju-* » *dicie à ses droits*, et lors duquel, ni elle, ni *ceux qu'elle représente n'ont* » *été appelés*. »

Avec quelque attention on s'est bientôt convaincu que cet article invoqué par l'adversaire n'est cependant que le résumé de la doctrine de M. Merlin.

Qu'entend cet article par les mots : *qui préjudicie à ses droits?*

Qu'entend-il par ces termes : que la partie *représente?*

Voilà deux questions d'autant plus importantes qu'elles sont pour ainsi dire le siége de la difficulté.

D'abord, de quel préjudice, de quels droits parle l'article 474? Est-ce des droits antérieurs au jugement? Est-ce des droits contemporains? Est-ce des droits postérieurs?

Il n'est pas permis de douter que ces droits sont ceux qu'avoit le tiers-opposant à l'époque du jugement qu'il attaque.

Autrement, s'il avoit la faculté de demander la réformation de tous les arrêts qui lui portent préjudice, s'il lui suffisoit d'articuler la moindre lésion pour renverser les monumens de la justice, quels seroient respectés? Que deviendroit cette règle salutaire, sacrée, l'égide des propriétés, le fondement, le soutien de l'ordre social? *Res judicata pro veritate habetur.*

Non, Messieurs, pour attaquer les actes de la justice, pour la déterminer à revenir sur ses pas, à porter la hache dévastatrice sur ses propres ouvrages, il ne suffit pas qu'un tiers allègue qu'il a été absent, qu'il a été condamné sans être entendu, qu'il a été lésé ; il faut nécessairement qu'à l'époque où ces jugemens ont été rendus, ce tiers *eût pu* ou *dû être appelé.*

Que demande, en effet, un tiers-opposant? Il réclame l'exercice d'un droit

72 *

quelconque dont le jugement l'a dépouillé. Mais on n'a pu le dépouiller de ce droit qu'autant qu'il lui étoit acquis à cette époque ; on n'a pu lui en ôter l'exercice qu'autant qu'il avoit le droit de l'exercer ; car on n'ôte point à quelqu'un ce qu'il n'a point; on ne le dépouille pas de ce qu'il ne possède point, mais seulement de ce qui lui appartient.

Un tiers n'a-t-il acquis des droits qu'après le jugement, alors, il les doit prendre dans l'état où il les trouve; s'il succède à un autre à titre gratuit ou à titre onéreux, celui qui lui transmet la chose lui transmet en même temps la condition; le tiers ne peut se reporter sur le passé, ni soutenir que les tribunaux ont mal jugé, parce qu'ils n'auroient pas eu la précaution de mettre en réserve des droits qui lui adviendroient un jour.

Non, une telle prétention blesseroit tous les principes autant qu'elle révolteroit le bon sens et la raison.

A ces raisonnemens je puis d'ailleurs ajouter une preuve sans réplique.

Il est certain, Messieurs, que si le tiers dont les droits sont postérieurs se fût présenté au jugement, le tribunal, ou la Cour, l'auroit déclaré *non-recevable*.

C'est ainsi que, s'il y avoit procès sur la validité du mariage de mon frère entre lui et sa femme, et que je voulusse m'immiscer dans la contestation, je serois éconduit sur-le-champ par une *fin de non-recevoir*.

« Le premier mobile d'une action, m'objecteroit-on, est l'intérêt. Celui-là
» seul peut agir qui a un intérêt à le faire; et pour agir actuellement, il faut
» avoir un intérêt né et ouvert, comme l'exige pour le mariage l'article 187
» du Code Napoléon. Quant à présent, vous n'avez que l'espoir de succéder
» un jour; quant à présent, vous êtes non-recevable. »

Or, Messieurs, si celui qui n'a pas de droits à exercer actuellement, ne peut figurer dans la contestation; si, en s'y présentant, il eût été éconduit par une fin de non-recevoir, il est clair, il est évident, il est incontestable qu'il ne pouvoit s'y présenter, qu'il ne devoit point y être appelé; et, s'il ne devoit point y être appelé, le jugement intervenu ne peut préjudicier à ses droits; s'il ne peut préjudicier à ses droits, l'article 474 ne lui est point applicable; s'il ne lui est point applicable, la voie de la tierce-opposition lui est fermée.

Rapprochons ces principes de l'espèce. Admettons qu'en l'an 6, qu'en l'an 7, le sieur Voyneau se fût présenté devant les tribunaux de la Vendée ou des Deux-Sèvres, pour contester avec sa femme l'identité d'*Auguste*; celui-ci lui eût alors objecté :

« Mon père, vous êtes à présent frappé de mort civile; vos droits civils
» de paternité sont par conséquent anéantis, la contestation actuelle ne peut
» vous enlever des droits que vous n'avez plus, elle ne peut même porter
» atteinte à ceux que vous recouvrerez un jour. Vous êtes donc actuellement
» non-recevable dans votre action. »

Or, si cette fin de non-recevoir eût été fondée, il n'y a plus aujourd'hui de procès, plus de débats, plus de contestation. Le sieur Voyneau doit être déclaré non-recevable dans la tierce-opposition, puisque, d'après l'article 2, tit. 35 de l'Ordonnance de 1667, et l'article 474 du Code de Procédure, cette voie n'est ouverte qu'à la partie qui auroit dû être appelée, qu'à celle dont on a lésé les droits.

Vainement opposeroit-on que M. Pigeau (pag. 670 de son premier volume de Procédure Civile) enseigne que ceux qui n'avoient, lors du jugement, qu'un droit *futur* et *non ouvert*, peuvent y former tierce-opposition.

M. Pigeau suppose au moins un droit *civil* quelconque préexistant, un droit *éventuel*, un acte *conditionnel* ; mais ici le sieur Voyneau n'avoit aucun droit de cette nature à exercer lors des jugemens : alors il étoit frappé de mort civile ; alors il eût été non-recevable dans l'instance ; aujourd'hui il est non-recevable dans sa tierce-opposition.

En vain objecteroit-on que le sieur Voyneau, quoique mort civilement, n'en étoit pas moins *père naturel*, et qu'en cette qualité il eût pu alors, et à plus forte raison aujourd'hui, contester la filiation ou l'identité d'*Auguste*.

La réponse est simple. Avant son amnistie Voyneau n'étoit, aux yeux de la loi, ni père, ni époux, ni citoyen ; il étoit mort pour ses enfans, pour sa famille, comme pour sa patrie. La justice ne pouvoit alors léser ses droits ; puisqu'il n'en avoit aucuns ; et s'il n'a point été dépouillé, il est mal fondé dans sa tierce-opposition.

Mais, dira-t-on, une preuve que la loi reconnoissoit encore dans Voyneau la qualité de père, c'est qu'elle le regardoit encore comme *époux*, puisque sa femme n'eût pu convoler à de secondes noces sans faire prononcer son *divorce* avec lui, aux termes de la loi du 20 septembre 1792.

Cette dernière objection n'est pas même spécieuse ; la loi de 1792, en permettant le divorce pour émigration de l'un des époux, ne reconnoissoit point, par cette raison, des droits civils dans l'époux émigré. A ses yeux, ce dernier n'en étoit pas moins *mort civilement ;* c'est en faveur de l'autre époux que le lien conjugal étoit maintenu, pour qu'il ne fût pas victime du délit et de la peine encourue par son conjoint. Et ce qui le prouve sans réplique, c'est votre arrêt du 16 mai dernier, par lequel vous avez déclaré nul un mariage contracté par deux individus émigrés.

Ainsi, la dame Voyneau pouvoit encore se dire épouse, sans que le sieur Voyneau pût alors prétendre à ce titre ; ses enfans pouvoient exercer leurs *droits civils de filiation* sans qu'il pût exercer aucun *droit civil de paternité.*

Après cela, Messieurs, il ne reste qu'une question à faire sur ce point. Voyneau a-t-il, par son amnistie, été réhabilité dans ses droits civils de paternité, même pour le temps de son émigration ? En cas d'affirmative, il eût été incontestablement recevable dans sa tierce-opposition.

Cette question étant entièrement subordonnée aux droits des émigrés français amnistiés, je ne l'examinerai qu'après avoir appelé votre attention sur la seconde proposition que j'ai annoncée, celle de la représentation au procès, du mari, par la dame Voyneau.

Jusqu'ici je crois avoir démontré que Voyneau, comme émigré, comme mort civilement, ne devoit et ne pouvoit être appelé en cause par *Auguste ;* je vais établir que, dans tous ces cas, il a été suffisamment représenté au procès ; qu'en conséquence, sous ce nouveau rapport, la voie de l'opposition lui étoit encore fermée.

§. II.

Le sieur Voyneau père a été au besoin représenté par sa femme dans le jugement contre lequel il dirige sa tierce-opposition.

Vous vous rappelez, Messieurs, que, d'après l'article 474 du Code de Procédure, pour former tierce-opposition à un jugement, il faut non-seulement qu'il ait porté préjudice aux droits de la partie, mais encore *qu'elle n'ait point été représentée* dans l'instance.

Voyons donc si le sieur Voyneau, en le supposant lésé, n'a pas été légalement représenté dans la personne de son épouse, devant les tribunaux de la Vendée et des deux-Sèvres ; ou, pour parler plus exactement, si, dans l'espèce, la dame Voyneau n'étoit pas la seule personne capable de contester alors la réclamation d'*Auguste*.

De quoi s'agit-il dans l'espèce ? Il s'agit de savoir si une mère, pendant sa viduité, ou, ce qui est la même chose, *pendant la mort civile de son mari,* n'est pas la seule capable de contester la filiation d'un enfant qui se prétend issu de son mariage ; et si, lorsqu'elle succombe dans cette lutte, tous les individus qui composent la famille ne sont pas condamnés dans sa personne ?

Vous savez, Messieurs, qu'après le décès naturel ou civil du mari, c'est à sa femme qu'appartiennent tous les droits de paternité et même tous les attributs de la puissance paternelle ; elle peut former opposition au mariage de ses enfans (art. 173 du Code Nap.) ; elle jouit de leurs biens jusqu'à l'âge de dix-huit ans (384) ; la tutelle de ses enfans lui appartient de droit (390) ; elle peut les émanciper (477) ; en un mot, elle cumule tous les droits de paternité, que de son vivant l'époux exerçoit seul, ou qui étoient communs à tous deux (1).

Or, de ce que la veuve cumule tous ces droits de paternité et de puissance paternelle, il résulte qu'elle seule a le droit d'agir contre tous les individus qui voudroient se ranger au nombre de ses enfans ; qu'elle est, dans ce cas, le seul contradicteur légitime, et que les jugemens rendus alors contr'elle seule obtiennent le même effet que si, pendant son mariage, ils avoient été rendus tant contre elle que contre son mari. Ainsi, lorsqu'elle a été condamnée, comme veuve, à reconnoître un enfant de son mariage, l'arrêt devient commun, et doit être étendu à tous les autres enfans et descendans, et même à tous les collatéraux, tant paternels que maternels, parce que, tenant d'elle leurs droits, ils ont été condamnés dans sa personne.

Et s'il en étoit autrement, Messieurs, si un enfant dont on conteste l'état, étoit obligé de plaider successivement contre tous ses ascendans, tous ses collatéraux, contre tous les membres de sa famille, dans quel abîme affreux ne seroit-il pas plongé ? Un tel embarras ne seroit-il pas pour ce malheureux

---

(1) Et remarquez que le Code Napoléon étoit en vigueur à l'époque de la tierce-opposition.

un dédale inextricable? Quel enfant n'aimeroit pas mieux renoncer à sa filiation, que de l'acheter en soutenant autant de procès qu'il compte de parens? Lequel, d'ailleurs, auroit le courage et les moyens de résister à des luttes, et aussi violentes, et aussi nombreuses?

Non, non, Messieurs, le père et la mère, *voilà les seuls contradicteurs légitimes de l'enfant*; la loi qu'on leur impose devient la loi de tous ses autres parens. Et cet enfant n'est-il déjà pas assez malheureux d'avoir rencontré deux ennemis forcenés dans ses père et mère, sans être ensuite exposé aux coups répétés d'une légion de parens, d'une armée de collatéraux?

Le système que je soutiens ici n'est pas nouveau, il est, au contraire, de tous les temps et de tous les lieux; il a été consacré par le Droit romain, et il l'a été par la Jurisprudence française.

Un des plus savans interprètes du Droit romain, Vinnius, dans ses *Partitionibus juris*, *lib.* 4, *cap.* 47, *in fine*, s'exprime ainsi sur la règle *Res inter alios judicata aliis non præjudicare:*

Sententia inter legitimos contradictores de re principali lata necessitate quâdam consequentiæ nocebit OMNIBUS *qui de hujusmodi accessionibus acturi sunt.*

Telle est l'exception à cette règle. Voici l'exemple qu'il donne:

Sic in causâ statûs, sufficit pronunciatum esse, legitimo præsente contradictore, ut valeat sententia INTER OMNES, *in iis quæ is status secum affert, et inde pendent.*

Quod hodiè observandum, ajoute-t-il, *in quæstione de nobilitate.*

Et dans une note, ce célèbre professeur fait connoître quels sont les contradicteurs légitimes. LEGITIMI CONTRADICTORES, dit-il, *dicuntur, ad quos res, de quâ agitur, principaliter pertinet suo nomine; aut certè pertineret, si tales essent, quales se esse intendant.*

Sa doctrine doit d'autant mieux être suivie, qu'elle est fondée sur les lois romaines, et sur le sentiment des docteurs, de Duaren, *Prælect.* 42, etc.

Covarruvias, dans ses *Questions de Pratique*, ch. 13, traite la même difficulté, et professe la même doctrine.

D'Argentré est aussi du même avis; il soutient qu'en matière d'état un arrêt a force de chose jugée contre tous les membres de la famille:

1°. Dès qu'il a été rendu en cause principale, et non incidemment, sur l'état d'un individu;

2°. Dès qu'il a été porté contre un contradicteur légitime.

Les deux conditions requises par d'Argentré se rencontrent dans l'espèce; c'est par action principale que le procès s'est engagé sur l'état d'*Auguste*; c'est contre la mère qu'elle a été dirigée, et la mère est un contradicteur légitime.

« En effet, qu'est-ce qu'un légitime contradicteur? C'est (dit ce docte d'Argentré dans son vieux langage) *une personne, telle qu'à elle appartient le primitif et proche intérêt:* » c'est celui duquel on peut dire qu'il » y a juste influence de droit de l'un en l'autre, depuis qu'ils sont séparés » du tige et de la souche; et faut que la conjonction du sang qu'ils ont » se lie en eux par le tige ou souche....; mais tout ainsi qu'en un tige, deux

» branches lesquelles se lèvent d'icelui, s'en vont écartées chacune à sa
» part, sans se relier ensemble, ni se rencontrer depuis qu'elles sont parties
» d'icelui ; tout ainsi depuis que deux frères sont partis de la souche, ils
» ne communiquent que le sang, parce qu'ils le prennent de la souche
» commune, de laquelle ils proviennent tous ; à cette cause n'est loi au
» profit d'un frère, que l'autre ait jugement pour lui ou contre lui en matière
» d'état.... ; mais lorsque par le droit de sang, qualité et état paternel, se
» donne le jugement, en ce cas il y a telle connexité et nécessité de consé-
» quence, que le jugement est inséparable, indivisible d'un frère à l'autre. »

Telle est donc, Messieurs, la judicieuse distinction établie par d'Argentré,
entre le jugement qui a été rendu en matière d'état contre l'un des frères du
réclamant, et celui qu'il a obtenu contre son père. Le premier, dit-il, ne
peut être opposé à un autre frère qui n'y aura point été partie, et qui pourra
encore mettre en question l'état déjà jugé ; mais le second pourra être opposé
à tous ; il sera alors *inséparable et indivisible, et il fera droit et conséquence,* suivant les expressions du même auteur, *envers tous et contre
tous, comme donné avec légitime contradicteur et partie suffisante.*

Trouvera-t-on cette doctrine trop ancienne ? Voici comment elle a été
exposée depuis nos lois nouvelles par le célèbre directeur de l'école de
droit de Dijon, dans le tome 2., page 39 de son *Cours de Législation.*

Et son opinion doit avoir d'autant plus de poids à vos yeux, qu'elle est
entièrement basée sur le droit romain (1) ;

« Les sentences prononcées en matière d'état, dit-il, ont deux effets
» particuliers qui les distinguent des autres jugemens.

» *Le premier* (il est étranger à la cause) ;

» *Le second* consiste en ce que les jugemens intervenus sur d'autres
» matières ne produisoient aucun effet direct contre les personnes qui
» n'étoient ni parties ni appelées à défendre dans la cause ; tandis qu'un
» arrêt qui prononce la légitimité acquise à quelqu'un, le constitue en
» possession de son état, même envers tous les intéressés qui n'avoient
» pas paru ni été appelés au procès, parce qu'il ne peut être tout-à-la-fois
» légitime à l'égard des uns et illégitime envers les autres.

» C'est en partie par cette raison que ces sortes d'actions sont appelées
» *préjudiciables* dans le droit, par rapport au préjugé qui en résulte contre
» ceux qui n'ont point figuré dans la lutte. »

Ainsi la doctrine des auteurs les plus profonds est uniforme ; elle a été
consacrée par les arrêts les plus célèbres des parlemens.

Premier Exemple.

Le premier exemple que nous trouvons dans le cinquième volume des
Causes Célèbres, est celui que nous fournit l'affaire de Charles-François

---

(1) Loi 49, Cod. lib. 1, tit. 59. — L. 2 et 4, Cod. *Quibus res judicata non nocet.*
— L. 25, ff. *de Statu hominum.* — L. 3, Cod. *de Ingenuis et manumissis.* — Sur-tout
L. 39, §. 1, ff. *de Liberali Causâ.* — L. 30, Cod. *eod. titulo.*

Harrouard, qui, après avoir été désavoué par son père encore existant, agit après sa mort contre sa mère seule, et par un arrêt solennel du 20 juin 1715, rendu sur les conclusions de M. Chauvelin, est reconnu fils légitime d'Harrouard et de sa femme.

Cette affaire n'a pas seulement cela de commun avec l'affaire Voyneau, que l'enfant ou son tuteur n'agit que contre la mère seule, et que le parlement juge contre elle seule la filiation et la légitimité; mais on y trouve cette ressemblance bien plus frappante encore, que le père et la mère de l'enfant désavoué ne lui contestoient son état, que parce qu'ils avoient concentré toute leur tendresse sur un autre enfant puîné.

Deuxième exemple.

Marie Cognot, repoussée du sein de sa mère par de vils motifs d'intérêt, mais vivant avec elle dans la plus étroite familiarité, lui surprend le secret de sa naissance; elle la conjure avec larmes de lui donner publiquement le nom et le titre de sa fille.... L'intérêt l'emporte sur la tendresse, elle est refusée. Elle agit contre cette mère barbare, et par un arrêt du 4 septembre 1638 elle obtient contre elle et malgré elle le titre de sa fille légitime, et de feu Joachim Cognot, docteur en médecine. C'est aussi à Fontenay-le-Comte que Marie Cognot avoit pris naissance. Ce département nous aura donc fourni deux exemples trop célèbres de ces erreurs de la nature.

Troisième exemple.

Quel est le jurisconsulte qui ne connoisse pas la fameuse affaire de la demoiselle Ferrand? C'est encore une fille qui réclame et obtient contre sa mère, après un procès dans lequel M. Cochin déploya toutes les richesses de son éloquence, le titre de fille légitime que cette mère lui refusoit. Les collatéraux ne furent appelés dans l'instance, que parce qu'ils étoient déjà en possession des biens du père, que l'arrêt du 24 mars 1738 les obligea de restituer à la demoiselle Ferrand.

Mais c'est dans les œuvres de M. d'Aguesseau que nous trouvons l'espèce la plus frappante.

Quatrième exemple.

Marie-Claude Chamois, élevée d'abord, comme Auguste Voyneau, dans la maison de ses père et mère, disparoît comme lui de cette maison, après la mort de son père et en l'absence de sa mère. Dans le même temps, une fille du même âge est conduite à l'hôpital de la Pitié, sous le nom de Marie-Victoire. La nouvelle de la mort de Marie-Claude se répand; la mère elle-même la confirme. Cette fille est envoyée en Amérique, et ce n'est qu'après seize ans qu'elle revient en France, et qu'elle réclame son état contre sa mère qui la désavoue. Les héritiers de son père ne sont point appelés dans l'instance; et cependant, sur les conclusions de M. d'Aguesseau, l'arrêt du 21 avril 1693 n'en prononça pas moins qu'elle étoit maintenue et gardée dans sa qualité de fille légitime d'Honoré Chamois et de Jacqueline Giroud.

Je ne finirois pas, Messieurs, si je voulois rappeler tous les arrêts, tous les monumens qui ont consacré la doctrine de d'Argentré, de Vinnius, de Duaren, de Covarruvias et de M. Poudhon. Mais c'en est assez pour éloigner tous les doutes qui avoient pu naître sur ce point.

De-là il est nécessaire de conclure, que l'enfant qui réclame son état ne doit en poursuivre la reconnoissance que contre ses père et mère s'ils existent, contre le survivant si l'un d'eux est prédécédé, et qu'il ne doit y appeler les collatéraux que lorsque le père et la mère sont décédés.

Faut-il donner, de cette doctrine, de cette jurisprudence, une raison imposante? C'est que les droits de la paternité peuvent bien se partager entre les deux époux tant qu'ils respirent; mais ils se concentrent tout entiers et sans réserve sur la tête du survivant. C'est ainsi que les lois ont accordé peu de puissance à la mère sur ses enfans pendant la vie de son mari; mais à sa mort elle jouit de toute la plénitude de la puissance paternelle. Les héritiers de son mari ne partagent point cette puissance avec elle.

C'est donc à tort, Messieurs, que l'on a soutenu qu'Auguste devoit appeler en cause sa sœur, ses tantes et tous ses collatéraux paternels.

D'abord ceux-ci étoient, par l'article 745 du Code Napoléon, exclus de la succession.

Ensuite ils avoient reconnu l'enfant pour leur neveu; sous ce double rapport ils étoient non-recevables.

D'ailleurs, si tous les droits de successibilité appartenoient à la fille, comme elle étoit sous la tutelle, sous la puissance de sa mère, on peut dire que tous les collatéraux étoient non-recevables, et que la seule héritière étoit défendue, étant représentée par sa mère. Qu'on ne soit donc pas surpris de ce que les arrêts ne portent pas *tant en son nom qu'en celui de sa fille.* Cette forme n'étoit pas nécessaire. La représentation étoit de *droit*, la fille devoit être condamnée dans la personne de sa mère; elle ne pouvoit recueillir la succession maternelle sans subir le sort de la condamnation.

On a dit encore qu'il falloit appeler le Procureur-général-syndic du département, parce que le sieur Voyneau, émigré, devoit en tous points être représenté par la nation, qui s'étoit mise à la place des émigrés. On a tiré cette conséquence d'une loi contemporaine, qui avoit promis que le trésor public donneroit des secours aux enfans des émigrés.

Il n'est personne qui n'ait senti la foiblesse d'un pareil moyen. Depuis quand a-t-on imaginé, et dans quelle loi a-t-on vu que la république se fût attribué les droits purement personnels des émigrés; qu'elle eût adopté leurs femmes, leurs époux, leurs enfans; en un mot, qu'elle soit devenue mari, épouse, père, mère, fils et fille? La nation, il est vrai, s'est investie de tous les droits des émigrés, mais en ce qui concernoit leur fortune seulement, en tout ce qui tenoit à leurs intérêts pécuniaires; et c'est là où s'est borné son droit de les représenter. Mais a-t-on jamais vu que lorsqu'il s'agissoit de former ou de briser les liens du sang et de la famille, on dût faire représenter l'émigré par le commissaire du département? Lorsqu'une femme d'émigré agissoit en divorce contre son mari, y appeloit-elle ce commissaire? le citoit-elle devant les tribunaux? demandoit-elle son autorisation pour ester en jugement ou pour contracter? Les enfans alloient-ils requérir son consentement pour se marier lorsqu'ils étoient mineurs? Assistoit-il aux assemblées de famille? En un mot, étoit-il pour quelque chose dans tout ce qui concernoit le personnel des émigrés? En vérité, Messieurs, il est par trop humiliant d'être obligé de réfuter une futilité semblable.

Disons donc que le sieur Voyneau étant émigré, et par conséquent mort civilement, tous les droits de la puissance paternelle étoient passés sur la tête de son épouse. Elle seule avoit le droit de disputer à Auguste l'identité de sa personne et l'état qu'il vouloit s'attribuer. Auguste, en réclamant le nom de Voyneau, se la donnoit pour mère, et par cette seule raison il se donnoit le sieur Voyneau pour père. Elle seule avoit donc le droit de lui disputer cette qualité, puisque le sieur Voyneau n'existoit plus. La dame Voyneau étoit donc le seul légitime contradicteur d'Auguste; et, par une conséquence inévitable, le jugement qu'il a obtenu contre elle a irrévocablement assuré son état, et il l'a assuré contre tous, comme étant rendu, suivant l'expression de d'Argentré, avec légitime contradicteur et partie suffisante.

Il y a plus, Messieurs : si, en thèse générale, il étoit possible de concevoir que la filiation fût divisible, et que le même enfant pût être légitime vis-à-vis de sa mère, sans l'être vis-à-vis de son père; si la règle *Is pater est*, qui est l'égide des enfans, le fondement des sociétés, pouvoit recevoir une atteinte aussi funeste, dans l'espèce qui nous occupe cette divisibilité ne seroit point admissible.

Ne perdez pas de vue qu'il ne s'agit point ici de pénétrer le mystère impénétrable de la nature, de porter ses regards sur la conception, sur l'origine d'un enfant; mais qu'il s'agit purement et simplement de la vérification d'un fait, de constater l'identité d'Auguste.

Or, ce fait est aujourd'hui éclairci, vérifié, jugé. Désormais on ne pourroit entendre que les mêmes témoins, que répéter les mêmes discussions, les mêmes scènes scandaleuses; ce qui est dangereux et inadmissible.

En deux mots, il ne falloit, pour assurer à Auguste l'état d'enfant légitime, qu'un jugement rendu *principaliter et super causâ status*, et ce jugement existe; un jugement rendu contre un légitime contradicteur, et la dame Voyneau étoit ce légitime contradicteur; elle étoit la seule alors qui pût défendre à sa demande, la seule qui eût intérêt à le faire, la seule qu'il pût appeler devant les tribunaux pour agiter avec elle une question aussi importante. C'est là l'opinion des auteurs les plus célèbres, de Vinnius, de Duaren, de Covarruvias, de d'Argentré; c'est là un point de jurisprudence consacré par tous les parlemens.... Et qu'on ne dise pas que les émigrés devoient avoir des curateurs, et que la Nation leur en tenoit lieu. Les émigrés n'avoient point de curateurs; la mort civile étoit pour eux l'image de la mort naturelle. La Nation les représentoit pour leurs biens seulement; mais dans toute autre occasion leurs épouses agissoient comme veuves, parce que la mort civile avoit rompu les liens de la puissance maritale.

A présent il ne nous reste plus qu'une question à examiner : quels ont été les effets de l'amnistie sur la paternité de l'amnistié?

§. III.

L'amnistie du sieur Voyneau ne l'ayant rétabli dans ses droits de citoyen que pour l'avenir, il ne peut attaquer des arrêts rendus, même à son préjudice, pendant sa mort civile.

Cette dernière proposition est, comme vous le voyez, Messieurs, de la plus haute importance : il s'agit de savoir dans quel état les émigrés amnistiés ont repris leurs droits civils ; s'ils ont réuni les deux points extrêmes, celui de leur départ et celui de leur rentrée en France ; s'ils ont effacé le temps intermédiaire de leur mort civile, ou si, au contraire, ils n'ont été rétablis dans leurs qualités civiles que *pour l'avenir*.

Le sieur Voyneau a soutenu le premier système, et voici le résumé de ses moyens :

« Eh quoi ! dit-il, après avoir si long-temps lutté contre l'adversité, après
» avoir si long-temps gémi, loin de tous les objets de mon affection et de
» ma tendresse, je sors enfin du tombeau, je renais à la vie ; les portes de
» ma patrie me sont ouvertes ; j'accours, je vole pour recevoir les embrasse-
» mens de mon épouse, de mes enfans : ......, et le premier objet qui se
» présente à mes regards est un voleur que l'on a introduit dans ma maison ;
» c'est un vil étranger qui, après avoir usurpé le nom et les droits de mon
» fils, voudroit encore m'obliger de le presser contre mon cœur, de lui
» prodiguer les caresses d'un père, de lui donner, enfin, ces noms si doux que
» la nature inspire, mais que le devoir ne dicta jamais ! ..... Et il existeroit
» des lois assez barbares pour m'imposer l'obligation affreuse de reconnoître
» mon sang dans les veines d'un enfant qui m'est étranger ! .... Eh quoi ! en
» recouvrant les droits de la puissance paternelle, je n'en reprendrois que
» les peines, sans jamais en pouvoir goûter les charmes ni éprouver les dou-
» ceurs ! ...... Quelle seroit donc cette législation cannibale, qui condam-
» neroit un père à l'horrible supplice de passer ses jours entre l'ombre
» chérie de son fils et le fantôme dégoûtant qui lui rappelleroit son nom
» sans lui rappeler ses traits ! .... Non, ... non , ... je suis père, et c'est assez
» pour que j'aie le droit d'examiner les titres de celui qu'on veut me donner
» pour fils ; je suis revêtu de tous les droits de la puissance paternelle , et
» c'en est un, sans doute, qui tient essentiellement à cette puissance, que
» celui de repousser de son sein un vil imposteur qui veut, sans aucun titre,
» s'asseoir au banquet de la famille.

» On repousse mon action par une *fin de non-recevoir !* en est-il contre
» les droits sacrés d'un père ? est-il au pouvoir des hommes de déranger
» l'ordre de la nature ? a-t-on pu, même pendant mon absence, m'enlever
» des droits imprescriptibles, des droits inaliénables, ceux de la paternité ?...»

Ce langage, Messieurs, seroit beau, il seroit éloquent, il seroit sublime, s'il étoit dicté par le cœur, si Voyneau n'avoit pas acquis l'intime conviction qu'Auguste est son fils, si déjà la justice n'avoit proclamé l'identité de cet enfant...... Mais d'après tous les arrêts intervenus, ce langage n'est plus que l'expression du mensonge et de l'imposture.

Au surplus, ne pourroit-on pas lui répondre : « Si vous avez long-temps
» gémi loin des objets de votre tendresse, n'est-ce pas parce que vous
» aviez fui loin d'eux? Pourquoi, à l'approche du danger, les aviez-vous
» si lâchement abandonnés?..... Oui, sans doute, le Gouvernement a oublié
» votre délit politique; oui, il vous a ouvert les portes de la patrie, il vous
» a rappelé de l'exil, il vous a rendu à la vie civile! mais à quelle
» condition?..... C'est sous la *réserve expresse* que vous respecteriez tous
» les actes judiciaires passés en votre absence.

» Vous reprendrez les choses *dans leur état actuel.* Désormais vous jouirez
» de vos droits civils, vous rentrerez dans vos biens non vendus, mais vous
» n'inquiéterez ni vos femmes divorcées, ni vos filles mariées, ni vos enfans
» émancipés contre votre gré; en un mot, vous aurez une *nouvelle vie*
» *civile*, mais uniquement pour *l'avenir*; si vous regardez en arrière,
» vous n'y retrouverez encore que la mort politique que vous aviez encourue.

» Telle est la base, la condition de l'amnistie qu'un prince aussi généreux
» qu'il est puissant a daigné vous accorder.

» Eh quoi! après avoir obtenu la faveur insigne de cette amnistie, vos
» premiers pas en France sont éclairés par le fanal de la discorde? C'est
» la vengeance qui vous reporte dans vos foyers! c'est par les pleurs, c'est
» par les cris de vos enfans, c'est en les expulsant de leur asyle, c'est en
» contestant leurs droits, c'est en attaquant les arrêts de la justice, c'est
» en semant par-tout l'épouvante et la désolation, que vous signalez votre
» retour!.... Si c'est ainsi que vous savez tenir votre promesse; si ce sont
» là vos témoignages de reconnoissance, ne vous plaignez donc point des
» condamnations sévères que vous avez essuyées : reconnoissez donc que
» c'est à juste titre que vous avez été arrêté dans vos tumultueuses
» réclamations. »

Telles sont, Messieurs, les raisons que l'on pourroit opposer à la vaine
déclamation du sieur Voyneau. Examinons à présent les principes.

En abordant cette matière, il faut partir d'un point de droit constant,
c'est que les émigrés français étoient frappés *de mort civile.* Ce point de
droit a été consacré par la loi du 3 octobre 1792, et plus positivement par
l'article 1er de la loi du 28 mars 1793, et par le Conseil-d'État (séance
du 14 thermidor an 9, *p.* 45, 1er. *vol. des procès-verbaux.*)

A présent, quel a été l'effet de l'amnistie prononcée par le sénatus-consulte
du 6 floréal an 10? Vous le savez : c'étoit de rétablir les émigrés dans tous
leurs droits civils, mais seulement pour *l'avenir*, et sans préjudice des droits
acquis aux tiers, *salvo jure alieno.*

Vous connoissez, Messieurs, la différence qui existoit autrefois entre le
condamné que l'on réhabilitoit, que l'on rétablissoit dans ses droits, et celui
dont le prince abolissoit la peine.

Le premier étoit proclamé innocent, et l'accusation, et la procédure, et
la condamnation, tous les actes judiciaires faits à son préjudice étoient
détruits; il étoit, en un mot, placé dans le même état que s'il n'avoit jamais
été poursuivi et condamné.

Il en étoit tout autrement du condamné à qui le prince faisoit *grâce*; sa
condamnation étoit trouvée juste, elle n'étoit point abolie; seulement la

peine prononcée étoit remise pour l'avenir. *Indulgentia*, disoit-on, *quos liberat, notat; nec infamiam criminis tollit, sed pœnæ gratiam facit*. Richer, dans son *Traité de la mort civile*; Rousseau de la Combe, dans son *Traité des matières criminelles*; Jousse, sur le même sujet, et Muyard de Vouglans, retracent tous sur ce point les mêmes principes.

Or, cette distinction s'applique parfaitement aux émigrés réintégrés et aux amnistiés. Parmi les individus prévenus d'émigration, quelques-uns avoient été mal-à-propos inscrits sur la liste fatale; ils se sont fait réintégrer dans le temps, ils ont été rétablis dans tous leurs droits, même *pour le passé*, et les ont exercés comme s'ils n'avoient jamais été prévenus d'émigration.

Mais il en est bien autrement des amnistiés. Pour eux le délit politique a été reconnu exister, la mort civile a été envisâgée comme légitimement encourue; en sorte que si on leur a pardonné, si on leur a fait grâce, c'est seulement *pour l'avenir*. Semblable au voyageur échappé du naufrage, l'amnistié ne doit regarder que devant soi; s'il se tourne en arrière, il ne voit que le précipice qui a failli l'engloutir.

Tel est, Messieurs, le vrai sens du sénatus-consulte du 6 floréal an 10.

C'est ainsi qu'il a été entendu par le Conseil-d'État, dans son avis du 11 prairial an 12, relatif aux *divorces prononcés pour émigration*.

C'est ainsi que, par vingt arrêts, la Cour suprême a appliqué la même fin de non-recevoir contre les *époux émigrés*, qui vouloient demander la nullité des divorces prononcés pendant leur absence.

C'est ainsi que, par arrêt du 10 juin 1806, vous avez décidé que la communauté conjugale a été dissoute par l'émigration du mari, et que les biens acquis par la femme durant l'émigration de son mari lui appartiennent à l'exclusion de son mari amnistié.

Dans tous les cas, dans toutes les circonstances, même depuis leur amnistie, la Cour suprême a reconnu la mort civile des émigrés; elle leur applique les principes que les Parlemens avoient consacrés à l'égard des condamnés dont la peine avoit été abolie par grâce et par faveur du prince.

Or, Messieurs, le système que vous avez embrassé par rapport aux *biens*, par rapport au mariage antérieur des amnistiés, nous devons l'appliquer dans tous les procès où il s'agit de la puissance maritale ou de la puissance paternelle qu'ils ont recouvrée; dans tous ces cas il faut reconnoître avec vous que les *droits acquis* par les femmes ou les enfans d'un amnistié pendant sa mort civile, le sont irrévocablement; que tout ce qui a été stipulé, traité, décidé, jugé alors, et qui blesseroit même les prétentions de l'amnistié, doit être maintenu.

Ainsi, pendant l'émigration de son mari, la femme adopte un enfant : le mari amnistié ne peut attaquer cette adoption sous prétexte qu'elle lèse ses droits, qu'elle révoque, par exemple, une donation faite à son profit par sa femme dans leur contrat de mariage.

Ainsi, la femme a, pendant l'émigration de son mari, consenti, devant le juge-de-paix de son canton, l'émancipation de tous leurs enfans : le mari amnistié ne peut réclamer la puissance paternelle qui lui a été enlevée par cet acte, ni en demander la nullité.

La raison fondamentale de toutes ces décisions, est qu'une grâce émanée du Souverain ne peut jamais préjudicier à des droits acquis à des tiers.

En effet, les lois romaines applicables aux amnistiés exceptent toujours des *droits acquis par des tiers.*

Rescripta contra jus elicita refutari præcipimus, NISI FORTÈ SIT ALIQUID, QUOD NON LÆDAT ALIUM. L. 7 , Cod. *de Precibus Imperatori.*

Nec avus neptem suam liberare potestate cogitur, *nec* IN CUJUSQUAM INJURIA BENEFICIA TRIBUERE *moris est nostri.* L. 4 , Cod. *de Emancipationibus Liberorum.*

Ainsi, il est démontré que, dans tous les cas où le prince accorde une grâce, c'est toujours sans préjudice des droits des tiers, c'est toujours *salvo jure alieno*; autrement cette restitution ne seroit plus une grâce, une faveur du prince, ce seroit une injustice criante, un acte de générosité qui feroit couler les larmes des citoyens. Et l'amnistie des émigrés , si elle eût été pour eux un bienfait insigne, eût été pour la France un véritable fléau. Certes, telle n'a pas été l'intention du chef du gouvernement.

A la vérité, M. Merlin pense (1) que les amnistiés doivent être rétablis dans la *puissance paternelle* qu'ils avoient à l'instant de leur émigration. Mais, d'une part, il ne s'agit pas ici d'examiner ce point, puisqu'Auguste Voyneau se soumet volontiers à cette puissance paternelle ; d'autre part, vous avez jugé, par votre arrêt du 6 avril 1808, au rapport de M. Liborel, que l'enfant émancipé ne doit pas être rétabli *sous la puissance de son père*, parce qu'un nouveau statut personnel ne peut enlever à cet enfant *son droit acquis* précédemment.

Vous avez jugé, par arrêt du 13 *brumaire an* 9, que la promulgation d'une nouvelle loi ne pouvoit même porter atteinte à l'autorité de la chose jugée, ni enlever des *droits acquis.*

Or, ce principe une fois reconnu, le procès actuel est jugé; vous avez porté par avance l'arrêt solennel qu'Auguste sollicite ; car en admettant, ce qui n'est point, ce que nous avons démontré ne pouvoir exister, que cet enfant fût absolument étranger à la famille Voyneau, qu'il fût le fils de la veuve Pasty, n'est-ce pas un *droit acquis* que cette filiation qui lui a été assurée par des arrêts en dernier ressort? N'est-ce pas un droit irrévocablement acquis, que celui qui repose sur *l'autorité de la chose jugée*, qui a pour base cette maxime sacrée, *res judicata pro veritate habetur.*

Et de qui cet enfant a-t-il acquis son droit, sa filiation, son identité? Nous l'avons dit : il les a acquis de la seule personne qui eût alors qualité pour agir ; du seul possesseur, du seul contradicteur légitime ; d'une femme qui cumuloit tous les droits de paternité et de maternité. La cause de l'enfant est aujourd'hui la même que s'il avoit plaidé contre son père et sa mère réunis ; par conséquent, l'arrêt qu'il a obtenu est inattaquable par l'un comme par l'autre de ses adversaires.

Permettre aujourd'hui à un émigré amnistié de disputer des droits de filiation *acquis* par son fils, c'est lui permettre d'exercer une fatale censure sur tous les actes consentis par sa femme, d'attaquer tous les jugemens dans lesquels elle a figuré, de rompre le divorce qu'elle a obtenu, de briser

_____

(1) Tome IV, page 164, *Quest. de Droit.*

le nouveau lien qu'elle a formé, de métamorphoser cette nouvelle union en un vil concubinage, de vouer à l'infamie tous les enfans qui en sont issus.... C'est permettre à cet émigré d'attaquer le mariage de ses enfans, de désavouer ceux qu'il n'auroit point encore reconnus; c'est lui permettre de jeter par-tout le désordre et le scandale : c'est lui permettre, en un mot, de bouleverser, de désoler cette même patrie que précédemment il n'avoit pu déchirer.

Et les tribunaux adopteroient une pareille prétention ! et l'on verroit les acquéreurs *de bonne foi* troublés dans leur propriété, les fermiers dans leur jouissance, les femmes, les enfans dans l'état qu'ils ont acquis, qu'ils possèdent sous l'égide de la loi ! Qui peut, sans frémir, penser à d'aussi funestes conséquences ?

Comment, Messieurs, si Auguste avoit acquis la portion d'un champ de l'émigré Voyneau, s'il avoit plaidé avec la femme de cet émigré sur le remboursement d'une somme de 100 francs, le jugement alors rendu contre la femme seroit aujourd'hui inattaquable par le mari ; et quand, par des arrêts solennels, cet enfant a *acquis* ou plutôt a fait proclamer son identité, sa filiation, contre sa mère, cet arrêt n'auroit pas la même irrévocabilité ?

Il y a plus ! Si, au lieu de se faire reconnoître, Auguste avoit épousé Benjamine Voyneau contre le gré de la famille, contre la volonté de la mère, le jugement de main-levée d'opposition alors prononcé seroit aujourd'hui inattaquable ; et lorsqu'au lieu de devenir *gendre*, Auguste a été reconnu pour *fils légitime* de la dame Voyneau par jugement en dernier ressort, ce jugement pourroit être aujourd'hui réformé, rétracté, anéanti, sur la demande du sieur Voyneau !

Ainsi les amnistiés seroient plus favorisés que les autres citoyens; chaque fois que le législateur auroit réglé l'état de ceux-ci, il auroit scrupuleusement respecté les *droits acquis* aux tiers, il auroit maintenu soigneusement les jugemens rendus en faveur des enfans *adoptifs*, des enfans *naturels*, des époux *divorcés*; il auroit reconnu l'autorité de la *chose jugée* jusques dans des sentences contraires aux principes, et il ne craindroit pas de réduire au néant des arrêts marqués au coin de la sagesse et de l'équité ! Ce n'est point à la Cour suprême qu'il faut présenter un système aussi étrange, aussi bizarre, aussi subversif de l'ordre social.

En vain les amnistiés se récrieront-ils contre la sévérité de ces principes ; en vain s'élèveront-ils contre des lois qui les enchaînent et qui leur défendent de regarder derrière eux. Avec plus de réflexion ils seroient les premiers à bénir ces lois sages, parce qu'elles n'ont d'autre but que d'effacer des souvenirs trop amers, et de cicatriser les plaies profondes du corps politique. Le gouvernement leur a permis de rentrer dans leur patrie et de finir leurs jours au sein de leurs familles. En échange de ces avantages inappréciables, il a exigé d'eux quelques sacrifices, de grands sacrifices même. Mais quel est l'homme qui n'en eut pas à faire dans ces temps calamiteux? et quel Français, ami de son pays, oseroit refuser ce tribut particulier à la félicité commune? Les lois, pour le bonheur de l'humanité, ont élevé un mur de séparation entre les régions révolutionnaires et le pays civilisé, entre les temps désastreux et l'époque où la France a été élevée au plus haut degré de gloire et de splendeur. Ne cherchons point à le renverser, et que les tribunaux s'arment de toute leur puissance pour comprimer les efforts du téméraire qui voudroit en détacher la première pierre.

RÉSUMÉ.

En résultat, Messieurs, il faut tenir pour constant que l'identité d'Auguste est parfaitement constatée; que les preuves personnelles à l'enfant, que la reconnoissance unanime de sa tante, de ses domestiques, de ses collatéraux, de ses voisins, de ses compatriotes, ne laissent aucun doute sur ce fait;

Qu'en principe la tierce-opposition n'est ouverte qu'à ceux qui auroient *pu* ou *dû* être appelés, c'est-à-dire, à ceux qui avoient des droits quel-conques à exercer lors du jugement; que cette voie est interdite à tous autres;

Que le sieur Voyneau mort civilement en l'an 7 et en l'an 8, sa femme ou sa veuve étoit alors seule *contradicteur légitime* pour contester l'état d'Auguste; que le mari, que la fille, que les tantes, que tous les collatéraux, que tous les ayans-droit ont été condamnés dans la personne de cette femme; que telle est l'opinion de nos auteurs les plus distingués, de Vinnius, de Duaren, de Covarruvias et de d'Argentré; que c'est là un point de jurisprudence adopté par tous les Parlemens;

Qu'en vertu de son amnistie, le sieur Voyneau n'a dû regarder que *l'avenir*; que *le passé*, le temps de sa mort civile, n'existent plus pour lui; qu'en conséquence il doit respecter les *droits acquis* à des tiers plaidant contre sa femme; que les arrêts obtenus par Auguste sont, sous tous les rapports, inattaquables et à l'abri de la cassation.

MESSIEURS,

A présent j'ai rempli ma tâche, j'ai fait des efforts qui m'étoient commandés par le cri de l'innocent opprimé et par le respect dû au malheur. — Si ces efforts n'ont pas répondu à mes désirs et à l'importance de la cause, vous daignerez y suppléer.

Auguste, jeune et malheureux, a plaidé contre sa mère, il a triomphé : il a plaidé contre son père, il a encore triomphé; lui ravirez-vous dans un instant le fruit de tous ses succès? Vous qui êtes les premiers ministres de la Justice, détruirez-vous ses plus beaux monumens!

Daignez examiner, Messieurs, si vous cassiez l'arrêt attaqué, quelles seroient les suites de votre décision! vous verriez encore une fois une Cour d'Appel livrée pendant quinze audiences aux débats les plus scandaleux! vous verriez encore une fois une foule stipendiée investir l'auditoire, et constamment couvrir, par son tumultueux murmure, la voix du défenseur de l'orphelin! vous verriez encore une fois un père verser des larmes *factices* sur l'ombre sanglante d'un fils qui est existant et qui lui tend les bras! vous verriez encore une fois une femme réclamer comme sien l'enfant d'une étrangère, et une mère repousser comme étranger un enfant qu'elle sait lui appartenir!

Et si, en employant tous ces déplorables moyens, le sieur Voyneau faisoit enfin succomber *Auguste*, vous verriez le même individu être enfant légitime de sa mère et être étranger à son mari ! n'être qu'un *demi-enfant*, n'être que pour moitié fils, frère, neveu et parent !

Ou si, parce que la filiation est *indivisible*, la rétractation demandée par le père profitoit à la mère ; si Auguste étoit entièrement expulsé du rang qu'il occupe, vous verriez un enfant sans père ni mère, sans frère ni sœur, sans parens et sans famille ! vous verriez, en un mot, un effet sans cause !

Non, Messieurs, de telles considérations appuyées d'ailleurs par la force, par l'autorité des principes, vous détermineront à *rejeter le pourvoi du sieur Voyneau*.

Il est vrai qu'après ce rejet il pourra encore, vaincu par la Justice, s'insurger contre la Loi ; qu'il pourra un jour frustrer Auguste du patrimoine qu'elle lui réserve ; que dès-à-présent il le privera du plus grand bonheur que puisse goûter un enfant, celui d'*embrasser son père*, de *recevoir les tendres caresses de sa mère*. Mais aussi, que ne doit-on pas attendre de l'empire du temps ? Le temps use tout, il use jusqu'aux passions les plus violentes ; il calmera sans doute le ressentiment et la haine des auteurs d'*Auguste*.

D'ailleurs, en ce moment, cet enfant est au service de Sa Majesté ; à la dernière bataille il s'est couvert de gloire. Il donne les plus hautes espérances ; bientôt peut-être le sieur Voyneau sera honoré d'avoir pour fils un tel guerrier ; il sera glorieux de reconnoître son sang dans le sang d'un brave ; et la plus douce affection remplacera l'aveuglement le plus funeste.

PIÈCE JUSTIFICATIVE.

Fragment *de la déposition de la dame CLAVIER mère, marchande à Nantes.*

Elle dépose que, quelques jours après, la dame Dorioux envoya le signalement de son neveu aux dames Charettes, qui se présentèrent chez la dame Poumailloux, qui les conduisit chez elle déclarante ; que les dames Charettes ayant à la main une lettre, examinèrent l'enfant, et s'entreparlant elles dirent : *C'est bien lui*, hors les yeux qu'elles trouvèrent différens ; qu'elles dirent qu'elles alloient écrire à la dame Voyneau-Dorioux ; — que, le huit octobre suivant, la dame Dorioux arriva à Nantes avec la dame Constantin, alla chez les dames Charettes, et que, le même jour, à ce qu'elle croit, les dames Loisel et Dorioux vinrent chez elle déclarante sur l'heure de midi ; — que la dame Dorioux, à l'aspect de l'enfant, parut tout émue, et dit à la dame Loisel : *Ah ! c'est bien lui-même, ma bonne amie* ; — que ne pouvant examiner l'enfant comme elle le désiroit, parce qu'il tourmentoit pour aller dîner, que l'on mit l'enfant à table, que la dame Dorioux se mit à côté de lui, et le regardant, leva ses cheveux du côté droit du front, et dit : *Je reconnois bien la cicatrice* ;

Qu'elle lui demanda s'il connoissoit *Lapierre*, et où il l'avoit vu; — qu'il répondit qu'il l'avoit vu *bien loin dans la Vendée*; — qu'elle lui demanda ensuite s'il connoissoit *François*; — qu'il dit que *oui*; — qu'elle lui demanda ce qu'il faisoit; — qu'il répondit qu'il travailloit dans le jardin; — sur la question, ce que faisoit François; que l'enfant répondit encore : *Il faisoit des bouquets que papa à moi mettoit dans mon gorgeon;*

Que la dame Dorioux se tournant du côté de la dame Loisel, dit que *cela étoit bien vrai*; — qu'elle lui demanda si son papa n'avoit pas un grand cheval; — qu'il répondit *oui*; — qu'elle lui demanda s'il n'avoit pas une grande queue; — que l'enfant répondit : *Non*, *il a une petite queue*, *grande comme ça* (faisant avec sa main une indication); — que la dame Dorioux répondit que *cela étoit vrai*; — que la dame Dorioux dit à l'enfant : *Faisons un marché*; — que l'enfant levant sa main, frappa dans celle de la dame Dorioux; — qu'elle déclarante ayant marqué sa surprise de lui voir faire cela, la dame Dorioux dit : *Quand nous nous fâchions*, *voilà comme nous faisions la paix*; — que la dame Dorioux lui demanda d'où elle avoit eu l'enfant; — qu'elle le lui dit, et qu'elle fit à la dame Loisel un signe d'approbation, voulant dire *que c'étoit bien là où il avoit été laissé*; — qu'elle lui demanda comment l'enfant étoit habillé; — qu'elle lui dépeignit les vêtemens ci-dessus; — que la dame Dorioux dit qu'*ils étoient conformes*, à l'exception de la chemise, disant qu'elle l'avoit payée pour être blanche, et non pour être crue; — alors *elle embrassa l'enfant*, et tirant sa bourse, lui donna un louis en disant : *Tu és bien mon neveu*, *mon cher ami*, *et je ne t'abandonnerai jamais;*

Que la dame Loisel tira de son côté un écu de sa bourse, et le donna à l'enfant, disant : *Je suis ta tantine*; — que l'enfant répondit *non*, et prenant l'écu de six livres, vint le présenter à elle déclarante, disant : *Voilà pour m'acheter un* LAMBALON (1).

Que les dames Dorioux et Loisel menèrent promener à la halle, où la dame Dorioux lui acheta une bourse de soie avec une badine; que l'ayant ramené le soir à la maison, la dame Dorioux continua à le combler de caresses, disant toujours qu'*il étoit son neveu;*

Que le lendemain, les dames Dorioux, Charettes et Constantin vinrent à la maison; que les dames Charettes et Constantin se présentèrent les premières; que la dame Dorioux se tint cachée derrière elles; que chacune d'elles lui fit des propositions, lui offrit de l'argent et des *bonbons*, et lui demandèrent successivement si elles étoient ses *tantines*; — que l'enfant répondit qu'*elles n'étoient point ses tantines;*

Que la dame Dorioux s'avança ensuite, et lui dit : *Hé bien! mon cher fils*, *connois-tu ta tantine Dorioux;* — que l'enfant répéta ces mots : *Tantine Dorioux;* qu'il parut tout ému, et alla à la dame Dorioux qui, tout émue, le prit dans ses bras, se mit à pleurer en disant : *Ah! Mesdames*, *vous ne sauriez dire combien je suis émue. J'ai été dans bien des hôpitaux*, *j'ai bien vu des enfans; je n'en ai jamais vu qui m'aient frappée comme celui-ci me frappe;* ......

Que l'enfant ayant parlé d'une grande maison et d'un jardin, elle déclarante prit le parti de venir à Fontenay avec l'enfant; qu'ils y arrivèrent le vingt-huit avril, à onze heures du matin; qu'elle demanda en arrivant si la dame Dorioux étoit ici; qu'on lui fit réponse que *non*, et qu'il n'y avoit que Justine; qu'elle demanda à parler à cette demoiselle que l'on alla chercher, à ce qu'elle a su depuis, chez la dame Brisson; que cette dernière avança au Petit-Bot où elle étoit descendue, et lui dit qu'elle alloit chercher Justine; qu'au mot Justine, l'enfant dit : *Moi veux aller chercher la mie à ma tantine;*

Que la dame Brisson le prit par la main et l'emmena; que, Justine arrivée, elle déclarante lui demanda si la dame Dorioux étoit ici; qu'elle lui répondit qu'elle étoit dans le bocage; — qu'elle lui demanda si elle connoissoit les domestiques qui avoient servi chez ses tantes, et la pria de leur faire savoir que quelqu'un vouloit leur parler au Petit-Bot; — que dans l'après-dîner elle alla chez la dame Brisson; que l'enfant, qui s'amusoit dehors avec un agneau, rentra un moment après avec une fille, à qui

_____

(1) Un grand balon.

elle déclarante demanda si elle connoissoit l'enfant ; — que cette fille répondit que *oui* ; qu'elle l'avoit soigné pendant bien-long-temps et couché avec elle ; — qu'elle lui demanda quelle marque il avoit, et que cette fille lui dit qu'il avoit une cicatrice au front du côté droit, et un signe au bas du sein droit ; — qu'alors l'enfant déboutonna lui-même son gilet et le lui fit voir ; — que cette fille dit alors : *Tu es bien mon cher Auguste*, et lui demanda : *Me reconnois-tu ?* — que l'enfant répondit *non* ; qu'elle déclarante désigna plusieurs noms ; que l'enfant répondit toujours *non* ; — que la dame Brisson ayant prononcé le nom de Maniche, l'enfant dit : *Ah ! oui, ma mie Maniche* ; qu'elle l'embrassa, ce qui les attendrit toutes, et qu'elles se mirent à pleurer ;

Qu'elle déclarante ayant appris que l'enfant avoit reconnu la porte de la maison et celle du jardin de ses tantes, proposa à Maniche d'y aller avec l'enfant ; que près du jardin l'enfant lui montra une porte en disant : *Il y avoit là une grande porte : on ne passe plus par-là pour aller dans mon jardin ; on passe par-là pour y entrer ;*

Qu'entré dans le jardin, l'enfant courut au bout, et dit : *Là étoient mes fleurs* ; que la fille Maniche dit qu'il y avoit là des fleurs ;

Qu'au sortir de là, ils allèrent à la maison occupée par les dames Voyneau ; que chemin faisant ils rencontrèrent une autre fille pour lors à elle inconnue et qu'elle a su depuis se nommer *Agathe Maureau* ; que cette fille vint l'embrasser, lui lever ses cheveux du côté droit, et dit : *Ah ! malheureux coup, tu m'as causé bien du chagrin ; tes tantes disoient toujours que si tu étois venu à mourir, ce seroit moi qui en serois cause ;*

Qu'alors elle déclarante lui ayant demandé si elle reconnoissoit cet enfant, elle répondit : *Oui, Madame, c'est bien là le petit Voyneau* ; — qu'elle lui demanda quelle marque il avoit ; — qu'elle répondit qu'il avoit un signe sous le sein droit ; qu'elle devoit bien le connoître, et qu'elle avoit été sa gouvernante ;

Que de là elles s'avancèrent du côté de la maison qu'occupoient les dames Voyneau ; que dès le coin de la rue elle lui dit ; *Montre-moi donc la maison de tes tantines Voyneau* ; — que dès le coin de la rue l'enfant lui laissa la main, dit : *Attends, moi vais te faire voir* ; qu'il se présenta à la porte, s'y arrêta et entra dans la cour, où elle et plusieurs autres l'accompagnèrent ; — que Maniche lui demanda où étoit la cuisine ; — que l'enfant lui montra une porte qui se trouvoit fermée, et dit : *C'est là*, ce qui étoit vrai, dirent les anciennes gouvernantes ; — que Maniche dit : *Montre donc la chambre où tu couchois ;*

Que l'enfant monta avec elle déclarante, fit voir et s'arrêta devant une porte qui étoit fermée ; qu'elle fit monter Maniche et les autres pour s'assurer si cela étoit vrai ; elles lui dirent *que c'étoit effectivement là où il couchoit* ;

Sur la question où il faisoit son petit tour, que l'enfant ouvrit un petit cabinet, et dit : *Où sont mes petites modités* ; qu'on lui dit qu'elles n'y étoient plus ; qu'il indiqua un autre endroit où on les mettoit quelquefois, et Maniche dit : *Cela est vrai ;*

Que, montés en haut, sur la question *où sa tantine étoit morte*, — l'enfant entra seul avec elle dans une chambre où il y avoit une femme, et dit : *C'est là ;* ce qui fut confirmé ;

Sur la question que lui fit Maniche, *où elle se coiffoit*, il indiqua effectivement la porte de cette chambre ;

Sur la question où on mettoit les bouteilles, qu'il fit voir l'endroit ;

Descendus et entrés dans la cuisine qui pour lors étoit ouverte, sur la question où l'on faisoit la cuisine, l'enfant fit voir le potager ;

Sur la question où on mettoit son couvert, il indiqua la porte du salon ;

Il demanda *où étoient ses poulets*, et alla dans une cour, et dit : *Où donc moi mes poulets et la mue* ; — qu'Agathe lui dit : *Ils n'y sont plus* ; — que l'enfant répondit : *Tout est perdu ici ;*

Sur la question qu'on lui fit de ce que l'on mettoit dans une petite chambre à côté de la cuisine, l'enfant dit : *On y met de la filasse et du fil* ; — que Maniche dit *que cela étoit vrai ;*

Partis dans la cour, on lui dit d'indiquer l'endroit où il étoit tombé ; qu'il s'avança et dit : *C'est là ;* ce qui fut confirmé par les deux gouvernantes ; — sur la question où étoit la porte de la cave, qu'il sortit et la fit voir ; sur la question de faire voir la porte de l'écurie, qu'ayant hésité un peu, il descendit un peu plus bas et traversant de l'autre côté de la rue, la fit voir ;

Que de là on conduisit l'enfant chez M. Grimouard, où on lui demanda en entrant s'il étoit venu quelquefois là ; qu'il dit *oui* ; qu'il monta en haut et regardant par une fenêtre, dit : *Où est Saint-Louis qui me jetoit des noizettes* ; qu'on lui dit qu'il n'y étoit plus, et qu'effectivement un nommé Saint-Louis, homme de confiance de M. Grimouard, lui jetoit quelquefois des noizettes par cette fenêtre ; qu'au sortir de là on alla chez M. Savary des Forges ; que l'enfant entra dans l'écurie sans s'y arrêter ; que passé dans la cour, une fille lui demanda s'il reconnoîtroit l'endroit où il alloit quelquefois chercher de l'eau ; qu'il entra dans la cuisine et fit voir un endroit où l'on assura qu'effectivement il alloit chercher de l'eau ; que de-là on alla chez madame Bera, où il se trouva beaucoup de monde ; que l'enfant ne fit qu'entrer dans le salon, passa dans la cour et revint leur dire : *Où sont tes poulets* ; que les dames Bera l'ayant examiné, dirent : *Il a bien ses mêmes façons, sa même chevelure et ses mains, mais nous croyons qu'il avoit les yeux plus grands*.

Nota. La dame Clavier donne ensuite, dans sa déposition, des détails très-circonstanciés et très-intéressans sur l'arrivée de l'enfant dans la ferme de la dame Pellerin.

La demoiselle Clavier rappelle aussi des scènes vraiment attendrissantes, qui ont eu lieu chez un traiteur à Nantes, entre Auguste, sa mère et sa tante.

OBSERVATIONS

SUR LE PLAIDOYER PRÉCÉDENT.

On doit féliciter M. Loyseau de la manière dont il a traité son sujet, et du soin constant qu'il a d'écrire et d'imprimer dans toutes les affaires dont il est chargé. J'ai recueilli son Plaidoyer, qui m'a paru digne de l'être. Son style ne manque ni de clarté, ni de pureté, ni de force. L'exorde a de la chaleur. L'historique est fort bien. J'aurois voulu un peu plus de concision dans la discussion, parce que là, tout ce qu'on donne de trop à l'étendue on l'ôte à l'énergie. J'aurois encore désiré que toutes les citations latines eussent été précédées de la traduction française. Ne doit-on pas vouloir être entendu de tous ceux qui nous écoutent ou qui nous lisent ? Pourquoi supposer qu'on n'aura pour auditeurs, ou pour lecteurs, que des gens du métier ? J'aurois aussi souhaité moins d'érudition. Il est beau d'en avoir, mais il est si facile d'en montrer !

Cette cause singulière a quelque ressemblance avec celle de Jean Montrousseau ou le Gueux de Vernon (1) ; cause dans laquelle, après avoir lu le Plaidoyer de M. Bignon, on est fort embarrassé pour se décider : car son principal moyen est qu'on ne s'est pas inscrit en faux contre deux pièces pleines d'irrégularité. Mais qui se seroit inscrit, lorsqu'il remarque que

(1) Premier volume *des Causes Célèbres*, de Gayot de Pittaval.

s'il n'y avoit point eu de juges, il n'y auroit point eu de parties? L'enfant avoit été gagné. Le Gueux ne pouvoit pas, sans s'exposer à des peines graves, avouer qu'il n'étoit pas le père de l'enfant. Ainsi on peut dire qu'il n'y a rien à conclure du tout de cette cause, ou pour ou contre celle de Voyneau.

Au reste, je vais insérer ici la Requête de M. CHABROUD, qui plaida pour le père, c'est-à-dire dans son système pour les Aristocrates contre les Patriotes.

A MESSIEURS

DE LA

COUR DE CASSATION.

EXPOSE *Louis-Athanase-François Voyneau*, demandeur; contre *Honoré-Benjamin-Charles Monsorbier*, tuteur d'*Auguste*, supposé être *Louis-René-Auguste Voyneau*; que son courage, après l'avoir soutenu au sein des tempêtes de la révolution, parmi les horreurs de la guerre civile, dans la misère, dans l'exil, et lorsque l'espérance même sembloit lui être ravie, est venu échouer contre la désolation qui l'attendoit à son retour vers ses dieux pénates.

Une mort affreuse avoit enlevé son fils; et le fanatisme révolutionnaire avoit introduit dans sa famille, à la place de ce fils perdu, un enfant étranger.

En l'absence de l'exposant, sa femme avoit vainement résisté; elle avoit été condamnée à reconnoître l'enfant de hasard que la faction dominante alors avoit protégé: elle étoit mère malgré elle, en vertu de jugemens et par des clubs révolutionnaires.

Aux convulsions politiques le calme avoit succédé, lorsque l'exposant revint dans son pays et dans sa maison: indigné de la subversion qui avoit été opérée dans sa famille, et ne pouvant s'y soumettre, il pensa qu'il obtiendroit justice.

Des jugemens rendus contre sa femme avoient laissé la cause entière à son égard; il prend la voie de la tierce-opposition; il n'a pas même la consolation d'exposer sa réclamation; on refuse de l'entendre; la Cour d'Appel de Poitiers le déclare non-recevable.

On dit qu'il a été représenté par sa femme et condamné comme elle.

On dit que les jugemens obtenus tandis qu'il étoit inscrit sur la liste des émigrés, doivent être respectés par lui.

Voilà l'idée sommaire du procès de l'exposant, et de l'arrêt de la Cour d'Appel de Poitiers.

Voilà même l'idée de la demande en cassation dont cet arrêt est l'objet, et que quelques détails en point de fait et quelques discussions en point de droit vont justifier.

Si l'on avoit à traiter du fond de l'affaire dont le préambule de l'exposant vient de donner l'idée, le récit des faits devroit être monté sur le ton, tantôt de l'onction, tantôt de l'énergie, et le style répondre à l'intérêt de la cause: on ne seroit pas exposé à descendre lorsqu'on arriveroit à la discussion de l'un des plus singuliers et des plus graves débats qui puissent être déférés à des juges.

Une telle exposition ne seroit que ridiculement emphatique, lorsqu'en résultat on doit n'avoir à résoudre que de méchantes subtilités et une froide dispute sur le droit qu'a une partie de présenter sa demande et d'en provoquer l'examen.

D'un autre côté, il importe que les Magistrats soient informés de l'étrange position où l'exposant a été mis par ce qu'il peut appeler un incident révolutionnaire, et dans laquelle la Cour d'Appel vient de le repousser, lorsqu'il s'élançoit pour en sortir.

Ainsi le récit des faits doit être simple, mais il doit être complet.

Obligé de se dérober par la fuite à des persécutions, l'exposant laissa ses deux enfans, un fils et une fille, aux soins de leur mère.

Ils furent soustraits successivement à divers périls dans ce pays de la Vendée, où l'incendie de la guerre civile étoit allumé.

On les promena de canton en canton, quittant les lieux où arrivoient les colonnes armées, et retournant vers les points dont elles s'étoient éloignées.

Durant ces courses, le fils est atteint à Saint-Laurent-sur-Sèvres de la petite-vérole. A peine est-il quitte de la maladie, qu'un mouvement de guerre oblige la mère et les enfans à chercher un autre asyle ; le convalescent ne peut supporter les fatigues du voyage ; on le laisse au village de la Fauconnière à la garde d'une domestique, nommée *Rose Seguin*, native de ce village, et qui s'y retrouvoit dans le sein de sa famille.

Quelques mois s'écoulèrent ; la dévastation se promenoit, pour ainsi dire, dans le pays, et Rose Seguin n'avoit pas osé tenter de reconduire le jeune Voyneau à sa mère.

Elle et l'enfant furent massacrés par de barbares soldats le 27 février 1794.

C'est à la place de l'enfant, trop certainement égorgé alors, qu'a été mis depuis l'intrus que l'exposant ne peut consentir à recevoir.

On a sur l'origine de cet autre enfant quelques renseignemens ; ils seront plus positifs lorsque la bonne foi présidera à leur recherche.

Quelque temps avant le massacre dans lequel l'exposant avoit perdu son fils, des enfans avoient été, dans un autre lieu, sauvés d'un massacre et conduits à Nantes, où la veuve Clavier s'étoit chargée de l'un d'eux.

Elle en avoit fait, le 13 ventose an 2, sa déclaration devant la municipalité de Nantes ; il y avoit été dit que cet enfant étoit âgé d'environ trois ans ; qu'il ne parloit point ; qu'il articuloit mal une terminaison en *eneau*, lorsqu'on vouloit savoir de lui son nom, et que d'ailleurs on n'en pouvoit tirer aucuns renseignemens.

Il avoit sur le front une cicatrice, et sur l'estomac un signe.

Cette déclaration fut dans la suite confirmée par celle des sieurs Hubert, Mainguet et Berruet, dont les premiers avoient recueilli cet enfant et deux autres, et les avoient confiés au troisième, qui avoit remis à la veuve Clavier celui dont il s'agit.

Dans ce temps-là, un enfant de Marie Robin, veuve de Louis Pasty, avoit disparu, justement âgé de trois ans, portant la cicatrice et le signe, se plaisant, bien qu'ayant le prénom de Grégoire, à être appelé du nom de *Jeanneau*, et en prononçant à peine la dernière syllabe.

On alla à Nantes ; on reconnut l'enfant de la veuve Pasty dans celui que la veuve Clavier avoit retiré ; mais comme il étoit bien chez cette femme, et que, sa mère étant misérable, il auroit été mal chez elle, on ne parla pas alors de cette reconnoissance.

Il eut, à Nantes, chez la veuve Clavier, la petite-vérole qu'Auguste Voyneau avoit eue long-temps auparavant à Saint-Laurent-sur-Sèvres.

Cette créature innocente pouvoit inspirer de l'intérêt, et il falloit continuer de la secourir : elle avoit des droits à la pitié ; mais l'enfant de la veuve Pasty n'en avoit aucuns au nom d'Auguste Voyneau.

Dans quel temps, comment et par qui fut conçu le projet de substituer Grégoire Pasty à Auguste Voyneau ? On n'a pas besoin, quant à présent, d'éclaircir ce point.

Cet enfant, qui étoit venu chez la veuve Clavier, ne parlant pas, ne se connoissant pas, articulant mal une finale, se trouva bien savant trois ans après.

On avoit remarqué la syllabe *nau* qu'il vociféroit ; on pensa qu'elle passeroit aisément pour la finale du nom Voyneau : on avoit remarqué la cicatrice et le signe, et l'on avoit su que quelque chose de ressemblant avoit été sur la personne d'Auguste Voyneau ; on pensa que cette conformité aideroit l'argument de l'identité.

On ne tint compte ni de la différence des âges, Auguste Voyneau étoit né en 1789 ; ni de la difficulté de parler qui cadroit mal avec ce qu'on disoit d'Auguste qu'il avoit eu l'organe bien délié, ni de plusieurs autres traits de différence.

Quant aux scrupules, il n'en fut pas question. On savoit bien et la mort du véritable Auguste et l'origine du faux ; mais selon les meneurs de cette affaire, qu'importoit qu'un enfant fût donné à la famille Voyneau par la nature ou par la loterie de la guerre civile?

D'ailleurs on se promit d'empêcher, d'éluder ou d'embrouiller toutes les preuves contraires.

On endoctrina l'enfant ; on le promena dans les lieux qu'Auguste Voyneau avoit fréquentés : à mesure que son organe se forma, les premiers mots qu'il proféra, d'après ses instituteurs, furent ceux qui devoient entrer dans le rôle qu'il alloit avoir à jouer.

Il fut souvent essayé par ceux qui avoient fait pour lui un projet de fortune. Lancé ensuite devant les personnes indifférentes, il en trouva de crédules qui virent tout ce qu'on voulut qu'elles vissent, et de moins faciles, sur lesquelles le prestige n'eut pas son effet.

Enfin on le dressa à quelque manége, et on lui prépara des témoins.

Au mois de floréal an 5, un tuteur nommé au faux Auguste dirigea des poursuites contre la mère du véritable, afin de la contraindre à reconnoître celui-là : la résolution en étoit prise ; la nature devoit être violentée ; elle le fut.

Après un interrogatoire sur faits et articles, après des enquêtes, le tribunal de Fontenay conféra, par un jugement du 24 nivose an 6, au nourrisson de la veuve Clavier, le nom d'Auguste Voyneau.

Pour justifier ce jugement, on allégua les déclarations des témoins. Quelques-uns avoient dit reconnoître l'enfant à la cicatrice sur le front, au signe sur l'estomac, à son gros ventre, à sa grosse tête et à ses mains grasses.

D'autres avoient fait attention *à ses yeux enfoncés*, et d'autres encore *à ses grands yeux à fleur de tête*, ce qui s'accordoit mal.

Il y en avoit qui croyoient l'avoir vu se remémorer l'appartement dans lequel Auguste Voyneau avoit été quelque temps avec ses tantes, et les maisons voisines qu'il avoit fréquentées.

Tout cela étoit, de soi-même, peu concluant dans une cause de cette importance, et l'étoit bien moins encore devant la masse imposante d'indices dont on argumentoit en sens contraire.

On voyoit une mère ne reconnoissant pas son fils dans l'enfant qu'on lui présentoit! C'étoit le témoignage de la nature, qui ne se trompe pas.

On voyoit un enfant remis, à l'âge de trois ans, à la veuve Clavier, ne parlant pas alors, ayant de grands yeux à fleur de tête et des cheveux crépus, emmené à Nantes le 5 ou 6 février, confondu avec celui qui, dans le même temps, avoit été, à l'âge de près de cinq ans, parlant bien, ayant les yeux enfoncés et les cheveux lisses, resté au village de la Fauconnière jusqu'au 26 février, et ce jour-là massacré! Autant de faits qui ne pouvoient se concilier.

Si des témoins avoient dit, d'après des indices très-incertains, reconnoître Auguste Voyneau, des témoins plus avisés et moins crédules auroient affirmé que l'enfant dont il s'agissoit n'étoit pas Auguste Voyneau ; ils l'avoient vu ne reconnoître ni l'appartement de ses prétendues tantes, ni les maisons voisines, et ne donner des explications qui pussent être interprétées en sa faveur, que lorsque ses guides l'interrogeoient de manière à suggérer ses réponses.

Quand ses guides n'avoient pas été auprès de lui, il avoit démenti tout ce qu'il avoit dit en présence : ainsi on l'avoit questionné sur sa sœur, et il n'avoit rien compris à cette conversation à laquelle il n'avoit pas été préparé.

Parmi les témoins non crédules étoit un médecin qui avoit vu beaucoup l'enfant de l'exposant, qui l'avoit traité de sa blessure au front, dont il ne retrouvoit pas la cicatrice dans celle que portoit l'autre enfant.

Donc cet autre enfant, celui de la veuve Pasty, avoit été reconnu : il étoit constant que cette femme l'avoit perdu, et qu'il avoit été emmené à Nantes; et son âge, son signalement, sa difficulté de parler, son articulation de la syllabe *nau* se rapportoient parfaitement à ce que la veuve Clavier avoit remarqué dans l'enfant qui lui avoit été remis.

Auguste Voyneau avoit été atteint de la petite-vérole tandis qu'il erroit avec sa mère dans la Vendée ; la veuve Clavier avoit eu à traiter son nourrisson de cette maladie qu'on n'a pas deux fois ; l'un n'étoit donc pas l'autre.

Enfin il étoit trop avéré que le véritable Auguste Voyneau avoit été massacré, et que l'exposant n'avoit plus de fils.

On ne sauroit résister au besoin de donner dans un seul trait l'échantillon des procédés que l'on suivit dans l'instruction.

Anne Robin, veuve Pasty, fut appelée comme témoin par la femme de l'exposant ; ce témoin étoit dangereux pour le faux Auguste.

Pour la faire déposer, on attendit la nuit : trois chandelles sont allumées ; l'enfant paroît, elle l'examine et déclare ne pouvoir dire si c'est ou non son fils, *attendu la lueur de la chandelle.* On auroit pu la renvoyer à une autre séance pour voir l'enfant en plein jour ; on feignit de ne pas la comprendre, et on se contenta de dire dans le procès-verbal qu'elle n'avoit pas été émue et avoit parlé froidement.

Anne Pasty, cousine de l'enfant, dit nettement : qu'elle vouloit voir l'enfant au grand jour : les juges s'y refusèrent nettement aussi.

Ce n'est pas tout : elle remarque la cicatrice et le signe, et semble ne pas hésiter. On l'interpelle avec aigreur ; elle ne s'étonne pas : *C'est bien lui*, dit-elle.

On tente encore de la troubler. Êtes-vous bien sûre, reprennent les juges, que ce soit Grégoire Pasty? Leur ton fait sur elle quelque impression ; elle finit par affirmer seulement que l'enfant ressemble parfaitement à celui qui a été pris entre ses bras ; mais le *c'est bien lui* du premier mouvement reste.

Tout cela est écrit et donne la mesure de la confiance due aux enquêtes faites en l'an 6.

Anne Robin étoit la mère véritable du faux Auguste ; Anne Pasty étoit sa cousine. Un commentaire seroit superflu sur la manière dont elles ont été examinées. On voit bien qu'il s'agit non d'entendre, mais d'étouffer leur témoignage.

Voilà un simple aperçu des preuves réunies dans le procès que jugea le tribunal de Fontenay. Ce n'est ni de ces preuves, ni du fond du procès qu'il s'agit ; mais il étoit indispensable d'en donner quelque idée à la Cour de Cassation, et de la convaincre ainsi, que la réclamation de l'exposant n'a été ni indiscrète, ni irréfléchie.

Ce qui avoit été jugé à Fontenay fut confirmé à Niort, le 6 fructidor an 7, par le Tribunal du département des Deux-Sèvres.

Il faut tout dire : une conspiration avoit été formée contre la famille de l'exposant. Les juges furent entraînés.

C'étoit dans la populace et dans quelques meneurs qu'étaient les partisans du faux Auguste. Ils étoient encore dans cette exaltation qui avoit été en même temps l'effet et l'aliment de la révolution ; et cette faction étoit toute-puissante.

Il convenoit au système d'égalité et de nivellement qui avoit été prêché à cette multitude et à sa morale intervertie, que le fils d'un rustre entrât dans la famille d'un *aristocrate émigré ;* on ne vit que cela.

Quand il fut question des preuves, on admit en faveur de l'enfant les moins concluantes et les plus suspectes ; on empêcha, autant qu'on le put, les preuves contraires, ou bien on les atténua dans la rédaction.

Il étoit prouvé que le véritable Auguste Voyneau avoit passé quelques mois dans le village de la Fauconnière ; on n'eut garde d'appeler des habitans de ce village, dont le faux n'auroit pu soutenir la présence.

On n'eut pas la pensée de tenter des épreuves qui auroient été décisives, ou plutôt on ne s'y arrêta pas, et elle fut vainement inspirée aux juges : on ne vouloit pas arriver à la découverte de la vérité; on vouloit, à quelque prix que ce fût, mettre le faux Auguste à la place du véritable.

Si un juge de paix, un commissaire de police, un notaire, un officier public quelconque avoit été préposé pour conduire l'enfant, tant dans les lieux que l'on disoit avoir été reconnus par lui que dans les autres lieux que le véritable Auguste avoit fréquentés, l'interroger successivement en la présence et sur les indications de sa prétendue mère, et écarter ses guides ou empêcher leur influence, les procès-verbaux dressés de cette inquisition auroient mérité plus de confiance que les récits de quelques témoins suspects ou faciles, ou trompeurs, ou trompés.

Ainsi la famille de l'exposant fut recrutée, par jugement, de l'enfant de la veuve Pasty.

Un commandement définitif d'être mère fut donc fait à la femme de l'exposant: elle dut se soumettre, sans doute; mais la nature et son cœur restèrent révoltés.

Son indignation fut partagée par l'exposant, lorsque, affranchi de la prévention d'émigration, il rentra dans son pays et dans sa famille.

Il n'hésita pas dans le dessein de réclamer contre ces étranges jugemens; mais il eut lieu de craindre, dans le même pays, la prévention qui avoit dicté les jugemens de l'an 6 et de l'an 7.

D'autres juges que les juges locaux furent demandés à la Cour de Cassation, devant lesquels il pût agir par la voie de la tierce-opposition.

Il parut à la Cour, que la tierce-opposition devoit être déférée aux juges d'appel représentant ceux de Niort, qui avoient rendu le jugement en dernier ressort de l'an 7: elle renvoya l'exposant à la Cour d'Appel de Poitiers par son arrêt du 8 ventose an 12, ne pensant pas qu'aucune prévention eût pu aller jusqu'à cette Cour.

Qu'ont fait les protecteurs du faux Auguste Voyneau? Ils ont bien compris que si l'exposant étoit admis à expliquer sa réclamation et à instruire sa cause, le renversement de leur procédure et de leurs jugemens alloit être inévitable.

Ils ont soutenu que la tierce-opposition n'étoit pas recevable: ils en ont proposé pour moyens principaux: que l'exposant avoit été représenté par sa femme dans le procès de l'an 5, et que sa condition d'émigré amnistié lui imposoit silence sur ce qui s'étoit passé avant l'amnistie.

Qu'a fait la Cour d'Appel? Elle a adopté le parti de ne pas entendre l'exposant, plus commode que le recommencement d'une instruction et d'une discussion sérieuses, et peut-être plus conforme à ce qui restoit imprimé dans les esprits, des idées conçues en l'an 5.

Elle a dit: que lorsque l'enfant dont il s'agissoit avoit réclamé l'état d'enfant né du mariage de l'exposant, celui-ci étoit émigré, et par conséquent mort civilement;

Que la réclamation n'avoit pu être dirigée que contre la femme de l'exposant, qui étoit *la représentante de son mari* et seule capable d'y répondre;

Que la voie de la tierce-opposition étoit interdite à ceux qui avoient été représentés;

Que la chose jugée contre la femme dans cette affaire, l'étoit irrévocablement contre le mari lui-même, comme représenté par elle;

Que les jugemens, objet de la tierce-opposition de l'exposant, étoient du nombre des actes, revêtus de leurs formes extérieures et matérielles, que celui-ci devoit respecter après son amnistie, et selon le précepte du sénatus-consulte de floréal an 10, et l'avis du Conseil-d'État du 11 prairial an 12.

En conséquence, par son arrêt du 23 juillet 1806, elle a déclaré l'exposant non-recevable dans sa tierce-opposition.

Maintenant la Cour connoît l'affaire de l'exposant et son origine, et ses circonstances, et son atroce bizarrerie, et la profonde douleur dont sa famille a été accablée, et l'injustice qu'éprouva sa femme en l'an 6 et en l'an 7, et celle qu'il vient d'éprouver lui-même dans sa dernière ressource.

Ultérieurement, l'exposant a à justifier sa demande en cassation de l'arrêt de la Cour d'Appel de Poitiers.

Comme l'arrêt a été établi sur deux motifs, il faut que la demande en cassation soit justifiée sous deux rapports.

Il a été jugé que l'exposant étoit non-recevable dans sa tierce-opposition , 1°. parce qu'il avoit été représenté par sa femme dans le procès jugé en l'an 6 et en l'an 7 ; 2°. parce qu'ayant été inscrit sur la liste des émigrés, il n'avoit été amnistié que sous la condition de respecter ce qui avoit été fait durant son absence.

Si l'un de ces motifs pouvoit être considéré comme légitime, on auroit vainement réfuté l'autre ; l'arrêt devroit subsister.

Mais tel est l'arrêt dont l'exposant se plaint, que si l'on s'arrête à ce qui a été dit de la tierce-opposition en elle-même, il y a ouverture de cassation , en ce qu'on a contrevenu à la loi qui l'autorisoit, et qu'on a faussement appliqué le principe qui en ferme la voie à celui qui a été représenté dans le procès.

Et si l'on argumente de l'émigration de l'exposant et des conditions de son amnistie , il y a encore ouverture de cassation , en ce qu'on a mal entendu et faussement appliqué le sénatus-consulte de l'an 10 , et même contrevenu aux dispositions par lesquelles il avoit rendu aux émigrés tous les droits qu'il n'avoit pas exceptés.

Selon l'article 2 du titre XXXV de l'ordonnance de 1667 : « celui qui n'a pas été » partie , ou dûment appelé dans un procès, peut se pourvoir à fin d'opposition contre » les arrêts et jugemens en dernier ressort qui y ont été rendus et qui lui sont préju- » diciables. »

On conçoit qu'à cet égard celui qui représente les parties ouïes ou appelées , ou qui a été représenté par elles, ne diffère pas de celui qui a été personnellement ouï ou appelé. Le représentant est , aux yeux de la loi , la même personne que le représenté , *et vice versâ*.

C'est ce qui a été expliqué dans l'article 474 du Code de Procédure. Il n'admet une partie à la tierce-opposition « qu'autant que ni elle, ni ceux qu'elle représente » n'ont été appelés. »

Ces jugemens de l'an 6 et de l'an 7, qui ont été l'objet de la tierce - opposition de l'exposant, furent poursuivis et rendus contre sa femme seule.

On n'eut pas alors l'idée de la considérer comme représentant son mari ; elle fut citée , elle fut jugée personnellement à son nom, et nullement à un autre nom.

Si l'on pouvoit dire, avec la Cour d'Appel de Poitiers , qu'*elle étoit la représentante de son mari* , il s'ensuivroit qu'on n'auroit pas fait tout ce qu'il étoit possible de faire ; mais il ne seroit pas moins vrai qu'on la fit condamner à son nom seul , et les jugemens ne seroient pas moins étrangers à son mari.

Comment, au surplus, établit-on que la femme étoit *la représentante* du mari ? Celui-ci, dit-on , étoit *émigré* et *par conséquent mort civilement* , et *les droits de la paternité résidoient dans la personne de celle-là comme ceux de la maternité*.

Voilà l'argumentation de la Cour d'Appel ; elle auroit grand besoin d'un commentaire.

De l'émigration et de la mort civile il résulta bien que l'exposant ne pouvoit être cité ; mais que sa femme pût l'être à sa place et pour lui, c'est ce que la Cour d'Appel a trouvé, sans alléguer aucun principe auquel son idée se rattachât.

Qu'est-ce que ces droits *de la paternité* et *de la maternité* qui se trouvèrent réunis ? Par quelle loi étoient-ils définis ? Où trouvoit-on le prétexte de les assembler sur la même tête ?

Dans les actions ordinaires, le mort est représenté par ses héritiers ; dans le cas de la confiscation (où se trouva l'exposant), il l'est par le fisc ; mais cette représentation ne se rapporte qu'aux biens : dans ce qui est purement personnel, comme la question de paternité , on pourroit dire que le fisc est sans intérêt. Cependant en confisquant les biens des émigrés la loi avoit promis des secours à leurs enfans ; pourquoi le fisc n'auroit-il pas été appelé dans la cause du prétendu Auguste Voyneau, supposé être l'enfant d'un émigré ?

Ensuite , quand cet enfant fut présenté pour être celui du mariage de l'exposant, il y alla de l'intérêt de deux familles, de celle de l'exposant et de celle de sa femme.

Reconnu par des jugemens rendus contre la femme, qu'est-il à l'égard des parens du mari? Devra-t-il être admis de leur côté à prendre part aux successions collatérales?

Que dire de la fille de l'exposant, qui est, après lui, la partie la plus intéressée à cette question d'état? Pourquoi ne fut-elle pas partie, son père ne pouvant l'être? Devra-t-elle voir son frère dans le fils de la veuve Pasty, à cause des jugemens qu'il a obtenus?

Elle étoit mineure, et on auroit dû lui donner un tuteur et à ce tuteur des conseils. On ne sauroit objecter qu'elle devoit naturellement avoir sa mère pour tutrice. Fût-il vérifié que ce titre lui avoit été déféré, il resteroit à remarquer qu'il fut indifférent à la poursuite dans laquelle on ne le lui donna pas et où elle ne le prit pas.

Il n'y a rien de jugé, ni à l'égard de l'exposant dans les jugemens rendus contre la femme, puisqu'il ne fut ni ne put être appelé; ni à l'égard du fisc, ni à l'égard des parens, ni à l'égard de la prétendue sœur.

Après tout, la femme de l'exposant ne fut, dans le procès et dans le jugement, qu'elle-même et elle seule; l'exposant ne fut donc pas représenté par elle.

Ainsi, en dernière conséquence, l'exposant n'avoit été ni oui, ni appelé, ni représenté; et la tierce-opposition ne pouvoit, sous ces rapports, être rejetée comme non-recevable.

Quant à l'intérêt qu'avoit l'exposant de faire rétracter les jugemens rendus contre sa femme en faveur du faux Auguste Voyneau, il ne sauroit être disputé.

En rejetant sa tierce-opposition, la Cour d'Appel de Poitiers a contrevenu à l'article 2, tit. XXXV de l'ordonnance de 1667, qui l'autorisoit de sa part, et elle a faussement appliqué l'exception que reçoit naturellement la disposition de l'ordonnance à l'égard de ceux qui, n'ayant pas été parties dans les jugemens attaqués, y ont été représentés et par conséquent défendus.

C'est dans l'émigration de l'exposant et dans les conditions de son amnistie que la Cour d'Appel a puisé le second motif de son arrêt.

Les jugemens de l'an 6 et de l'an 7, objets de la tierce-opposition, étoient, ont dit les juges, du nombre des actes que le sénatus-consulte de floréal an 10, et l'avis du Conseil-d'État du 11 prairial an 12, imposoient aux émigrés amnistiés l'obligation de respecter, moyennant qu'ils fussent revêtus de la forme extérieure et matérielle qui leur avoit convenu.

Il faut, pour apprécier cette résolution, ouvrir le sénatus-consulte et l'avis du Conseil-d'État, en saisir l'intention, et examiner si quelque application put en être faite à la cause de l'exposant.

Deux titres partagent le sénatus-consulte: le premier renferme les *dispositions relatives aux personnes des émigrés*; dans le second sont rassemblées les *dispositions relatives aux biens*. Cela est annoncé ainsi au commencement de chaque titre, par des inscriptions qui sont elles-mêmes des dispositions, dans ce sens que, classant les objets, elles empêchent qu'on ne confonde ce qui ne regarde que les personnes avec ce qui concerne les biens, et réciproquement.

On trouve dans les neuf premiers articles l'énonciation de l'amnistie, et des formes dans lesquelles elle doit être demandée et obtenue.

Dans les articles 10 et 11 il s'agit des exceptions faites à l'amnistie; et dans les deux suivans, de la surveillance politique à laquelle les amnistiés sont soumis.

Enfin l'article 15 statue qu'ils *jouiront, au surplus, de tous leurs droits de citoyens*.

Voilà ce qui concerne les personnes, et c'est là que se trouveroit la disposition, si elle étoit dans l'esprit de la loi, par laquelle l'exposant seroit privé du droit purement personnel de contredire les jugemens qui ont fait entrer dans sa famille un enfant étranger.

Cette disposition n'y est pas; le droit personnel de l'exposant, de ne pas reconnoître un enfant qui n'est pas le sien, lui a donc été réservé.

Quant aux biens, il faut remarquer d'abord que les dispositions relatives, distinguées qu'elles sont expressément, ne peuvent aucunement être tirées à conséquence à l'égard des droits purement personnels.

Si l'on examine pourtant cette dernière partie du sénatus-consulte, qu'y verra-t-on? Un article 16, qui ne permet pas aux émigrés amnistiés d'attaquer les partages, actes ou arrangemens faits entre la république et les particuliers;

Et un article 17, qui leur assure la restitution, sauf quelques exceptions, de tous leurs biens restans encore dans les mains de la nation.

Cherchera-t-on dans l'article 16 la justification de l'arrêt de la Cour d'Appel de Poitiers? Outre qu'il est relatif seulement aux biens, et nullement aux droits purement personnels, on voit bien qu'il ne rend inexpugnables que les partages, actes et arrangemens dans lesquels la République est intervenue, *faits entre la République et les particuliers*.

Il n'y a rien à conclure de-là contre la tierce-opposition de l'exposant.

Un intérêt purement personnel en fut le moteur, et l'article 16 du sénatus-consulte, relatif aux biens, ne touchoit point à cet intérêt.

Elle étoit dirigée contre des jugemens dans lesquels la République n'avoit été partie ni directement, ni indirectement, et à l'égard desquels l'émigré amnistié n'étoit point empêché dans son attaque.

Quand même la tierce-opposition auroit constitué une poursuite ayant des biens pour objet, la défense d'aller contre les choses opérées entre la République et les particuliers n'y auroit donc point été un obstacle.

Des actes pouvoient avoir été passés de la République à des particuliers, et des actes de même nature avoir été passés de particuliers à particuliers : le sénatus-consulte préservoit ceux-là et ne s'occupoit nullement de ceux-ci.

Si les derniers avoient fait préjudice à l'amnistié, le droit d'en recourir lui avoit été laissé.

Quand la Cour d'Appel de Poitiers a argumenté contre l'exposant, du sénatus-consulte, et particulièrement de son article 16, il est donc évident qu'elle l'a faussement appliqué.

Dans sa première partie, ce statut, en réglant les droits personnels, n'avoit rien ordonné qui contrariât la tierce-opposition de l'exposant et son dessein de repousser l'enfant dont on avoit voulu faire son fils.

Au contraire, il lui avoit rendu tous ses droits sous des exceptions étrangères à sa tierce-opposition.

Dans la seconde partie, il n'y avoit rien dont on pût argumenter contre cette tierce-opposition et contre son dessein; et en particulier, dans l'article 16 il étoit prescrit à l'exposant de respecter ce que la République avoit fait, ou même ce qui avoit été fait avec elle à l'égard de ses biens; mais, d'une part, il ne s'agissoit pas des biens; et, d'autre part, les jugemens que l'on vouloit faire subsister à son préjudice, n'avoient été poursuivis ni par la République, ni contre elle.

Il n'est pas une énigme ce sénatus-consulte dont on a raisonné contre l'exposant.

Par l'amnistie il a rendu les émigrés à leur patrie, à eux-mêmes, à leurs familles, à la plénitude des droits dont ces noms réveillent l'idée, ne leur imposant d'autre restriction que la gêne de la surveillance réservée sur eux au Gouvernement.

Quant aux biens, il les restitua aux amnistiés, sauf quelques retranchemens dans l'état où ils se trouvoient, et à la charge des aliénations faites.

Si, en conséquence, l'exposant amnistié trouva devant lui un possesseur de sa maison ou de sa ferme, exhibant une adjudication à lui faite au nom de l'État, il dut reconnoître qu'il n'étoit plus propriétaire.

Mais lorsqu'un enfant étranger se présenta à lui pour prendre la place du fils qu'il avoit perdu, il eut le droit de repousser avec indignation cette progéniture parasite.

Cet enfant n'étoit pas une maison ou une terre qui fût entrée dans un partage ou dans des actes ou arrangemens faits entre la République et des particuliers.

Entre lui et l'exposant tout étoit personnel, et le sénatus-consulte n'y intervenoit que pour rendre à celui-ci tous ses droits.

On avoit pu faire passer ses propriétés de mains en mains, et toutes revendications lui étoient interdites; mais on n'avoit pu faire et défaire sa famille, en sorte que des enfans lui fussent donnés ou ôtés autrement que par la nature et par la loi.

Dans cette distinction est tout l'esprit du sénatus-consulte ; et loin qu'il soit contraire à l'exposant, on voit que l'exposant pourroit l'invoquer.

Ce que l'on ne trouvoit pas contre la tierce-opposition, dans le sénatus-consulte seul, le trouvoit-on dans la combinaison du sénatus-consulte et de l'avis du Conseil-d'État du 11 prairial an 10 ? Pas davantage.

Quel fut l'objet de cet avis ? De résoudre la question, alors controversée, de savoir si les émigrés amnistiés devoient être écoutés dans leurs réclamations contre les divorces que leurs femmes avoient poursuivis et fait prononcer.

Il s'agissoit d'expliquer, non pas le sénatus-consulte d'amnistie, mais la loi du 26 germinal an 11, qui avoit voulu que les divorces antérieurement prononcés ou jugés eussent leur effet selon la législation dont le Code Civil venoit de prendre la place.

Pour résoudre que cette loi avoit imposé silence aux émigrés amnistiés sur les divorces qui étoient remis par eux en jugement, le Conseil-d'État argumenta, à la vérité, du sénatus-consulte ; mais sa décision eut son fondement dans la loi de germinal an 11 ; elle n'ajouta rien au sénatus-consulte ; elle laissa subsister les droits et les actions qu'il n'avoit pas abolis.

Aucune analogie ne rapproche le cas du mari réclamant contre un divorce qui est condamné par une loi expresse, et celui du père justement révolté contre l'adoption forcée de l'enfant d'autrui, et dont aucune loi ne repousse la plainte.

Il étoit naturel que le mari fût obligé de se soumettre au divorce qui avoit été prononcé contre lui pour une cause déclarée par la loi et dans les formes prescrites d'après cette cause, puisqu'une loi générale avoit confirmé tous les divorces faits avant le Code Civil.

Pour que l'ordre public et la tranquillité des familles et de l'État ne fussent pas troublés par une effrayante multitude de réclamations, il avoit fallu que les divorces fussent tenus pour consommés ; voilà le principe de la loi de germinal an 10 ; voilà la raison de l'avis du Conseil-d'État.

Quant au père à qui un enfant avoit été donné durant son émigration, la sentence déclarative de la prétendue paternité n'avoit point été rendue contre lui ; il n'y avoit point été appelé, et aucune loi ne lui avoit imposé la nécessité de s'y soumettre.

Son action étoit née au moment même où, recouvrant la vie civile, il avoit trouvé devant lui la prétention de l'intrus qui vouloit être son fils, et ce qui s'étoit passé auparavant ne fournissoit contre lui aucune objection.

Après tout, il n'y alloit pas de l'ordre public et de la tranquillité de l'État que cette contrariété ne fût pas contredite ; et, au contraire, si la réclamation du père étoit juste, c'étoit pour rendre la paix et le bonheur à sa famille qu'il falloit l'entendre.

Il n'y eut donc pas plus de raison dans l'avis du Conseil-d'État que dans le sénatus-consulte lui-même, de ne pas recevoir la tierce-opposition de l'exposant.

Non-seulement la Cour d'Appel de Poitiers a mal entendu et faussement appliqué les dispositions du sénatus-consulte soit isolé, soit combiné avec l'avis cité du Conseil-d'État ; il est vrai même qu'elle s'est mise en contravention formelle.

En effet, le sénatus-consulte avoit rendu à l'exposant tous ses droits personnels ; et quand la tierce-opposition a été déclarée non-recevable, l'un de ces droits a été rendu inutile, ou plutôt annullé.

Ainsi la demande en cassation, de l'exposant, est justifiée, puisqu'il y a ouverture relativement aux deux motifs de l'arrêt dont il se plaint.

Une tierce-opposition légitime a été repoussée ; les juges ont contrevenu à la loi qui l'autorisoit ; ils ont supposé que l'exposant avoit été représenté par sa femme dans les jugemens qu'il attaquoit : il est évident, au contraire, qu'il ne fut ni put être représenté ; il y a eu fausse application du principe qui ferme la voie de la tierce-opposition devant ceux qui ont été représentés.

Si une autre raison a été donnée, de la fin de non-recevoir appliquée à la tierce-opposition, elle étoit controuvée comme la première. L'amnistie de l'exposant ne l'avoit pas soumis à reconnoître pour son fils un enfant étranger : la Cour d'Appel a fait, d'après le sénatus-consulte d'amnistie et un avis du Conseil-d'Etat, un faux raisonnement ; elle a contrevenu au sénatus-consulte, qui avoit rendu à l'exposant, entre tous ses droits personnels, celui qu'elle a méconnu.

Est-il besoin que l'on relève aux yeux de la Cour de Cassation, les traits qui rendent la cause de l'exposant digne de faveur ? Les Magistrats qui la composent sont pères pour la plupart.

Qui d'entr'eux ne sentira pas combien est affreuse la position de celui qui a perdu un enfant chéri, et à qui, par une dérision cruelle, on a commandé de mettre à sa place un enfant de hasard ?

Méconnu par la mère d'Auguste Voyneau, l'enfant de hasard en a gardé, par jugement, le nom et les droits. Quels juges, que ceux qui ne sentirent pas qu'en un tel fait le cœur d'une mère étoit un témoin supérieur à tout !

Alors étoient en crédit des hommes dont les têtes exaltées se gouvernoient par les maximes que le régime révolutionnaire avoit mises en vogue : l'idée leur sourit, parce qu'elle étoit extravagante, de faire entrer dans la famille d'un émigré l'enfant égaré d'un paysan, et les jugemens furent leur ouvrage.

Hélas! les mœurs d'alors doivent avoir disparu ; mais qu'y a gagné l'exposant ? La réclamation la plus grave et la plus intéressante a été étouffée par une chicane.

On lui a refusé la parole.

On lui a dit : « Il se peut bien que tu ne sois pas le père de cet enfant que tu re-
» pousses ; nous te défendons de le prouver, nous te répondons par une subtilité, et
» nous ne te permettons pas d'avoir raison et de demander justice. »

CHABROUD, *Avocat.*

SUITE DES OBSERVATIONS.

Cette cause paroît être, en sens inverse, le pendant de celle de la fausse Marquise de Douhault. Il semble que ce passage d'un ancien (Senianus) recueilli par Sénèque le père, ait été fait pour le procès actuel. « Rien de
» plus certain que ce qu'atteste un enfant de cinq ans, car il est arrivé aux
» momens de l'intelligence, et point du tout encore à ceux de la fiction. »
Nihil puero est teste certiùs utique quinquenni, nam et ad eos pervenit annos ut intelligat, et nondùm ad eos quibus fingat. Et c'est ce qu'a si bien dit le premier de nos poètes :

> Cet âge est innocent. Son ingénuité
> N'altère point encor la simple vérité.
> RACINE. *Athal.*, act. II, sc. 7.

On argumente de la nature pour le père et la mère, et l'on dit : « Conçoit-
» on un père, une mère qui puissent abdiquer leur enfant et le repousser
» avec tant d'inhumanité ! »

Mais quand on vit dans la cause de Marie Cognot, citée par l'auteur du *Plaidoyer*, cause plaidée par le célèbre Le Maître, et dans un tout autre temps que celui où nous vivons, un père, d'abord par jalousie, et ensuite de concert avec la mère pour enrichir un fils chéri, concevoir et exécuter le projet de se débarrasser de sa fille en la faisant élever clandestinement, en lui donnant dans un acte public un autre nom, en lui laissant, sous ce nom, un legs ; et lorsqu'après la mort de l'enfant bien-aimé et du mari, on vit encore la mère, premièrement par fausse honte, secondement par amour pour un second mari, continuer de rejeter loin d'elle le fruit de ses entrailles ;

Quand on a vu, comme dans le procès de Charles-François Harrouard, aussi rappelé dans le Plaidoyer, une mère braver l'infamie qui résultoit de la divulgation de son inconduite, renier un fils aîné, pour satisfaire sa préférence pour le cadet ;

Quand on jette les regards sur les dames Ferrand et de Chamois s'insurgeant contre leur progéniture ;

Quand, dans un siècle corrompu comme le nôtre, on voit des pères assassiner, empoisonner leurs enfans ;

Quand, dis-je, on a sous les yeux ces traits divers où les tendresses maternelles et paternelles sont si bien en défaut, et qu'on a d'ailleurs un peu lu l'histoire du cœur humain, on s'avoue avec peine, mais on est forcé de s'avouer, que ces argumens, fondés sur *la nature,* quoiqu'en général très-puissans, ne signifient plus rien quand cette *nature* est dépravée par les passions. S'ils ont quelque force, c'est sans contredit lorsqu'on peut invoquer une nature vierge, qui n'a admis le ferment d'aucun intérêt, qui n'est viciée par aucune opinion, falsifiée par aucun préjugé, et telle enfin qu'elle se trouve dans un enfant comme le petit Voyneau.

D'abord la prédilection de la mère est démontrée. Cette mère, qui a deux enfans, un fils et une fille, pour les soustraire au danger croit devoir les éloigner, et elle les confie à des mains étrangères ; mais bientôt elle en reprend un, sa fille, *Bénjamine,* ce n'est pas sans raison qu'on l'appelle ainsi ; et quant à l'autre, son fils, elle le jette, sans s'embarrasser de ce qu'il deviendra, entre les bras de la Providence. Certes, si elle les eût aimés également tous les deux, elle les eût également tous les deux ramenés avec elle.

Ce tendre attachement pour la fille, et cette indifférence, ou même cet éloignement pour le fils, se manifestent dans toute sa conduite.

Un de ses anciens domestiques retrouve l'enfant. Il instruit la mère de sa découverte ; et ce n'est pas elle, c'est sa sœur qui accourt pour le voir, pour le confronter aux souvenirs de sa ressemblance, pour lui prodiguer des témoignages d'un attachement que pouvoit avoir une tante, mais que lui devoit sans doute celle qui l'avoit porté dans son sein.

On prétend qu'une cabale, qu'une opinion populaire ont créé ce procès, et qu'en haine de l'aristocratie des patriotes ont trouvé piquant d'insérer le fils d'un meunier dans la famille d'un aristocrate.

Mais ce n'est point un patriote qui le premier a reconnu le petit Voyneau ; c'est un ancien serviteur de la maison de son père.

Ensuite où est l'intérêt que l'on auroit à substituer cette fable, si c'en eût été une, à la vérité ?

Enfin il faudroit admettre que trois Tribunaux se seroient, contre leur conscience, portés à consacrer cette erreur ; mais dans le temps où le dernier arrêt a été rendu, en 1807, il est impossible de se prêter à une semblable supposition.

D'ailleurs, qu'oppose-t-on aux nombreuses reconnoissances, aux indices frappans, aux faits lumineux qui militent en faveur du jeune Voyneau? Des inconséquences et quelquefois des absurdités.

On prétend que cet enfant a été endoctriné par des meneurs.

Mais ces meneurs, qui sont-ils? on ne le dit pas. Au fond, à qui peut-il importer que cet enfant soit *Voyneau* plutôt que *Pasty*?

Et puis, cet enfant si bien endoctriné ne reconnoît pas sa mère; mais il reconnoît un vieux valet dont elle est accompagnée!

On avance : « qu'on reconnut l'enfant de la veuve Pasty; mais comme il » étoit bien chez la dame Clavier, et que, sa mère étant misérable, il auroit » été mal chez elle, on ne parla pas alors de cette reconnoissance. » Pag. 591.

Qu'une mère pauvre, par intérêt pour son fils, dont elle est débarrassée, se taise quand elle le voit dans une maison meilleure que la sienne et où il est mieux que chez elle, cela se conçoit; mais ce qu'on ne conçoit plus, c'est que cette même raison qui lui a fait garder le silence quand l'enfant étoit très-précairement chez une marchande, le lui fasse rompre quand il va entrer dans une famille recommandable dont les tribunaux l'établiront membre. On devoit sentir l'incompatibilité de ces allégations.

Interrogé sur son nom, l'enfant répond *nau*, qui est bien évidemment la dernière syllabe de *Voyneau*. On croit qu'il veut dire *Renaud*; et c'est sous ce nom qu'il est inscrit à la municipalité.

Pour détruire l'induction qui résulte de cette particularité bien certaine, on conte : « Qu'un enfant tout semblable, avec lequel on veut le con- » fondre, a disparu, et que cet enfant, âgé de trois ans, nommé Grégoire » Pasty, avoit grand plaisir à se faire appeler *Jeanneau*. » Comment! son nom est ou *Grégoire* ou *Pasty*, et quelqu'un imagine de le baptiser *Jeanneau*! Et ce nom, si étranger à ceux de *Grégoire* ou de *Pasty*, charme le petit individu! et il le charme au point qu'il oublie ses deux noms véritables!

Il est difficile, en vérité, de débiter une puérilité plus complette. Lorsqu'on propose une pareille niaiserie, et qu'on la donne pour une réponse sérieuse à un fait bien constaté, je me représente la Sibylle de l'Énéide jetant dans la triple gueule de Cerbère le gâteau soporifique qui le fait tomber assoupi dans son antre et livrer le passage au héros et à sa conductrice. S'y prendre de la sorte, c'est donc, à mon sens, vouloir endormir ceux qu'on désespère de persuader.

Au fond, l'identité est un point de fait qui, ayant été approfondi et déclaré par les juges à la puissance desquels il est soumis, ne peut plus être mis en question; c'est le vœu de la loi : *Facti quidem quæstio est in potestate judicantium.* Papin., lib. 1, *Respons. in leg* 15, *ad municip.*

Reste la tierce-opposition, qui est le point de droit.

Il n'y a qu'un mot à en dire : les principes sont incontestables. Pour se pourvoir par tierce-opposition contre un jugement, il faut avoir dû y être appelé, ou n'y pas avoir été représenté.

Mais a-t-on dû appeler à ce jugement, a-t-on pu citer Voyneau le père, émigré dans ce temps-là?

On ne l'a pas dû. Mort civilement, il n'avoit aucun droit civil : quel rôle auroit-il joué dans un tribunal où l'on prononce sur les droits civils? On ne l'a pas pu. Où le prendre? Et si on avoit su sa retraite et qu'on l'eût cité, seroit-il venu apporter sa tête pour répondre à la citation?

Mais a-t-il été représenté?

C'est son épouse contre laquelle on a plaidé. Tout ce qu'il auroit dit, elle n'a pas manqué de l'articuler. La femme est ici le mari; les deux ne font qu'un. C'est le cas de répéter l'assertion de l'Ecriture : « Ils seront » deux dans une seule chair. » *Et erunt duo in carne unâ*, Genes. 2, 24. Tous les droits qu'il avoit dans la famille, abdiqués par lui, sont venus reposer sur la tête de son épouse. S'il étoit question d'une obligation civile, elle eût été indivise entre eux. *Quand le mari et la femme* (lit-on dans la Collection des décisions nouvelles, v°. Mari, n°. 15) *contractent conjointement et en nom collectif, ils ne sont jamais considérés que comme une seule partie contractante. Cette maxime est si constante, que, si un mari et une femme, en contractant conjointement, s'obligent avec un tiers, l'obligation personnelle qui résulte de ce contrat se divise de manière que le mari et la femme ne sont tenus que d'une moitié, et la tierce-personne avec laquelle ils se sont obligés est tenue de l'autre.* Tout ceci peut se dire, à bien plus forte raison, d'une obligation naturelle.

Or, qui peut soutenir que celui-là n'a pas été représenté dans une contestation où un autre lui-même a paru pour le défendre?

Et néanmoins

RÉSULTAT.

La Cour de Cassation, « par son arrêt du 5 décembre 1808, *a admis* » *le pourvoi*, et renvoyé les parties au Tribunal d'Orléans. »

DISCOURS

DE M. MOURRE,

PROCUREUR-GÉNÉRAL-IMPÉRIAL,

Pour la rentrée de 1808 et la prestation de serment des Avocats et Avoués.

MESSIEURS,

C'EST un jour bien solennel que celui qui réunit tous les Membres du Sénat, et autour de lui un grand nombre de citoyens, Ministres particuliers de la justice, unis à la Magistrature par les fonctions les plus importantes, qui vont déclarer dans un instant quels sont leurs devoirs ou plutôt leurs principes, qui vont en jurer la stricte observation, et donner ainsi à la société une garantie qu'elle avoit déjà dans leur conduite.

La loi qui charge le Ministère public de faire entendre les premiers accens dans le sanctuaire de la justice et d'y parler de l'observation des lois, du maintien de la discipline, nous rappelle de grands souvenirs. Elle rend, pour ainsi dire, présens dans cette enceinte et les Magistrats dont les vertus honorèrent leurs siècles, et ces hommes célèbres qui, dévoués à la défense de leurs concitoyens, servirent le public par leurs talens, les mœurs par leur conduite, et dont les exemples exerçoient continuellement une censure plus utile que celle de la parole.

Et la Magistrature actuelle, et le Barreau moderne, contemplent avec respect ces anciens modèles. Ils n'en sont pas humiliés. La Magistrature, surtout, a cet avantage, qu'elle est dans les premières années de son institution. Le temps qui crée et qui détruit, qui donne les forces et qui les affoiblit, qui marque pour tous les Empires, comme pour toutes les institutions, le terme de l'accroissement et celui de la décadence, n'a point encore exercé ses ravages sur les Cours d'Appel. Créées depuis quelques années, elles ont été données à la France par ce grand Génie qui lui-même fut un pré-

76*

sent de la Providence. Fortes de leur jeunesse, de la ferveur qui en est toujours le caractère, fortes de leur bonne composition, fortes enfin des regards du peuple, qui ne cesse d'être attentif que lorsqu'il cesse d'estimer, les Cours d'Appel, disons-nous, sont dans un des plus beaux périodes de leur existence. Les richesses qui entraînent tous les vices après elles, la langueur qui naît quelquefois d'une réputation assurée, les discordes qui agitent les compagnies nombreuses, dont les membres se connoissent peu, qui diffèrent par la naissance, par la fortune, par les habitudes, tous les vices, enfin, qui corrompent ou détruisent les plus belles institutions, ne se sont pas encore fait sentir.

Nos Avocats ont fait leur réputation ou l'ont agrandie, dans un temps où les louanges n'étoient pas sollicitées, où il n'y a eu ni protection, ni bienveillance outrée, ni aucune sorte de prestige qui ait pu tromper l'opinion publique. L'orateur s'est recommandé lui-même : il s'est présenté seul avec son talent. Elle sera donc solide cette réputation formée, ou consacrée de nos jours.

Les Avoués avoient à faire oublier les torts de quelques individus, et à dissiper beaucoup d'injustes préventions : ils l'ont fait. Nous pouvons déclarer à la Cour qu'il ne nous est parvenu aucune plainte grave contre les Officiers ministériels placés auprès d'elle. Quelques légères réclamations ont été étouffées dès leur naissance ou par les éclaircissemens les plus simples ou par des sacrifices de la part des Avoués. La Chambre de discipline (et la Cour le sait bien) a toujours été juste, rigide, l'exemple du Corps entier ; et par les avis qu'elle nous a fait parvenir, elle nous a toujours paru animée de ce grand sentiment, qu'elle exerçoit une sorte de Magistrature.

Que reste-t-il donc à faire pour l'avenir ? Que reste-t-il pour nous, Magistrats, qui sommes des hommes, pour ces défenseurs que l'esprit d'anarchie auroit voulu anéantir, mais que la raison et le besoin du peuple ont conservés, heureux d'être aujourd'hui réunis, de former avec eux-mêmes, avec la société, avec la Magistrature, un lien indissoluble, de prêter un serment cher à leur cœur et qui va leur donner la première existence politique ? Que reste-t-il à ces hommes laborieux qui reçoivent dans leurs études les premiers témoignages de la confiance publique, dont la réputation est sans éclat, le mérite sans orgueil et dont les services autrefois récompensés par les richesses ne peuvent plus l'être aujourd'hui que par leur conscience, par l'estime des Magistrats, par celle de leurs cliens, et par cette idée attendrissante que s'ils laissent peu de fortune à leurs enfans, ils leur laisseront du moins une bonne renommée ?

Que reste-t-il pour nous tous qu'une auguste cérémonie réunit en ces lieux, et qui, placés dans le Temple de la Justice, sommes plus immédiatement sous l'œil de l'Éternel ?

C'est de prévenir le relâchement des mœurs pour l'avenir, l'affoiblissement dans les principes, la tiédeur dans nos travaux, l'esprit de dissipation et le goût pour les plaisirs.

Les lois, en général, gouvernent l'Etat : dans leurs détails elles règlent la conduite des Corps, des Compagnies, et forment ce qu'on appelle la discipline.

Il est des signes certains d'après lesquels on peut reconnoître si les lois seront observées. Il est des vertus sans lesquelles on ne peut rien espérer ni pour les lois, ni pour la discipline.

La religion, la probité, l'amour de la patrie, les mœurs, voilà les bases de l'ordre social et de toutes les institutions humaines.

Occupons-nous aujourd'hui de leur importance, disons quels sont nos devoirs, et fixons-nous sur les moyens de les remplir. Celui qui fait entendre sa foible voix ne s'isole point de cette assemblée, il se mêle parmi vous. Il sépare, pour ainsi dire, son organe de sa personne. Il s'adresse à lui-même des conseils qu'il croit toujours importans pour la foible humanité. Il retracera des maximes saintes dont on ne sauroit trop se pénétrer, et croyez que ses paroles, après avoir frappé vos oreilles, retomberont sur son propre cœur.

La Religion suppose toutes les vertus; mais elle a cela de particulier, qu'elle les perfectionne. L'honnête homme, suivant les maximes du monde, calcule ses démarches, il a une balance pour la probité. C'est le marchand qui part avec des subsistances pour l'Isle de Rhodes où règne la famine. Il a rencontré en route plusieurs autres vaisseaux chargés de blé : en avertira-t-il les Rhodiens? ou, ne disant mot, vendra-t-il son blé au plus haut prix? En ne suivant que des idées purement civiles, cette question fera un problème. Antipater répondra que le marchand doit déclarer tout ce qu'il sait. Diogène de Babylone soutiendra qu'il n'est pas tenu de révéler un fait qui lui est étranger, et qu'il lui suffit de s'expliquer sur la qualité de sa marchandise (1). Mais l'homme religieux ne balancera pas : ce n'est pas sur sa pensée qu'il réglera sa conduite, c'est sur ses affections. Que d'autres hommes soient les amis de la vertu, il en sera le héros.

Cependant la probité, prise isolément, produit encore de très-grands avantages. Sans elle il est mille crimes secrets que la loi ne peut atteindre. Nous ne supposerons jamais qu'il y ait parmi les hommes que leurs fonctions appellent près de la Cour, quelque individu assez dépravé pour manquer au plus facile et au plus essentiel de tous les devoirs. S'il en existoit quelqu'un, nous ne doutons pas que la masse entière, comme une mer courroucée, ne rejetât cette écume. Ce n'est donc point d'une corruption honteuse que nous aurons jamais à nous plaindre; mais que les hommes qui reçoivent de leur travail une honorable rétribution y réfléchissent sérieusement. La probité consiste aussi à établir une juste proportion entre le travail et le salaire. Il est des plaideurs ingrats. Il en est quelques-uns qui, dans ces premiers instans de cette joie ou plutôt de cette ivresse que produit le gain de leur procès, ne voudroient mettre aucune borne à leur reconnoissance. Il faut alors que le défenseur en fixe la mesure. Il est beau de ménager le patrimoine de son client, après l'avoir sauvé. C'est ainsi que firent tant d'illustres avocats dont la France peut s'enorgueillir. C'est ainsi que fit M. Ferey, qui renvoya souvent aux plaideurs une partie des honoraires qui lui étoient adressés par une libre et généreuse reconnoissance. Il n'est plus, ce Jurisconsulte estimable : que sa mémoire ne périsse jamais!

_____

(1) Cicer. de Offic., lib. 3, n°. 50, 51.

Il a légué à tous ses confrères la plus belle portion de son héritage (1). Les légataires seront dignes du testateur ; ils sauront tous lui ressembler.

Si la probité unit les citoyens les uns aux autres, l'amour de la patrie les attache tous au même objet. Il leur donne une seule ame, il les remplit du même esprit. C'est dans les Républiques que ce sentiment règne avec le plus d'énergie. Là, chaque citoyen partage l'autorité, il gouverne ou il croit gouverner. Dans les monarchies, l'amour de la patrie a moins d'activité, moins d'éclat ; mais il ne s'y fait pas moins sentir à toutes les ames grandes et vertueuses. Imaginer qu'une monarchie peut se passer d'un pareil sentiment, c'est vouloir qu'une famille puisse être heureuse sans que les enfans s'unissent à leurs pères par leurs vœux, par leurs efforts, et sans qu'ils concourent avec lui de toutes leurs forces à la félicité commune. Une pareille opinion est impie, elle est absurde. C'est surtout dans l'homme public que l'amour de la patrie doit exercer tout son empire ; il doit agrandir ses travaux, les embellir. Par lui l'ancien Magistrat ne se bornera pas aux devoirs rigoureux de son état ; il tendra la main au jeune Sénateur qui marche encore d'un pas chancelant dans la carrière ; il sourira aux premiers efforts de l'orateur, et l'encouragera de ses regards. Affable et accueillant pour les juges inférieurs, il les éclairera sur des points difficiles ; il leur communiquera ces grandes maximes que l'on conserve si bien dans les Cours souveraines, et répandra sur eux les rayons de sa sagesse ; plus heureux ce Magistrat de leur être utile par ses bontés que de leur faire sentir le poids de la dignité ou les rigueurs de la censure. Le Jurisconsulte qui a quitté le barreau avec une grande réputation, ne sera pas avare des trésors de sa science. Il fut jeune et sentit les besoins des communications ; ce qu'il desira des autres, il l'accordera à une jeunesse intéressante, avide d'instruction et de gloire. Combien est heureuse la capitale qui renferme dans son sein plusieurs de ces hommes distingués qui, consacrés tout entiers aux intérêts de l'Etat ou aux besoins des familles, savent encore trouver quelques instans pour répandre l'instruction sur ces disciples laborieux qui se pressent autour d'eux ! Ils croient n'avoir pas rempli la journée s'il leur reste quelque chose d'utile à faire ; ils fuyent le repos et ne se délassent que par des bienfaits. C'est la Cour d'Appel de Paris qui peut surtout s'enorgueillir de cette pensée ; c'est de son sein qu'est sorti cet homme célèbre que ses vertus et ses talens ont placé près du Chef de l'Empire (2). Qu'il nous seroit doux de le louer ! mais nos paroles pourroient-elles rendre dignement les sentimens de tous ceux qui nous écoutent ? et l'histoire n'a-t-elle pas préparé son burin pour transmettre son nom à la postérité ?

Quel est le sentiment qui peut produire une vertu aussi expansive, si ce n'est l'amour de la patrie ? quelle idée aurons-nous de celui qui voudra séparer son intérêt personnel de l'intérêt public ? Bientôt il le séparera aussi de celui de sa profession. L'homme qui n'a pas à cœur la prospérité publique, devient indifférent pour l'honneur de son état : mauvais citoyen,

(1) Sa Bibliothèque.
(2) M. Treilhard.

il est mauvais confrère; tiède sur l'observation des lois, il abandonne entièrement le soin de la discipline. L'insensé! il ne sait pas que le bonheur privé ne subsiste pas long-temps sans le bonheur public, et que l'homme qui exerce une profession n'est bientôt plus rien, si cette profession n'est honorée.

Après l'amour de la patrie que dirons-nous des mœurs? Ce sujet est vaste, mais il est familier à tout le monde. Nous sommes bien éloignés de vouloir reproduire ce que tant d'écrivains illustres ont écrit sur cette matière; et ne savons-nous pas que l'homme public est sans cesse exposé à tous les regards, qu'il ne peut faire un pas sans qu'il soit aperçu, qu'il ne peut dire un mot qui ne soit remarqué? ne savons-nous pas que si le particulier trouble la société par la corruption de ses mœurs, l'homme public la scandalise? ne savons-nous pas que les plaisirs, qui chez l'un paroissent modérés, sont regardés comme excessifs dans l'autre? ne savons-nous pas que lorsque celui-là manque aux convenances, celui-ci blesse la pudeur? et si le Magistrat d'Athènes, en voyant une belle personne, s'écrie : *Ah, qu'elle est belle!* son collègue ne lui répondit-il pas : *Un Magistrat doit avoir non seulement les mains pures, mais aussi les yeux et la langue* (1).

Ce n'est donc pas des mœurs en général que nous parlerons, mais des mœurs considérées sous un aspect particulier, mises en opposition avec le luxe, le faste, les plaisirs bruyans, la vanité. Noble et touchante simplicité des mœurs, c'est vous qui êtes en ce moment l'objet de nos pensées! Ange tutélaire de l'homme public, c'est à vous que nous adressons nos vœux et notre reconnoissance! Oui, Messieurs, la simplicité des mœurs est le soutien le plus ferme de l'homme dans ses fonctions publiques; c'est elle qui le fait marcher d'un pas sûr dans le sentier de ses devoirs; c'est elle qui conserve à l'ame toute sa pureté, à l'esprit tout son discernement, à la raison toute sa force. Le temps, dont la course trop lente ou trop rapide, au gré des passions, excite tant de plaintes et de murmures, a pour l'homme simple dans ses mœurs une marche uniforme; il n'obtient de lui que de justes remerciemens; la journée qui finit laisse dans son ame d'agréables souvenirs; celle qui commence y fait naître de douces espérances.

Il en est de tous les ordres et de toutes les compagnies, comme des Empires eux-mêmes. L'on périt quand on s'éloigne de cette simplicité de mœurs qui fait la force morale, comme la simplicité des mets fait la force du corps.

La simplicité des mœurs a rendu les Romains plus recommandables que leurs victoires. La magnificence et le faste ont préparé leur ruine.

Le siècle de Périclès fut brillant sans doute; mais alors le goût du luxe s'empara des Athéniens, la simplicité des mœurs disparut, et ce funeste amollissement produisit leur servitude, contre laquelle l'éloquence de Démosthène ne put long-temps les défendre.

_____

(1) PLUTARQUE, *Vie de Périclès.*

Quel fut le plus beau siècle de l'Eglise ? C'est sans doute celui des Jérôme, des Chrysostôme, des Augustin. Alors, disent nos écrivains ecclésiastiques, les mœurs étoient simples, les chefs de l'Eglise étoient les plus modestes, les plus ennemis de toute ostentation; alors, disent ces mêmes écrivains, les calices étoient de bois et les prêtres étoient d'or.

Nous rendons hommage aux talens, au courage, au génie, quelque part qu'ils se trouvent; mais combien est plus grande l'impression que font sur nous ces rares qualités, quand elles sont jointes à la simplicité des mœurs! Quelle différence ne mettons-nous pas entre Aristide et Sénèque, entre le chancelier Bacon et le chancelier de l'Hôpital! Qu'y a-t-il de plus touchant dans l'histoire que de voir ce même Aristide enterré aux dépens de la République, que d'apprendre que la fille du grand Fabricius fut dotée des deniers publics !

Nous ne confondrons point la simplicité des mœurs avec une farouche austérité. Il est pour tous les hommes des agrémens dans la société ; l'amitié se plaît plus particulièrement avec l'homme vertueux ; les Muses quelquefois lui sourient. Si la ville a des amusemens qui trompent une ame délicate et sensible, la campagne ne trahira jamais ses espérances. C'est là que les d'Aguesseau, les Lamoignon, trouvèrent des plaisirs purs, des délassemens utiles. Fresne, Baville, fortunés séjours! champs aimés des cieux! vous serez éternellement remplis des plus doux souvenirs!

Mais c'est à l'orateur que je dirai sur-tout : Quittez quelquefois le séjour de la capitale, pénétrez dans le sein de la nature. Voyez cette forêt majestueuse, ces chênes antiques qui élèvent leurs têtes vers les cieux, ils donneront de la force à vos idées ; jetez les yeux sur cette campagne riante et variée, elle animera vos tableaux; entendez la mer courroucée, elle vient expirer sur ses bords ; elle vous apprendra à braver l'audace de l'homme puissant, et vous vous direz que ces marches sacrées sur lesquelles sont élevés nos Magistrats, sont la barrière immuable contre laquelle viennent se briser tous ses efforts.

Que nos cœurs abjurent en ce jour les amusemens frivoles, les plaisirs bruyans, le luxe, l'ostentation. Faisons de notre cœur le sanctuaire de toutes les vertus ; aimons sur-tout la simplicité des mœurs; donnons l'exemple à notre siècle, et pensons sans cesse à cette balance de Critolaüs dans laquelle il disoit : que si l'on mettoit d'un côté les biens de l'ame et de l'autre les biens du corps, avec tous ceux que la fortune distribue, ce côté-là l'emporteroit, quand même on mettroit encore de celui-ci et la terre et les mers (1).

C'est par-là que nous assurerons pour nous, et peut-être pour tous les ordres de la société, l'observation des lois et le maintien de la discipline.

Nous réquérons « qu'il plaise à la Cour admettre au serment les Avocats et » Avoués dont les lettres de licence, arrêts de réception ou diplômes, ont été

(1) CICÉRON, sur la Probité.

» par nous visés, et dont les noms composent une liste que nous avons
» déposée dans les mains du Greffier de la Cour, ordonner que conformé-
» ment à l'article 24 de la loi du 22 ventose an 12, ces lettres de licence,
» arrêts de réception ou diplômes seront enregistrés. »

Conformément à ces réquisitions, les Avocats ont prêté le serment voulu
par la Loi.

OBSERVATIONS

SUR LE DISCOURS PRÉCÉDENT.

On ne pouvoit plus dignement clorre ce volume que par un discours
où un Magistrat, qui est l'organe de la loi, raisonnable et vrai comme
elle, a crayonné le tableau de la justice, fait le portrait des hommes qui
en préparent les oracles, et celui de ceux qui les rendent.

Il faut espérer que, flattés d'être peints d'aussi belles couleurs, tous à l'envi
se piqueront de ressembler : ainsi la louange sagement distribuée n'est
jamais perdue; elle sert d'avis à ceux pour qui elle n'est point un tribut;
et tel qui l'a reçue, honteux de ne pas en être digne, fera ses efforts pour la
mériter.

Ce qu'on a remarqué avec satisfaction, c'est, parmi les bases des devoirs
sociaux, le rang que l'orateur a donné à la religion. Il lui assigne le premier, et il a profondément raison. Que les pseudo-philosophes de nos
jours en disent ce qu'ils voudront, il n'en sera pas moins vrai que par-
tout où il n'y aura point de religion il n'y aura point non plus de mœurs
ni de vertu.

La probité, à laquelle il accorde la seconde place, est sans doute de la
plus haute recommandation. Mais qu'est-ce que la probité? C'est une qualité
qui ne nous permet pas de faire le plus léger tort à autrui. Or, quelle
assiette lui fixera-t-on? N'est-il pas à craindre que si on vient à la raisonner
on ne l'anéantisse? Sans doute les préceptes, les bons exemples, la longue
accoutumance au respect des droits du prochain en produit l'heureuse
habitude; mais si le secret est assuré, si la tentation est forte, gare que le
puissant intérêt personnel ne l'emporte et que la probité n'essuie un échec.
Quand tout est réduit à la vie présente, qu'on ne tient, dans le motif de
ses actions, aucun compte d'une autre, pourquoi feroit-on certains sacrifices
si cruels, si sensibles, aux mille haînes, aux mille amours qui nous captivent,
qui nous gourmandent? Celui-là seul, au milieu des traits que nous lancent
les passions, est défendu par le bouclier d'Achille, dont le cœur est inti-
mement pénétré de cette maxime de Sénèque : « Que vainement nous nous
» cachons sous la triple enveloppe de notre conscience, DIEU NOUS VOIT. »
Nihil prodest inclusam esse conscientiam, Patemus DEO. « Ne faites pas
» aux autres ce que vous ne voudriez pas que les autres vous fissent; » raison

de probité, affaire de calcul. « Dieu te voit » empreinte religieuse, affaire de
sentiment. On perd l'idée, on s'écarte souvent du premier ; on est toujours,
on ne sauroit échapper à l'autre. Ainsi la religion ne seroit pas seulement
une des principales bases de la morale, elle seroit l'unique.

C'étoit le sentiment de Socrate (*Apolog.* vers la fin) ; de Platon (*de
Legumlator. Dial.*) ; de Démosthènes, cité par le Jurisconsulte Marcian
(ff. *de Leg.*, l. 2) ; de Polybe (1), de Cicéron (2) ; et parmi les modernes, de
Selden (*De Jur. Nat. et Gent. secund. Hœbr.* l. 1, c. 8), de Puffendorf (3),

<hr>

(1) *Hist.* liv. VI, chap. 9 : « Ce qui a le plus contribué aux progrès de la République
» Romaine, c'est l'opinion que l'on y a des Dieux ; et la superstition, qui est blâmée
» chez les autres peuples, est, à mon sens, tout ce qui la soutient. Elle s'est acquis une si
» grande autorité sur les esprits, et elle influe de telle sorte dans les affaires, tant
» particulières que générales, que cela passe tout ce qu'on peut imaginer. Bien des
» gens en pourroient être surpris. Pour moi, je ne doute pas que les premiers qui
» l'ont introduite n'aient eu en vue la multitude ; car s'il étoit possible qu'un État
» ne fût composé que de gens sages, peut-être que cette institution n'eût pas été
» nécessaire ; mais comme le peuple n'a nulle consistance, qu'il est plein de passions
» déréglées, qu'il s'emporte sans raison et jusqu'à la violence, il a fallu le retenir par
» la crainte de choses qu'il ne voyoit pas, et par tout cet attirail de fictions effrayantes.
» C'est donc avec grande raison que les anciens ont répandu parmi le peuple qu'il
» y avoit des Dieux et qu'il y avoit des supplices à craindre dans les enfers ; et l'on
» a grand tort dans notre siècle de rejeter ces sentimens. Car, sans parler des autres
» suites de l'irréligion, chez les Grecs, par exemple, confiez un talent à ceux qui
» manient les deniers publics ; en vain vous prenez dix cautions, autant de promesses
» et deux fois plus de témoins, vous ne pouvez les obliger à rendre votre dépôt. Au
» contraire, les Romains qui, dans la magistrature et les légations, disposent de grandes
» sommes d'argent, n'ont besoin que de la religion du serment pour garder une in-
» violable fidélité. Parmi les autres peuples, un homme qui n'ose toucher aux deniers
» publics est un homme rare ; au lieu que chez les Romains, il est rare de trouver
» un homme coupable de ce crime. »

Le commencement et la fin de ce passage sont si pleins de justesse, si conséquens,
que je ne vois pas comment le judicieux Polybe s'est exprimé si peu correctement,
à mon gré, dans le milieu. Pourquoi suppose-t-il que la religion n'est nécessaire qu'au
peuple ? A-t-il pu douter que quand il s'agit de certains actes, de certaines affections,
tout le monde ne fût peuple plus ou moins ? D'ailleurs, est-ce au peuple que les Romains
confioient les magistratures, les légations ? C'étoit toujours à des personnages distingués
qui partageoient les sentimens religieux du peuple ; sans cela il en auroit été d'eux
comme des Grecs ; et nul doute que la République Romaine n'eût promptement péri,
si l'impiété s'y fût établie plutôt. César, qui la détruisit, s'étoit annoncé en plein Sénat
comme ne croyant point à l'immortalité de l'ame. (*Voy.* SALLUST. *Conjur. Catilin.*)

(2) *De Legib.*, lib. 1, n°. 23.

(3) *Du Droit de la Nature et des Gens*, liv. II, ch. 4, n°. 3. « La première
» chose que tous les hommes doivent graver profondément dans leur esprit, c'est la
» religion, qui consiste à reconnoître un DIEU créateur et conducteur de l'univers. Il
» faut donc être persuadé qu'il y a véritablement un Être souverain qui gouverne le
» monde, et principalement le genre humain, jusqu'à étendre ses soins sur chacun
» en particulier, qui voit tout, qui connoît tout . . . . . . qui enfin fera rendre compte
» à tous les hommes, sans acception de personnes et sans partialité. » *Traduct.*
de Barbeyrac.

de Domat (1), de Locke (2), de Pascal (*Pensées*, c. 7), de Montesquieu (3), etc., etc.

Tout ce que l'orateur a dit ensuite de l'amour de la patrie, des mœurs, de l'avantage de leur simplicité pour les siècles, les nations et les individus, est de la plus grande vérité. Il le dit d'un ton qui prouve que c'est d'après sa propre conviction qu'il parle. Eloigné du faste, de la dissipation, tout-à-fait différent de ces docteurs de la loi, dont les discours et les œuvres n'avoient rien de commun; non content de penser ce qu'il préconise, il le pratique; et, à cet égard, en traçant le conseil il offre l'exemple.

Et on le devineroit à son enthousiasme pour les champs, à ce tableau de paysage dessiné avec grâce, colorié avec suavité, qu'il a placé dans son dis-

---

(1) *Traité des Lois*, ch. 1er.

(2) Les récompenses et les peines d'une autre vie que Dieu a établies pour donner plus
» de force à ses lois, sont d'une assez grande importance pour déterminer notre choix
» contre tous les biens ou tous les maux de cette vie, lors même qu'on ne considère le
» bonheur ou le malheur à venir que comme possible : de quoi personne ne peut douter.
» Quiconque, dis-je, conviendra qu'un bonheur excellent et infini est une suite possible
» de la bonne vie qu'on aura menée sur la terre, et une état opposé à la punition pos-
» sible d'une conduite déréglée, un tel homme doit nécessairement avouer qu'il juge
» très-mal s'il ne conclut pas de-là qu'une bonne vie, jointe à l'attente certaine d'une
» éternelle félicité qui peut arriver, est préférable à une mauvaise vie accompagnée
» de la crainte de cette affreuse misère dans laquelle il est fort possible que le mé-
» chant se trouve un jour enveloppé, ou pour le moins de l'épouvantable et incertaine
» espérance d'être annihilé. Tout cela est de la dernière évidence, quand même les
» gens de bien n'auroient que des maux à essuyer dans ce monde, et que les méchans
» y goûteroient une perpétuelle félicité; ce qui, pour l'ordinaire, est tout autrement : de
» sorte que les méchans n'ont pas grand sujet de se glorifier de la différence de leur
» état par rapport même aux biens dont ils jouissent actuellement, ou plutôt, à bien
» considérer toutes choses, ils ont, je crois, la plus mauvaise part même dans cette
» vie. Mais lorsqu'on met en balance un bonheur infini, avec une infinie misère,
» si le pis qui puisse arriver à l'homme de bien, supposé qu'il se trompe, est le
» plus grand avantage que le méchant puisse obtenir, au cas qu'il vienne à rencontrer
» juste, qui est l'homme qui peut en courir le hasard, s'il n'a pas tout-à-fait perdu
» l'esprit? Qui pourroit, dis-je, être assez fou pour résoudre en soi-même de s'ex-
» poser à un danger possible d'être infiniment malheureux, en sorte qu'il n'y ait rien
» à gagner pour lui que le pur néant s'il vient à échapper à ce danger? L'homme
» de bien, au contraire, hasarde le néant contre un bonheur infini, dont il doit
» jouir si le succès suit son attente. Si son espérance se trouve bien fondée, il
» est éternellement heureux; et s'il se trompe, il n'est pas malheureux, il ne sent
» rien. D'un autre côté, si le méchant a raison, il n'est pas heureux; et s'il se trompe,
» il est infiniment misérable. N'est-ce pas un des plus visibles déréglemens d'esprit
» où les hommes puissent tomber, que de ne pas voir du premier coup-d'œil quel parti
» doit être préféré dans cette rencontre? » *Essai sur l'Entendement humain*, liv. IX,
ch. 22, §. 70.

(3) « Chose admirable! La Religion chrétienne, qui ne semble avoir d'objet que
» la félicité de l'autre vie, fait encore notre bonheur dans celle-ci... » *Esprit des Lois*,
liv. XXIV, ch. 3.

« Les principes du Christianisme, bien gravés dans le cœur, seroient infiniment
» plus forts que ce faux honneur des Monarchies, ces vertus humaines des Républiques,
» et cette crainte servile des Etats despotiques. » *Ibid.* ch. 6.

cours, à cette réminiscence affectueuse de ces asiles champêtres où des Magistrats célèbres parmi nous alloient se réfugier afin de se retrouver avec eux-mêmes, de s'entretenir en paix, de se retremper en quelque sorte, et de s'aguerrir à la lutte contre cette légion de séductions diverses que la mauvaise foi, jadis comme à présent, tient à ses ordres, pour investir, surprendre, égarer les dépositaires du pouvoir, et se préparer des triomphes. Le goût pour la campagne convient au calme des sens, à la pureté du cœur, à l'ame sans ambition. Un goût pareil fait honneur, parce qu'il est comme l'enseigne de l'excellence des sentimens. Il faut donc féliciter celui qui en est doué ; mais quand c'est un homme public, alors on peut étendre les félicitations à tous ceux qui ont quelques relations avec lui, à l'Empire entier, s'il correspond avec tout l'Empire.

Il seroit difficile de refuser son suffrage aux principes établis dans cette harangue, à leurs développemens et à la manière de l'auteur. Cependant dans le choix des contrastes il me semble qu'on auroit pu citer d'autres personnages. Pourquoi, par exemple, à Aristide opposer Sénèque? Le premier étoit un général et un ministre d'Athènes, fort homme de bien, qui vécut et mourut pauvre, quoique chargé d'administrer les finances de sa république, qui dominoit alors la Grèce. L'autre, Sénèque, philosophe romain, à qui avoit été confiée l'éducation de Néron, et qui, par parenthèse, fit un très-mauvais élève, reçut de son disciple d'immenses richesses, dont on l'a accusé d'avoir usé fort peu honorablement. Mais ses livres démentent l'accusation. D'un autre côté, il ne paroît pas que Sénèque ait jamais rempli aucune fonction publique. Ces deux personnages ne sont donc pas très-comparables. Peut-être l'avare et l'opulent Crassus auroit pu remplacer Sénèque. Il fut, comme Aristide, et général et ministre ; mais il s'étoit enrichi par l'acquisition à vil prix du bien des proscrits qu'avoit fait subhaster (1) Sylla ; et selon l'expression de Plutarque : « S'il est loisible de dire injure en écrivant la » vérité, il amassa la plupart de cette grande richesse, du feu et du sang, » faisant des calamités son plus grand revenu. (2) »

---

(1) Ce mot conservé au Palais vient du latin *sub hastâ* « sous la lance » à l'encan. Après une victoire on plantoit à Rome une lance dans la place publique, et le crieur, debout sous cette lance, indiquoit aux assistans les objets qui, pris sur les ennemis, étoient exposés pour être vendus. Un questeur civil avec son scribe recevoit les enchères, et on livroit la chose à celui qui en donnoit davantage. Cicéron nous apprend : que Sylla fut le premier qui fit vendre les biens des citoyens sous cette lance, qu'il nomme « san- » glante. » Il ajoute : que César suivit cet exemple, et il donne à la lance du deuxième dictateur l'épithète de « beaucoup plus scélérate. » Cornélius Népos, dans la vie d'Atticus, ne manque pas de faire observer « que jamais son héros ne s'approcha de la lance » ; pour dire qu'il n'acheta aucun des biens enlevés aux partisans d'une opinion malheureuse. *Ad hastam publicam numquàm accessit.*

(2) *Voyez* la vie de Marcus-Crassus, traduction d'Amyot. Rien ne marque mieux à quel point il poussoit la lésine que l'anecdote qu'en raconte Plutarque. Il se faisoit accompagnier, en allant dans ses terres, par un philosophe appelé Alexandre, *auquel il prêtoit un chapeau pour se couvrir en route* ; et quand ils étoient de retour, il n'avoit pas honte de le lui redemander et de le reprendre.

Ce trait est si vil, que je ne serois point étonné que d'après cela le nom de *Crassus* ne fût la racine des mots *crasse* et *crasseux*, que nous employons ordinairement pour désigner un des derniers degrés de la ladrerie.

De même, pourquoi mettre en regard notre chancelier de l'Hôpital et le chancelier Bacon ? Ce dernier, il est vrai, fut condamné pour concussion ; mais occupé des grands devoirs de sa place, né facile, l'abus que fit un de ses domestiques de son crédit, ne mérite pas qu'on le charge d'un crime dont son noble caractère le rendoit incapable. Ses ouvrages en tout genre, si remplis de choses originales, excellentes, l'indigence à laquelle il fut réduit, ont mérité grâce à son nom. Sans sortir de chez nous, il étoit facile de trouver un pendant contraire à l'Hôpital, dans la personne du Chancelier Duprat, instigateur de la querelle qui s'éleva entre le Connétable de Bourbon et Louise de Savoie, sous l'espoir de partager les dépouilles du premier ; auteur de la vénalité des charges et du système de la féodalité universelle en France, inventeur de nouveaux impôts, et qui, devenu veuf, se jeta dans l'état ecclésiastique, pour se gorger des meilleurs bénéfices ; ce personnage, mieux que le célèbre et malheureux baron de Vérulam, étoit digne de figurer en opposition avec le vertueux l'Hôpital.

Mais ce ne sont ici que de légères inadvertances à peine remarquables, et encore plus faciles à corriger qu'à apercevoir.

NOTE.

J'ai regret à ce qu'il ne me reste plus de place pour un opuscule de M. Chignard, que j'aurois conservé pour les législateurs auxquels il appartient particulièrement.

Sa thèse étoit : que les frais de justice devroient se proportionner à la valeur de l'objet litigieux, et par-là, en quelque sorte, à la fortune des plaideurs. Il observoit que, dans le système social, la consommation, la contribution s'établissoient en raison de la fortune ; et il demandoit pourquoi au sein des Tribunaux, d'où, plus que partout ailleurs, l'acception des personnes devoit être bannie avec la plus scrupuleuse exactitude, elle se trouvoit transplantée, de sorte que, relativement aux frais, ils étoient inabordables pour les pauvres ?

« Qu'importe au plaideur peu fortuné « disoit-il » que la justice reconnoisse » et conserve son droit avec impartialité, si, pour obtenir un tel arrêt, il » est obligé de consommer en frais la valeur entière de l'objet litigieux ! » Il faisoit ensuite valoir les différens motifs qui devoient déterminer à adopter le mode de taxe qu'il proposoit, et il le présentoit d'une manière tellement avantageuse, qu'il étoit difficile de ne pas faire des vœux pour que son plan fût pris en considération, et mis en œuvre, au moins en grande partie.

Il y avoit joint une esquisse de réglement en trente-deux articles, que suivoient quelques notes explicatives qui ne laissoient rien à désirer sur les éclaircissemens nécessaires à la conviction de la capacité du rédacteur et de l'utilité de son projet.

« Cette idée » avoit-il écrit en débutant « n'est peut-être pas neuve. » Il avoit raison, et il paroît qu'il existoit quelque chose de semblable chez les Romains. On trouve aux Institutes (lib. IV, tit. 6, n. 24) « qu'on avoit le » droit de poursuivre une restitution du triple contre celui qui, demandant

» par son exploit plus qu'il ne lui étoit dû, mettoit les officiers appelés
» viateurs (*viatores*), autrement les exécuteurs du jugement, dans le cas
» d'exiger une plus forte somme pour leurs salaires. » *Tripli verò agimus
cum quidam majorem verà æstimatione quantitatem in libello conventionis
inserunt, ut ex hác causá viatores, id est executores litium, ampliorem
summam sportularum nomine, exigerent.* Les frais au moins d'exécution
étoient donc en raison de la valeur de l'objet contesté. Dans les commen-
cemens de la seconde race, un diplôme de Charlemagne « autorisoit l'avocat
» à retenir un tiers de ce qu'il avoit gagné en plaidant, et lui imposoit l'obli-
» gation de rendre les deux autres. » *Statuimus ut advocatus quidquid
placitandò acquirat..... tertiá parte retentá..... duas reddat.....*

On trouve dans le premier volume du Barreau Moderne un très-bon
mémoire de M. Chignard, pour M. Quesneau dans l'affaire de la banque
de St.-Charles.

Cette affaire, dont les lecteurs pourroient être curieux de savoir l'issue,
portée devant la Cour d'Appel de Paris, où M. De Lacroix-Frainville a
fait pour la banque un mémoire d'une vigoureuse logique, s'est terminée
par une transaction entre les parties,

FIN DU SECOND VOLUME.

TABLE

DES

MÉMOIRES ET CONSULTATIONS

CONTENUS DANS CE VOLUME.

Fin de la Table des Mémoires et Consultations contenus dans ce volume.

TABLE ALPHABÉTIQUE
DES MATIÈRES.

78

Fin de la Table alphabétique des Matières.

ERRATA.

Page 287, lig. 40, après ces mots *son intendant*, ajoutez en note :

« Il s'étoit mis en tête (Desmarais) que tout étoit plein de sorciers à Paris, et qu'ils tenoient leur sabbat » à Port-Royal-des-Champs, où ils avoient complote de perdre toute l'Église par le moyen des Jansénistes » résidans dans ce célèbre monastère. Persuadé que rien n'étoit plus véritable que cette cabale de sorciers, » il fut voir M. le président De Lamoignon, et lui dit que DIEU lui avoit ordonné dans une extase de le » venir voir comme un grand serviteur de son Fils, pour lui dire que s'il n'y mettoit la main son Eglise » alloit être renversée par une foule de sorciers qui étoient répandus dans Paris, et qui, sous prétexte de » dévotion, se glissoient dans toutes les familles et maisons les mieux réglées de cette grande ville. Alors ce » sage magistrat lui ayant demandé si DIEU lui avoit donné le don de les connoître, il répondit que oui. » Et sur cela Mlle De Lamoignon, cette sainte et incomparable vierge chrétienne, étant entrée dans la » chambre où ils étoient, M. le Premier-Président lui dit : Regardez cette femme ou vieille fille qui entre, » qu'en pensez-vous? — Ah, Monsieur ! « lui dit-il » après l'avoir bien considérée, voilà la plus grande » sorcière et la plus pernicieuse magicienne qu'ait le diable dans Paris ; elle est toujours la première au » sabbat. — Vous dites plus vrai que vous ne pensez, dit M. le Premier-Président, car elle va tous les jours » dans les prisons, à la Conciergerie, à l'Hôpital-Général et à Bicêtre ; c'est le plus grand sabbat et où » l'on fait plus de bruit qu'en lieu du monde. En un mot, c'est ma sœur, qui est tous les jours avec des » sabotiers et des gueux. Je lui conseille de donner à mon valet-de-chambre le balai sur lequel elle va à » califourchon au sabbat, afin qu'il vous en donne sur les épaules. » (*Nouvelles Remarques sur Virgile et Homère*, de Faydit, pag. 97.) A coup sûr cette visite valoit bien la lettre supposée écrite par Mlle D'A.... Et pourtant Desmarais conserva sa liberté.

Page 288, note 1, *lisez :* Ladvocat.
— 289, lig. 2, *nona*, lisez : *non alicui*. Lig. 3, XII, lisez : XXII.
— 291, *lisez :* 291.
— xvi, lig. 5, après *en lisant* ajoutez : le *proème* du 1er. liv. des Controverses de Sénèque le père, et
— 385, lig. 11, au commencement, *ajoutez :* cette for
— 522, lig. 43, sans avoir besoin, *lisez :* sans être obligé.
— 523, lig. 13, intarissable, et par malheur, *lisez :* et par malheur intarissable.

www.ingramcontent.com/pod-product-compliance
Lightning Source LLC
Chambersburg PA
CBHW060410200326
41518CB00009B/1309